纺织服装高等教育“十二五”部委级规划教材
普通高等教育服装营销专业系列教材

服装营销管理教程

FUZHUANG YINGXIAO GUANLI JIAOCHENG

主　编｜李晓慧
副主编｜陈建伟

東華大學出版社

图书在版编目(CIP)数据

服装营销管理教程/李晓慧主编. —上海:东华大学出版社,2013.5
ISBN 978-7-5669-0204-7

Ⅰ.①服… Ⅱ.①李… Ⅲ.①服装—市场营销学 Ⅳ.①F768.3

中国版本图书馆 CIP 数据核字(2012)第 319545 号

上海沙驰服饰有限公司赞助

TO BE A BETTER MAN
Satchi 止于至善

责任编辑 张 煜
封面设计 陈 澜 杨雍华

出　　版: 东华大学出版社(上海市延安西路 1882 号, 200051)
出版社网址: http://www.dhupress.net
天猫旗舰店: http://dhdx.tmall.com
营销中心: 021-62193056 62373056 62379558
印　　刷: 苏州望电印刷有限公司
开　　本: 787 mm × 1 092 mm 1/16 印张 24
字　　数: 560 千字
版　　次: 2013 年 5 月第 1 版
印　　次: 2013 年 5 月第 1 次印刷
书　　号: ISBN 978-7-5669-0204-7/TS · 369
定　　价: 49.00 元

《服装营销管理教程》参编人员

主　　编　李晓慧

副 主 编　陈建伟　王秋月　杨晓霞

参编人员　李晓慧　陈建伟　王秋月　杨晓霞　邓小克　陆亚新　王伟珍

绪言 PREFACE

服装业是一个充满变化和挑战的行业，进入后金融危机时代，国内外服装市场的竞争日趋激烈，国际品牌的大量涌入，国内服装消费市场的不断成熟和逐步分化，越来越多的服装企业从加工型企业转变成服装品牌运营企业，开始重视营销管理水平的提升。服装行业和企业越来越需要既具有专业知识，又掌握市场营销理论和方法的综合型高素质人才。

本教材由北京服装学院组织撰写，青岛大学和大连工业大学共同参与完成。参编作者结合多年教学和科研经验，在各学科交流合作的基础上，以市场营销管理的基本概念和理论为基础，广泛吸收国内外最新服装营销管理理论和研究成果，充分考虑到服装行业市场现状和市场发展对服装营销管理人才的需求，编写了这本《服装营销管理教程》教材。

本教材共十二章，系统、全面地阐述了服装营销管理的一般理论和基本方法，包括：21世纪的服装营销管理、服装营销战略与规划、服装国际贸易与营销环境、服装消费者市场、服装市场调查与预测、服装目标营销、服装品牌管理、服装产品策略、服装价格策略、服装营销渠道策略、服装零售与物流管理、服装整合传播等内容。每章还列举了服装营销活动案例，生动具体地阐述相关理论运用的最新实践。

本教材由李晓慧担任主编，陈建伟、王秋月、杨晓霞担任副主编，参加本书撰写的教师有北京服装学院的老师李晓慧（第一章、第二章、第八章），陆亚新（第三章、第九章），王秋月（第七章、第十二章），邓小克（第十章、第十一章），以及青岛大学的老师陈建伟、杨晓霞（第四章、第五章），大连工业大学的老师王伟珍（第六章）。全书由李晓慧统稿，并对部分章节进行了适当调整修改。

本教材可供大、中专院校服装专业教学之用，也可为服装企业管理人员和营销人员提供参考。

在本教材编写过程中，周玥旎、张莎莎等帮助收集和整理了大量资料，在此表示谢意。书中引用了大量有关国内外图书、报刊文献资料和案例，在此特予说明，并致以诚挚感谢。本教材在编写和出版得到了东华大学出版社的大力协助，在此深表谢意。

本教材追踪力图国内外服装营销领域的最新发展动向，将市场营销的一般原理与国内外服装营销管理实践相结合，限于编者水平有限，书中难免有不妥之处，恳请各位专家、读者批评指正。

作　者

2013 年 4 月于北京服装学院

目录 | CONTENTS

第 1 章 21 世纪的服装营销管理

知识要点

1. 服装与服装产业；
2. 服装营销管理的核心概念；
3. 服装营销管理过程；
4. 21 世纪的服装营销创新。

本章内容提要

服装业在我国国民经济中具有重要作用，与社会发展环境有着直接的联系。服装业又是一个充满变化和挑战的行业。进入 21 世纪，随着我国加入 WTO 和经济全球化的影响，服装业面临着新的机遇和挑战。本章 1.1 中介绍服装与服装产业的定义，服装业在社会发展和世界经济中的地位。1.2 介绍了服装营销管理的核心概念。1.3 介绍服装营销管理的过程。1.4 介绍了 21 世纪的服装营销创新，包括网络营销、定制营销、品牌营销、绿色营销和国际市场营销。

服装是人类文化的显性表征和社会文化生活的重要组成部分，带有民族特征与时代烙印，与生产制造及零售市场环境的变化息息相关。我国是服装消费大国，也是世界上最大的服装生产国和出口国。服装业对我国的国民经济发展起着重要作用，在世界服装贸易中有着举足轻重的影响。改革开放以来，我国的服装业经历从数量化增长到追求质量效益的转变，企业的组织结构和功能逐渐与国际接轨，今天的中国不再是世界服装的初级加工厂，已从“中国制造”走向“中国创造”。

随着全球经济一体化进程的加快，服装业面临着更广阔的国际市场；与此同时，国际品牌的大量涌入，也使我国的服装企业面临着更加激烈的竞争。随着国内服装消费市场的不断成熟和逐步分化，越来越多的服装企业将从加工型企业转变成服装品牌运营企业，更加重视营销管理水平的提高，这是世界服装强国发展的必经之路。因此，我国要想成为21世纪的服装强国，提高自身的营销管理水平，是非常重要的。

1.1 服装与服装产业

1.1.1 服装的基本概念

服装产品是服装企业经营活动的主体，而产品的概念不局限于我们通常在商场里看到的实物。服装产品是一个整体的概念，是服装文化的外延，是时代精神的反映。现代营销观念认为，产品是能够提供给消费者以满足其需求和欲望的任何东西，它包括实体商品、服务、体验、事件、人物、地点、财产、组织、信息和创意。即：服装产品不仅仅指实体的衣服，而且还包含为消费者提供满足穿着、审美欲望的一切东西。具体来说，服装产品包含三个层次，即核心产品、形式产品、附加产品。

（1）核心产品

核心产品是产品整体概念最基本的层次，它表现的是顾客需求的中心内容，即产品为顾客所提供的最基本的效用和利益。服装企业在生产产品时，首先要明确该种服装能为消费者提供什么样的实际利益，从这一点出发，再去寻找实际利益得以实现的具体产品——形式产品。

（2）形式产品

形式产品是消费者对某一特定需求的满足形式，是核心产品的具体实现形式。它向人们展示的是核心产品的外部特征，由服装的品牌、规格、质量、款式等因素确定的具体形式，即产品本身。

（3）附加产品

附加产品又称延伸产品，包括消费者在购买形式产品中或使用形式产品以外所获得的服务和利益。 产品的延伸内容使得营销者必须正视整体的消费体系：一个产品的购买者使用该产品的方法及整个过程。 通过这种形式，营销者能发现增加产品附加值的更多机会，以有效地进行竞争。

服装企业经营者对服装产品内涵及外延的正确把握是决定能否成功的关键。 每一个成功的品牌服装企业都应该有自己独特的服装产品来满足目标顾客的消费需求。

1.1.2 服装业在社会发展中的地位

我国是纺织服装大国。 历史上，我国是最早发明和掌握纺织品生产技术和崇尚服饰文明的国家。 我国纺织品与服装，特别是丝绸织物与产品以及生产技术自古以来享誉全洲，对世界文明进程产生了无法估量的影响，时至今日，我国仍是服装生产和出口贸易量最大的国家之一，纺织与服装业不仅有力地支持了我国的工业化进程，同时对世界贸易、经济乃至政治都有重大影响。 在我国改革开放进程中，服装业是外资最早投资的和非公有经济发展的起点行业。 国外零售业进入我国市场，最早经销的产品大类之一也是服装，服装业是我国经济中最活跃也是最具创新精神的行业。

现代社会的工业化进程无不与纺织服装业有关。 在我国现代化进程中纺织服装业发挥着重要的作用，目前，纺织服装是我国大宗出口创汇产品，吸纳了大量的就业人口。 纺织服装业同时又是经济改革发展的试验田，民营企业和外资企业初涉市场时投石问路的很多是服装业，这显然与纺织业特别是服装业“易进、易出”的特征有关。 服装企业不需要很大投资，而劳动密集型的特征又能充分利用我国丰富的劳动力资源。 尽管我国纺织业 20 世纪末出现总量过剩，导致纺织业出现经济效益连续滑坡；服装业中单一出口加工型企业过于集中，存在档次低、产业同构、低价竞争等问题。 但这只是战略发展和结构调整布局的问题。21 世纪初，纺织服装业仍是我国经济发展中的重要产业部门，广东、浙江、江苏、山东等省市仍将服装业作为支柱产业或重点发展产业，只是在发展速度、重点和方式等方面会有所改变。

目前，我国服装业主要特征如下：

① 我国服装业在成本方面有相对优势；

② 为了提高竞争力，我国服装业正在逐步实现从劳动密集型向资本、技术

密集型的转变；

③ 服装品牌差异化成为在国内市场获得竞争优势主要策略；

④ 企业信息化正在改变着纺织服装制造企业的运营方式和竞争力。

1.1.3 服装业在世界经济中的地位

后工业化的发达国家逐步丧失了纺织与服装加工方面的优势，劳动力成本增加使之很难抵挡从不发达国家进口低价纺织服装商品的竞争，这种冲突导致了世界服装业的不断变化：

（1）全球性产业结构的转移

发达国家与地区的服装加工业向发展中国家和地区转移，以利用当地的廉价劳动力与原料资源，同时促使发展中国家和地区的服装业迅速发展。巴基斯坦、印度、越南、菲律宾、印度尼西亚等国家的纺织服装业就是在20世纪80年代以后得到迅猛发展的。

（2）发达国家和地区在高档服装市场上的地位仍不可动摇

在不放弃本国市场的同时，拓展国际市场，包括迅速增长的发展中国家市场，如中国。

（3）这种竞争格局引发了快速反应策略的实施

随着全球经济的一体化和信息社会的到来，服装市场呈现出多品种、小批量、短周期、时装化和快速流行的发展趋势；对于消费者，价格不再是选择服装时的最重要标准，因此发达国家将发挥设计、信息、加工设备和技术等方面的优势，提高在服装市场的竞争力。

（4）新的竞争格局形成

我国在2001年正式加入世界贸易组织（WTO），这使我国进一步融入世界服装市场，促进了世界服装业的产业格局改变和全球化过程。一方面ATC的实施使我国的纺织服装业面对更广阔的国际市场空间，成为国际服装产业链中重要一环；另一方面，国内市场进一步对外开放也吸引了大量国际服装品牌逐鹿中原，既提升了国内市场，也加剧了市场竞争。全球化和国际竞争使服装业成为国际政治经济生活中一个举足轻重的行业，甚至影响国家之间的关系。

1.2 服装营销管理的核心概念

1.2.1 市场营销的涵义

（1）市场营销的概念

1931 年，美国市场营销协会定义委员会给“市场营销”下的定义是：市场营销是引导商品与劳务从生产者到达消费者手中的一切企业活动。这种定义只将市场营销活动局限于市场销售过程的商品交换活动。其实，市场营销的概念及其含义并不是一成不变的，它随着各企业的市场营销实践的发展而发展。

现代市场营销活动已远远突破了市场销售过程，向生产过程和消费过程延伸。美国营销专家菲利普 · 科特勒 1984 年在他的《市场营销原理》中给市场营销下了定义：市场营销是企业的一种职能，即识别目前未满足的需要和欲望，估量和确定需求量的大小，选择本企业能最好地为它服务的目标市场，并且决定适当的产品、服务和计划，以便为目标市场服务。

1985 年，美国市场营销协会又给市场营销下了一个新的定义：“市场营销是对思想、货物和劳务的构想、定价、促销和分销的计划和执行过程，从而创造达到个人或组织目标的交换。”市场营销是以消费者需求为中心，提供满足这些需求的商品，并使企业实现最大利润。整个市场营销活动是从调查研究消费者需求开始，到满足消费者需求为止的全过程。

由此，我们可以总结出服装市场营销的概念：服装市场营销是指服装企业对消费者的衣着、生活方式的研究和构想，进而满足其衣着需要，并对服装产品进行设计、生产、定价、销售和服务的整个过程及所有活动，以实现服装产品交换，谋求最大利润。

现代服装市场营销要求服装工作者着重研究服装企业在激烈的市场竞争和变幻无穷的服装市场营销环境中，识别、分析、评价、选择和利用各种市场机会，紧紧围绕满足消费者对服装的需求这一目的，努力创造市场价值，为企业谋取利润而展开总体营销活动，按照市场营销的规律，制定正确的营销策略。

（2）市场营销观念的发展

企业营销观念，是指企业领导人在组织和谋划企业的营销管理实践活动时所依据的指导思想和行为准则。营销管理是为在目标市场上达到所追求的目标而作的自觉努力。市场营销观念就是指导这些努力的哲学，是企业领导人对市场中的组织、顾客和社会三者比重关系的根本态度和看法。指导组织进行市场营销活动的营销观念不断发展，主要经历和形成了以下几种营销观念。

① 生产观念

生产观念盛行于 19 世纪末 20 世纪初。生产观念认为，消费者可以随处买得到而且价格低廉的产品，企业应致力于提高生产效率和分销效率，扩大生产，降低成本，以拓展市场。这是一种重生产、轻市场营销的商业哲学。生产观念是在卖方市场条件下产生的。在资本主义工业化初期以及第二次世界大战末期和战后一段时期内，由于物资短缺，市场产品供不应求，生产观念在企业经营管理中颇为流行。我国在计划经济旧体制下，由于市场产品短缺，企业不愁其产品没有销路，工商企业在其经营管理中也奉行生产观念。除了物资短缺、产品供不应求的情况之外，有些企业在产品成本高的条件下，其市场营销管理也受产品观念支配。

② 产品观念

产品观念认为，消费者喜欢高质量、多功能和具有某些特色的产品，企业应致力于生产高附加值产品，并不断加以改进。它产生于市场产品供不应求的卖方市场形势下。产品观念把市场看作是生产过程的终点，而不是生产过程的起点，忽视了市场需求的多样性和动态性，过分重视产品而忽视顾客需求。当某些产品出现供过于求或不适销对路而产生积压时，却不知产品为什么销不出去。

③ 推销观念

推销观念认为，消费者具有购买惰性或抗衡心理，一般不会自觉地购买足量企业产品，因此企业必须积极推销和大力促销，以刺激消费者大量购买本企业的产品。在现代市场经济条件下，推销观念被大量用于推销那些渴求物品。许多企业在产品过剩时，也常常奉行推销观念。推销观念产生于资本主义国家由卖方市场向买方市场转化时期过渡阶段。由于科技进步、科学管理和大规模生产，逐渐出现了产品供过于求、卖主之间竞争激烈等新的形势。许多企业意识到：要在日益激烈的市场竞争中求得生存和发展，就必须重视推销工作。

④ **市场营销观念**

市场营销观念认为，实现企业目标的关键在于正确确定目标市场的需要和欲望，并且比竞争者更有效地向目标市场传送所期望的物品或服务，进而比竞争者更有效地满足目标市场的需要和欲望。 市场营销观念是一种以顾客需要和欲望为导向的哲学，是消费者主权论在企业营销管理中的体现。 推销观念注重卖方需要，市场营销观念则侧重买方需要；推销观念以卖主需要为出发点，考虑如何把产品变成现金，而市场营销观念则考虑如何通过制造、传送产品以及与最终消费产品有关的所有事物，来满足顾客的需要。

⑤ **社会市场营销观念**

社会市场营销观念是对市场营销观念的修改和补充。 它产生于 20 世纪 70 年代能源短缺、通货膨胀、失业增加、环境污染严重、消费者保护运动盛行的形势下，促使人们将市场营销原理应用于具有重大推广意义的社会目标方面。市场营销观念回避消费者需要、消费者利益和长期社会福利之间隐含着冲突的现实。 社会市场营销观念提出，企业的任务是确定各个目标市场的需要、欲望和利益，并以保护或提高消费者和社会福利的方式，比竞争者更有效、更有利地向目标市场提供能够满足其需要、欲望和利益的物品或服务。 社会市场营销者在制定市场营销政策时，要统筹兼顾企业利润、消费者需要的满足和社会利益。

以上五种市场营销观念可以归纳为两种类型。 一类是传统的市场营销观念，包括生产观念、产品观念和推销观念；另一类是现代营销观念，包括市场营销观念和社会市场营销观念。 这两类观念的区别在于：传统的营销观念是以生产者为中心，消费者处于从属地位，企业的任务是将产品销售出去以获得利润，这是“以生产者为导向”的营销观念，企业实现目标的方法是增加产量或加强推销。现代营销观念是以市场的需求为中心，其目的是通过满足顾客的需求来实现对社会需求的满足，同时实现企业的目标，这是“以市场为导向”的营销观念，实现企业目标的方法是组织以产品适销对路为轴心的整体营销活动。

1.2.2 营销管理的涵义

（1）营销管理的概念

营销管理是选择目标市场，通过创造、传递和沟通更高的顾客价值从而获得、维系和发展顾客的艺术和科学。 在现代市场经济条件下，企业为了实现战略计划的各项任务、目标，必须十分重视市场营销管理，根据市场需求的现状和趋势，制定计划，配置资源。

营销管理是动态的，随着环境和对象而变化成长，故以阶段或者范型来反映其演进。其划分主要有以下两种：

① 三个进化阶段

普拉哈拉德和拉马斯瓦米曾将营销管理的演变分为三个主要的进化阶段，即20世纪50年代的交易营销阶段，20世纪80年代的关系营销阶段和2000年后的合作营销阶段。其划分的主要标准是市场价值观、顾客和公司不同的行为角色等。

表1-1 营销管理演变的三个主要进化阶段

	交易营销	关系营销	合作营销
时期	20世纪50年代	20世纪80年代	2000年后
价值观点	交换中的供给	长期的顾客关系	共同创造体验
市场观点	价值被交易的场所	各种供给汇集的地方	通过对话而共同创造价值的平台
顾客的角色	被动地接受供给的购买者	培养关系组合	消费前积极参与价值的共同创造
企业的角色	替消费者界定并创造价值	吸引、开发并保持有利可图的顾客	让顾客参与并定义价值及共同创造的过程
与顾客互动的性质	调查顾客以得出需求和反馈	观察顾客并逐步学习适应	与顾客和社群积极对话

资料来源：菲利普·科特勒，营销管理

② 四种营销范型

营销管理的演化可用转型营销和营销范型的概念来解释，营销范型对应营销管理的整体状态，包括营销哲学、主流的营销类别和获利的焦点。区分营销管理范型的主要标准是其市场驱动力的类别，由此归纳出转型营销演进中的四种不同范型，即交易驱动型、关系驱动型、价值驱动型和价值网驱动型。

表1-2 四种营销范型

范型	营销类型	利润来源
交易驱动	交易营销	通过新顾客获利
关系驱动	关系营销	通过顾客满意获利
价值驱动	价值营销	通过价值界定、价值创造和价值传递获利
价值网驱动	互联网营销、价值网营销、体验营销	通过互联网、网络效率、合作成长和双赢获利

资料来源：菲利普·科特勒，营销管理

营销管理的演进集中体现在范型之间的转型升级，从依赖销售的初始态提升到依赖价值的高级态。 在本质上，企业营销管理的不同范型决定了营销管理的效能和效率，从而体现出营销管理在先进性、绩效和竞争力等方面的质的差异。

2. **营销管理的任务**

市场营销管理是指为了实现企业目标，创造、建立和保持目标与目标市场之间的互利交换和关系，对市场营销进行的分析、计划、执行和控制活动。 市场营销管理的任务，就是为促进企业目标的实现而调节需求的水平、时机和性质，其实质是需求管理。 企业在进行市场营销的过程中，一般要设定一个在目标市场上预期要实现的交易水平。 然而，实际需求水平可能低于、等于或高于这个预期的需求水平，市场营销管理就是要对付这些不同的需求水平。

这些不同的需求可以大致分为以下八类。 针对不同的需求类别，市场营销管理有着相应的任务。

① 负需求

负需求是指绝大多数人对某个产品感到厌恶，甚至愿意出钱回避它的一种需求状况。 在负需求情况下，市场营销管理的任务是改变市场营销，即分析市场不喜欢这种产品的原因，以及是否能通过产品重新设计、降低价格和积极促销的市场营销方案，来改变市场的信念和态度，将负需求变为正需求。

② 无需求

无需求是指目标市场对产品毫无兴趣或漠不关心的一种需求状况。 通常情况下，市场对下列产品无需求：人们一般认为无价值的废旧物资；人们一般认为有价值，但在特定环境下无价值的东西；新产品或消费者平时不熟悉的物品等。 在无需求情况下，市场营销管理者的任务是刺激市场营销，即通过大力促销及其他市场营销措施，努力将产品利益同人们的自然需求和兴趣结合起来。

③ 潜伏需求

潜伏需求是指相当一部分消费者对某物有强烈的需求，而现有产品或服务又无法使之满足的一种需求状况。 在此种情况下，市场营销管理的任务是开发潜在市场，即开展市场营销研究和潜在市场范围的测量，进而开发有效的物品和服务来满足这些需求，将潜伏需求转化为现实需求。

④ **下降需求**

下降需求是指市场对一个或几个产品的需求呈下降趋势的一种需求状况。在下降需求情况下，市场营销管理的任务是重振市场营销，即分析需求衰退的原因，开拓新的目标市场，改进产品特色和外观，或采用更有效的沟通手段来重新刺激需求，使老产品开始新的生命周期，并通过创造性的产品再营销来扭转需求下降的趋势。

⑤ **不规则需求**

不规则需求是指某些物品或服务的市场需求在一年不同季节，或一周不同日子，甚至一天不同时间上下波动很大的一种需求状况。 在不规则需求情况下，市场营销管理的任务是对该市场进行协调。 如公用交通工具，在运输高峰时不够用，在非高峰时则闲置不用。 又即通过灵活的定价，促销及其他激励手段来改变需求的时间模式，使物品或服务的市场供给与需求在时间上协调一致。

⑥ **充分需求**

充分需求是指某种物品或服务的目前需求水平和时间等于预期的需求水平和时间的一种需求状况。 但是，在动态市场上，消费者偏好不断变化，竞争也日益激烈。 因此，在充分需求情况下，市场营销管理的任务是维持市场营销，即努力保持产品质量，经常测量消费者满意程度，通过降低成本保持合理价格，并激励推销人员和经销商大力推销，以确保企业的工作效率，维持目前需求水平。

⑦ **过量需求**

过量需求是指某种物品或服务的市场需求超过了企业所能供给或所愿供给的水平时的一种需求状况。 在过量需求情况下，市场营销管理的任务是降低市场营销，即通过提高价格，合理分销产品，减少促销和服务等措施，暂时或永久性地降低市场需求水平，或是设法降低来自盈利较少或服务需要不大的市场的需求量。 需要强调的是，降低市场营销并不是要杜绝需求，而是要降低需求水平。

⑧ **有害需求**

有害需求指的是市场对某些有害物品或服务的需求。 对于有害需求，市场营销管理的任务就是反市场营销，即劝说喜欢有害产品或服务的消费者放弃这种爱好和需求，大力宣传有害产品或服务的严重危害性，大幅度提高价格，以停止生产供应等。 降低市场营销与反市场营销的区别在于：前者是采取措施减少需求，后者是采取措施消灭需求。

1.3 服装营销管理过程

服装市场营销管理过程是指在市场经济条件下，根据内外环境变化，对服装企业的经营与销售进行预测和决策，以提高经济效益为主要目标，创造性地组织经营销售活动的过程。具体包括分析市场机会、选择目标市场、设计市场营销组合、执行和控制市场营销计划等阶段内容。

1.3.1 服装市场机会分析

市场机会就是未满足的消费需要。为了发现市场机会，服装企业营销人员必须广泛收集市场信息、进行专门的调查研究、充分了解当前情况外，还应该按照服装流行趋势和社会经济条件的发展规律，预测未来服装市场变化的趋势。

服装市场机会分析是处于整个服装市场营销管理过程的起点，它直接影响和制约着服装企业市场营销活动的各个环节。服装企业只有在市场分析的基础上寻找到合适的商机、确定目标市场，才能有针对性地进行服装产品的设计开发、生产和销售。同时，市场机会分析也是服装企业制订战略规划和进行产品决策的基础。在服装市场营销过程中，产品是关键因素，它是进入市场、满足消费需求的唯一手段。而服装市场营销机会分析能为服装新产品提出开发方向，指明潜在的发展方向，从而使服装产品的开发在市场导向的基础上进行。服装市场营销机会分析的内容主要包括：服装市场环境分析、服装市场购买行为分析、服装市场调查与预测。

1.3.2 服装目标市场选择

服装企业选定符合自身目标和资源的市场营销机会以后，还要对市场容量和市场结构进行进一步分析，确定市场范围。无论是开发何种服装产品，任何一个服装企业都不可能为具有某种需求的全体顾客服务，而只能满足部分顾客的需求。这是由顾客需求的多样变动性及企业拥有资产的有限性所决定的。因此，服装企业必须明确在能力可及的范围内，可以满足哪些顾客的要求。要明确企业的顾客群，首先要进行市场细分，然后选择目标市场，最后进行市场定位。

1.3.3 服装市场营销组合设计

服装市场营销组合是指服装企业针对选择的目标市场，综合运用各种可能的市场营销策略和手段，形成一个系统化的整体策略，以达到企业的经营目标，并取得最佳经济效应。

服装企业在确定目标市场和进行市场定位之后，市场营销管理过程就进入第三阶段——设计市场营销组合。市场营销组合是指企业用于追求目标市场预期销售量水平的可控营销变量的组合。营销组合中包含的可控变量很多，可以概括为六个基本要素，即产品、价格、渠道、促销、权力和公共关系，简称 6P。

产品（Product），代表服装企业提供给目标市场的货物和劳务，包括产品质量、外观、式样、性能、品牌、型号、服务、保证等。

价格（Price），服装消费者购买产品时的价格，包括价目表所列的基本价格、折扣价格、付款时间等。

渠道（Place），企业使其他产品进入和到达目标市场所进行的种种活动，其中包括渠道选择、仓储、运输等。

促销（Promotion），代表企业宣传介绍其产品的特点，说服目标顾客来购买其产品所进行的种种活动，包括广告、人员推销、营业推广、公共关系等。

权力（Power），服装权力营销是指依据权力对营销活动影响的规律，服装企业借助自身或他人权力开展的市场营销活动。

公共关系（PR），源于英文"Public Relations"，中文可译为公共关系或公众关系，一般指一个社会组织用传播手段使自己与相关公众之间形成双向交流，使双方达到相互了解和相互适应的管理活动。

市场营销组合因素对企业来说都是可控因素，即企业根据目标市场的需求，可能自主决定产品结构、产品价格、选择营销渠道和促销方式，但这种自主权是相对的，要受到自身资源和目标的制约及各种主观和客观因素的影响。不可控的客观因素主要包括社会人口、经济、技术、政治、法律、文化等。

1.3.4 服装市场营销计划的执行和控制

服装企业市场营销管理的第四步是执行和控制服装市场营销计划，只有有效地执行计划，才能实现服装企业的战略任务和经营目标，这是整个服装市场营销过程中极其重要的步骤。

（1）服装市场营销计划的执行

服装市场营销计划是服装企业整体战略规划在营销领域的具体化，是服装企业的一种职能计划。其执行过程包括以下几个方面：

① 制订详细的行动方案

为了有效地实施营销战略，应明确营销战略实施的关键性决策和任务，并将执行这些决策和任务的责任落实到营销个人或小组。

② 建立组织结构

不同的服装企业其经营目标和任务不同，需要建立不同的组织结构。组织结构必须与服装企业自身特点和环境相适应，规定明确的职权界限和信息沟通渠道，协调各部门和人员的行动。

③ 设计决策和报酬制度

科学的决策体系是企业成败的关键，而合理的奖罚制度能充分调动人的积极性。充分发挥组织效应，能快速地把服装新产品推向市场。

④ 开发并合理调配人力资源

服装企业的所有活动都是由人来开展的，人员的考核、选拔、安置、培训和激励问题对服装企业至关重要。

⑤ 建立适当的企业文化和管理风格

企业文化是指企业内部人员共同遵循的价值标准和行为准则，对企业员工起着凝聚和导向作用。企业文化与管理风格相联系，一旦形成，对服装企业的发展会产生良好、持续、稳定的影响。

（2）服装市场营销计划的控制

在服装市场营销计划的执行过程中，可能会出现一些意想不到的问题，需要一个控制系统来保证营销目标的实现。营销控制主要有年度计划控制、盈利能力控制、效率控制和战略控制。

① 年度计划控制是企业在本年度内采取制定标准、绩效测量、因果分析、改正行动的控制步骤，检查实际绩效与计划之间是否有偏差，并采取改进措施，以确保营销计划的实现和完成。

② 盈利能力控制是运用盈利能力控制来测定不同产品、不同销售区域、不

同顾客群体、不同渠道以及不同订货规模的盈利能力，帮助营销人员决定各种顾客群体活动是否扩展、减少或取消。控制指标有销售利润率、资产收益率、存货周转率等。

③ 效率控制包括营销人员效率控制、广告效率控制、促销效率控制和分销效率控制，通过对这些环节的控制以保证营销组合因素功能执行的有效性。

④ 战略控制是企业采取一系列行动，使实际市场营销工作与原规划尽可能一致。在控制中通过不断评审和信息反馈，对战略进行不断的修正。战略控制必须根据最新的情况，重新评估计划和进展，对服装企业来说，这是难度最大的控制。

整个服装营销管理过程是一个有机的系统，缺一不可。为了实现服装企业的经营目标，四个阶段周而复始地循环，市场营销环境不断变化，新的市场营销机会不断出现，企业需要不断调整产品组合，满足目标市场、不断设计新的市场营销组合并执行和控制新的营销计划，以适应市场的不断变化，维系其服装业正常、良好、稳定的发展。

1.4　21世纪的服装营销创新

随着社会经济、文化水平的迅速发展和提高，社会消费结构和消费水平有了很大变化，市场需求逐步呈现多样化，服装品种和款式不断升级换代。服装消费者对个性消费有了更高的要求。服装企业必须时刻关注市场的变化，采取灵活多变的经营模式以适应市场变化。

随着我国加入WTO和经济全球化的影响，服装业面临着新的机遇和挑战。在新的经营环境和激烈的市场竞争中，企业要想打造国际品牌，打入国际市场，不仅要提高设计、生产管理水平，同时还要提高营销管理水平，使我国服装企业在全球市场中立于不败之地，成为真正的服装大国和服装强国。

服装市场营销创新主要有以下几种发展趋势：

1.4.1　网络营销

市场营销是为创造实现个人和组织的交易，而规划和实施创意、产品、服务构想、定价、促销和分销的过程。网络营销是企业整体营销战略的一个组成部分，是借助于互联网技术来有效地满足顾客的需求与欲望，从而实现企业营销目的的活动。网络营销不受时间和空间限制，在很大程度上改变了传统营销形态和业态。网络营销对企业来讲，提高了工作效率，降低了成本，扩大了市场，给企业带来社会效益和经济效益。相对于传统营销，网络营销具有国际化、信息化和无纸化特点，已成为各国营销发展的趋势。

（1）网络营销产生的基础

科学技术的快速发展和消费者价值观的变革促成了网络营销的产生。21世纪是信息的时代，科技、经济和社会的发展正在迎接这个时代的到来。计算机网络的发展，使信息社会的内涵有了进一步改变。企业利用网络技术促进企业飞速发展。网络营销是以互联网为媒体，以新的方式、方法和理念实施营销活动，更有效地促进个人和组织交易活动的实现。企业如何在如此潜力巨大的市场开展网络营销、占领新兴市场，对企业来说既是机遇又是挑战。

（2）网络营销基本特征分析

公平性：在网络营销中，所有的企业都站在同一条起跑线上。公平性只是意味给不同的公司、不同的个人提供了平等的竞争机会，并不意味着财富分配上的平等。

虚拟性：由于互联网使得传统的空间概念发生变化，出现了有别于实际地理空间的虚拟空间或虚拟社会。

对称性：在网络营销中，互联性使信息的非对称性大大减少。消费者可以从网上搜索自己想要掌握的任何信息，并能得到有关专家的适时指导。

模糊性：由于互联网使许多人们习以为常的边界变得模糊。其中，最显著的是企业边界的模糊、生产者和消费者的模糊以及产品和服务的模糊。

复杂性：由于网络营销的模糊性，使经济活动变得扑朔迷离，难以分辨。

垄断性：网络营销的垄断是由创造性破坏形成的垄断，是短期存在的，因为新技术的不断出现，会使新的垄断者不断取代旧的垄断者。

多重性：在网络营销中，一项交易往往涉及到多重买卖关系。

快捷性：由于互联网使经济活动产生了快速运行的特征，你可以迅速搜索到所需要的任何信息，对市场作出及时反应。

正反馈性：在网络营销中，由于信息传递的快捷性，人们之间产生了频繁、迅速、剧烈的交互作用，从而形成不断强化的正反馈机制。

全球性：由于互联网超越了国界和地区的限制，使得整个世界的经济活动都紧紧联系在一起。信息、货币、商品和服务的快速流动，大大促进了世界经济一体化的进程。

1.4.2 定制营销

由于客户的个别需求会经常变化，企业的营销战略必须及时调整。定制营销，是指企业在大规模生产的基础上，将每一位顾客都视为一个单独的细分市场，根据个人的特定需求来进行市场营销组合，以满足每位顾客的特定需求的一种营销方式。现代的定制营销与以往的手工定做不同，定制营销是在简单的大规模生产不能满足消费者多样化、个性化需求的情况下出现的，其最突出的特点是根据顾客的特殊要求来进行产品生产。

与传统的营销方式相比，定制营销主要有以下优点：

① 能极大地满足消费者的个性化需求，提高企业的竞争力。如，海尔的“定制冰箱”服务已充分说明这一点。

② 以销定产，减少了库存积压传统的营销模式中，企业通过追求规模经济，努力降低单位产品的成本和扩大产量来实现利润最大化。这在卖方市场中当然是很有竞争力的。但随着买方市场的形成，这种大规模的生产产品品种的雷同，必然导致产品的滞销和积压，造成资源的闲置和浪费，定制营销则很好地避免了这一点。企业根据顾客的实际订单来生产，真正实现了以需定产，因而几乎没有库存积压，大大加快了企业资金的周转速度，同时也减少了社会资源的浪费。

③ 有利于促进企业的不断发展，创新是企业永葆活力的重要因素。但创新必须与市场及顾客的需求相结合，否则将不利于企业的竞争与发展。传统的营销模式中，企业的研发人员通过市场调查与分析来挖掘新的市场需求，继而推出新产品。这种方法受研究人员能力的制约，很容易被错误的调查结果所误导。

而在定制营销中，顾客可直接参与产品的设计，企业也根据顾客的意见直接改进产品，从而达到产品、技术上的创新，并能始终与顾客的需求保持一致，从而促进企业的不断发展。

1.4.3 品牌营销

品牌营销是指企业通过利用消费者的品牌需求，创造品牌价值，最终形成品牌效益的营销策略和过程。也是通过市场营销运用各种营销策略使目标客户形成对企业品牌和产品、服务的认知过程。品牌营销从高层次上把企业的形象、知名度、良好的信誉等展示给消费者或者顾客，从而在顾客和消费者的心目中形成对企业的产品或者服务品牌形象，这就是品牌营销。简单来说，品牌营销就是把企业的品牌深刻地映入消费者的心中。

品牌营销的前提是产品要有质量上的保证，这样才能得到消费者的认可。品牌建立在有形产品和无形服务的基础上。有形是指产品的新颖包装、独特设计、以及富有象征吸引力的名称等。而服务是在销售过程当中或售后服务中给顾客满意的感觉，让顾客体验到做真正“上帝”的幸福感。让他们始终觉得选择买这种产品的决策是对的。买得开心，用得放心。纵观行情，以现在的技术手段推广来看，目前市场上的产品质量其实已差不多，从消费者的立场看，他们看重的往往是商家所能提供的服务多寡和效果如何。从长期竞争来看，建立品牌营销是企业长期发展的必要途径。对企业而言，既要满足自己的利益，也要顾及顾客的满意度，注重双赢，赢得终身顾客。品牌不仅是企业、产品、服务的标识，更是一种反映企业综合实力和经营水平的无形资产，在商战中具有举足轻重的地位和作用。对于一个企业而言，唯有运用品牌，操作品牌，才能赢得市场。加入 WTO 后，国外跨国公司与知名品牌将大举进入我国市场，我国企业和产品与世界知名品牌的企业和产品在同一市场角逐，产品的竞争实际已过渡到品牌的竞争。因此，积极开展品牌营销，对于我国企业是当务之急。

1.4.4 绿色营销

所谓“绿色营销”，是指社会和企业在充分意识到消费者日益提高的环保意识和由此产生的对清洁型无公害产品需要的基础上，发现、创造并选择市场机会，通过一系列理性化的营销手段来满足消费者以及社会生态环境发展的需要，实现可持续发展的过程。绿色营销的核心是按照环保与生态原则来选择和确定营销组合的策略，是建立在绿色技术、绿色市场和绿色经济基础上的、对人类的生态关注给予回应的一种经营方式。绿色营销不是一种诱导顾客消费的手段，也不是企业塑造公众形象的“美容法”，它是一个导向持续发展、永续经营的过程，其最终目的是在化解环境危机的过程中获得商业机会，在实现企业利润和消费者满意的同时，达成人与自然的和谐相处，共存共荣。

绿色营销只是适应21世纪的消费需求而产生的一种新型营销理念，也就是说，绿色营销还不可能脱离原有的营销理论基础。因此，绿色营销模式的制定和方案的选择及相关资源的整合还无法也不能脱离原有的营销理论基础，可以说绿色营销是在人们追求健康、安全、环保的意识形态下所发展起来的新的营销方式和方法。

经济发达国家的绿色营销发展过程已经基本上形成了绿色需求——绿色研发——绿色生产——绿色产品——绿色价格——绿色市场开发——绿色消费为主线的消费链条。

绿色营销观念是在绿色营销环境条件下企业生产经营的指导思想。传统营销观念认为，企业在市场经济条件下生产经营，应当时刻关注与研究的中心问题是消费者需求、企业自身条件和竞争者状况三个方面，并且认为满足消费需求、改善企业条件、创造比竞争者更有利的优势，便能取得市场营销的成效。而绿色营销观念却在传统营销观念的基础上增添了新的思想内容。与传统的社会营销观念相比，绿色营销观念注重的社会利益更明确定位于节能与环保，立足于可持续发展，放眼于社会经济的长远利益与全球利益。

1.4.5 国际市场营销

国际市场营销是世界经济发展的必然产物，它作为进军国际市场的企业行为，是跨越国界的市场营销活动。换而言之，国际市场营销是一种跨国界的社会和管理过程，是企业通过计划，定价促销和引导，创造产品和价值并在国际市场上进行交换，以满足多国消费者需要和获取利润的活动。

一个企业进入国际市场，由于营销目标、实力以及营销经验不同，国际营销开展的程度也不同，为此可以把国际市场营销分为四个类型。

（1）被动的国际市场营销

这类企业的目标市场在国内，内部未设专业的出口机构，也不主动面向国际市场，只是在国外企业或本国外贸企业求购订货时，产品才考虑进入国际市场。其产品虽进入国际市场，但显然是被动而非主动出击，因此属于最低层次的国际市场营销。

（2）偶然的国际市场营销

这类企业的目标市场仍然在国内，一般也不设立对外出口的机构，但在某一特定情况下却主动面向国际市场。企业偶然面向国际市场，主要是因为某一时期国内市场供过于求、竞争激烈或因其他原因一次性外销产品，视国外市场为短期销售地。当国内供求及竞争趋于缓和时，又转向国内，生产本国市场所需要的产品。

（3）固定的国际市场营销

这类企业的目标市场既有国内市场也有国际市场，一般成立专门的出口机构，甚至在国外成立分销机构。在不放弃国内市场的前提下，制定国际市场营销战略，专门开发国外消费者所需的产品，针对国际市场营销环境，制定国际市场营销组合策略，参与国际竞争，力求建立持久的市场地位。

（4）完全的国际市场营销

这类企业完全把国际市场作为目标市场，甚至把本国市场视为国际市场的一个组成部分。它们一般在本国设立公司总部，在世界各国发展参股比例不等的子公司，并在这些国家从事生产经营活动，其产品、资源在国际市场流通，依靠国际市场获得利润。

以上四个类型，反映了国际市场营销的历史进程，其中前两种类型属于国际市场营销的初级形式，后两种类型则属于国际市场营销的高级形式。由于各个企业处于国际市场营销发展的不同阶段，因而必须据此来确定自己的营销策略，以便达到预期的目标。

1.5 案例

Gap 的网上购装服务

Gap 公司是美国著名的服装零售企业，以销售休闲服为主。1996 年 Gap 公司建立 Gap.com 网站，1997 年底正式推出网上购装服务，尔后向全球消费者销售其服装系列。 建成初期，网上销售业绩就持续增长，因此公司决定与有经验和技术的互联网公司合作，建立内容更活泼且能符合其产品形象的网站，以占领更多的电子贸易市场。

起初，Gap 公司的网上购装服务只限于美国境内的消费者，自 2000 年起，将此网上服务推广至国际市场。 Gap 公司在国际化时，要建立各种不同语言版本的网站，尤其是订购服务部分。

Gap 公司除了提供各类服饰让消费者上网选购外，还利用虚拟技术，提供消费者在网上试衣服务，即消费者可利用现实虚拟技术将虚拟模特儿的外形换成与自己外形相似的模特儿。 然后将已选好的服装“穿”在模特儿身上，以此检验所选购的服装是否符合自己的购买标准。 这样，便如同消费者亲临现场一般，使消费者的消费决策更有可靠的依据。

据零售业分析家 MarciaAaron 指出：Gap 公司网络销售的净利润 1998 年度已经超过最大的网上书店 Amazon，达 31 亿美元，较 1996 年增长了 3 倍。 全球网上购装服务的开展，必然为 Gap 公司带来更多的发展机会。

案例点评

由于服装产品的特殊性，如分类方法众多、号型的差异、不同的打版方式、面料材质的风格等方面的差异，使很多人认为服装不能通过网络销售，通过上述案例，服装网络营销的可能性被证实。

从 Gap 服装成功的网上营销来看，其成功的主要原因一方面在于提供了网上试衣服务，另一方面将网上服务推广至国际市场，建立不同语言版本的服装网站。 尤其是方便实用的网上试衣服务，更具特色。

网上试衣即利用一定的虚拟技术，使消费者在网上购物如身临其境一般，把服装的着穿效果和感觉转化为一种视觉感受，帮助消费者去选择，进而完成购买活动。 网上试衣系统有着非常广阔的应用前景。 在操作过程中，可采取不同的方法。 如，在进入相关的网站之后，在导航栏就可以看到一项 mymodel（自己的模特）的超级链接。 点击 mymodel 后，即进入了能够让网上购买服装者试衣的网上试衣系统。 进入此系统的顾客，在确认自己的性别后，需要选择自己的身体、面部、头发等各项特征参数（如身高、体重等）。 参数选择完毕后，顾客很快就会看到根据刚刚输入的参数生成的三维 model，同时顾客还可以旋转 model 来观看它的侧面和背面，如果顾客不满意的话，可以修改，也可以将 model 保存在网站上，以备以后试穿衣服用。顾客要想看自己穿什么衣服更合适一些，就可以调出款式库，在款式库中选择自己喜欢的衣服款式和颜色，直接点击 up on（试穿），即可看到自己的 model 穿上衣服的效果。

随着一些办公用品（如扫描仪）逐渐进入普通消费者的家庭，产生了另一种网上试衣系统。它的工作过程是这样的：顾客在自己的电脑前通过摄像头或将已有的照片（数码相机中的照片或普通照片经过扫描仪扫描到电脑中）传送到访问的网站上去，试衣系统会自动取得顾客的人体数据，生成三维人体模型。这时，顾客就可以在款式库中挑选自己满意的服装穿在模型身上，另外，顾客还可以通过鼠标拖拽模型观看不同角度的着装效果。这种试衣系统它不需要顾客选择身体参数，只需传送自己的照片就可以了，节省了顾客的宝贵时间。而且，生成的 model 是建立在自己的照片基础上的，因此顾客更容易接受。

网上试衣系统让顾客走进了一个虚拟的试衣间，顾客可以像商场中购物一样，只需选中喜欢的衣服，然后就可以在虚拟的试衣间中进行试穿。它改变了以往网上购物的单调形式，让顾客体验到了“试穿”的效果，这是一个巨大进步。同时，随着互联网的飞速发展，网络用户的数量在急剧增长，网上试衣系统会拥有自己巨大的顾客群体。Gap 公司正是采用这样的技术，吸引了大量的顾客。

由此可以看出，随着社会的发展和进步，网上营销将是未来营销渠道的主流。而且随着人们生活节奏的日益加快，服务水准的不断提高，服装网上的销售是完全可行的。

案例来源：宁俊，李淑珍. 服装营销管理教学案例. 中国纺织出版社，2004

思考练习题

1. 试述服装业在社会发展和世界经济中的地位。
2. 试述服装营销管理的过程。
3. 试述 21 世纪的服装营销创新方式。

第 2 章 服装营销战略与规划

知识要点

1. 服装营销战略的含义及步骤；
2. 服装营销的 SWOT 分析；
3. 服装营销计划制定。

本章内容提要

市场营销战略对于保证企业总体战略的实施起着关键作用，制定营销战略对于企业是非常迫切和必要的。本章 2.1 介绍了市场营销战略的含义与制定步骤。2.2 介绍了服装营销的 SWOT 分析。2.3 介绍了服装营销计划的制定。

2.1 服装营销战略

2.1.1 市场营销战略的含义

市场营销战略是企业市场营销部门根据战略规划，在综合考虑外部市场机会及内部资源状况等因素的基础上，确定目标市场，选择相应的市场营销策略组合，并予以有效实施和控制的过程。

市场营销战略作为一种重要战略，其主旨是提高企业营销资源的利用效率，使企业资源的利用效率最大化。由于营销在企业经营中的突出战略地位，使其连同产品战略组合在一起，被称为企业的基本经营战略，对于保证企业总体战略的实施起着关键作用，尤其是对处于竞争激烈的企业，制定营销战略更显得非常迫切和必要。市场营销战略，包括两个主要内容：一是选定目标市场；二是制订市场营销组合策略，以满足目标市场的需要。根据购买对象的不同，将顾客划分为若干种类，以某一类或几类顾客为目标，集中力量满足其需要，即确定目标市场，这是市场营销首先应当确定的战略决策。目标市场确定以后，就应当针对这一目标市场，制定出各项市场经营策略，以争取这些顾客。市场营销战略具有以下几个特点：

（1）全局性与整体性

战略研究的是全局问题，不是某一个功能领域或某一项业务。战略的实现需要企业各个职能部门协同作战，不是单一部门、单一功能就能实现的。战略追求的是整体效益而不是单一部门或单一环节的效益。

（2）长远性

战略着眼于未来 5～15 年的长远目标，而不只是谋划企业眼前的目标。因此，市场营销战略把握企业经营大方向和基本发展趋势，保障企业持续成长与长远利益。

（3）科学性与现实性

营销战略的制订，必须有科学的理论与方法支持，同时需要充分分析企业营销的内部资源与外部环境。

（4）稳定性与灵活性

在环境与资源不变的条件下，企业的营销战略具有稳定性但由于未来环境的不确定性及企业内部资源变化，企业的营销战略也会根据外部环境与内部资源的变化进行适应性调整，尽可能使战略风险降到最低。

2.1.2 市场营销战略的步骤

企业营销管理过程是市场营销管理的内容和程序的体现，是指企业为达成自身的目标辨别、分析、选择和发掘市场营销机会，规划、执行和控制企业营销活动的全过程。

企业市场营销管理过程包含着下列四个相互紧密联系的步骤：分析市场机会，选择目标市场，确定市场营销策略，市场营销活动管理。

（1）分析市场机会

在竞争激烈的买方市场，有利可图的营销机会并不多。企业必须对市场结构、消费者、竞争者行为进行调查研究，识别、评价和选择市场机会。

企业应该善于通过发现消费者现实的和潜在的需求，寻找各种“环境机会”，即市场机会。而且应当通过对各种“环境机会”的评估，确定本企业最适当的“企业机会”的能力。

对企业市场机会的分析、评估，首先是通过有关营销部门对市场结构的分析、消费者行为的认识和对市场营销环境的研究。还需要对企业自身能力、市场竞争地位、企业优势与弱点等进行全面、客观的评价。还要检查市场机会与企业的宗旨、目标与任务的一致性。

（2）选择目标市场

对市场机会进行评估后，对企业要进入的某个市场或者某个市场的某个部分，要研究和选择企业目标市场。目标市场的选择是企业营销战略性的策略，是市场营销研究的重要内容。企业首先应该对进入的市场进行细分，分析每个细分市场的特点、需求趋势和竞争状况，并根据本公司优势，选择自己的目标市场。

企业选择目标市场后，还要进行市场定位，制定目标市场定位战略。市场定位就是把自己的产品确定在目标市场的一定位置上，以确定产品在目标市场上的竞争地位，使企业产品在目标市场上和消费者心目中是与众不同的，有吸引力的，其有助于企业树立“产品形象”和“企业形象”。

（3）确定市场营销策略

企业营销管理过程中，制定企业营销策略是关键环节。企业营销策略的制定体现在市场营销组合的设计上。为了满足目标市场的需要，企业对自身可以控制的各种营销要素如质量、包装、价格、广告、销售渠道等进行优化组合。重点应该考虑产品策略、价格策略、渠道策略和促销策略，即“4Ps”营销组合。

随着经营环境的变化、市场竞争的加剧、政府干预的加强和贸易保护主义的再度兴起，营销理论有了新的发展，营销组合除了四个P(产品、价格、渠道、促销)以外，还应加上两个P，即权力(Power)和公共关系(Public Relation)，成为

"6Ps"。 菲利普·科特勒教授把这种策略思想称为大市场营销。 近年又有人提出了"4Cs"为主要内容的市场营销组合。

（4） 市场营销活动管理

企业营销管理的最后一个程序是对市场营销活动的管理，营销管理离不开营销管理系统的支持，需要以下三个管理系统支持。

① 市场营销计划

既要制定较长期战略规划，决定企业的发展方向和目标，又要有具体的市场营销计划，具体实施战略计划目标。

② 市场营销组织

营销计划需要有一个强有力的营销组织来执行。 根据计划目标，需要组建一个高效的营销组织结构，需要对组织人员实施筛选、培训、激励和评估等一系列管理活动。

③ 市场营销控制

在营销计划实施过程中，需要控制系统来保证市场营销目标的实施。 营销控制主要有企业年度计划控制、企业盈利控制、营销战略控制等。

营销管理的三个系统是相互联系，相互制约的。 市场营销计划是营销组织活动的指导，营销组织负责实施营销计划，计划实施需要控制，保证计划得以实现。

2.1.3 知识经济时代的市场营销战略

根据知识经济时代的基本特征，市场营销的基本战略可归结为如下几条：

（1） 创新战略

创新是知识经济时代的灵魂。 知识经济时代为企业创新提供了极好的外部环境。 创新作为企业营销的基本战略，主要包括以下几个方面。

① 观念创新

知识经济对人类旧的传统观念是一种挑战，也对现代营销观念进行着挑战。为了适应新的经济时代，使创新战略卓有成效，必须树立新观念，即以观念创新为先导，带动其他各项创新齐头并进。

首先要正确认识和理解知识的价值。 知识不仅是企业不可缺少的资源，也是企业发展的真正动力源。同时，在市场经济条件下，知识本身又是商品，也具有价值。其次，要有强烈的创新意识，自觉地提高创新能力。不创新，只能是山穷水尽，走绝路；创新是提高企业市场营销竞争力的最根本最有效的手段。营销创新不是企业个别人的个别行为，而是涉及企业全体员工的有组织的整体活动。

② 组织创新

组织创新包括企业的组织形式、管理体制、机构设置、规章制度等广泛的内容，它是营销创新战略的保证。这方面要做的工作还十分艰巨，例如，组织形式上，许多企业还没有完成现代公司制的改造，旧的组织形式在某种程度上成为企业创新的羁绊。机构设置的不合理，分工过细，都不利于创新。

③ 技术创新

随着科技进步的加快，新技术不断涌现，技术的寿命期趋于缩短，技术创新是企业营销创新的核心。一般来说，大中型企业都要有自己的研究开发机构。要不断开发新技术，满足顾客的新需求，即使传统产品，也要增加其技术含量。

④ 产品创新

技术创新最后要落实到产品创新上，所以产品创新是关键。由于技术创新频率加快，所以新产品的市场寿命期也越来越短。

⑤ 市场创新

市场是复杂多变的。消费者未满足的需求是客观存在的。营销者要善于捕捉市场机会，发现消费者新的需求，寻求最佳的目标市场。我国现在有许多企业不注重市场细分，看不到消费者需求的差异性，把全国各地都看成是自己的市场，因而在市场创新中缺乏针对性，导致营销效果和竞争力的降低。在市场创新中，要在科学地细分市场的基础上，从对消费者不同需求的差异中找出创新点，这是至关重要的。

总之，在知识经济时代，创新战略是企业生存发展的生命线。观念创新是先导，组织创新是保证，技术创新是核心，产品创新是关键，市场创新是归宿。

（2）人才战略

创新是知识经济时代的灵魂和核心，但创新需要高素质的人才。知识经济时代的竞争，其实质是人与人、人的群体与个人高科技知识、智力、智能的竞争；是人的创新能力、应变能力、管理能力与技巧的综合素质的竞争。人才战略主要包括以下几个方面。

① **人本资源观念**

营销者要牢固树立人才本位思想。 知识经济时代，知识和能力是主要资源。 知识和能力的生命载体是人。 有人才，就能发财。 北京大学方正集团就是极好的例子。 10 年来方正资产增长 7 000 倍。 方正集团的负责人王选说得好，他们靠的就是解决“才和财”的关系。 他们是用才发财，发了财，增长知识再发财。 他们把学者的学术抱负和利润追求结合起来，形成了才和财的良性循环，这是一种真正的知识产业，高技术产业。

② **终身学习观念**

由于知识更新节奏的加快，一个大专毕业生工作 5 年后，将有 50%～60%的知识被更新掉。 因此，对于个人来说，要树立终身学习观念；对企业来说，要树立全员培训观念。

（3）文化战略

企业文化包括企业经营观念、企业精神、价值观念、行为准则、道德规范、企业形象以及全体员工对企业的责任感、荣誉感等。 它不仅是提高企业凝聚力的重要手段，同时，它又以企业精神为核心，把企业成员的思想和行为引导到企业的确定的发展目标上来，它又通过对企业所形成的价值观念、行为准则、道德规范等以文字或社会心理方式对企业成员的思想、行为施加影响、控制。 价值观是企业文化的基石。 许多企业的成功，是由于全体员工能够接受并执行组织的价值观。

知识经济时代企业文化战略的特殊重要性，主要在于知识经济时代所依赖的知识和智慧不同于传统经济所依赖的土地、劳动力与资本等资源，它是深埋在人们头脑中的资源。 知识和智慧的分享是无法捉摸的活动，上级无法监督，也无法强制，只有员工自愿并采取合作态度，他们才会贡献智慧和知识。

（4）形象战略

在信息爆炸的知识经济时代，产品广告、销售信息等很难引起消费者注意和识别，更谈不上留下什么深刻印象。 在此情形下，企业间竞争必然集中到形象竞争上。 形象竞争，企业现在已经在应用，但很多企业并没有足够的重视。 在知识经济时代，广告宣传也随之进入“印象时代”，企业用各种广告宣传和促销手段，不断提高企业声誉，创立名牌产品，使消费者根据企业的“名声”和“印象”

选购产品，正如广告专家大卫奥格威所说："广告是对品牌印象的长期投资。"

2.2 服装营销的SWOT分析

2.2.1 SWOT分析

SWOT是一种战略分析方法，通过对被分析对象的优势、劣势、机会和威胁等加以综合评估与分析得出结论，通过内部资源、外部环境有机结合来清晰地确定被分析对象的资源优势和缺陷，了解对象所面临的机会和挑战，从而在战略与战术两个层面加以调整方法、资源以保障被分析对象的实行以达到所要实现的目标。

SWOT分析法又称为态势分析法，它是由旧金山大学的管理学教授于20世纪80年代初提出来的，是一种能够较客观而准确地分析和研究一个单位现实情况的方法。SWOT分别代表：Strengths（优势）、Weaknesses（劣势）、Opportunities（机遇）、Threats（威胁）。

SWOT分析通过对优势、劣势、机会和威胁的加以综合评估与分析得出结论，然后再调整企业资源及企业策略，来达成企业的目标。SWOT分析已逐渐被许多企业运用到企业管理、人力资源、产品研发等各个方面。

优劣势分析主要是着眼于企业自身的实力及其与竞争对手的比较，而机会和威胁分析将注意力放在外部环境的变化及对企业的可能影响上。在分析时，应把所有的内部因素（即优劣势）集中在一起，然后用外部的力量来对这些因素进行评估。

（1）机会与威胁分析

随着经济、社会、科技等诸多方面的迅速发展，特别是世界经济全球化、一体化过程的加快，全球信息网络的建立和消费需求的多样化，企业所处的环境更为开放和动荡。这种变化几乎对所有企业都产生了深刻的影响。正因为如此，环境分析成为一种日益重要的企业职能。

环境发展趋势分为两大类：一类表示环境威胁，另一类表示环境机会。环境威胁指的是环境中一种不利的发展趋势所形成的挑战，如果不采取果断的战略行为，这种不利趋势将导致公司的竞争地位受到削弱。 环境机会就是对公司行为富有吸引力的领域，在这一领域中，该公司将拥有竞争优势。

（2）优势与劣势分析

识别环境中有吸引力的机会是一回事，拥有在机会中成功所必需的竞争能力是另一回事。 每个企业都要定期检查自己的优势与劣势，这可通过“企业经营管理检核表”的方式进行。 企业或企业外的咨询机构都可利用这一格式检查企业的营销、财务、制造和组织能力。 每一要素都要按照特强、稍强、中等、稍弱或特弱划分等级。

当两个企业处在同一市场或者说它们都有能力向同一顾客群体提供产品和服务时，如果其中一个企业有更高的赢利率或赢利潜力，那么，我们就认为这个企业比另外一个企业更具有竞争优势。 换句话说，所谓竞争优势是指一个企业超越其竞争对手的能力，这种能力有助于实现企业的主要目标——赢利。 但值得注意的是，竞争优势并不一定完全体现在较高的赢利率上，因为有时企业更希望增加市场份额，或者多奖励管理人员或雇员。

竞争优势可以指消费者眼中一个企业或它的产品有别于其竞争对手的任何优越的东西，它可以是产品线的宽度、产品的大小、质量、可靠性、适用性、风格和形象以及服务的及时、态度的热情等。 虽然竞争优势实际上指的是一个企业比其竞争对手有更强的综合优势，但是明确企业究竟在哪一个方面具有优势更有意义，因为只有这样，才可以扬长避短，或者以实击虚。

由于企业是一个整体，而且竞争性优势来源十分广泛，所以，在做优劣势分析时，必须从整个价值链的每个环节上将企业与竞争对手做详细对比。 如产品是否新颖、制造工艺是否复杂、销售渠道是否畅通，以及价格是否具有竞争性等。如果一个企业在某一方面或几个方面的优势正是该行业企业应具备的关键成功要素，那么，该企业的综合竞争优势也许就强一些。 需要指出的是，衡量一个企业及其产品是否具有竞争优势，只能站在现有潜在用户角度上，而不是站在企业的角度上。

企业在维持竞争优势过程中，必须深刻认识到自身的资源和能力，采取适当的措施。 因为一个企业一旦在某一方面具有了竞争优势，势必会引起竞争对手的注意。 一般来说，企业经过一段时期的努力，建立起某种竞争优势；然后就处于维持这种竞争优势的态势，竞争对手开始逐渐做出反应；而后，如果竞争对手直接进攻企业的优势所在，或采取其他更为有力的策略，就会使这种优势受到削弱。

2.2.2 SWOT 分析的主要步骤

（1）分析环境因素

运用各种调查研究方法，分析出公司所处的各种环境因素，即外部环境因素和内部能力因素。外部环境因素包括机会因素和威胁因素，它们是外部环境对公司的发展直接有影响的有利和不利因素，属于客观因素，一般归属为经济的、政治的、社会的、人口的、产品和服务的、技术的、市场的、竞争的等不同范畴；内部环境因素包括优势因素和弱点因素，它们是公司在其发展中自身存在的积极和消极因素，属主动因素，一般归类为管理的、组织的、经营的、财务的、销售的、人力资源的等不同范畴。在调查分析这些因素时，不但要考虑到公司的历史与现状，而且更要考虑公司的未来发展。

（2）构造 SWOT 矩阵

将调查得出的各种因素根据轻重缓急或影响程度等排序方式，构造 SWOT 矩阵。在此过程中，将那些对公司发展有直接的、重要的、大量的、迫切的、久远的影响因素优先排列出来，而将那些间接的、次要的、少许的、不急的、短暂的影响因素排列在后面。

（3）制定行动计划

在完成环境因素分析和 SWOT 矩阵的构造后，便可以制定出相应的行动计划。制定计划的基本思路是：发挥优势因素，克服弱点因素，利用机会因素，化解威胁因素；考虑过去，立足当前，着眼未来。运用系统分析的综合分析方法，将排列与考虑的各种环境因素相互匹配起来加以组合，得出一系列公司未来发展的可选择对策。

2.2.3 服装企业营销对策

（1）服装企业面对机会的对策

对市场机会的分析，还必须深入分析机会的性质，以便服装企业寻找对自身发展最有利的市场机会。

① 环境市场机会与企业市场机会

市场机会实质上是“为满足的需要”。伴随着需求的变换和产品生命周期的演变，会不断出现新的市场机会。但对不同企业而言，环境机会并非都是最佳机会，只有理想业务和成熟业务才是最适宜的机会。

② 行业市场机会与边缘市场机会

企业通常都有其特定的经营领域，出现在本企业经营领域内的市场机会，即行业市场机会，出现于不同行业之间的交叉与结合部分的市场机会，则称之为边缘市场机会。一般来说，边缘市场机会的业务，进入难度要大于行业市场机会的业务，但行业与行业之间的边缘地带，有时会存在市场空隙，企业在发展中也可用以发挥自身的优势。

③ 目前市场机会与未来市场机会

从环境变化的动态性来分析，企业既要注意发现目前环境变化中的市场机会，也要面对未来，预测未来可能出现的大量需求或大多数人的消费倾向，发现和把握未来的市场机会。

（2）服装企业面对环境威胁的对策

面对环境对企业可能造成的威胁，企业常用的方法有三种：

① 对抗策略，也称抗争策略

即试图通过自己的努力，限制或扭转环境中不利因素的发展。如通过各种方式促使政府通过某种法令或有关权威组织达成某种协议，努力促使某项政策或协议的形成以用来抵消不利因素的影响。

② 减轻策略，也称削弱策略

即企业力图通过改变自己的某些策略，达到降低环境变化威胁对企业的负面影响程度。

③ 转移策略，也称转变或回避策略

即指企业通过改变自己受到威胁的主要产品的现有市场或将投资方向转移来避免因环境变化对企业的威胁。包含以下不同的“转移”，即企业原有销售市场的转移；企业往往不仅限于目标市场的改变，而是常常作为自身行业方面的调整；企业依据营销环境的变化，放弃自己原有的主营产品或服务，将主要力量转移到另一个新的行业中。

2.3 服装营销计划制定

企业营销计划是指，在对企业市场营销环境进行调研分析的基础上，制定企业及各业务单位对营销目标以及实现这一目标所应采取的策略、措施和步骤的明确规定和详细说明。制定一个完整、具体并切实可行的营销计划，是实现企业经营战略和策略的前提。同时，营销计划也是企业在实现经营目标过程中不可缺少的行动纲领和依据。

2.3.1 营销计划制定的过程

市场营销计划既然是营销战略的具体化和细化的方案，那么，它和营销战略之间的关系是相辅相成、不可分割的。营销战略是在宏观层面上，对企业总体经营战略所做的全面的、长期的和方向性的规划，它覆盖企业经营活动的各个方面。而营销计划是在基础层面上，对企业各项营销活动所做的详尽的、短期的和可操作的计划。

营销计划制定的过程就是企业根据自身所处的营销环境，整合企业的资源和能力，规划企业的基本任务、目标及业务组合，使企业同不断变化着的市场营销环境之间保持和加强一种战略适应性的过程。

营销计划制定通常由八个步骤组成，下面分别对每个步骤进行讨论。

（1）业务使命确定

每个业务单位都需要在较为广泛的公司使命中确定其具体使命。只有通过对市场情况、消费者需求、竞争产品和经销商进行深入调查，来充分掌握企业和产品的情况，才能确定业务使命，为以后的策划打下基础。

（2）外部环境分析

业务单位必须监控影响其获利能力的关键宏观环境因素（经济、技术、政治、法律和社会文化）与微观环境因素（顾客、竞争对手、分销商和供应商）。对于每种趋势和发展，管理层都需要认清相关的营销机会和威胁。

营销机会是指公司有利可图的购买者需求领域，例如，使购买过程更有效或提供更多的信息和建议。营销机会有三个主要来源。第一个来源是提供供应短缺的物品。第二个来源是以新的或更好的方式提供已有的产品或服务，可以向顾客征询建议，也可以让顾客想象供应品的理想状态，还可以描绘其获取、使用和处置一项产品的步骤。第三个来源通常是提供全新的产品或服务。

然后，公司应用市场机会分析，通过提出下述五个问题，来决定每个机会的吸引力和成功的可能性：

① 机会所带来的利益能与一个明确的目标市场相连吗？

② 通过具有成本效率的媒介和贸易渠道能够找到目标市场并进行接触吗？

③ 公司具有提供顾客利益所需的能力和资源吗？

④ 公司能够比实际和潜在的竞争对手更好地提供顾客利益吗？

⑤ 财务回报率会达到或超过公司投资的底线要求吗？

环境威胁是指由不利的外部趋势或发展所带来的挑战，在缺乏防御性营销行动的情况下，这种不利的趋势或发展将导致销售额和利润的恶化。环境威胁可以根据其严重性和发生的可能性进行分类。小的威胁可以被忽视，较为严重的威胁需要密切关注，大的威胁需要制定意外事故计划，明确必要时公司能够采取的措施。

（3）内部环境分析

识别环境中有吸引力的机会是一回事，具备能成功把握这些机会的竞争力是另一回事。因此，每种业务必须对营销、财务、生产和组织能力的优势和劣势进行评估。公司没必要纠正它的所有劣势，也不应对优势感到心满意足。最大的问题是该项业务是应该只局限在那些已拥有必要优势的机会中，还是应该寻找更好的机会去获取和发展某些优势。

有时候，一项业务因为部门间无法作为一个团队密切合作而表现不好，所以，把对部门间工作关系的评估作为内部环境审计工作的一部分就显得非常重要。例如，霍尼韦尔公司要求各部门每年都要对本部门的优势和劣势进行评价，还要对其他相关部门的优劣势进行评价。这种观念就是将每个部门看作其他部门的供应商或顾客。如果一个部门出现伤害其“内部顾客”的劣势，公司将对其进行修正。

（4）目标制定

一旦公司进行了 SWOT 分析，就可以在被称作目标制定的过程中为规划期设定具体的目标。为了使其更加有效，目标必须：

① 按等级进行安排，指导部门和个人将业务从大的目标转到具体目标。

② 在任何可能的情况下，应用定量的方法进行表述。

③ 是切实可行的。

④ 是一致的。

其他重要的因素包括短期利润和长期发展之间的平衡；对现有市场深入渗透和开发新市场之间的平衡；利润目标和非利润目标之间的平衡；以及高增长和低风险之间的平衡。在这些目标平衡中，每种不同的选择要求有不同的营销战略。

（5）战略形成

目标是一个业务单位想要实现的东西，战略描述了实现目标的行动计划。每个业务战略都是由营销战略加上与其一致的技术战略和资源战略组成。Michael Porter 提出了三种普遍的战略类型，即全面成本领先、差异化和集中化，为战略性思考提供了一个良好的开端。

① 全面成本领先

业务单位精心运作，实现最低的生产和分销成本，以提供低于竞争对手的价格，并赢得更多的市场份额。采用这种战略的公司必须善于工程管理、采购、生产和实物配送；他们不需要太多的营销技能。问题是竞争对手会制定更低的价格，所以如果把所有的希望都放在成本领先上，公司可能会受到伤害。

② 差异化

业务单位把力量集中在为市场上大多数人所看重的一个重要的利益领域，取得出色的业绩，并培育能够强化这一差异的优势。

③ 集中化

业务单位将重点放在一个或多个狭小的细分市场，深入了解这些细分市场，然后在目标市场上采用成本领先战略或差异化战略。

（6）计划制定和执行

业务单位一旦制定了自己的主要战略，就必须制定详细的支持计划。该业务单位要想取得技术领先地位，就必须加强研发部门，网罗技术人才，开发具有领先优势的产品，培训技术销售团队，并利用广告宣传其领先技术。

如果实施很差，再好的营销战略也会被破坏。实际上，按照麦肯锡咨询公司的观点，战略只是管理公司应具备的七个基本要素之一。战略、结构和系统被认为是企业成功的“硬件”，风格、技能、人员和共同的价值观念则是“软件”。具备了这些软件要素后，公司在实施战略时通常能取得更大的成功。

（7）反馈和控制

实施战略时，公司需要对结果进行跟踪，并监测内外环境的新变化。有些环境年复一年稳定不变；有些环境基本按照预计的方式缓慢发展；但其他一些环境以无法预料的方式迅速、显著的变化。不管怎样，公司必须牢记：市场将会发生变化。当环境发生变化后，公司就需要审视并修改其实施、规划、战略，甚至目标。

2.3.2 营销计划的结构与基本内容

（1）前言

前言的作用在于引起阅读者的注意和兴趣。前言的文字不能过长，一般不要超过一页，字数应控制在 1 000 字以内。其内容可以集中在以下几个方面：

首先，可以简单提一下接受营销策划委托的情况。如，××公司接受××公司的委托，就××年度的营业推广计划进行具体策划。

接下来要重点叙述为什么要进行这样一个策划，即把此策划的重要性和必要性表达清楚，这样就能吸引读者进一步去阅读正文。如果这个目的达到了，那么前言的作用也就被充分发挥出来了。最后部分可以就策划的概略情况，即策划的过程，以及策划实施后要达到的理想状态作简要说明。

（2）目录

目录的作用是使营销策划书的结构一目了然，同时也使阅读者能方便地查寻营销策划书的内容。因此，策划书中的目录不宜省略。

如果营销策划书的内容篇幅不是很多的话，目录可以和前言同列一页。列目录时要注意的是：目录中所标的页码不能和正文的页码有出入，否则会增加阅读者的麻烦。

因此，尽管目录位于策划书中的前列，但实际操作时往往是等策划书全部完成后，再根据策划书的内容与页码来编写目录的。

（3）概要提示

为了使阅读者对营销策划内容有一个非常清晰的概念，使阅读者立刻对策划者的意图与观点予以理解，作为总结性的概要提示是必不可少的。换句话说，阅读者通过概要提示，可以大致理解策划内容的要点。

概要提示的撰写同样要求简明扼要，篇幅不能过长，可以控制在一页以内。另外，概要提示不是简单地把策划内容予以列举，而是要单独成一个系统，因此，遣词造句等都要仔细斟酌，要起到一滴水见大海的效果。

概要提示的撰写一般有两种方法，即在制作营销策划书正文前事先确定和在营销策划书正文结束后事后确定。这两种方法各有利弊，一般来说，前者可以使策划内容的正文撰写有条不紊地进行，从而能有效地防止正文撰写的离题或无中心化；后者简单易行，只要把策划书内容归纳提炼就行。采用哪一种方法可由撰写者根据自己的情况来定。

（4）环境分析

这是营销策划的依据与基础，所有营销策划都是以环境分析为出发点。环境分析一般应在外部环境与内部环境中抓重点，描绘出环境变化的轨迹，形成令人信服的依据资料。

环境分析的整理要点是明了性和准确性。所谓明了性是指列举的数据和事实要有条理，使人能抓住重点。在具体做环境分析时，往往要收集大量的资料，但所收集的资料并不一定都要放到策划书的环境分析中去，因为过于庞大复杂的资料往往会减弱阅读者的阅读兴趣。如果确需列入大量资料，可以用“参考资料”的名义列在最后的附录里。因此，做到分析的明了性是策划者必须牢记的一个原则。

所谓准确性是指分析要符合客观实际，不能有太多的主观臆断。任何一个带有结论性的说明或观点都必须建立在客观事实基础上，这也是衡量策划者水平高低的标准之一。

（5）机会分析

这一部分可以把它和前面的环境分析看作是一个整体。而实际上在很多场合，一些营销策划书也确实是如此处理的。在这里，要从上面的环境分析中归纳出企业的机会与威胁、优势与劣势，然后找出企业存在的真正问题与潜力，为后面的方案制定打下基础。企业的机会与威胁一般通过外部环境的分析来把握；企业的优势与劣势一般通过内部环境的分析来把握。在确定了机会与威胁、优势与劣势之后，再根据对市场运行轨迹的预测，就可以大致找到企业的问题所在了。

（6）战略及行动方案

这是策划书中的最主要部分。在撰写这部分内容时，必须非常清楚地提出营销目标、营销战略与具体行动方案。这里可以用医生为病人诊断的例子来说明。医生在询问病情、查看脸色、把脉以及各种常规检查后（这可以看作是进行环境分析和机会分析），必须对病人提出治疗的方案。医生要根据病人的具体情况为其设定理想的健康目标（如同营销目标）、依据健康目标制定具体的治疗方案（如同营销战略与行动方案）。因此，“对症下药”及“因人制宜”是治疗的基本原则。所谓“因人制宜”是指要根据病人的健康状况，即承受能力下药，药下得太猛，病人承受不了，则适得其反。

在制定营销战略及行动方案时，同样要遵循上述两个基本原则。常言道：“欲速则不达。”在这里特别要注意的是避免人为提高营销目标以及制定脱离实际难以施行的行动方案。可操作性是衡量此部分内容的主要标准。在制定营销方案的同时，还必须制定出一个时间表作为补充，以使行动方案更具可操作性。

（7）营销成本

营销费用的测算不能马虎，要有根据。像电台广告、报纸广告的费用等最好列出具体价目表，以示准确。如价目表过细，可作为附录列在最后。在列成本时要区分不同的项目费用，既不能太粗，又不能太细。用列表的方法标出营销费用也是经常被运用的，其优点是醒目。

（8）行动方案控制

此部分的内容不用写得太详细，只要写清楚对方案实施过程的管理方法与措施即可。另外，由谁实施，也要在这里提出意见。总之，对行动方案控制的设计要有利于决策的组织与施行。

（9）结束语

结束语主要起到与前言的呼应作用，使策划书有一个圆满的结束，而不致使人感到太突然。结束语中再重复一下主要观点并突出要点是常见的。

（10）附录

附录的作用在于提供策划客观性的证明。因此，凡是有助于阅读者对策划内容的理解、信任的资料都可以考虑列入附录。但是，为了突出重点，可列可不列的资料还是不列为宜。作为附录的另一种形式是提供原始资料，如消费者问卷的样本、座谈会原始照片等图像资料等等。附录也要标明顺序，以便寻找。

2.4 案例

两家宁波服装企业的"殊途"与"同归"

（1）杉杉的多样化成长战略

1989年郑永刚接手雨港服装厂开始创业，5年时间将杉杉品牌做成了国内最大的男装品牌。从1993～1999年，杉杉西服在中国市场占有率连续7年第一，最高时占有整个市场份额的37%。从2000年开始与杉杉同城发展起来的雅戈尔迅速崛起，取代杉杉成为了市场占有率第一位的男装品牌。此时，郑永刚向自己的阵地发起了一系列的"冲击"。郑永刚的设想是：像NIKE那样，只专注于品牌的经营，加工外包和借助特许加盟商之手来使杉杉脱离销售、生产环节。郑永刚认为服装行业的"最具核心价值"环节在于品牌营运及服装设计。

① 剥离产销

杉杉的服装工厂，曾经是郑永刚的创业起点，也是郑永刚最早进行改革"冲锋"的对象之一。1997年建成的杉杉工业城拥有全资建设的5家服装加工厂。郑永刚认为，从工业制造到品牌管理，是国际服装产业走过的一条路，劳动密集型产业向知识密集型产业转型的过程是大势所趋，杉杉现在做的事情是结合中国国情和中国产业发展情况相结合的产物，目前国内制造领域的竞争已经非常激烈，在制造领域很难保持自己的优势，应该专注于附加值高的品牌设计等环节。随后杉杉在宁波全资建立的 5 家服装加工厂的控股权和具体运营权全部被转移给外资公司或个人，杉杉不再直接介入日常管理。 这样做的好处是杉杉的产品既可以让自己的工厂来加工，也可以外包；而这些厂既可以承接杉杉的订单，也可以做 OEM 业务。

以前杉杉一直使用自己建立起来的营销渠道，当时为了建立这一渠道耗资数亿元，但是渠道中存在严重的库存问题，而每年库存不得不打折销售，损失惨重。从 1999～2002 年初，杉杉用了 3 年时间，割舍了原先自建的营销渠道，解散了销售公司，代之以特许加盟销售体系。 渠道的改革，很快使杉杉的库存大幅度降低。 但郑永刚的这种国际接轨的方式，并没有使得杉杉摆脱在西服领域的下滑势头。“很多人认为我们在服装领域不行了，”郑永刚说，“其实是他们停留在过去的成功经验上，没有看到市场在发生变化。”郑永刚解释，以前的服装是工业化大规模生产，这种模式在日渐成熟的市场里，将越来越受到挑战。“我们很早就开始订单生长，零库存管理。”郑永刚说，“而且中国以后的服装市场，肯定也会走这条路。”

② 多品牌运营

郑永刚认为，进入买方市场后，一个品牌只能服务于一个相对有限的消费群体，不可能“垄断”市场。 国外的品牌都有一个特定的人群。 于是杉杉也开始了多品牌战略，在杉杉的网站上，除了杉杉品牌，出现了类似于法涵诗、麦斯奇来、 法思迪萨、菲荷、梵尚、意丹奴等众多品牌。 而且很大一个特点，就是这些品牌和杉杉并没有什么特定的联系，完全是新的品牌。 杉杉集团目前拥有 19 个品牌。 郑永刚规划了自己的品牌目标，即到 2010 年拥有 30 个左右的品牌，其中 60%是国际品牌。

③ 多元化投资

在拿下了内部改革的阵地以后，郑永刚开始在新的投资领域“左冲右突”。2000 年，杉杉参股由某单位控股的上市公司长春热缩（600100. SH，现更名为中科英华）。 2002 年 5 月，该单位主动出让一些股份给杉杉，杉杉成为了第一大股东。 郑永刚大笔介入了高科技项目。 现在郑永刚手上有 18 微米铜箔材料、锂离子负极材料、热缩材料、高温压力传感器等四项国家 863 项目。 此外，郑永刚还投资了 CO_2 淬取、生物耗氧菌发酵处理垃圾、纳米面电热材料、超级电容器、 奥思旺材料等 9 个高科技项目。 目前，杉杉集团对高科技领域的累积投资约为 10 亿元,如今旗下已有高科技公司共达 13 家。“技术要在世界范围内领先,或者该项目在国内属于杉杉独创或者杉杉能够居于该领域的龙头位置。”郑永刚说。介入高科技的同时,郑永刚全线出击,将杉杉改造成为一个控股企业。通过成立上海科润创业投资有限公司,郑永刚在购并方面快速扩张,2002 年收购从事外贸的国际合作集团,成立了上海杉杉房地产开发公司。“产业资本完成之后,就必须与金融资本结合。”郑永刚开始进入金融领域。2002 年初,杉杉入股东吴证券公司成为相对大股东。而杉杉还参股了宁波市商业银行和宁波杉立期货经纪公司。

郑永刚认为,大企业,一定要进入大行业。服装产业本身的发展是受到一些限制的。杉杉现在走的路和韩国 LG、三星电子差不多,他们也是做纺织服装起家的。虽然现在三星也还有服装产业,但份额在他们集团里面已经很小了。目前杉杉旗下已经控制着两家国内上市公司,12 家产品开发公司,12 家产业公司,19 家品牌公司。杉杉控股和参股的企业从男装到电池材料,最后延伸到商业银行。在郑永刚心里勾画出了这样一个远景目标:现在服装业务仅仅占杉杉集团整体业务的 50%左右。杉杉集团的主要精力在于发展高科技产业。现在高科技产业占 25%左右,这是杉杉未来发展的重点。杉杉的国际贸易和投资部分占 25%～30%。服装产业是杉杉的基础产业,在这方面,杉杉会更多地推广原创的设计师品牌。杉杉本身品牌将会稳健发展,其主要的想法是一手抓原创品牌,一手抓国际品牌合作。同时,杉杉也会推动品牌的国际化。杉杉集团发展的目标是要成为一个“现代化、国际化大型产业集团”。

(2) 雅戈尔的一体化整合战略

从 2000 年开始与杉杉同在宁波发展起来的雅戈尔迅速崛起,取代杉杉成为了市场占有率第一的男装品牌。与杉杉实行的剥离产销、多品牌运营的战略不同,雅戈尔采取的是一体化整合上下游产业,做大主品牌的战略。目前雅戈尔除了依然在自己的男装领域保持领先以外,又进入了 OEM 服装出口的行列,同时,整合上游面料和下游销售渠道也开始初现成效。

① 整合上游面料

宁波市雅戈尔的国际服装城投资 8 亿元,年产 1 000 万件衬衫和 250 万件西服。由于我国面料的自给率仅为 40%,国内面料还无法替代进口面料。但是雅戈尔生产所需要的高档面料,很多需要进口。这就成了影响雅戈尔成本的重要因素，另外国内很多面料企业把产业纷纷向下游发展，开始进入成衣制造，如此一来，雅戈尔的服装制造空间进一步被压缩。“无奈”之中，李如成决定投资建设纺织城。“最根本的我们还是想找一条自己独创的路，服装的模仿很快，但是面料的模仿要有一个阶段。”李如成说，“雅戈尔做上游纺织的目的不是为了赚钱。但在生产服装过程中我需要什么，上游马上就可以反应什么。”

就在国际服装城的对面，一个投资 10 亿元，规模更大的“纺织城”已经建造完成。纺织城的建成，使得雅戈尔的衬衫面料生产已经成为中国三大面料基地之一。李如成估计，当年雅戈尔纺织方面的盈利可以超过 5 000 万元，第二年将超过 1 亿元。

② 变革下游品牌渠道

在市场竞争日益加强的情况下，渠道竞争成了其中的关键，雅戈尔为此投入了 10 亿元建设渠道，雅戈尔在全国拥有了 100 多家销售分公司，2 000 多个商业销售网点，其中包括 300 多家自营专卖店，1 000 余家商场专厅等组成的庞大的营销网络。谈到渠道，李如成说：“建设渠道投入了大量的资金，但至少我们保持了自己的市场份额，并且有了自己的渠道，可以进一步发展。”

在雅戈尔的上下游的各个企业里，企业之间互相是一种商业关系。虽然雅戈尔已经做了产、供、销一体化的整合，但是上下游产业矛盾总是存在的，这些在同一个集团内部，更容易协调一点，李如成面临的是如何使得产供销一体化更加有效运作，对于原料、生产和销售三个环节来说，总会有一些矛盾。一个完整的产业链条互相衔接的问题成了李如成最主要的挑战。

案例来源：潘力. 服装市场营销管理. 辽宁：辽宁科学技术出版社，2005

思考练习题

1. 试述市场营销战略的含义与特点。
2. 试述知识经济时代的市场营销战略。
3. 试述 SWOT 分析的主要步骤。
4. 试述服装营销计划制定的过程。

第 3 章 服装营销环境与国际市场

知识要点

1. 市场营销环境的概念；
2. 服装营销微观环境；
3. 服装营销宏观环境；
4. 服装国际市场格局；
5. 国际服装市场需求趋势。

本章内容提要

1. 任何企业都是在一定的营销环境下运行的。 企业的营销环境包括微观环境和宏观环境。

2. 微观环境由六种要素构成。一是企业内部环境，它的部门和结构会影响企业营销管理决策和营销方案的实施；二是供应商，它会影响企业产品的价格、销售和利润；三是营销中介机构，企业需要它分配、销售和推广产品；四是顾客，企业最终为其提供产品和服务；五是竞争者，企业只有识别、分析竞争者，才能为顾客提供更大的价值和更高的满意度；六是公众，各类公众对企业实现营销目标有实际或潜在的影响。

3. 企业也受宏观环境的影响。 宏观环境包括人口环境、经济环境、自然环境、社会文化环境、技术环境和政治法律环境。 人口环境分析主要是分析人口规模和增长率、人口构成、人口地理分布和家庭规模等；经济环境分析的内容是收入、支出、储蓄和信贷；自然环境指对企业产生影响的天然诸要素；社会文化环境主要分析价值观念、教育水平、消费习俗、审美观念等要素；技术环境的迅速变化为企业提供了机会和挑战；政治法律环境分析包括政局的稳定性、政府干预经济的政策以及颁布的各类法规、条例对企业的影响等。

4. 从世界范围看，目前纺织服装贸易已形成三大消费市场、三大制造中心、三大贸易圈的格局。近些年，全球纺织服装产业发展正面临深刻变化，国际服装市场需求不断变化。

营销环境是什么？菲利普·科特勒认为："市场营销环境就是影响企业的市场和营销活动的不可控制的参与者和影响力。"具体地说，就是影响企业的市场营销管理能力，关系到企业能否卓有成效地发展和维持与其目标顾客交易的外在参与者和影响力。环境是企业生存的土壤和条件，服装企业和任何企业一样，都是在一定的营销环境中运行的。营销环境在一直不断地创造新机会和涌现威胁。服装是社会发展的产物，是人们所处的社会环境的集中反映，服装的生产和消费离不开特定的环境，环境对服装企业的影响重大，这就要求服装企业重视营销环境的研究，扬长避短，制定有效的市场营销战略，实现企业市场营销目标。

营销环境可以划分为宏观环境和微观环境。宏观环境是企业外部的社会环境，它是企业不可控制的因素，是制约和影响企业行为的社会力量，如经济、文化、科技、自然环境等。微观环境是与企业整个营销活动过程密切相关的，影响其为顾客服务能力的各种参与者，即企业、供应商、营销中间商、顾客、竞争者和公众等。宏观环境和微观环境是市场营销环境体系中的不同层次，它们相互作用，相互影响。

3.1 服装营销微观环境

服装企业的微观环境是指对服装企业生产经营活动产生直接影响的要素。企业内部、供应商、营销中间商、顾客和竞争者这些要素构成企业的微观环境。

3.1.1 企业内部

在制定营销计划时，营销部门要考虑企业的其他部门，如高层管理部门、财务部门、采购和会计部门等。所有这些相互联系的部门构成了企业的内部环境(图3-1)。各个部门的目标是否一致,分工是否科学,协作是否和谐,都会影响企业的营销管理决策和营销方案的实施。

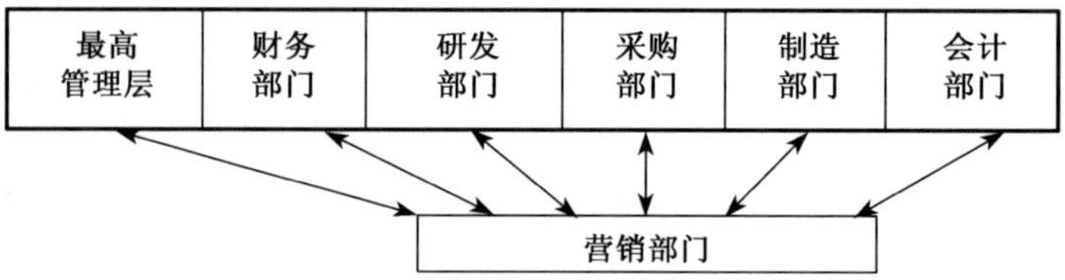

图3-1 企业内部环境示意图

企业高层管理部门负责制定企业的目标、战略和政策,营销部门根据高层管理部门的政策来制定营销方案,并且经过最高管理层同意后实施方案。在方案实施过程中,营销部门必须与企业的其他部门密切合作。如研发部门设计、开发符合方案要求的产品,采购部门负责供给生产所需的原材料,制造部门生产合格优质的产品,财务部门负责资金的筹集,会计部门对收入和成本进行核算等。这些部门对营销方案能否顺利实施都能产生影响,只有各个部门精诚合作,以顾客需求为中心,才能给顾客提供满意的产品和服务。

3.1.2 供应商

供应商是指为企业及其竞争者提供生产经营所需资源的企业或个人,包括提供原材料、设备、能源、劳务和其他用品等。由于供应状况对营销活动具有重大影响,所以供应商的选择尤为重要。服装企业在选择供应商时,应选择质量、价格、运输、承担风险等方面条件最好的供应商,因为供应商所提供资源(如面料、辅料或设备)的价格和质量,直接影响企业生产服装的质量、价格、销售和利润,若供应短缺,将影响企业不能按期完成生产和销售任务。因此,很多服装企业都与供应商建立长期、稳定的关系,这对企业来说是必要的。另一方面,服装企业也应注意要与多个原材料的供应商保持联系,而不要过分地依赖于任何单一供应者,以免受其控制。

3.1.3 营销中间商

企业在营销过程中需要借助各种社会中介机构的力量,帮助企业分配、销售、推广企业的产品。这些中介机构包括中间商、实体分配机构、营销服务机构、金融中间机构等。

（1）中间商，包括代理中间商和买卖中间商

① 代理中间商

即专门介绍客户或协助签订合同但不拥有商品所有权的中间商，主要职能是促成商品的交易，以此取得佣金收入。

② 买卖中间商

即从事商品购销活动，并对所经营的商品拥有所有权的中间商。如批发商、零售商等，他们通过购销差价获取利润。

（2）实体分配公司

这类公司协助服装生产企业储存并把货物运送至目的地。实体分配包括包装、运输、仓储、装卸、搬运、库存控制和订单处理等方面。

（3）营销服务机构

这类机构包括营销研究公司、广告代理商、传播媒介公司等。他们帮助服装企业推出和促销其产品。如果企业决定接受这类机构的服务时，必须认真选择，因为每个机构的服务质量、价格等方面的差别较大。

（4）金融中间机构

金融中间机构帮助企业进行金融交易，降低商品买卖中的风险。如银行、保险公司等。

3.1.4 顾客

顾客是指企业最终为其提供产品和服务的目标市场。顾客的需求是企业制定营销策略的出发点和归宿。不同企业面对的顾客即目标市场是不同的。顾客市场有五种类型，即消费者市场、生产者市场、中间商市场、非赢利组织市场和国际市场。

（1）消费者市场

消费者市场是由个人和家庭组成的，他们购买产品和服务是为了个人消费。服装属于人们的日常消费品，消费者市场是服装企业庞大的市场。

（2）生产者市场

生产者购买产品或服务是为了进一步加工或在生产过程中使用。

（3）中间商市场

中间商购买产品的目的是为了转卖，以获取利润，如批发商。

（4）非赢利组织市场

为提供公共服务或转赠需要者而购买商品和服务的政府机构和非赢利组织。

（5）国际市场

国际市场是由其他国家的购买者构成的，包括消费者、生产者、中间商和政府。

以上每个市场都各有特点，企业应根据自己的实际情况和消费者需求特点划分市场，选择确实适合自己的目标市场。然后根据目标市场的顾客特点来制定营销策略。

3.1.5 竞争者

企业往往是在许多竞争者的包围和制约下从事营销活动，服装企业也不例外。一个企业要想成功，必须为顾客提供比其他竞争者更大的价值和更高的美誉度。因此识别竞争者、了解竞争者对服装企业非常重要。

（1）竞争者类型

每一个服装企业在其经营活动中都将面临四种类型的竞争者。

① 愿望竞争者

即提供不同产品以满足不同需求的竞争者，如家电、家具、电脑或其他日常用品的生产企业是服装生产企业的愿望竞争者，他们之间的竞争在于吸引顾客首先购买本企业的产品。

② 一般竞争者

即提供不同产品以满足相同需求的竞争者，如棉大衣、羽绒大衣、毛料大衣都能满足防寒保暖的需要，各种大衣生产者之间相互为对方的一般竞争者。

③ 产品形式竞争者

即生产同类产品但产品的规格、型号、款式都不同的竞争者，如生产不同款式、质地、档次、规格、型号职业女装的不同企业就互为产品形式竞争者。

④ 品牌竞争者

即生产相同规格、型号的同种产品，但品牌不同的竞争者，如男士西服有“顺美”、“雅戈尔”、“阿玛尼”、“威克多”等品牌，这些品牌的生产者之间就互为品牌竞争者。

（2）竞争者分析

对竞争者的分析有利于服装企业更进一步了解竞争者状况。竞争者分析的内容很广泛，大体包括以下几个方面：

① 产品的研究和开发

包括了解竞争者在产品研发方面的资金投入状况、产品研发的进展状况等。

② 产品制造过程

了解竞争者的产品的生产过程、生产工艺，从而判断其产品的成本和质量。

③ 采购

主要是分析竞争者的购买方式、购买条件等。

④ 市场

分析和评价竞争者的目标市场、产品组合、促销情况等。

⑤ 渠道

销售渠道的选择和设计往往成为企业能否成功营销的关键。所以有必要了解竞争者的渠道、类别、成本、规模和质量等。如有的服装企业选择百货商店，也有的选择专卖店，甚至有的选择综合超市等，不同的选择表明企业采取不同的渠道策略，也反映出企业营销策略的差异。

⑥ 服务

了解竞争者为顾客提供服务的范围和服务质量等。

另外，还可以分析竞争者的财务状况、企业文化等。

分析竞争者的目的，是为了本企业能更好地制定竞争策略，使本企业的产品在顾客心中比竞争者具有更大的优势。

3.1.6 公众

企业的微观环境中也包括各种公众。公众是指对企业实现其市场营销目标构成实际或潜在影响的任何团体和个人。公众有七种类型：

（1）政府公众

政府公众指有关的政府部门。营销管理者在制定营销计划时必须充分考虑政府的发展政策、本行业的发展规划、企业权力的规定等。同时，也要与政府有关部门搞好关系。

（2）金融公众

金融公众指影响企业获得资金能力的机构，如银行、投资公司、保险公司和证券交易所等。

（3）媒介公众

媒介公众主要指报纸、杂志、广播和电视等大众传播媒介。互联网是新兴的大众传播媒介，并且正在大众传播中发挥着越来越重要的作用。这些团体对企业的声誉有举足轻重的作用。

（4）群众团体

群众团体指消费者组织、环境保护组织及其他群众团体。如我国的消费者权益保护协会等。

（5）地方公众

地方公众指企业所在地附近的居民和社区组织。企业在营销活动中，要避免与地方公众利益发生冲突。必要时应指派专人负责处理这方面的问题，并对公益事业做出贡献，以树立良好的企业形象。

（6）内部公众

内部公众指企业内部人员，包括企业各层次、各部门的领导和员工。内部公众的态度也会影响到社会上的公众。

（7）一般公众

一个企业需要了解一般公众对他的产品和活动的态度。企业的“公众形象”对企业的经营和发展是很重要的，要争取在一般公众心目中建立良好的企业形象。

以上这些公众，都与企业的营销活动有直接或间接的关系。现代企业是一个开放的系统，它在经营活动中必然与各方面发生联系，企业应正确认识各类公众，积极开展公益活动，处理好与公众的关系，努力塑造并保持企业良好的信誉和公众形象。

3.2 服装营销宏观环境

服装营销的宏观环境是指对服装企业营销活动提供机会和造成威胁的外部力量，包括人口、自然、经济、政治法律、科学技术和社会文化六大因素。 虽然这些力量有一定的独立性，但营销者必须注意它们之间的相互作用。

一般来说，宏观环境是不可控因素，但企业可以通过对环境的监测，来调整营销策略，以适应环境的变化。 成功的公司能认识环境中尚未被满足的需要和趋势并能作出反应以盈利。 趋势是具有某些势头和持久性的事件的方向或演进。

3.2.1 人口环境

市场营销学认为，市场是由具有一定的购买欲望和购买力所构成的，因而，人口的数量、年龄结构、地理分布、民族构成、婚姻状况、风俗习惯、受教育程度等因素就形成为企业营销活动的人口环境。 服装作为人类生存和某种象征的生活资料，其生产和经营活动与人口环境有着密切的关系，对服装产品的需求结构、消费习惯和消费方式等方面影响比其他产品更为明显，直接关系到服装企业营销活动的变化。 因此，服装企业应密切注视人口特征和发展动向，及时有效地调整营销策略。

（1）人口规模和增长速度

人口规模即人口总数，是影响基本生活资料需要的一个决定性因素。 一个国家或地区人口越多，需求的绝对量就越大。 对服装产品而言，人口总数会直接影响现实的需求及潜在的市场规模。

市场既包括现有市场，也包括未来市场。 了解人口增长速度，可以预测未来市场的发展趋势。

人口增长意味着人类需求的增长，如果有足够的购买力，人口增长意味着市场的扩大；另一方面，人口增长可能导致人均收入下降，市场吸引力降低，从而阻碍经济的发展，影响产品的销售。

（2）人口构成

人口构成包括自然构成和社会构成。 自然构成包括年龄结构、性别比例等。 不同年龄的消费者在价值观、思维方式、行为特点等方面存在着明显差别，对服装消费存在不同需求，形成了以年龄为标志的各类服装市场，如童装市场、青年服装市场、中老年服装市场等。 当前，随着生存条件和医疗水平的改善，人均寿命不断延长，世界上许多国家人口老龄化问题愈来愈突出。 人口老龄化带来一定的社会问题，但对服装企业来说也意味着更多的机会。

社会构成包括民族构成、家庭结构、职业构成和教育程度等。 不同民族和职业的消费者，其风俗习惯、经济收入、社交范围、居住环境、消费方式等存在差异，因此对服装的品种、款式、色彩、品牌等需求存在较大的差异。 家庭是社会的细胞，也是商品购买和消费的基本单位。 一个市场拥有家庭单位和家庭平均成员的多少以及家庭组成状况等，对市场需求都有重要的影响。 在我国，家庭结构变化的主要特征是向小型化趋势发展，同时家庭的特征也有一些变化，如单身户的增加等。 人们受教育程度的高低也会影响消费者的购买心理和购买商品的选择。 如教育水平高的消费者在选购服装时理性程度更高。

（3）人口的地理分布和地区间流动

人口的地理分布与经济、文化发展关系密切。 居住在不同地区的人，消费需求的内容和数量存在差异。 如我国的南方山青水秀，气候温暖，形成了细腻、精致的心理特征，反映在南方人穿着上体现出多彩、鲜亮、柔美、偏重冷色调的特点。 我国的北方气候寒冷、土地辽阔，所以北方人粗犷、豪放的性格使其服装带有浓烈、厚重的特点，偏于暖色调。 随着社会经济的发展，以及小城镇的建设和西部大开发战略的推进，我国人口的地区间流动明显增强，人口迁移有逐步上升的趋势。 一是农村人口流入城镇；二是内地人口迁入沿海地区和工矿业集中地区；三是经商、学习、旅游、出差等人口逐渐增加。 人口的地区间流动，在一定程度上改变着我国人口地理分布和人口结构状况，另一方面影响服装企业的营销环境。

3.2.2 经济环境

经济环境是指企业营销活动所面临的外部经济条件。 与消费者市场规模及需求结构关系密切的经济环境因素主要有:社会购买力,消费者收入与支出,消费信贷和居民储蓄等因素。 经济运行状况和发展趋势直接或间接地对服装企业营销活动产生影响。

(1) 社会购买力

从企业营销角度讲,经济环境中最主要的因素就是社会购买力。 社会购买力指的是一定时期内,社会各方面用于购买商品与劳务的货币支付能力。 社会购买力决定着市场的规模,影响着市场的需求结构,制约着企业的营销活动。 服装企业应密切注意由于社会购买力及市场规模、市场结构的变化而带来的市场机会和环境威胁。

① 社会购买力与国民经济发展

社会购买力是国民经济发展水平、消费者收入、价格水平、储蓄状况、信贷规模等一系列经济因素的函数。 虽然一定时期社会购买力的大小受多种因素的制约,但主要取决于国民经济的发展水平。 国内生产总值(GDP)是衡量一个国家国民经济的一个重要指标,其增长幅度表明一个国家经济发展的速度。 经济发展速度快,人均收入高,社会购买力就大,企业的营销机会就随之增加;反之,就会给企业营销带来不利影响。

② 社会购买力与市场供求状况

社会购买力与市场供求状况密切相关。 市场商品供求状况包括总量比和结构比。 通常情况下,服装企业在营销活动中直接感受到的往往是市场商品供求结构比的影响。 改革开放前,我国纺织服装市场处于供不应求的状态,纺织品限量供应,成衣比率低,而且花色品种单一。 如今,我国纺织服装市场商品丰富,早已是卖方市场,竞争日趋激烈。

③ 社会购买力与通货膨胀

社会购买力还与是否存在通货膨胀紧密相关。 通货膨胀意味着货币贬值,物价上涨,货币的购买价值降低。

④ 社会购买力与居民储蓄和消费信贷

居民储蓄来源于货币收入,最终还会用于消费。 但一定时期内储蓄增加会减少近期的消费支出;反之,会增加近期的货币支付能力。 所以储蓄的增加和减少会引起市场规模和结构的变动。

（2）消费者收入与支出

① 收入

在研究收入对消费需求的影响时，常分析以下因素：

A. 个人收入。 这是指消费者个人从各种来源得到的货币收入，通常包括个人的工资、奖金、退休金、红利等收入。 个人收入多少不仅决定着消费者市场购买力水平的高低，而且直接影响消费者的支出模式。

B. 个人可支配收入。 这是指个人收入减去直接负担的各项税款（如所得税）和非税性负担（如工会费）之后的余额。 这些收入或者用于支出，或者用于储蓄，这是影响消费者购买力和消费支出的决定因素。

C. 个人可任意支配收入。 这是指个人可支配收入减去维持生活所必需的支出（如食品）和其他固定支出（如分期付款）所剩下的那部分个人收入。 这部分收入越多，人们的消费水平就越高，用于各项商品的支出也就越多。 个人可任意支配收入增加，人们在服装开支方面也往往表现得更为慷慨大方，追求流行性、个性化的服装。

另外收入的分配状况也会影响人们的消费，如果收入分配不公平，处于收入两个极端的人口的购买力和需求特性是不同的。

对服装企业来说，挖掘消费者多方面的需求，不断研制生产满足消费者需要的服装，才能在市场上立足和发展。

② 支出

消费者的支出主要受消费者收入的影响。 19 世纪的德国统计学家恩格尔根据他对美国、法国、比利时等许多家庭收支预算的调查研究，得出了“恩格尔定律”。 恩格尔定律表明，在一定的条件下，当家庭个人收入增加时，收入中用于食物开支部分的增长速度要小于用于教育、医疗、享受等方面的开支增长速度。 食物开支占总消费数量的比重越大，恩格尔系数越高，生活水平越低；反之，食物开支所占比重越小，恩格尔系数越小，生活水平越高。 整个社会经济水平越高，用于食物消费部分占总支出的比重越小。 恩格尔定律被后来的许多研究所证实。

在我国，随着社会经济水平的不断提高，食品在消费者支出中所占的比重越来越小，人们在休闲、娱乐、健康、住房、家居、服装等方面的开支呈上升趋势。

③ 储蓄与信贷

消费者的消费水平和结构还受储蓄状况的影响。我国居民自古以来就有储蓄的习惯和传统，这些储蓄是购买贵重商品资金的主要来源，也是居民未来教育、医疗等支出的主要来源，因此市场潜量很大，但过高的储蓄率也会造成市场需求的不旺。

消费信贷的规模和方式在一定程度上影响某一时间内现实购买力的大小，也影响着提供信贷商品的销售量。在购买汽车、商品房时，消费信贷可提前实现这些商品的销售。

3.2.3 自然环境

自然环境是指企业置身于其中，并对企业市场营销产生影响的各种天然要素。自然环境的发展变化，可能给企业造成环境威胁，也可能给企业带来市场良机。

自然环境决定了自然资源的分布，而自然资源的分布，又决定了企业获取原材料成本的高低。另外，企业不可忽视世界范围内自然环境变化的新动向。如某些自然资源短缺或即将短缺；环境污染日益严重；许多国家对自然资源的管理日益加强。自然资源的短缺使得有些服装制造企业及上游企业面临成本的大幅上升，而与此同时，进行新产品研发的企业却掌握着制造替代资源的良好机遇。

20 世纪 90 年代，随着人们环保意识的增强，许多服装企业开发设计环保纺织品和环保服装，这种服装从材料的选用到制作以及废旧衣料的处理都离不开对环境保护和对资源的充分利用。例如研制开发一些新型纺织纤维，如有色棉、有机棉、新型人造丝等，就省去或减少了服装面料的化学整理工序；再如服装纽扣采用旧玻璃磨成粉末与颜料混合烧成的再造玻璃纽扣等，避免了加工制作环节大量有害残余物质的产生，减少了污染，节约了能源，保护了环境。

自然环境中的气候因素对人们着装选择的影响是显而易见的。生活在寒带和温带的居民，由于气候寒冷，四季服装不仅样式变化繁多，而且用料、缝制工艺都十分讲究；而生活在热带和亚热带地区的居民，则由于气候温和，服装样式就比较简单，缝制工艺也不复杂。另外，一年四季的变化，给人们提供了更多的服装选择：春天万物复苏，欣欣向荣，人们心情舒畅，米黄、葱绿色的服装是首选；面料以紧密、有弹性的精纺面料为主。夏季骄阳似火，人们渴望凉爽，中性色、白与黑的对比，较淡雅的白色、象牙黄、浅米色会受欢迎；棉、麻、丝面料是这一季节着装的首选面料。秋天秋风瑟瑟，满地黄叶，这是一个收获的季节，暖色面料如咖啡色、芥末黄成为主打色。冬季满目萧条，银妆素裹，人们更希望通过穿着颜色的变化，展示生机和活力，除了传统的深黄、褐色、藏蓝色等，红色、绿色等反季节的颜色同样很具吸引力；面料以羊毛、羊绒、驼绒等为主。

3.2.4 社会文化环境

社会文化环境一般指在一种社会形态下已经形成的基本价值观念、宗教信仰、道德规范、审美观念以及世代相传的风俗习惯等被社会所公认的各种行为规范。一个社会的文化和价值观念具有高度的延续性。每个人都在一定的社会文化环境中生活和工作，他的思想和行为必定受到这种社会文化的影响和制约。

（1）价值观念

价值观念指人们对社会生活中各种事物的态度和看法。价值观念决定了人们的是非观、善恶观和主次观，在很大程度上决定着人们的行为。东西方文化的差异在价值观念方面表现得比较突出。总体来说，东方人在经济上表现出节约的特点，而西方人则表现为奢侈型。在服装的需求和购买行为上也是如此，西方纺织服装业发展历程较长，技术先进，设计理念成熟，消费者对服装的附加价值要求多，规格高，促使服装企业的发展更符合西方的价值观；而东方的服装业历史悠久，但技术、设计理念落后，对服装的需求和购买多以考虑经济因素为前提。所以，企业在制定营销策略时应把产品和目标市场的价值观联系起来。

（2）消费习俗

由于自然和社会等方面的原因，人们在日常生活中逐渐形成了各个地区具有特色的消费习俗。消费习俗具有地域性和历史传承性，是风俗习惯的一项重要内容。

消费习俗在饮食、服装服饰、节日等方面都表现出独特的心理特征和行为方式。不同的服装服饰款式，在不同地区、民族和个人本身都体现出不同的含义，从而形成不同的类型。在盛大的民族庆典、祭礼、节日、仪式等庄严的场合，穿着民族服装能表现严肃、虔诚、尊敬、喜庆的气氛。民族服装中的精髓往往被现代化服装所吸引，给现代服装设计带来灵感。

在社会交往场合中，服饰习俗是调节人与人关系，使之和谐融洽的方式和手段。服装企业应注意分析目标市场人们的消费习俗，尤其是服饰习俗对营销的影响和作用。

（3）审美观念

审美观念主要表现在对各种艺术形式的感受中，也表现在对颜色和形式的欣赏之中。服装具有美学功能，人们从不同的角度欣赏服装，如服装的颜色、设计以及服装搭配效果等。服装的制作应符合人们的审美观念。

不同的文化具有不同的审美标准，同时，人们的审美观也是发展变化的。如欧美国家，他们认为白色象征纯洁和美丽，所以在婚礼上新郎、新娘穿着白色礼服或婚纱；但在一些非洲国家，白色是贫穷的象征。再如，一些国家瘦身被认为具有美感，所以服装偏瘦偏小；但有些国家认为胖即是美，是富裕的象征，服装宽松肥大。可见，不同文化背景下消费的审美观是不同的，企业必须审时度势，灵活运用，开展有效的营销活动。

一般而言，文化具有稳定性，但这种稳定性是相对的，它总是随着时间的推移，或快或慢地发生着变化。文化的这种动态性为企业提供了更多的营销机会。

（4）亚文化群体

每一个社会都包含亚文化群体，即由于特定的生活经验或环境而出现的具有共同价值观念的群体。其成员都有共同的信仰、爱好和行为。根据各亚文化群体所表现出来的不同需求和消费行为，营销者可以选择特定的亚文化群体作为目标市场。例如，朋克文化、雅皮士文化、英伦校园文化等都是具有相对成熟稳定的文化内涵的亚文化群体。这些亚文化群体在服装需求和消费方面自成体系和风格。

3.2.5 科学技术环境

科学技术是社会生产力中最活跃的因素，技术进步可以改变人类的生活，推动世界经济的高速发展，同时也决定着企业的生存和发展。目前科学技术环境的变化有以下特点：

① 技术改革步伐加快，一件新产品从构思到转化为产品，再到其成功应用和产品更新之间的时间正在迅速缩短；

② 新技术和发明的范围不断加宽，尤其是在信息技术、生物技术、新型材料和空间技术等方面，取得了巨大的进步，这些新技术将会给我们的产品及生产过程带来革命化的影响。

③ 研究和开发的费用急剧增加，许多企业在产品研究和开发上投入巨资，从而以新产品和新技术在竞争中取胜。

④ 对技术变革的监督力度扩大，关于安全和卫生的规定在增加。

科学技术对服装企业的影响主要表现在以下几个方面：

① 服装制作走向机器化生产

科学技术的发展首先促使服装从手工缝制走向机器化生产，使服装批量生产成为可能。服装机器化生产降低了成本，提高了效率，扩大了生产。

② 各种性能复杂的面料问世

纺织技术的进步和化学纤维的发明，极大地丰富了人们的服装、服饰。应用现代科技，经过纺织染整加工的各种性能复杂的面料以及化学纤维性能的不断改进和品种的增加，不断满足着人们的需求。如传统的涤纶、腈纶、锦纶等面料，经过技术处理，如经超细旦、原纤化、异型截面等处理，使其具有天然纤维的许多特性。有的面料甚至还有抗电磁辐射、远红外线、抗紫外线、抗菌、恒温等功能。技术的运用为服装面辅料提供了无穷的发展空间，使服装产品更加丰富多彩。

③ 服装生产自动化和科学管理出现了变革

机械、计算机等技术的进步，使服装设计、裁剪、生产自动化和科学管理等方面出现了革命性的变革，主要体现在服装设计、生产的周期被缩短，生产效率进一步提高，服装质量、档次明显提高，服装款式、规格丰富多彩，服装的流行速度急剧加快。

④ 信息传播速度加快

科学技术加快了信息的传播速度，现代传播媒介使各种不同的文化得以交流，人们通过杂志、电视、互联网等媒体很快就能获得世界最新流行服装的信息，人们对适合自己的穿着更有选择能力。服装企业需能够对流行信息做出正确的判断，从而迅速而准确地生产出令消费者满意的服装。

新技术的运用为服装企业展示了无限发展的前景，但同时也应注意新技术会使企业现有产品变得陈旧，如不及时采用新技术、新工艺，调整产品结构，开发新产品，就会承受较大的市场压力，面临被淘汰的危险。正如哲人所说："运动是绝对的，静止是相对的。"企业在不断变化的各种环境中，应该时刻保持高度的警觉性、预见性，审时度势，抓住机会，确保生存和发展。

3.2.6 政治法律环境

企业的经营活动是社会经济生活的组成部分，而社会经济生活总要受到政治、法律环境的影响。

政治环境是指能够对企业营销活动产生影响的各种国内外政治因素的总和。政局的稳定，政府干预经济政策、措施等，对经济产生直接影响。企业应密切关注政治环境的变化，保持高度的政治敏感性，一方面可以保证企业的经营不会与国家的方针政策相抵触，另一方面也可充分利用国家的各种经济优惠政策。

法律环境主要指与企业相关的社会法制系统及其运行状态，主要包括三个方面：一是国家的法律规范。与企业相关的主要有宪法、基本法律、行政法规、地方性法规等，其中与企业相关的法律规范构成企业法律环境中最基本的内容。二是国家司法执法机关，如法院、检察院、公安机关；与企业关系密切的行政执法机关有工商行政管理机关、税务机关、物价机关、技术质量监督机关、专利机关等。三是法律意识。是指企业对法律制度的认识和评价。良好的法律环境对企业成长、发展有积极的促进作用，反之则不利于企业的生存和发展。政府对企业的立法正在加强，其目的主要有：保护企业免受不公平的竞争；保护消费者的利益免受不正当商业行为的损害；保护社会利益不受失去约束的商业行为的危害。

3.3 服装国际市场格局

3.3.1 服装国际市场现状

纺织服装也是劳动密集型产业，目前从世界范围看，纺织服装贸易已形成三大消费市场、三大制造中心、三大贸易圈的格局。三大消费市场是：以欧盟为中心的欧洲；以美国、加拿大为中心的北美；以日本为中心的东亚。三大制造中心是：土耳其、中东欧和北非国家；墨西哥、中南美洲等美洲国家；中国、印度、巴基斯坦、东南亚等亚洲国家。三大贸易圈是：欧盟及周边国家，如土耳其、地中海沿岸国家、中东欧国家和北美国家组成的欧洲贸易圈；美、加、墨及中南美洲国家组成的美洲贸易圈；中、印、巴及东南亚国家与日本、欧盟、美加组成的亚洲——欧盟——北美贸易圈。纺织服装贸易的全球化，是当今纺织服装贸易中的趋向。

美国、欧盟、日本是全球纺织品服装的主要市场，约占全球纺织品服装总进口额的一半。根据 WTO 世界贸易统计数据显示，2009 年美国进口纺织品 192.1 亿美元，成衣 548.6 亿美元；欧盟（27 国）进口纺织品 660.4 亿美元，成衣 1 601.1 亿美元；日本进口纺织品 67.5 亿美元，成衣 255.1 亿美元。随着全球产业结构的调整，今后相当长的一段时间内，这三个国家和地区仍然是国际纺织品服装的主要市场。近几年，由于全球经济的不确定性以及欧元区的债务危机，纺织品服装市场放慢了增长速度。

（1）美国市场

美利坚合众国（简称美国）位于北美洲南部，面积 962.9 万平方公里，仅次于俄罗斯、加拿大和中国，居世界第四位。美国具有有利的地理位置，优越的自然条件和丰富的自然资源。作为世界上头号的经济强国，美国是全球最重要的纺织品服装市场，也是我国纺织品服装出口的主要市场。

美国是纺织品净进口国，其每年的贸易逆差严重。服装在纺织服装进口总额中所占比例大约占纺织品服装进口总额的 80%。美国的服装进口规模庞大，2010 年，美国服装进口额是 737.8 亿美元。

由于美国是全球最大的纺织品服装消费市场，也是全球最大的纺织品服装进口市场，对其他国家的政府和纺织服装企业来说具有强大的吸引力，是各国商家必争之地。根据 WTO 世界贸易统计，2009 年美国成衣进口中，中国占 39.1%，越南占 7.4%，印尼占 5.8%，墨西哥占 5%，孟加拉占 5%。

（2）欧盟市场

欧盟（欧洲联盟）是世界公认的经济和政治力量的中心之一，也是全球重要的纺织品服装市场。欧盟有 27 个国家，总面积达 400 多万平方公里，2011 年，总人口达到 5.02 亿。

欧盟是世界上第一大纺织服装进口地，第一大纺织品出口地和第二大服装出口地。欧盟的纺织品服装进口来源地中，以欧盟内的进口为主，其次几个主要的进口国家分别是中国、印度、孟加拉、巴基斯坦、土耳其。

从进口来看，欧盟每年进口的纺织品约占全球总进口量的 30%。2009 年欧盟成衣进口 1 601.1 亿美元，其中内部进口 751.2 亿美元。从出口看，2009 年，欧盟 27 国纺织品出口额为 622.2 亿美元，成衣出口 968.0 亿美元。

在欧盟，意大利、法国、英国和德国一直是纺织服装工业传统的发达国家，也是世界重要的纺织服装贸易市场。

① 意大利

意大利是老牌的纺织服装工业生产大国和强国，纺织服装业也是其经济支柱之一。目前全行业从业人员约 70 万人，占就业总人口的近 4%。其中 50% 左右的就业人员集中在毛纺织行业，20% 左右集中在高级成衣的设计和制作方面，10% 左右集中在领带制造业。

意大利拥有众多世界级的纺织服装设计大师，其设计的男女时装及皮服、皮鞋、皮包等皮制品在世界上均占有重要地位。意大利是世界最大的印染丝绸及色织丝绸的生产国和出口国。意大利的丝绸领带一直被公认为引导世界时尚潮流的风向标。

意大利的纺织服装产品主要是梭织服装、针织服装和领带。它最大的服装出口市场是欧盟，对欧盟的出口几乎占意大利服装出口的 1/2。其最大的出口国依次是德国、法国和美国；其最大的进口国依次是罗马尼亚、中国和突尼斯。

② 法国

法国一直将纺织服装业视为国家产业。目前法国拥有纺织加工企业约 1 200 家，从业人员 8 万人；服装企业 2 600 多家，从业人员约 11 万人。法国时装闻名世界。法国的纺织品服装出口一直保持在比较稳定的状态，出口的纺织品科技含量较高。其纺织品服装的主要出口对象是欧盟，其次是美国。

为保持自己的竞争力和降低成本，一些法国纺织服装企业正计划或已经外迁。近年来法国传统的纺织服装生产基地，法国北部地区（纺织工业）、罗纳阿尔卑斯地区（化学纤维）、阿尔萨斯洛林地区、比利牛斯中部地区（针织）和孚日地区(棉布)纺织服装企业关闭增多,非工业化现象加速。据统计,近年法国很多纺织服装生产企业部分地、或者全部地向国外转移。目前在法国已经找不到100%法国产的裤子、衬衣和内衣,除非是奢侈产品。但法国企业拒绝出卖自己的品牌,宁愿找外国企业进行定牌加工或初级加工。另外法国的一些企业注意开发面料的新品种和特种功能,提高品牌服装的技术含量,赋予它们新的价值。

③ 英国

英国的纺织服装业在英国以及全球的经济发展中曾经扮演过重要角色,但如今其地位在不断衰落。目前,纺织服装业是英国传统的及主要的产业之一,约有15 000 个企业,从业人员约 36.4 万。其中,纺织制造企业大约有 7 000 家,成衣制造企业约 8 000 家。除了少数著名的大企业外,其余的均为中小企业,雇员不超过 100 人。

英国的针织工业相对发达,其针织业用纱量远远超过机织用纱量。毛纺织业是英国最悠久的工业。英国毛制品的后整理技术很高,所以英国的毛料质量较好,销量较大。英国的服装企业年均生产服装价值 80 亿英镑,其中将近一半出口。英国的纺织机械、高档毛纺织品和服装在世界上仍占有一席之地。

英国的进口服装多来自服装价格低廉的发展中国家。由于近些年来英国一些服装企业为降低成本纷纷迁往海外或分包给海外厂商,英国的纺织品服装更加依赖从海外进口,特别是欧盟以外的国家进口。其主要的服装进口地是:中国香港、土耳其、中国内地、意大利、德国、摩洛哥、斯里兰卡、印度、比利时和法国等。英国纺织品的主要进口国是:比利时、意大利、德国、法国、印度、美国、土耳其、荷兰、巴基斯坦和中国等。

④ 德国

德国是仅次于意大利的欧盟第二纺织大国和欧盟最大的服装市场,人均服装消费名列欧盟前茅。德国的家纺产品主要靠进口,特别是床上用品、桌布和家具面料进口比率高达 7 成左右;德国也是牛仔裤的进口大国。德国进口服装中有不少产品是德商在国外加工的自有品牌产品,其中亚洲加工产品在其中约占了3 成。土耳其,波兰、捷克、罗马尼亚和匈牙利 4 个中东欧国家也是其主要的服装供应地。中国(包括中国香港)已成为德国纺织品和服装最大的供货国。讲求舒适、经典是德国纺织品服装消费的共同特点。德国进口商和消费者对纺织品和服装的需求已从传统的实用、美观日益趋向更加重视安全和卫生,特别是对面料、染料等技术指标和要求明显提高。

德国纺织服装业以中小企业为主，特别是使用最少的劳动力实现最大的产值。目前德国约有 1 500 家纺织服装企业，13 万名员工。德国纺织产业覆盖各种产品领域，其中产业用纺织品的营业额比重超过 40%，已占领了纺织品新技术的制高点。德国纺织业发展的方向是高技术含量的产品。

（3）日本市场

日本是世界第二经济大国。资本支出和出口是日本经济的两大发动机。根据日本总务省统计局发布的统计数据显示，2010 年日本 GDP 为 5.474 万亿美元，在美国、中国之后排名世界第三，为 1968 年以来首次退居世界第三。

日本国民收入居世界前列，对纺织品和服装有着庞大的消费市场需求。近年来，因为日本国内劳动力成本较高，日本纺织服装业的进口大量增加。2010 年，日本从全球进口纺织品服装 342.5 亿美元。在日本服装市场，中国产品以 82.19%的占有率稳居供应国之首。第二、三位供应国越南和意大利的市场占有率分别为 4.50%和 2.78%。从 20 世纪 90 年代后期开始，日本国内市场中进口服装的比例一直呈上升趋势。但是，日本纺织品和服装的进口主要集中在附加值较低的低档产品上。同时，日本消费者对环境保护的意识较高，对环保产品也表示出很大的兴趣，购买衣服时的选择标准主要是价格、款式、质量和性能等，但是也出现了追求安全性、耐用性的倾向。

东京是世界时装之都，拥有许多国际著名的时装设计师。日本本国开发出优秀的设计作品，送到劳动力便宜的发展中国家去加工，成为日本服装企业的发展经营模式。作为世界经济强国之一的日本，每年举办众多的各类纺织品服装展览会、时装周及纺织机械展览会，展示本国的最新产品，同时促进出口的发展。如日本国际时装博览会（International Fashion Fair）的展品类别非常广泛，几乎包括了服装类的所有细目。日本大阪国际纺织机械展览会被称为世界四大著名纺织机械展览会之一。

（4）俄罗斯市场

俄罗斯联邦（简称“俄联邦”或“俄罗斯”），位于欧洲大陆的东部和亚洲的北部、中部，领土面积为 1 707.54 万平方公里，居世界第一位。截止到 2012 年俄联邦人口总数为 1.431 亿。俄罗斯工业发达、门类繁多。重工业历来是俄罗斯工业的基础。俄罗斯市场对纺织品服装的需求很大，目前俄罗斯国内生产难以满足市场的需要，因此需要大量从国外进口。2009 年进口各类纺织品 35.3 亿美元，成衣进口 72.5 亿美元。

俄罗斯的成衣市场中，高档名牌服装主要来自意大利、法国和美国；中低档服装主要来自土耳其、韩国和中国等地。来自中国的服装主要以皮衣、便服、防寒服、衬衣、内衣为主。

目前俄罗斯市场休闲服销售量占服装销售总量的 3/4，且对休闲服的需求量每年上涨 30%，但 80% 的休闲服为低档产品，主要来自中国、土耳其、韩国等国。中高档产品被西方名牌产品占领，基本上休闲服市场是外国生产者的天下。

在西服市场上，俄罗斯厂家生产的西服市场占有率达到了 70%，其余的为德国、奥地利、法国等国家进口的高档西服，中国等一些发展中国家在这一市场基本上是空白。

在俄罗斯国内，家用纺织品市场一直十分活跃。目前，俄罗斯家用纺织品进口量占整个纺织品进口量的 20% 左右。但是，由于俄罗斯自身的家用纺织品生产基础薄弱，国内家用纺织品需求量的 80%～90% 依靠进口。整个家纺市场中，法国、意大利、英国和美国的品牌具有豪华商品的形象，属高档商品。也有来自日本、韩国的新纤维面料，大多数还是来自中国等地的廉价面料。

俄罗斯是全球最大的皮革消费市场。当前俄罗斯毛皮及其制品的进口在俄市场上占 70%。

3.3.2 世界时装中心城市

现代交通和信息技术已使服装业成为真正的全球化产业，每时每刻都会影响全球民众的衣生活。

（1）法国——巴黎

巴黎是现代时装的发源地，它浪漫、优雅的时装影响着世界流行和时装业的发展，同时也通过其独特的发展模式影响全球的时装业，巴黎是公认的欧洲时装发源地。1896 年，CHAMBRE SYNDICALE DE LA COUTURE（服装商会）的会员制组织成立，以统一协调时装的展示、特许签约、出售等活动。最初由高级女装（HAUTE COUTURE）公司推出创新的款式。然后由客户特许签约复制为成衣进行销售。高级女装通常选用特殊加工的面料、量体裁衣、手工缝制，因此只有少数人能承受昂贵的价格，而且成员严格审定。这种方式派生的服装产品称作高级成衣（PRET-A-PORTER），一些著名设计师的高级女装都有高级成衣品牌，如 DIOR、CHANEL、GIVENCHY 等。巴黎的时装设计师每年举行 2～6 次时装发布会。例如：十月的春夏季时装发布会和七月的秋冬季时装发布会。参加展示的服装极其昂贵，而客户或对象主要是豪富或社会名流为代表的个人买主、贸易和商业特许合约的客户（包括纺织厂商、设计师、服装厂商、零售商）新闻媒体等。

由于巴黎优秀的文化传统、良好的商业机制、创造性的时装风尚以及健康的竞争氛围使之成为全球最有影响的时装中心之一，造就了迪奥、圣洛朗、拉罗契等命名的大型时装公司和相应发达的时装行业。

（2）意大利——米兰

在欧洲时装领域，唯一能与法国匹敌的是意大利。与法国不同的是，意大利设计师的设计室分布于米兰、罗马和佛伦罗萨。意大利设计师的时装发布一般每年二次。春夏时装发布在一月，而秋冬时装发布在七月。意大利的时装业是在 20 世纪 50 年代崛起并以卓越的织物设计和质量、针织服装、休闲装，精美绝伦的服饰、做工、创意、款式及高贵的皮革制品闻名于世。意大利的男士服装和饰品堪称世界一流。意大利时装业的发展也得益于国际市场，或者说主要的收入是靠出口。政府对时装业的支持是意大利时装繁荣兴旺的重要因素。

意大利的时装中心崛起于佛罗伦萨，而当今米兰是公认的世界时装中心之一。和法国时装界一样，意大利的时装设计师不仅参与一年两度的国内时装发布，同时还参与诸如巴黎、纽约的时装发布。驰名世界的设计师和品牌有瓦伦蒂诺、费瑞、古姿、乔治 · 阿马尼、芬蒂 · 奇阿尼等。时装业是意大利仅次于旅游业的第二产业，而服饰企业的数量两倍于法国，由于意大利的织物比法国的质优而价廉，故法国的设计师往往舍近求远成为意大利面料的客户。意大利的时装通过本国的公司或者特许经营的方式遍布全世界，德国、法国和美国是意大利时装的三大进口国，近年来，诸如费瑞、瓦伦蒂诺等名牌逐步进入中国市场，设计师的时装发布和政府推动的贸易博览也会经常在中国举行。

（3）英国——伦敦

英国最早以花呢和男装量体裁衣闻名于世，服装业的发展主要在二战之后，但过分保守、贵族化和皇室家庭气氛是导致之前不被世界广泛认可的原因。20世纪60年代，以MARG QUANT为代表的年青设计师崭露头角，象征自由、青春活力的迷你裙等款式风靡西方。20世纪70年代，英国设计师重新着力突出传统和高质量的毛织物和定制男装。如做工精湛的AQUASCTUM和BURBERRY品牌服装。20世纪80年代是英国时装振兴的年代，传统与前卫、保守与创新、古典与现代风格携手并进，吸引着逆反的年青一代和循规蹈矩的老一代，创造出令世人瞩目的时装风格。

（4）日本——东京

时装一向是西方人的世袭领地。过去，日本服装曾被看做低质廉价的代名词。但现在，日本服装已在国际中、高档市场中崭露头角，日裔设计师如三宅一生、高田贤三等在世界时装界占有重要位置。20世纪80年代东京已被传媒介和时装业界公认为时装前沿。而日本设计品牌已在世界各时装中心出现。领先纺织服装坚实的设计和技术基础，日本高档服装和时装像它的汽车电子产品一样进入世界市场。

（5）美国——纽约

纽约的良好市场环境和外集约规模——资本、技术、信息、人才等集中了世界上许多高档服装和时装消费者，使之无可非议地成为世界时装之都中的一个重要城市。纽约市场包容了各种各样摩登的、敏感而时髦的、典雅而矜持的时装，不仅背倚着全球最具购买力的市场，还以经济和政治影响傲视世界服装市场。同时纽约也是各种文化的大熔炉，成就了不同风格的设计师，如擅长休闲装的拉夫·劳伦趋向古典；CK显示性感；安妮·克莱因体现优雅；做套装的奥斯卡炫耀高贵。虽然在世界时装设计界纽约只能排在巴黎和米兰之后，但是它的自由和宽容，创造力和效率，无疑使之雄居时装市场之巅。

（6）德国

德国以世界最精密的服装机械和技术以及精工制作闻名于世。每年在德国举行的盛大国际纺织和服装博览会可谓独领风骚。如法兰克福每年5月和11月有“Interstoff国际纺织展”，世界各地数万家厂商和服装厂商参展。科隆每年2月和8月有国际男士服饰周，千余家参展商向来自各国的3万余买家展销。而在杜塞多夫每年4月和11月的IGEDO女装展，更有2千余厂商向3万家推广服饰商品。除此之外还有大型内衣展、鞋展、童装展和泳装展等。尽管德国的服装工业和服装出口相对较小，但它们的服饰博览会却是面料和服装创意的源泉。对世界时装办产生巨大影响，近年来，德国的数家著名展览商与中国纺织与贸易部门成功地举办了多项时装展和服装博览会。如在亚洲首屈一指的内衣展和面料物尽其用等。推动了行业与市场的发展。

3.3.3 国际服装市场需求趋势

（1）全球服装市场面临动荡环境和复杂局面

近些年，世界经济呈现出增长放缓的基本态势，加上欧债危机、流动性泛滥、汇率变动和贸易再平衡等众多不确定性因素逐渐显现，使全球纺织服装产业发展面临动荡环境和复杂局面。

2010 年，经济危机的阴霾逐渐散去，全球经济均呈现一定程度的正增长，其特点是美国、日本好于欧元区，发展中国家好于发达国家。发达国家市场需求前景仍存在诸多不确定性，美、欧、日等发达国家就业情况改善缓慢，失业率居高不下，私人消费和投资信心未有明显改善等问题仍困扰发达经济体私人消费的进一步增长。与此形成鲜明对比的是，新兴经济体经济恢复明显，对世界经济增长的贡献日益突出，一些世界新兴和发展中经济体服装消费增势显著，为我国纺织服装行业出口提供了新的市场空间，但同时也存在波动较大及通胀率较高等风险和问题。

（2）国际服装产业分工格局正发生变化

全球经济发展模式、供需模式的调整变化，引起世界各国在全球经济分工中的重新定位，而全球服装纺织产业格局也正在悄然发生变化。传统强国，如英、法、意、美、日等国家进一步强化其设计创意新、材料和工艺技术精、品牌价值高、市场反应快的高端路线，更加注重科技、创新给产品带来的高附加值和品牌忠诚度，牢牢掌握全球服装纺织产业价值链的战略控制权。中国作为传统的服装纺织生产和出口大国，优势主要集中在非战略性的制造环节。在中国力争全球服装纺织产业价值链上更高的国际分工地位时，印尼、越南、孟加拉、加勒比海沿岸国家则凭借更加低廉的劳动力成本和欧美区域性的贸易保护等有利条件，在中低端产品市场上发挥后发优势，切割中国原有的低端市场份额。

（3）服装制造原料与用工成本大幅上升

随着美国量化宽松政策及各国经济刺激计划的推出，全球流动性泛滥、大宗物质价格暴涨并延伸至终端消费品，带来全球服装纺织业原材料价格和用工成本的激增。

2010 年以来，原材料涨价风潮几乎蔓延至纺织行业的所有原料领域甚至是终端市场。原料价格上涨给纺织链中下游的面料和服装企业所带来的影响已是不争的事实，未来相当长时间内全球服装纺织企业将在原料高价格基础上运行。

除了原材料价格上涨，服装纺织企业的生产成本也在持续增加。纺织服装行业各项生产要素价格继续上涨，其中用工成本增加最为突出。随着亚洲经济的飞速增长，制造业薪资均比十年前有显著增长。中国、孟加拉国、柬埔寨都调高了制造业的薪资标准。在各种生产要素成本持续上升的同时，金融成本上升、汇率波动等因素与之叠加，虽然行业生产效率、管理水平不断提升，但多数企业难以完全覆盖多重成本上涨因素，在激烈竞争的市场环境下，产品的提价空间有限，企业面临的成本上涨压力不断加大。

（4）新贸易保护主义抬头

全球需求疲软带来的贸易保护主义抬头。虽然各国均在国际场合强调自由贸易的重要性，但发达经济体将全球经济再平衡的主要责任推向顺差方，全球经济再平衡成为贸易保护主义的主要借口，掀起了新的贸易保护主义浪潮。

据商务部统计，2010 年我国服装纺织行业共遭到与反倾销有关的案件 40 起，数量与 2009 年基本持平，发起国仍然主要集中在美国、欧盟 27 国、印度、土耳其、阿根廷等几个国家和地区。在 2010 年全球技术性贸易壁垒通报中，涉及纺织品、服装工业类的共 30 项，也与 2009 年同期持平。欧盟成员国 2010 年未发布 WTO-TBT 通报案件，但印度、越南以及部分东盟国家开始在服装纺织技术上更新相关法规和标准。值得引起重视的是，2010 年服装纺织产品召回通报呈现大幅上升趋势。据商务部数据，2010 年美国消费品安全委员会（CPSC）对中国大陆服装纺织类产品发布召回通报 37 起，同比增长 54.17%，增长十分明显。同期，欧盟委员会非食品类快速预警系统（RAPEX）对华纺织品服装发布召回通报 304 起，同比增长 42.72%。

在全球需求疲软带来的贸易保护主义抬头形势下，建立自由贸易区和签订双边自由贸易协定成为各国应对冲击、提高地区经济竞争力的重要平台。2010年，中国分别与东盟、秘鲁和哥斯达黎加等国家地区启动实施了自由贸易协定。受我国纺织品服装可免税进入东盟 10 国纺织市场的优惠政策影响，2010 上半年我国与东盟地区的纺织品服装贸易十分活跃，其中纺织品出口东盟为 47.61 亿美元，同比增长 47.04%；服装出口东盟达 18.92 亿美元。

（5）低碳环保带来服装产业发展新思路

近年来，由于温室效应和能源危机日趋严峻，低碳经济成为人们关注的焦点，而服装低碳消费也渐成潮流，市场及消费者的生态环保需求和意识持续不减。2009～2010 年，国际环保纺织协会在全球颁发的 Oeko-Tex Standard 100 证书数量同比增长了 12%，越来越多的纺织服装企业把第三方的 Oeko-Tex Standard 100 认证作为证明产品质量从而促进出口业务的营销手段。

面临全球能源短缺、成本上升，以及各国兴起的“绿色壁垒”等问题，服装纺织业者走低碳环保、节能降耗之路不仅是大势所趋，而且势在必行。从生产环节的把控到新品的研发再到最终培养消费者的认知度，国际服装纺织业者已经开始从各环节渗透“环保与低碳”的发展理念。许多设计师和企业纷纷盯上了环保纤维，运用棉纤维（有机棉、彩色棉、不皱棉）、麻类纤维、植物蛋白纤维等植物资源天然环保纤维或甲壳素纤维、有色羊毛、蚕丝、蜘蛛丝、奶类蛋白纤维等动物资源环保纤维生产的产品很受欢迎。未来服装企业不再比较谁销售得最多、谁卖得最贵，而要看谁的材质、工艺对环境危害更小，谁的服装碳排放更少，这样才能赢得消费者的青睐，从而赢得更多市场。

3.4 案例

万源时装的转型之路

嘉兴万源时装有限公司成立于 2001 年 6 月，由中日合资，双方各出资 50%，产品销往日本、法国、德国、西欧、北美等地区，是一家专业的外贸型女装生产制造企业。其前身嘉善山源服装厂成立于 1980 年，刚开始是家庭作坊，壮大后是典型的来料加工型企业，以服务客户为理念，坚持专业，坚持品质，始终耕耘在外销第一线。

如今，万源正经历一场蜕变。 昔日耕耘一方的毛毛虫能否破茧成明天闪耀的蝴蝶，密码在公司总经理董剑英身上。

（1） 印象之初：美丽与本分

20 年前，董剑英是父母身后的“小跟班”。 业精于专，经过近 20 年持续积累和不断成长，她从父母身后的“小姑娘”转变为有足够魄力和气场，能够执掌拥有 1 000 多个员工、占地面积 15 000 平方米、年生产量 80 余万件、年销售额近 2 亿元的大型企业的女当家。

或许是早年跟着父母打拼所悟，或许是父母言传身教的影响，董剑英坚持一个关键词：本分。 服装是她喜欢的行当，也是她从一开始就接触、从很早就进入的行业。 从最初跟着父母做服装外贸至今，20 年多时光流逝，她养成了踏实、务实的品性。 在为国外品牌做代加工时，接到订单后，如何保质保量地完成订单要求，是整个服装厂的轴心，上上下下的人都绕着它转。 那个时候，满足国外客户需要，最大限度地服务好客户，用产品品质的硬实力和勤恳踏实的软实力赢得客户信赖，便是公司最大的价值体现，也是这个家族企业的成功之道。

当家族的接力棒传到她这里，董剑英兢兢业业，点滴积累着，没有刻意地改革与创新，而是滚雪球般稳稳当当地经营着“本分”，围绕服装的所有工作对她来说都是本分，管好公司对她来说就是做好本分，善待基层员工对她来说就是做好本分。 她就像偌大一个服装厂的厂长，圆满地完成了她的“本分”。

（2） 品牌之路：从“合格”到“优秀”

然而，在从“合格”前往“优秀”的路上，仅做好本分并不够。 这时，董剑英面临艰难的蜕变，过去孕育她、为她提供温暖与庇佑的“茧”，反而成为一种束缚，成了在她与新风景间的一个障碍。

传统制造业正在经历艰难转型，许多企业面临同样的破“茧”成蝶的痛苦历程。 贴牌生产不是长久之计，企业不再只是工厂，一名优秀的企业家也不等同于一个合格的厂长。 它们发展壮大后要“做大做强”面临的第一个瓶颈就是“为他人作嫁衣”。 在这种情况下，企业家不得不成为带领企业从简单模仿走向把握自主创新的灵魂，包括产品、管理、营销模式乃至企业文化，方能一手把握住终端市场。

2006 年,董剑英成功引进法国品牌“FACILE”,开始转向一个全新的跑道。2008 年,金融危机后内外部环境都发生了巨大的变化,“中国什么都在涨,但卖价不涨”,一线的流水工人开始比老板的幸福指数还高,压力可想而知。

(3) 艰难地开拓“品牌”道路

这样的转型升级到底有多痛苦,从概念落地到实际操作到底有多困难,个中滋味只有董剑英自己体会最真、最深。 对品牌服装而言,店面非常重要,董剑英的目标是开四五百家专卖店,并要挺进杭州大厦、上海久光、八佰伴等高端商场。 然而,且不说开店各项费用高,店长培养、人员招募难,单说品牌做了两三年,开出的几十家店铺大多还处于亏损状态。 虽然早做好了前期做赔钱买卖的准备,只出不进的痛楚和难断明暗的前景还是让董剑英忧愁,直叹“开店蛮难的,开了店要做出业绩也蛮难的”。

销售问题是悬在“FACILE”前路上的第一把达摩克利斯之剑,如果一直提升不上去,早晚有一天要掉下来,给董剑英所投入的大量心血和内心深处的愿望划上残酷的休止符,蜕变也无从谈起。

此外,人才问题影响更为深远。 销售业绩说到底是品牌经营实力的“测试卡”,是最终表现,与之相关的一切问题包括产品研发、渠道拓展、日常营运都牵涉到人的问题,人才是背后的问题。

(4) 艰难蜕变:只为破茧成蝶

幸而,作为一个女企业家,董剑英有“柔”,更有一种“韧”。

当记者问到面对困境是否还会一如既往地将品牌推广下去时,董剑英毫不犹豫地脱口而出:“那当然!”从她的语气里,记者感受到她的决心,她的不达目的誓不甘休。 虽然她很累,并且听说国内的企业“外贸转内销非常艰辛,成功率很低”,现在她和整个企业都处于痛苦的蜕变期,但她喜欢自己的工作,初衷不改,上了路就一定要走到底。

改变的第一步,是意识到自己的陈旧,有意愿做新的尝试,并逐步付诸行动。一方面,她向自己过去的客户学习,借鉴韩国、日本、法国等成功经验;另一方面,她向身边的人学习,广纳意见,开拓自己的思路,把“有道理,你这样讲我多了一个思路,以后碰到这样的机会可以尝试做”挂口边。 与此同时,她依然保持着本色，对过于“花哨”的意见，她会生气说“一点都不落地”，果断地否定。

董剑英最终能不能完成自己的蜕变，粉碎前方障碍？“FACILE”能否快速成长，向被消费者广泛认可的美景快速奔驰？我们难以猜测，但这一番革新和改变，加上她在沉淀和积累上的优势，相信“FACILE”至少具备了成功化身高端服装品牌的潜力。

案例来源：胡巧丽，徐军. 嘉兴万源时装有限公司由外贸转内销，升级品牌经营——董剑英破“茧”成蝶. 中国企业报，2011-09-30

思考练习题

1. 企业为什么要研究市场营销环境？
2. 服装企业的微观环境由哪些因素构成？
3. 服装企业的宏观环境包括哪些要素，各有何特点？
4. 查找二手资料，阐述社会文化环境的变化及对服装企业营销的影响。
5. 当今世界，我国服装企业面对怎样的竞争环境。

第 4 章 服装消费者市场

知识要点

1. 营销与顾客价值；
2. 培养顾客关系；
3. 影响消费者行为的因素：社会环境因素、消费者自身及其心理因素、情境因素；
4. 购买行为的类型；
5. 消费者服装购买决策过程。

本章内容提要

顾客价值指顾客购买的总价值与顾客购买的总成本之间的差额。顾客购买总价值是指顾客购买某一产品与服务所期望获得的一组利益，包括产品、服务等。顾客购买总成本指顾客为购买某产品或服务所消耗的货币（价格）成本、使用成本、时间成本和精力成本的总和。只有创造顾客价值，企业才能生存并发展下去。顾客价值创新将顾客，而不是竞争对手，作为战略思维的中心，目标是提升顾客价值感知，以此来实现企业的持续高增长、高盈利。进行顾客价值创新是一个系统工程，营销策略应综合考虑各种举措对顾客价值感知构成要素的各种影响。

顾客关系是指产品的销售者、供应者与购买者、消费者之间的广泛联系。顾客关系和顾客价值之间存在着非常密切的联系。对于企业而言，能否与顾客维护良好的关系，从根本上决定了企业能否盈利。培养顾客关系的措施有：双向沟通，双向了解；提高顾客的信任度；为顾客关系增加情感要素；主动引导，加强消费管理等。

消费者生活在一定的经济制度，一定的民族文化，一定的社会环境之下，因而他们的消费行为必然受到各种各样社会因素的影响，如消费者所处的社会阶层、家庭、参照群体。消费者的购买行为受其生理因素、心理因素及经济状况的影响也非常大，也与其自身的职业、教育程度、个性与生活方式紧密相关。情境指消费者的购买活动发生时其所面临的短暂的环境因素，如购物时的气候、购物场所的拥挤程度以及消费者的心情等等。在不同的情境下，人们将会有不同的行为，情境是影响消费者行为的重要因素之一。

消费者接收外部刺激后，经过一定的心理过程，产生看得见的行为反应，叫做消费者购买行为。不同消费者，购买不同产品，其决策过程的复杂程度不同，究其原因，受诸多因素影响，其中最主要的是参与购买活动的程度和决策过程中搜集信息的程度。根据购买者的参与程度和决策过程中搜集信息的程度区分出四种购买行为类型：复杂型购买行为、有限型购买行为、习惯型购买行为、品牌忠诚型购买行为。

消费者购买决策是指消费者为了满足某种需求，在一定的购买动机的支配下，在可供选择的两个或者两个以上的购买方案中，经过分析、评价、选择并且实施最佳的购买方案，以及购后评价的活动过程。它是一个系统的决策活动过程，包括确认需求、信息收集、备选方案评价、购买决策和购后评价等环节。

4.1 顾客价值与顾客关系

4.1.1 营销与顾客价值

（1）顾客价值的概念

目前已经有许多学者对顾客价值做出了界定，如美国学者科特勒在《营销管理》中提出了“顾客价值让渡”；特雷西和威尔斯玛认为，顾客价值指顾客购买的总价值与顾客购买的总成本之间的差额。顾客购买总价值是指顾客购买某一产品与服务所期望获得的一组利益，包括产品、服务等。顾客购买总成本指顾客为购买某产品或服务所消耗的货币(价格)成本、使用成本、时间成本和精力成本的总和。虽然不同学者对顾客价值界定的具体内涵不尽相同,但透过这些差异,可以发现顾客价值的本质是顾客感知,即顾客对与企业交互的过程和结果的主观感知,包括对购买总价值与购买总成本之间的比较和权衡。

顾客价值是管理学科中一个里程碑式的概念,只有创造顾客价值,企业才能生存并发展下去,而顾客价值管理的主要任务就是帮助企业比其竞争对手更有效的为顾客创造价值。

(2)顾客价值创新的营销策略

传统营销中,产品是顾客价值的主要来源,但是由于全球竞争日益激烈、技术变革越来越快、分销效率差异越来越大,再加上其他一些因素,营销工作在几十年前所具有的稳定性如今已不复存在。欧洲商业管理学院教授凯因和马邦研究了许多持续高增长、高盈利的企业,发现这些取得成功的企业具备一个共同特征,即采用了顾客价值创新这种不同于传统的生产和销售为导向的营销策略。

顾客价值创新将顾客,而不是竞争对手,作为战略思维的中心,既不同于增量式的价值创造,也不同于单纯技术创新。顾客价值创新围绕的核心是顾客需求及其变化,目标是提升顾客价值感知,以此来实现企业的持续高增长、高盈利。

简单地以为顾客价值创新就是增加产品或服务的属性、降低产品或服务的价格,这种观点是错误的。进行顾客价值创新是一个系统工程,营销策略应综合考虑各种举措对顾客价值感知构成要素的各种影响。顾客价值主要体现在产品质量、购买成本、使用成本等方面。

① 提高产品质量与功能

很多企业为了应对激烈的市场竞争,不得不增加产品的技术特征或支持性服务。然而在这个过程中,很多企业逐渐迷失了方向,其产品创新纯粹是以技术或竞争为导向,很少考虑顾客的需要。偏离顾客的创新可能使企业的产品或服务与顾客越来越疏远。对于企业来说,可能会进入成本增高,必须向顾客收取更高的价格予以补偿这样的恶性循环;对于顾客来说,得到的产品质量和功能多了,但也必须付出更多成本,顾客感知价值并不一定会提高。因此,在进行价值创新时,全方位的以顾客为导向是企业成功的关键。企业不仅要考虑顾客的需求以便提高产品和服务，还应该考虑顾客维持必须增加的成本。

② 控制成本，降低产品价格

企业在设计新产品之前需要进行广泛的顾客调查，力求设计出的产品功能简单实用，避免增加一些很先进但其实顾客并不需要的功能，这样只会徒增成本；企业还应保持运营的简单化，缩减销售渠道以及避免产品过分宽泛，这样也有助于降低成本。但是，要特别强调的是如果降低价格是以质量为代价的，那么最终结果往往适得其反。降低价格、降低质量可能会吸引部分追求短期利益的顾客，但在与顾客发展长期关系为核心的营销中，舍弃质量降低价格并不可取。

③ 提供优质服务，降低顾客使用成本

产品或服务的价格只是顾客购买总成本的一部分，除此之外，还包括使用成本、时间成本、精力成本，其对顾客感知价值也有很大的影响。在很多情况下，低水平的服务或劣质的产品，将引发更大的其他成本，如顾客将不得不额外支付费用以享受某些服务，最终可能会导致更高的顾客长期成本。因此企业合理利用各种营销手段，尤其是利用现代信息技术为顾客提供便利的交易和服务，如发展电子商务和网上服务、设立顾客服务中心等是十分必要的，有助于培养顾客对企业的品牌忠诚，顾客忠诚又反过来促使企业营销费用得到节约，在一定程度上能够真正提高顾客价值。

4.1.2 培养顾客关系

（1）顾客关系的概念

顾客关系又称消费关系，是商品经济社会中最重要的关系。凡是将某种形式的产品（包括物质产品和精神产品）提供给社会消费者的组织，都存在着顾客关系。顾客关系是指产品的销售者、供应者与购买者、消费者之间的广泛联系。

顾客关系是当今管理界的一个热点话题，对于企业而言，能否与顾客维持良好的关系，从根本上决定了企业能否盈利。已有研究表明，顾客关系的核心本质是价值，即顾客和企业双方都能从关系的建立与维持中获得更大的价值。

顾客关系和顾客价值之间存在着非常密切的联系：顾客关系存在的前提是能够为用户和企业带来价值，用户和企业之间有效的价值交换决定着顾客关系的动态发展；企业在给用户提供产品和服务的同时，也培育和发展了企业的顾客关系，顾客关系的健康发展又为顾客价值的提升创造了有利的条件。由此可见，顾客关系和顾客价值密不可分。

（2）培养顾客关系的措施

① 双向沟通，双向了解

A. 企业要了解顾客。企业想要有针对性地处理好顾客关系，必须全面而准确地了解顾客的需要。日本企业家松下幸之助曾经说过："我们每天都要测量顾客的体温"。这种随时把握顾客要求和想法的行为，使得松下电器产品在国内外始终保持很高的市场占有率。

顾客的构成是极其复杂的，需求也是多种多样的，企业可以通过调查研究的方法来准确把握。调查研究的内容包括：顾客的年龄、性别、职业、生活习惯等背景情况；顾客对产品和服务的要求；顾客对企业整体形象、产品和服务的评价等等。

B. 企业也要通过各种有效的传播途径，与顾客进行信息交流、情感沟通，促进顾客了解企业。例如将企业的宗旨、新产品的性能、售后服务的标准等信息准确地传递给顾客，促进顾客对企业及其产品的正确认识和了解。

② 提高顾客的信任度

虽然优异的产品质量和服务，是顾客进行购买决策和可能再次购买的基础，但对于长期关系中的顾客而言，对供应商充满信任最有价值。经过几次成功的交易之后，顾客了解到某供应商有能力满足其需求，将逐渐对该供应商产生信任。这种高度信任使关系顾客省却了许多不必要的决策，大大节约了精力，减少了时间成本、精力成本和心理成本。顾客信任对于供应商也非常重要，尤其是现今市场竞争激烈，能够提供相同质量的产品和服务的竞争者众多，顾客信任有助于顾客忠诚。因此，通过提高顾客的信任度来提升顾客价值感知，这是培养顾客关系的重要途径之一。

有很多因素会影响顾客对供应商的信任程度，其中以前的购物经历无疑是最为重要的。因此，企业一方面需要整合各类资源，尽量为顾客的每一次购物都创造出令其满意的价值；另一方面需要警惕"木桶短板效应"，需要识别企业内在的瓶颈，并加以改进。

③ 为顾客关系增加情感要素

传统的营销观念往往把顾客看成是整个营销系统中不可控制的外界环境因素之一。而在关系营销框架下，可以通过有效的消费者组织战略，把顾客纳入到企业之内，使企业与顾客更为紧密地结合。因此鼓励企业与顾客之间建立彼此信赖和尊重的社会情感联系对关系双方都非常重要：一方面顾客的高层需要得到满足，另一方面有助于培养顾客对企业的忠诚度。最常用的方式是将顾客以某种方式纳入到企业的特定组织中来，使企业与顾客保持更为紧密的联系，以实现对顾客的有效控制。如消费满一定金额办理会员卡，会员卡购物打折、积分等方式给长期顾客以优惠和奖励；通过提供产品信息或定期举办联谊活动以加深顾客的情感信任、密切双方关系等。

④ 主动引导，加强消费管理

处理好顾客关系不仅要顺应顾客的要求和愿望，在更高层次上企业应该加强消费管理，引导民意。消费管理的重要内容就是主动实行消费教育，将原先带有盲目性的顾客群，引入稳定的消费序列之中，使之变为自觉消费。成功引导可为企业创造稳定的顾客队伍。

消费管理本身具有社会性和公益性。如企业倡导环保理念，主动减少过度包装，使用纸质包装袋，并引导消费者乐于接受和执行这一理念，无疑是极有意义的。

4.2 影响消费者行为的因素

4.2.1 社会环境因素

作为社会一员的消费者，是生活在一定的经济制度，一定的民族文化，一定的社会环境之下，因而他们的消费行为必然受到各种各样社会因素的影响。

（1）社会阶层

社会阶层是指一个社会相对稳定和有序的分类，是由人的职业、收入、教育等方面存在差异而形成的。处于同一社会阶层的成员都有类似的价值观、兴趣爱好和行为方式。社会阶层对我们生活许多方面都有影响。例如，可以影响我们的职业、信仰、娱乐和孩子的教育。由于社会阶层对人的生活的许多方面都有影响，同样可以影响购买决策。不同社会阶层在消费行为上存在较大差异，在服装消费方面，各社会阶层显示出不同的产品偏好和品牌偏好。

划分阶层的标准有很多，按照人们对社会稀缺资源的控制和占有的不同，当代中国社会可划分为四个阶层：国家管理人阶层、资本家阶层、中产阶级、劳动者阶层。稀缺资源包括政治资本、经济资本和文化资本三个方面。

国家管理人阶层、资本家阶层人数较少，由于在职业和业务方面能力非凡，因而拥有高薪和大量财产。他们或沉稳低调、或高调张扬，在服装方面趋于穿一些顶级品牌的服装来彰显自己的地位。比较一致的看法是，中间阶层是社会稳定的保障，也是引导社会消费的最主要的社会群体。当这个群体在人数上成为社会的多数时，其生活、消费方式就保证了社会有庞大、可持续增长的消费市场，从而拉动经济增长，这是经济增长稳定、持续的有力保障。所以，一个稳定、优良的社会阶层分布是两头小、中间大的“橄榄型”，即中间阶层人数较多，大资本家阶层和社会底层占较小的比例。虽然目前中产阶级尚未发展成为我国主要阶层，但中产阶级的发展将是一种趋势，而中产阶级对服装消费的数量和质量都会有较大的提高，这对服装企业来说，是不容忽视的一个服装市场。在构成比例中，劳动者阶层所占比率最大，由于普通劳动者的购买力是有限的，因此在我国，服装的价格仍是很多人考虑是否购买的主要因素。

（2）家庭

消费者从孩提到暮年，日复一日的消费行为都要有意无意地受到许多群体的影响。所谓群体是指通过一定的社会关系结合起来进行共同活动而产生相互作用的集体。群体分为隶属群体与参照群体。隶属群体是消费者实际参加或隶属的群体，如家庭、学校、工作单位、职工协会、宗教组织等。参照群体是指这样一个群体，该群体的看法和价值观被个体做为他或她当前行为的基础。

家庭是最基本的社会群体，也是对消费者的购买行为最具有影响力的群体，因为人们的消费风格、消费习惯、消费态度等多半是在家庭的影响下形成的，带有家庭消费特征的烙印。家庭对消费者的影响，主要取决于家庭的经济收入、家庭结构、家庭消费决策和家庭生命周期等方面。

一个家庭中，由于年龄、身份、经济地位不同，不同的家庭成员对购买决策过程有着不同的实际影响力，在其中扮演着不同的角色。通常家庭成员扮演着五种主要角色：倡议者、购买者、影响者、决策者和使用者。至于家庭中多少人充当这些角色，什么人充当哪些角色，则要根据家庭的不同和他们所买商品的不同而变化。 在我国当今的城市家庭中，妻子与丈夫有平等的经济收入，她们一边工作，一边又承担更多的家务，家庭经济多为她们控制，家庭日常生活用品的消费一般由妻子担任倡议者、决策者、购买者、使用者的角色，丈夫和子女可能只起影响者的作用，这在城市家庭中已成为很普遍的现象。 对于服装的购买，多数家庭都是由妻子做出决策和购买；但当购买高档昂贵的服装时，丈夫有时参与决策或起决策者的作用；随着孩子年龄的增长，孩子的观点不仅对个人服装购买有决定性的影响，而且对父母服装的选择也经常发表个人见解，起到影响者的作用。

服装企业为了更好地满足消费者的需要，促进企业产品的销售，必须认真研究家庭消费中每一成员的不同作用，制定相应的推销策略，有针对性地进行促销宣传，从而可以减少促销的盲目性。

（3）参照群体

参照群体是消费者目前尚未加入、但渴望加入的群体，它可以促使消费者通过比较和追求，改变原有的消费行为。

参照群体对消费者的影响通常表现为三种形式，即行为规范上的影响，信息方面的影响，价值表现上的影响。 规范性影响是指由于群体规范的作用而对消费者的行为产生影响。 信息性影响是指参照群体成员的行为、观念、意见被个体作为有用的信息予以参考，由此在其行为上产生影响。 价值表现上的影响指个体自觉遵循或内化参照群体所具有的信念和价值观，从而在行为上与之保持一致。

参照群体对其成员的影响程度取决于多方面的因素：

A. 产品使用时的可见性。 一般而言，产品或品牌的使用可见性越高，群体影响力越大，反之则越小。

B. 产品的必需程度。 对于食品、日常用品等生活必需品，消费者比较熟悉，而且很多情况下已形成了习惯性购买，此时参照群体的影响相对较小。 相反，对于奢侈品或非必需品，如高档汽车、时装、游艇等产品，购买时受参照群体的影响较大。

C. 产品与群体的相关性。 某种活动与群体功能的实现关系越密切，个体在该活动中遵守群体规范的压力就越大。

D. 产品的生命周期。 当产品处于导入期时，消费者的产品购买决策受群体影响很大，但品牌决策受群体影响较小。 在产品成长期，参照群体对产品及品牌选择的影响都很大。在产品成熟期,群体影响在品牌选择上大,而在产品选择上小。在产品的衰退期,群体影响在产品和品牌选择上都比较小。

E. 个体对群体的忠诚程度。个人对群体越忠诚,他就越可能遵守群体规范。

F. 个体在购买中的自信程度。

4.2.2 消费者自身及其心理因素

消费者的购买行为受其生理因素、心理因素及经济状况的影响非常大,也与其自身的职业、教育程度、个性与生活方式紧密相关。

(1) 年龄与性别

① 年龄

年龄是影响消费行为的基本因素之一。不同年龄段的消费者因其成长的社会经济、文化环境的不同,在消费行为方面表现出明显差异。服装企业就是按年龄或家庭生活周期的阶段定义目标市场,为各阶段开发合适的产品,制定相应的营销策略。

美国的罗姆 · 马克金将家庭生活周期划分为独身、新婚、满巢 1(子女年幼)、满巢 2(子女成为少年或青少年)、空巢、丧偶独居六个阶段,这也是应用较为广泛的划分方式。根据我国现阶段实际情况,将这六个阶段重新整合为单身青年期、核心家庭期和空巢期三个阶段。

A. 单身青年期

处于这一阶段的消费者已长大成人,但尚未结婚,收入大多不高且无经济负担,有的还保持与父母共同生活的习惯。有一份在部分城市的调查资料表明:在青年职工中,将自己的收入部分补贴家庭开支的只占 31.11%,自挣自花甚至不交饭钱的占 45.83%,父母倒贴的达 18.24%。单身青年对新鲜事物十分敏感并乐于接受,崇尚新奇、特别以及流行的服装,是时装潮流的追随者。他们中年龄偏轻者,有的尚处于求学阶段,没有个人收入或收入低廉,因此在注重服装款式同时,对服装价格也非常敏感。年龄偏大者出于工作及社交的需要,对服装有一定的品牌偏好,另外对款式、颜色很挑剔,会在百货商店、专卖店中购买服装。

B. 核心家庭期

这一阶段指由父母与未婚子女组成家庭的阶段,购买心理随孩子的成长而发生变化。 在核心家庭初期,孩子较小,家庭经济基础薄弱,家庭开支主要用于孩子及基本日用品消费上,青年夫妇对流行时装的追求势头下降,开始注重实用性及个人风格。 夫妇到中年时,孩子已到少年或青年,家庭收入达到高峰,家庭支出开始稳定,并且在社会上有一定的地位,对服装的品牌更为重视,希望通过服装来体现自己的价值以及个人品位。

C. 空巢期

这一阶段的消费者开始或已进入老龄之年,子女开始成家。 如果其仍然工作,对服装还会特别重视,会购买高质量、高价格的服装以满足工作和社交的需要。 如果已退休,家庭收入明显减少,因其对自身的健康更为重视,消费支出大部分用于食品和医疗保健,穿用部分的比重逐渐下降,购买服装时更注重其舒适性、方便性及低价性。

总之,不同年龄的人对服装的选择有不同的兴趣和偏好。 近些年来,由于人们思想观念的变化,衣着也随之发生了很大的变化。 比如一些老年人为了展示自己良好的心态,穿着鲜艳、花哨的服装的人也不少见。

② 性别

服装按照性别来分类可以分为女装和男装。 女装款式富于变化,男装注重做工,这和两性对待着装的观念是一致的。 女性相较于男性,更热衷于穿衣打扮,有句话说“女人的衣橱里永远少一件衣服”就是最好的写照。 女性在购买服装时,容易受感情的支配,对外界反映敏感,如服装的新颖搭配、华丽包装、卖场的良好环境、身边朋友的评价、销售人员的语调等都会对其购买行为产生影响。 据统计,大多数家庭购买服装这样的商品,主要是由妻子决策的。 男性购买服装的频率比女性少得多,而且往往由女性代买。 但当男性做出购买决定时,自主性更强,也更加理性,很少冲动购买,较为注重服装的品质及做工。

女性经济收入的变化、社会地位的提高,焕发了其自我意识,使其着衣观念也有了不少改变。 比如近年来,女性对内衣的追求越来越高。 据统计上海服装市场上的内衣品牌有七十多种,价位在几十元至三千多元不等,其中千元以上高价位产品的销售竟超过香港市场。

传统观念里,过分注重穿着打扮的男性会受到嘲笑,而现代这种观念正在发生改变。 尤其是现代青年男性,更加追求自信、个性、时尚、有实力的自我形象,对款式新颖、外观时尚的流行服装更为推崇。 比如电影《失恋 33 天》剧中男主人公着装清新休闲，如针织开衫、七分裤，时尚感十足，被誉为“文艺小青年范”，使许多男青年争相模仿。

（2）职业与教育程度

服装对个人的职业起着标志、确认、强化或隐蔽的作用，如医生的“白大褂”可以强化其救死扶伤的信念，交通警察的制服表明其对违章者有处罚的权力等。个人的职业也影响其对服装的偏好和需求，如“白领”和“蓝领”的称谓就起源于脑力工作者和体力工作者所着的服装。总体而言，人们的着装应与其工作环境相符合。

现实社会中，人们所受教育的程度和层次是存在差异的，教育影响到个体消费模式和生活方式的各个方面，包括品味、价值观和购买方式等。如教育层次较高的家庭在购买儿童服装时，更为注重服装的安全性和穿着舒适性，重视服装材料的成份和色牢度；而层次较低的家庭购买童装时更为注重服装的外观和经济适用性。

（3）经济收入

消费者任何消费动机的实现，都要有经济收入作基础。经济收入制约着个人乃至其家庭的购买能力、消费层次和消费结构。

中国的消费层次按收入划分，可大体分为四种类型：高收入型、较高收入型、中等收入型及低收入型。经济收入对消费者选购商品的出发点及目标有重要影响。收入高的家庭求新、求美、求名等动机强烈，而收入低的家庭求廉、求实、求利动机强烈。当服装消费者收入越高、收入来源越稳定时，往往会增加服装的购买，而且表现为追求名牌以及贵重的服装；当消费者收入越低，对生活越缺乏安全感、稳定感时，会减少服装的购买，而且对服装价格较为敏感。

由于收入高低的不同，个人及其家庭在消费支出结构上差异很大，考虑消费结构中生存、享受、发展三种属性，将消费者划分为三种类型：

① 生存消费型

这类消费者用于生存资料的开支占消费的绝大部分；他们所消费的产品品质不高，以维持正常生活为标准；消费内容单一，文化精神方面的消费比重较小。

② 生活享受型

这类消费者在物质生活方面向高品质方向发展；享受的支出占相当大的比重；消费内容比较丰富，文化精神方面的消费欲望强烈。

③ 生活发展型

这类消费者追求高品质的物质、文化精神方面的消费;发展型消费资料的支出占据比较高的比重;消费内容相当丰富。

现今我国居民的整体收入水平有了较大的提高,2011 年城镇居民人均总收入 23 979 元,比上年名义增长 14.1%,消费呈现多元化、层次化、个性化、品牌化等特点。而且消费者收入的变化也会对其消费行为产生影响。消费者总要对未来的收入情况作出一定估计,如果预期到未来收入会提高,那么他就可能增加现期的消费支出,甚至敢于借贷消费,以提高当前的消费水平。反之,如果预见到未来收入要下降,就可能减少日常开支,增加储蓄,从而保障未来的消费水平。

(4)个性与生活方式

个性可以反映个人的精神面貌和心理状态特征,体现每个人的本质特点。常用形象言辞来描绘个性,比如内向和外向,理智、情绪和意志,独立和依赖等。现代社会人们更加注重自我的实现和个性的表达,在服装的选择上尤其如此,更喜欢能代表个人喜好和情感表现的个性化服装。因此服装企业要应用个性来分析消费者对某些产品或品牌的选择,不断推出丰富多彩、千姿百态的服装,以满足消费者不同的个性需求。

生活方式指人们根据自己的价值观念安排生活的模式,表现的内容远比人的社会阶层或个性要多。虽然有些人可能属于同一社会阶层,受教于同一文化,个性相近,但由于生活方式不同,其日常活动、兴趣、观念也大相径庭。如热爱旅游的人士多喜欢穿着轻松的休闲运动服装,而在机关公司工作的上班族更偏爱职业装;注重外在美的女士重视外衣的质量与款式外观,而重视内在美的女士更关心内衣的品质与穿着舒适度。

受儒家思想的影响,我们的民族千百年来习惯求同,不愿太张扬,这种观念反映到服装消费上,便是追求朴素、大众化的格调。但近些年来,随着经济的发展和对外开放,人们的价值观念发生了重大变化,开始注重服装与个性的协调,敢于表现自我。认真研究消费者的生活方式,有助于服装企业了解变化中的消费者的价值观,生产出更多满足消费者需求的服装产品。

(5)心理因素

消费者为什么购买某种产品,为什么对企业的营销刺激有着这样而不是那样的反应，在很大程度上是和消费者的购买动机密切联系在一起的。在有关需求和动机的理论中，美国著名心理学家马斯洛提出的需求层次论有较大的影响。马斯洛认为人们的需求是一个多层次的组织系统，因所处阶段而异，由低级向高级层次逐渐上升，如图 4-1 所示。

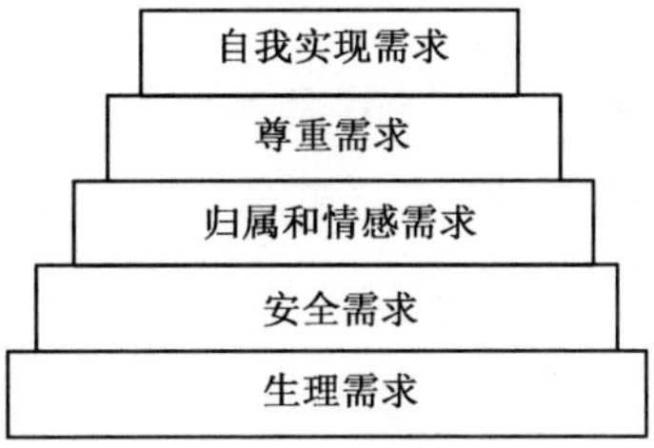

图 4-1　马斯洛需求层次论

人们的需求是有层次的，只有低一级的需要得到相对满足，高一级的需要才会起主导作用，成为支配人们行为的动机。最低层次的是生理需求与安全需求，也就是一个人首先要实现有衣穿、有饭吃，以维持生存，服装仅仅体现其遮体避寒的基本功能。在解决基本温饱问题之后，人们开始注重中间层次的归属和情感需求，对服装的款式与质量有了要求，着衣习惯与特点向其渴望归属群体靠拢，在这一层次，服装的美学功能开始凸显。随着收入提高、社会地位变化，人们渴望通过穿着名牌服装来获得别人的尊重、展示自身的品味与身份，开始进入最高层次的尊重需求和自我实现需求，服装更多的展现了某种意义上的社会价值。

总之，人们对服装的选择，在很大程度上受心理活动的支配，而不同的人各自的心理活动是有差异的。有的人喜欢“从众”、“模仿”、“随大流”。如英国王妃戴安娜因怀孕而特地设计的一种底色鲜红夹着黑白色碎花的孕妇服，成为许多英国妇女群起效仿的流行服装；孙中山先生首创的“中山装”，引起群众的广泛模仿，甚至流传至今。与此同时另一些人却追求与众不同、个性化，其在选择服装时，更多的结合了自身的肤色、体型、性格等来考虑衣式色彩，使得服装能更好的衬托其气质和精神面貌。对服装企业来说，了解消费心理对服装购买的影响，从而判断何种服装能最好地满足处于不同需要层次的服装消费者的需求是非常重要的。

4.2.3　情境因素

情境指消费者的购买活动发生时其所面临的短暂的环境因素，如购物时的气候、购物场所的拥挤程度以及消费者的心情等等。在不同的情境下，人们将会有不同的行为，情境是影响消费者行为的重要因素之一。面对同样的产品、服务及同样的广告，同一个消费者在不同的情境下会作出不同的反应，采取不同的消费行为。

根据贝克情境理论的指导，李华敏等提出影响消费者行为的情境变量主要有天气、周围的物质、商店的地理位置、背景音乐、灯光、气味、广告、折扣、优惠券、购买的紧迫性、购买时间是否为特殊时点、时间压力、是否有他人在场（朋友、服务人员）、是否与他人进行了互动，以及消费行为发生之前购买目的是否明确和消费行为发生时消费者的负面和正面情绪等 17 个变量。并且在对这些变量分析后，得到影响消费者行为的六个主因子。

（1）心理因子

心理因子包括消费者的购买目的和当时的情绪。对于同一种产品，购买的具体目的可以是多种多样，同时消费者的情绪包括正面情绪（如高兴、兴奋等）和负面情绪（如压抑、沮丧、悲伤等）。

（2）环境因子

环境因子描述的是消费场景的环境因素，包括店内的背景音乐、灯光的明暗程度、店内的气味以及是否有相关的广告悬挂于消费者的视线范围内。

（3）营销因子

营销因子主要是商家的营销措施，如商品是否有折扣，是否会赠送购物券等。

（4）时间因子

时间因子主要指商品是否是消费者迫切需要的，消费时间是否是某一特殊的时点，如接近亲人的生日、某一纪念日等，以及消费者是否有足够的时间仔细挑选。

（5）物质因子

物质因子包括消费时的天气情况、消费场所的地理位置和交通情况等。

（6）互动因子

互动因子是消费者与情境中相关人员的互动，包括与服务人员及自己同伴的互动。如图 4-2 所示。

以上六个因子不同程度的受到其他影响消费者行为的因素影响。例如，心理因子在一定程度上受到消费者自身因素的影响，互动因子则受到社会环境因素的影响等。由此可见，情境因素与其他影响因素交互作用，共同对消费者行为产生影响。

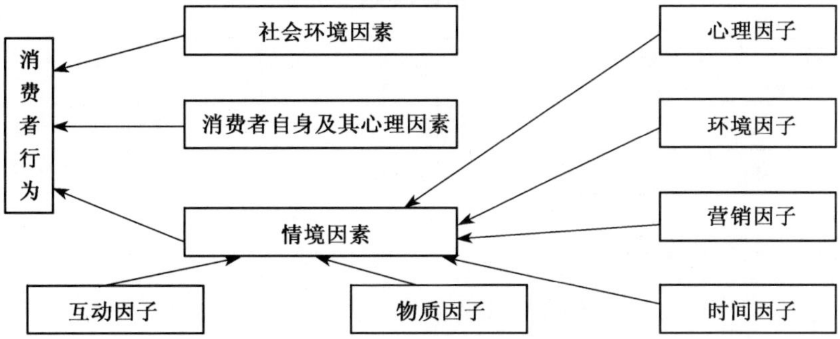

图 4-2　影响消费者行为的情境因素结构图

4.3　消费者服装购买决策过程

消费者是服装产品的最终购买者，他们的购买行为，不仅影响着企业的产品价格策略，而且影响着销售渠道和促销方式的选择。 因此，研究服装消费者购买行为类型和购买决策过程，对于有效开展市场销售活动至关重要。

4.3.1　购买行为的类型

我们把消费者接收外部刺激后，经过一定的心理过程，产生看得见的行为反应，称为消费者购买行为。 与其他产品相比，服装消费包含了更多社会文化和心理的因素，表现出更复杂、更难以琢磨的特性，但人们对服装的需求和消费仍是有规律可循的。 服装消费行为的动机是心理活动的过程，当消费者接受到服装品牌、款式、质地、色彩、价格、宣传等营销刺激，或社会、文化、经济、流行趋势等大环境的刺激作用，就会导致购买决策及行为。

不同消费者，购买不同产品，其决策过程的复杂程度不同，究其原因，受诸多因素影响，其中最主要的是参与购买活动的程度和决策过程中搜集信息的程度。同类产品不同品牌之间的差异越大，产品价格越昂贵，消费者越是缺乏产品知识和购买经验，感受到的风险越大，购买过程就越复杂。 比如，牙膏、服装与计算机、轿车之间的购买复杂程度显然是不同的。 根据购买者的参与程度和决策过程中搜集信息的程度区分出四种购买行为类型，如表 4-1 所示。

表 4-1 消费者购买行为的类型

信息搜集程度＼参与程度	高	低
高	复杂型购买行为	有限型购买行为
低	品牌忠诚型购买行为	习惯型购买行为

（1）复杂型购买行为

复杂型购买行为是指消费者在购买介入程度高的情况下，经历大量的内外部信息搜集、全面的产品评估、慎重的购买决策和认真的购后评价等各个阶段。比如，高档西装价格昂贵，不同品牌之间差异大，某人想购买高档西装，但又对不同品牌之间的式样、颜色、做工、价格、面料等无法判断，贸然购买有极大的风险。因此他要广泛收集资料，了解各个品牌之间的诸多区别，逐步建立对此产品的信念，然后转变成态度，最后才会做出谨慎的购买决定。

复杂型购买特点是购买参与程度高，决策涉及广泛的内、外部信息搜集，备选品牌多，评价复杂等。其产品单价高、品牌差异大、评价产品性能的层面多，涉及的主要是大件产品（如房屋、汽车、电脑、高档服装等）。

对于复杂型购买行为，营销者应制定策略帮助购买者掌握产品知识，运用印刷媒体、电波媒体和销售人员宣传本品牌的优点，简化购买过程；并且提供令人满意的服务，获得消费者肯定性评价和持续性的认可。

（2）有限型购买行为

有限型购买行为是指消费者对某些企业提供的产品或服务有一定了解和认识，由于市场竞争激烈，消费者在能够提供同类产品的已有备选方案中作出选择。

有限型购买的信息搜集主要来自内部，外部信息主要限于购买地点信息的搜集，备选品牌数量不多，对较少的几个层面进行评价。

有限型购买的消费者对某一类产品领域或该领域各种品牌基本熟悉，有一定评价标准，但尚未形成品牌偏好，营销者可通过提供优良的服务来增进消费者对企业的喜好。

（3）习惯型购买行为

对于价格低廉的、经常性购买的商品，消费者的购买行为是最简单的。这类商品中，各品牌的差别极小，消费者对此也十分熟悉，不需要花时间进行选择，一般随买随取就行了。例如，买油、盐之类的商品就是这样。

这种简单的购买行为的特点是购买的参与程度低；信息搜集程度低，且主要是内部信息搜索；不一定经过评价产品特点，最后作出重大决定这些复杂的过程；消费者与产品之间没有情感上的依赖，容易转换品牌购买。

针对习惯型购买行为，可采取利用价格与促销手段吸引消费者试用、开展大量重复性广告加深消费者印象、增加购买参与程度和品牌差异等营销策略来促进顾客对产品的了解和熟悉，使其可能经常购买以至形成购买习惯，对产品品牌逐渐形成忠诚度。

（4）品牌忠诚型购买行为

仔细观察消费市场，可以发现这些有趣的现象：某些消费者只使用一种牌子的牙膏，对于其他品牌，即使价格更低，也不愿尝试；或者只喜欢肯德基的甜筒，虽然麦当劳有相同产品，却不会购买。诸如此类的现象在服装消费上也很常见，例如有些消费者只买古今的内衣、恒源祥毛衫等等。这种在多品牌市场上，消费者只偏好购买特定品牌产品的行为称为品牌忠诚型购买行为。

品牌忠诚型购买行为的购买参与程度高，信息搜集程度低，主要是内部信息搜索。当消费问题被意识到以后，经内部信息搜集，消费者脑海里马上浮现某个偏爱的品牌或产品，随即便做出购买决定，消费者的决策速度较快。而且为了减少购买风险和简化决策程序，消费者习惯依据惯例形成重复性购买行为。

习惯型消费者和忠诚型消费者都易产生重复性购买，但两者的区别在于：习惯型消费者，对某一品牌已形成品牌信念，能在较长时间内偶然的重复购买某一品牌，品牌忠诚度一般；忠诚型消费者与产品之间已形成情感化的联系，长期反复选择该品牌，不容易转换品牌。服装企业可以通过不断完善服务、美化企业形象来加深加强消费者对该企业品牌的忠诚度。

以上四种购买行为有着较为明显的区别，如表4-2所示。

表4-2 复杂型、有限型、习惯型、品牌忠诚型四种购买行为的区别

	复杂型购买行为	有限型购买行为	习惯型购买行为	品牌忠诚型购买行为
参与程度	高	中	低	高
信息搜集程度	高	中	低	低
产品成本	高	较高	低	不确定

续　表

	复杂型购买行为	有限型购买行为	习惯型购买行为	品牌忠诚型购买行为
产品差异度	大	不大	小	不确定
对产品类别和品牌熟悉度	不熟悉	较熟悉	熟悉	熟悉
决策过程	长	较短	短	短
重复购买性	小	不大	大	大
购买频率	不频繁	较频繁	频繁	频繁

4.3.2　服装购买决策过程

消费者购买决策是指消费者为了满足某种需求，在一定的购买动机的支配下，在可供选择的两个或者两个以上的购买方案中，经过分析、评价、选择并且实施最佳的购买方案，以及购后评价的活动过程。 它是一个系统的决策活动过程，包括确认需求、信息收集、备选方案评价、购买决策和购后评价等环节。如图 4-3 所示。

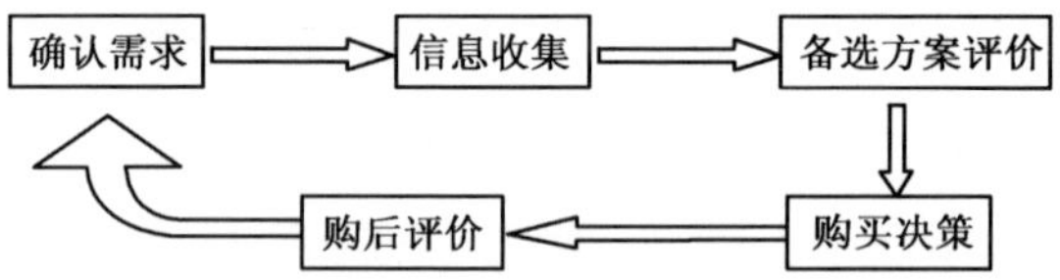

图 4-3　购买决策过程

（1）确认需求

当服装消费者认识到有未满足的需求时，购买过程就开始了。 如大学生们毕业参加工作，他们已有的学生时代的服装并不适合于工作场合，于是准备购买合适的服装，从而需求产生，购买过程开始。 对服装而言，促使消费者产生需求的原因可能有以下几个方面：

① 功能性需求

衣服破损，或者消费者体型发生了变化，导致已有的服装失去了使用价值或者不再能满足穿着，需要必须更换。

② 心理性需求

衣服本身并无破损，仍可穿着，但因已过时，不合潮流而放弃，从而添置新款时装。心理性需求与服装消费者购买产品时获得的个人满足感相联系。如消费者购买的新潮衬衣，并不比普通衬衣具有更好的功能性，但是却满足了消费者作为时尚着装者的需求。

现今各式各样款式新颖的流行服装总是会不断吸引人们的注意、刺激人们的需求，手感良好、外观漂亮的新面料也会诱发人们的购买欲。而且服装整体协调配套也日益引起人们的重视。如消费者购买了名牌套装，需要相应的内衣、丝巾、鞋、包等与之配套，从而产生一系列相关需求。

③ 消费者经济收入及社会地位的变化

经济收入增加会刺激更多的需求，相反收入减少会使需求降低或减少。另外社会地位的改变也会促使人们改变自己的着装，以适应不同的角色和地位。

服装企业应注意了解与本企业产品有关的现实和潜在的需求，开发设计出能够满足消费者多种需求的产品，吸引更多的人购买。另外还应了解消费者需求受外界刺激变化的规律性，以便设计诱因，唤起和强化需求，最终影响人们采取购买行动。

（2）信息收集

消费者的需求被引发以后，就会收集需要购买的服装的有关信息。信息来源主要有四个方面：

个人来源：如家庭、亲友、邻居、同事等，这是最有效的信息来源；

商业来源：如广告、商店、推销员，商品包装、商品展销等，这是消费者收集信息的主要来源；

公共来源：如大众传播媒体和消费者组织等，追求品牌知名度的人会从公共渠道来获得更多的有关名牌的信息；

经验来源：每个服装消费者都有过去的购物经验，这些经验形成了一个广泛的信息库。

服装消费者收集信息的数量和过程因产品和购买行为而异。如复杂型购买行为就要比有限型、习惯性购买行为收集信息的数量多、过程长；购买昂贵的产品收集信息数量很多，而购买价格较低的产品收集阶段很短、很快。

服装企业可以通过多种信息传播策略的同时使用，加强信息的影响力，促进本企业产品成为服装消费者寻求的有效信息，为产品的销售创造条件。

（3）备选方案评价

服装消费者在获得信息后，就会根据这些信息对产品进行分析、评价和选择，这是决策过程中的决定性环节。消费者在产品评价时往往要考虑产品属性、品牌信念、产品效用等如下几个方面：

服装的属性。包括服装的款式、面料、颜色、做工、价格、流行性等方面。服装属性是消费者所考虑的首要问题，不同消费者对产品的各种性能给予的重视程度或评价标准因人而异。

服装的品牌信念。消费者经过分析、比较以及结合以往经验，会对不同服装品牌形成特定的品牌信念，如某品牌服装款式简洁大方、做工精细、价格适中、知名度高等。

服装的产品效用。消费者是为了满足某种需求而购买服装，评选过程也是将实际产品同自己理想中的产品相比较，效用越接近“理想产品”，消费者购买的可能性也就越大。

明确了以上因素以后，消费者会有意或无意地运用一些评价方法对不同的品牌进行评价和选择，其过程一般是：在收集到的全部品牌中，首先选择自己熟悉的品牌，然后根据具体需求选择部分符合其最初购买标准的品牌，最后在这些品牌中结合自己的评价方法选择对象（如图 4-4 所示）。评价方法主要有排除式评价和补偿型评价。排除式评价要求消费者对评价标准按重要程度排序，对每一标准设立切除点，从最重要的属性开始对所有候选品牌进行考察，没有超过切除点的备选品牌排除在外。如果不止一个品牌超过切除点，考察过程将根据第二重要的标准重复进行，直到剩最后一个品牌为止。补偿型评价综合考虑了产品的各个属性，按照总体表现来评价。如果给各个商品的每个属性打分的话，补偿型规则是以总分最好的品牌作为购买的选择。例如服装消费者收集了 A、B、C……H等八种熟悉品牌的服装信息，要求价格不超过 800 元，F、G、H 等三种超过此价的品牌被淘汰；要求面料是纯棉、纯色的，D、E 两种品牌被淘汰，还剩

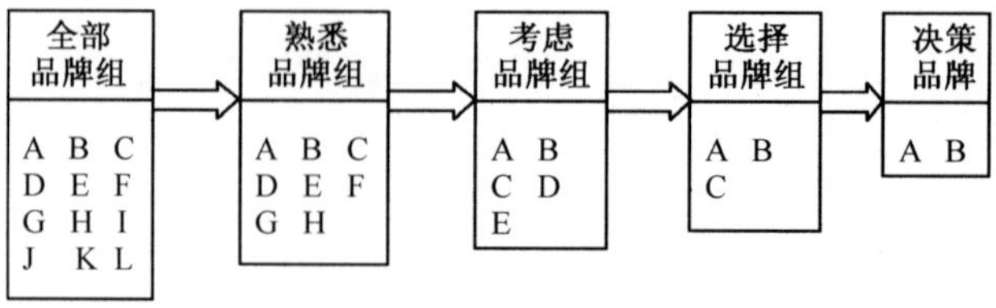

图 4-4　备选方案评价过程

A、B、C 品牌供选择，这时消费者会选择自己认为具有最重要的属性的品牌（按主观标准打分），选 A 品牌。

（4）购买决策

消费者对产品备选方案进行比较和评选后，已形成购买意愿，然而从购买意向到决定购买之间，还要受到一些因素的影响：

① 他人的态度

他人的反对态度愈强烈，他人与消费者的关系越密切，他人越具有权威性（对产品的专业知识了解多，对产品的鉴赏力强），则对消费者的影响力越大。由于服装具有展现自我的作用，因而人们在购买时会更加在意他人的看法。

② 未预计到的情况

如果发生了未预计到的情况，比如失业、意外急需、涨价等，则很可能改变购买意图。例如，准备购买的服装价格突然提高或在购买时导购员态度恶劣等都可能导致顾客的购买意向转变。

在购买决策阶段，企业一方面要向消费者提供更多有关商品信息，便于消费者比较；另一方面应通过提供优质服务和便利条件，加深消费者对企业及商品的良好印象，促进消费者做出购买本企业商品的决策并付诸行动。

（5）购后评价

消费者已经做出了实际购买，但并不意味着购买过程的结束。因为消费者对于所购买的商品是否满意，直接影响消费者及其相关群体今后的购买行为，决定消费者是否会重复购买该产品，以及对待该品牌的态度，这种态度还会影响到其他消费者，形成连锁效应。消费者的满意度取决于其对产品的预期性能与产品的实际性能之间的对比。如果实际性能达到或超出预期性能，消费者就会产生满足感，反之则不满。消费者购后行为，如图 4-5 所示。

因此服装企业的产品广告宣传要实事求是，不要夸大其词，否则会导致消费者的期望不能实现，由此产生强烈不满感，甚至退货以及阻止他人购买。另外企业也应重视售后服务和售后信息的收集，广泛征求消费者意见，及时处理投诉，增强消费者售后满意感。

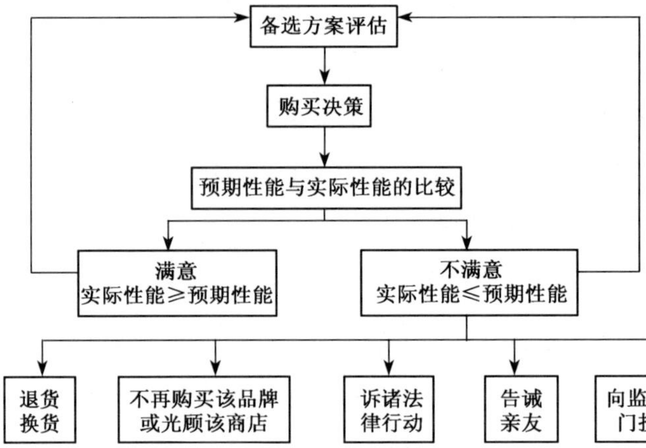

图 4-5　消费者购后行为

4.4　案例

创新要从客户角度出发

价值创新不同于以竞争对手为核心的传统战略逻辑，两者在行业假设、战略焦点、顾客、资产和能力、产品和服务等五个基本战略维度上存在显著差异。价值创新同时强调价值和创新，围绕的核心是顾客需求及其变化，目标是跳跃式地提升顾客价值感知，而实现这一目标的手段是创新，这要求企业管理者要突破现有的行业假设，创造全新的市场空间。

（1）那些把顾客体验的创新作为核心价值观的企业，不会让任何障碍阻止它们的创新，并以此来建立顾客忠诚度。

尽管全球最大的装潢零售公司家得宝公司（HomeDepot）2006 年第二季度的销售量比 2005 年同期增长了将近 17%，运营利润增长了将近 5%，但公司高层仍然对公司 2006 年第三、第四季度的表现感到不乐观。 2004 年，家得宝公司前首席执行官罗伯特 · 纳德里（Robert Nardelli）在接受采访时曾阐述了他的战略思想："现在我们公司的状况是，零售店被困在了一个常规的经营模式中，不能够去创新。 我们要保证提供给消费者他们想要的，而不是他们已经拥有的。" 为了实现这一战略思想，仅仅是 2006 年，家得宝公司就投入了 3.5 亿美元创造性地为消费者提供“橙色经验”,招聘更多的员工为顾客服务,提供更舒适的店内环境,建立自助收银台,重新安排和重组零售部门,以及奖励热情为顾客服务的员工。

除了家得宝公司,戴尔公司(DELL)也通过实施“戴尔 2.0”来进行改革和创新,它提出了一套包括产品、服务以及技术支持方案在内的战略,以改善顾客体验。 顾客是戴尔公司创新过程的核心。

六西格玛的成功并没有让通用电气公司(GE)停步不前,在维系客户关系、建立客户忠诚度方面,通用电气公司提出了一个创新的 CENCOR 方案,即标准、研究、创新、组织以及反馈。 这些公司都看到了建立客户忠诚度、改善顾客购买经验的战略意义。

2006 年《商业周刊》举办的全球最具创新精神企业调查结果显示,苹果电脑排名第一。 虽然曾经有不止一位分析家认为苹果公司是一个垂死的企业,但自从史蒂夫(Steve)回归苹果公司担任首席执行官后,一切都发生了改变。 他带来了多方面的改革,包括把创新作为公司的核心价值,并为建立客户忠诚制定了持续的战略方案。

同样,联邦快递(Fedex)创始人佛莱德·史密斯(Fred Smith)也把自己视为创新精神的传播者。 20 年前,他为公司写了一本管理手册,开篇就引用了哲学家马尔库塞(Marcus Aurelius)的观点——“改变是无法避免的”。 消费者在改变,消费者的期望在改变,市场在改变,而创新则是解决改变带来的问题的最好方法。 就像佛莱德·史密斯所说的那样,创新就是发现并解决其他人发现不了、解决不了的问题。

(2) 持续的创新

客户忠诚不是通过一两次交易就能永久建立的,必须要求公司持续地创新消费者的消费体验。 虽然消费者可能会告诉企业他们需要什么,但企业如何从消费者的角度出发进行创新则需要企业做出决定。 这就意味着企业不仅要满足消费者明确表示的需要,还要满足消费者潜在的需要。 就像家得宝公司前首席执行官罗伯特·纳德里所说的那样,满足消费者不断变化的需求,给他们提供他们所期望的产品和服务。 企业的 CEO 和市场营销人员不仅仅需要了解消费者现在的需要,还要了解消费者潜在的需要,并通过创新的客户体验来满足消费者的需要。 最重要的是,从消费者的角度出发进行创新不仅仅是一两次的做法,而更应该成为企业持续执行的战略。

2006年，美国市场营销协会针对创新进行了一项调查，得出了以下结论：阻碍创新的主要因素是缺乏组织内部的配合、资源、目标与方法，以及缺少创新战略的指导。在创新过程中，要把消费者作为核心。把企业追求创新看作是为了更好地满足客户的需求做出的反应。“关注客户”是企业把创新作为其企业文化之一的主要影响因素。如果企业不把客户看作是创新的核心，并努力传递良好的顾客体验，那创新就毫无意义。

（3）基于顾客关系进行价值创新的途径

价值创新的真谛是“超越”和“突破”现状，如突破陈旧的产品、服务、观念等，为顾客创造全新价值感受。当顾客与企业建立起某种关系之后，除核心产品之外，关系本身对顾客价值感知也有很大影响。这种背景下进行价值创新，企业除了可以变革现有产品或重新界定顾客问题后创造全新产品之外，还可以变革现有的顾客关系，即在现有顾客关系基础上取消、降低、加强、添加某些关系属性，如改变关系双方交互的内容、方式、频度；甚或重新圈定企业的目标顾客，并与这些顾客建立全新的顾客关系。另外，现有研究已经表明，顾客关系中的信任与情感等无形要素不但对顾客关系的维系至关重要，同时也能为关系双方带来价值。因此提升关系顾客对企业的信任度和情感，将是顾客关系背景下价值创新的独特途径。

① 从产品到能力和资源的转变

从产品到能力和资源的转变，是通过改变关系双方交互的内容来提升顾客价值感知，是基于顾客关系进行价值创新的一条主要途径。

按照交易导向的营销观念，顾客购买的产品是顾客价值的主要来源；产品的本质是准备交换的、由资源和特征构成的预制物。但如果将顾客关系的建立、维护和发展作为营销的基础，一种截然不同的理念将会出现：为真正满足顾客的需求，企业必须超越现有的产品概念，而从分析顾客面临的问题开始；企业最终提供给顾客的将是一整套提供物，而技术方案或产品仅仅是用来服务顾客的许多资源中的一种资源而已；在企业管理其资源以便逐渐创造一个整体提供物的过程中，方案本身也在不断发展，而不再是已经预制好的存在物。

② 通过提高顾客的信任度来提升顾客价值感知

虽然顾客在与供应商交互的单个情节层面上所获得的利益，如优异的产品质量、定制以及各种支持性服务，是其购买决策和再购可能性的基础，但对于长期关系中的顾客而言，对供应商充满信任最有价值。因此，通过提高关系顾客的信任度来提升顾客价值感知是基于顾客关系进行价值创新的潜在途径之一。

经过几次成功的交易之后，满意的顾客开始感到与该供应商相处非常安全，并逐渐对该供应商产生信任：因为顾客知道该供应商有能力满足其需求和需要，并会履行其承诺。顾客对供应商的信心和信任不可避免地与其所提供的核心服务相联系，但它却可能被感知为长期关系中的独立的利益。牢固的关系中由于顾客对供应商的高度信任，使顾客省去了许多不必要的决策。顾客一旦专注于某一关系，关系是否应该继续的问题、对可能的选择对象的监视、关于在何种程度上维护关系等问题，都将不复存在。其结果是节约关系顾客的精力，容许他们利用这些时间来考虑其他事情。顾客信任对于供应商也非常重要，有助于顾客忠诚，特别是市场上还存在其他的供应商也能提供质量相当的产品或服务时。

③ 价值创新与情感的关联

关系双方间在不断的交互中产生的情感联系，满足了关系顾客的高层需要，对于顾客具有特殊的价值。鼓励销售人员与顾客建立彼此的信赖和尊重的社会情感联系对于企业也非常重要。它使企业能在顾客缺少转换交易伙伴的强烈动因时，与该顾客保持联系；而当该顾客转向其他企业时，也使企业有机会对竞争者的挑战做出反应。

让顾客买一次企业的产品并不难，难的是让顾客一辈子都买你的产品。让顾客对产品、生产厂家和销售员都形成发自内心的情感，是培养忠诚顾客的关键。情感的建立需要长时间的磨合，要靠产品的质量和配套的售后服务，需要真正以顾客为中心，细心倾听，准确了解他们的需求，及时把握他们需求的变化，并提供有效的解决方案。

信息来源：1.《基于顾客关系的价值创新途径研究》作者：白长虹　武永红

思考练习题

1. 简述顾客价值与顾客关系之间的联系。
2. 分析基于顾客关系进行价值创新的途径。

3. 分析培养顾客关系的方法。

4. 联系实际分析影响消费者购买行为的因素。

5. 分析不同消费者购买不同商品时,其购买行为的差异性。

6. 简述消费者服装购买决策过程。

第 5 章 服装市场调研与预测

知识要点

1. 服装营销信息系统;
2. 服装营销调研内容、流程与方法;
3. 服装市场预测内容、程序与方法;
4. 服装市场流行预测。

本章内容提要

信息对于一个企业的生存乃至发展是至关重要的,因此服装企业必须准确掌握和营销相关的信息,进而建立快速反应的营销信息系统。服装营销信息系统是指一个由人员、设备和程序所构成的相互作用的连续复合体。其基本任务是及时、准确地搜集、分类、分析、评估和提供有用的信息,供企业营销管理人员制定或修改市场营销计划、执行和控制市场营销活动、制定决定性的方针及长远的战略规划。内部报告系统、营销情报系统、营销调研系统、营销分析系统是服装营销信息系统的核心组成。企业能否应用营销信息提高自身的竞争力,在很大程度上取决于如何应用与管理营销信息系统。

营销调研就是指运用科学的方法,有目的地、系统地搜集、记录、整理有关市场营销信息和资料,分析市场情况,了解市场的现状及其发展趋势,为市场预测和营销决策提供客观的、正确的资料。服装营销调研内容主要包括市场营销环境调研和市场需求调研。不论是简单调研还是复杂调研,流程基本相同,包括明确问题与调研目标、拟定调研计划、收集信息、分析信息、提出结论等几个环节。根据调研的目的、内容和调研对象的不同,可以选择不同的调研方法来收集第一手资料。通常市场调研有访问法、观察法、实验法、问卷调研法和网络调研法,几种方法各有其优缺点,适用于不同的调查内容,企业可根据调研项目的要求来选择。

服装市场预测，是指在对影响服装市场变化的诸多因素进行系统调研的基础上，运用科学的方法，对未来一定时期内服装市场的供求变化规律和发展趋势作出定性、定量的分析和预测，为企业经营决策提供可靠的依据。服装市场预测的内容十分广泛丰富，也比较复杂，不同服装企业的目的、要求不同，进行服装市场预测的侧重点也就不同，预测的主要内容包括服装市场需求预测、服装产品生命周期预测、服装市场销售预测。市场预测应遵循一定的程序和步骤，这有助于预测工作的统筹规划和有序进行，也有利于提高预测的效率，保障预测的精度与质量。预测步骤如下：确定预测目标；收集与整理信息资料；选择预测方法，建立预测模型；预测结果分析和修正；提出预测报告。

服装市场预测方法，从不同角度划分，可以有多种分类，一般可分为定性预测和定量预测两大类。一、定性预测主要通过对历史资料的分析和对未来条件的研究，依靠预测人员的主观经验、业务水平和综合判断能力，对市场未来发展状况和趋势作出性质和程度的预测。主要包括经验判断法、专家会议法、德尔菲法、销售人员意见汇集法，顾客意见调查法；二、定量预测是以完备的资料为基础，运用数学和其他分析手段，建立科学合理的数学模型，对市场未来变化趋势作出数量分析。主要包括时间序列法和回归分析法。

流行在社会学或心理学中通常被定义为：指一个时期内社会上或某一群体中广为流传的生活方式。服装流行反映了一定历史时期和地区内的人们对服装的款式、色彩、面料以及着装方式的崇尚和追求。流行预测指在特定的时间，根据过去的经验，对市场、社会经济以及整体环境因素所做出的专业评估，以推测可能出现的流行趋势的活动。在流行风尚变化日益加速的现代社会，掌握流行信息对于服装产品的设计有着重要的指导意义；对于流行信息的收集、分析与应用，是强化服装企业竞争力的重要手段。流行预测的内容主要包括色彩、面料、款式和零售业的预测。国际上对服装流行色的预测分为专家直觉法预测和调查预测，对面料及款式的预测主要是在国际流行色的指导下结合实际材料来具体表现的。流行趋势的发布有时以色彩、面料和款式分别进行发布，有时也按照综合了色彩、面料和款式的形式进行平面发布。

5.1 服装营销信息系统

5.1.1 服装营销中信息的重要性

营销大师菲利普 · 科特勒曾说过:“要管理好一个企业,必须管理它的未来;而管理未来就是管理信息。”由此可见信息对于一个企业的生存乃至发展的重要性。当前,服装零售市场来自国内外的竞争日益激烈,竞争环境的不确定性也愈发加强,服装企业仅埋头把自己的品牌和店铺做好是远远不够的。现今的服装生产正朝着多品种、小批量、短周期的趋势发展,为了更好的满足目标消费者的需求,进而实现企业的利益最大化,以及企业内部对协同性要求的提高都使得信息之于企业,犹如水之于鱼,企业的生产经营及营销活动离开它就会寸步难行。所谓知己知彼,百战不殆,服装企业要在市场中求生存、谋发展,就必须准确掌握和营销相关的信息,进而建立快速反应的营销信息系统。

5.1.2 服装营销信息系统

服装营销信息系统是指一个由人员、设备和程序所构成的相互作用的连续复合体。其基本任务是及时、准确地收集、分类、分析、评估和提供有用的信息,供企业营销管理人员制定或修改市场营销计划、执行和控制市场营销活动、制定决定性的方针及长远的战略规划。

营销信息系统的主要作用是向营销部门及时提供各种有效的相关信息。先由决策人员确定所需信息的范围;然后由相关子系统去收集有效信息,再加以整理和分析,并将经过处理的信息在最短的时间内送至有关决策者;最后决策者所做的营销决策又流回市场,作用于环境。

不同的服装企业,其营销信息系统的具体构成会有所不同,但基本框架大体相同,其中内部报告系统、营销情报系统、营销调研系统、营销分析系统是其核心组成,如图 5-1 所示。

(1)内部报告系统

内部报告系统是服装营销信息系统中最基本的子系统,也是决策者们利用的

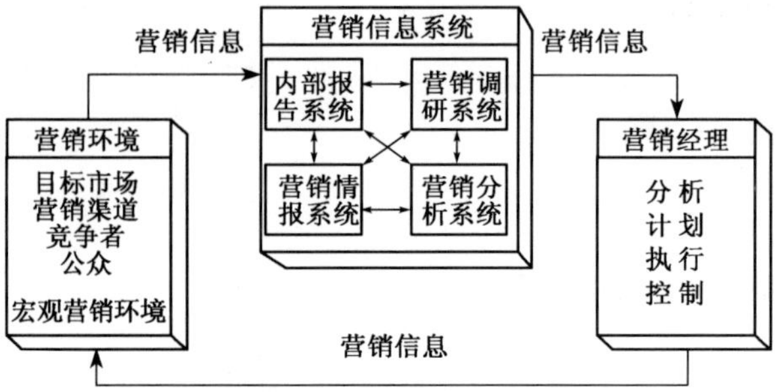

图 5-1　服装营销信息系统

最基本的系统。内部报告的主要作用是由企业内部的财务、生产、销售等部门定期提供控制企业全部营销活动所需的信息，包括订货，库存、销售、费用、现金流量、应收应付款、生产进度及盈亏等方面的数据信息。企业营销管理人员通过分析该系统所提供的信息，比较各项指标的计划和实际执行情况，可以及时发现企业的市场机会和存在的问题。

内部报告系统的关键是如何提高系统的运行效率，并且能够及时、准确、可靠地向企业的营销决策者提供各种有用的信息。因此企业在设计内部报告系统时，应避免每日发送的信息太多或太少，太多会致决策者疲于应付，太少又不能全面反映营销状况；另外还应避免过于着重眼前而不有效结合中长期发展考虑，以免决策者对每一微小的变动都急于做出反应。

（2）营销情报系统

营销情报系统是指营销人员搜集企业外部市场营销环境中的有关资料的程序或来源。该系统的主要功能是向营销部门及时提供有关外部环境发展变化的情报，往往通过各级营销人员、中间商以及专职的营销信息收集人员完成。

营销决策者可能从各种途径取得市场情报信息，如查阅各种书籍、报刊、同业公会的出版物；与顾客、供应商、经销商或其他外界人员交谈；与企业内部有关人员交换信息等。这些方法带有相当的偶然性，一些有价值的信息可能没有抓住或知道的太晚。市场营销情报系统则要求采取更正规的步骤来提高情报的质量和数量：训练和鼓励营销人员收集情报；鼓励中间商及其他合作者与企业互通重要信息；向外界的情报供应商和信息研究公司购买；建立内部营销信息中心以收集和传送营销情报等。

（3）营销调研系统

营销调研系统的作用是针对企业营销面临的明确具体的问题，对有关信息进行系统的收集、分析和评价，并对研究结果提出正式报告，供决策部门针对性地用于解决特定问题，以减少由主观判断可能造成的决策失误。可以说营销调研系统是服装营销信息系统中最重要的部分，因为服装企业在营销决策过程中，经常需要对某个特定问题或机会进行重点研究，如准备开发新的服装产品或设立新的服装副品牌，或打算通过对产品大幅度降价来遏制竞争对手，或要研究公司投放的广告效果等。很显然，研究这些市场问题所需要的信息，关系到企业的经营决策的正确与否，关系到企业的兴衰成败。

营销调研系统是一个庞大而复杂的系统，需要由专职部门牵头，营销部、企划部、市场部等多部门共同协作才能够完成。因各个服装企业所面临的问题不同，需要进行市场研究的内容也各不相同，企业研究得比较普遍的主要有市场研究、消费者研究、产品研究、价格研究、分销渠道研究、促销研究等项内容。

（4）营销分析系统

营销分析系统是一个组织，主要采用一些先进的技术或技巧来分析市场营销信息，以帮助更好的进行经营决策。它由统计分析模型和市场营销模型两部分组成。统计分析模型由相关分析、因果分析、趋势分析等分析方法组成，是分析和预测未来经营状况和销售趋势的有效工具。市场营销模型是专门用于协助企业决策者选择最佳的市场营销策略的模型库，包括新产品预先测试模型、销售反应模型、离散选择模型等。

5.1.3　服装营销信息系统的管理

目前一些服装企业虽然也建立了诸如 MIS、CRM、ERP 等系统，但总体可靠性差，缺乏可操作性。电脑、数据库、网络等相关技术都只是我们的工具，企业能否应用营销信息提高自身的竞争力，在很大程度上取决于如何应用与管理营销信息系统。

（1）形成企业特定的营销信息系统

营销信息系统的建立与应用是一项非常复杂的工程，需要细致的工作与长期的努力，更需要多个职能部门通力合作。但只要企业充分重视营销信息的作用，并运用科学的方法,就一定能建立起适合本企业的特定营销信息系统。

(2) 保证营销信息的时效性和适用性

市场营销活动是建立在对市场的了解和分析的基础上,由于竞争的加剧,服装企业必须能够及时分辨市场环境和机遇,因而企业的营销信息系统是一个实时系统。营销信息具有很强的时效性,处于不断的更新变化之中,因此企业必须及时收集各种信息,以便不断掌握新的情况,研究新的问题,力争获取市场营销的主动权。

(3) 建立完善的智能化系统

随着营销信息系统处理的数据量大量增加,其存储的信息种类、查询方式和信息处理手段等方面均面临着新的发展。智能化是信息系统面向更广阔的应用领域和满足更高层次需求的必然趋势。这需要通过在营销信息系统中集成知识管理和处理技术,进一步增加了系统的复杂性。

5.2 服装营销调研流程与方法

5.2.1 服装营销调研内容

营销调研就是指运用科学的方法,有目的地、系统地搜集、记录、整理有关市场营销信息和资料,分析市场情况,了解市场的现状及其发展趋势,为市场预测和营销决策提供客观的、正确的资料。

营销调研的内容是广泛的,可以用于调查像产品价格、促销方式等简单问题,也可以用于测量诸如态度或爱好之类的复杂问题。服装营销调研是围绕企业的营销活动展开的,内容主要包括市场营销环境调研和市场需求调研。

(1) 市场营销环境调研

市场营销环境调研可分为宏观环境调研和微观环境调研。宏观环境指对企业有较大影响的社会因素,如政策、法律、经济、技术、文化、地理、人口等。微观环境指与企业直接相关的营销因素,包括市场动向、总体需求量、营销渠道、市场竞争情况、产品、价格等。

（2）市场需求调研

服装企业是否能够明确地了解市场需求，直接影响着其营销决策的正确与否，甚至影响到企业的生存。通过调查和分析，估计企业产品市场的现有规模和潜在规模；预测该市场的近期乃至中远期需求；估计该类产品各品牌的市场占有率，对目标市场进一步细分；了解有关消费者的消费心理、生活方式、对该类产品的消费心态及变化趋势；掌握有关市场的促销信息。

一个公司能用多种方法获得营销调研资料，大多数大公司都有自己的营销研究部门，营销研究通常由公司的营销副总经理领导。小公司可能没有一个独立的营销调研部门，但也可以在有限的资金下开展创造性的工作。

市场研究专家表示，市场调研是一件令很多中小企业营销管理者感到迷茫的问题：人力上，既没有专职的市场调研人员，也没有独立的市场部门；财力上，请不起专业的市场调研公司，而市场调研工作又不能不做，不做就不了解市场。服装中小企业为数众多，绝大多数都会面临这样的困窘。然而市场调研是一项繁杂的工作，即使是具备独立的市场部门、专职的市场调研人员的大公司，其市场调研工作也不是由专门人员“包干到底”的，专门人员的工作是负责策划、组织、控制调研活动，对服装中小企业而言，营销调研工作可借助以下途径完成：

① 由公司销售人员借工作之便进行调研。销售人员最了解市场，也是最需要了解市场的人，借助销售人员一方面可以节省公司人力、物力和财力，起到事半功倍的效果；另一方面可以督促销售人员加深对市场的了解。

② 借助公司的经销商或代理商来完成调研工作。服装公司及其代理商有着共同的利益诉求，在这一前提下，公司可以策划、指导代理商做好该地区的市场调研工作，包括该地区市场与消费者的基本状况、竞争品牌以及当地民间活动等。抓住机会，巧妙借势，不仅解决了调研问题，还有助于巩固双方的合作关系。

③ 借助二手信息。很多服装中小企业虽然订有各种专业报刊杂志，拥有自己的网站，但并未能有效地利用这些宝贵的资源。通过专业报刊杂志和网络，公司可以便捷地获取信息、了解业界动态；另外还可利用自己的网站进行市场调研。

5.2.2 服装营销调研流程

市场调研开展的程度取决于所需求的信息要求和成本控制。根据调研费用、时间、收集数据的多少和复杂程度可以选择,需要具体问题具体分析。简单的调查可以设计成只需几页记录纸,数据通过计算器简单处理,或提供较为定性的数据;复杂而大规模的调研要采用计算机和数据分析程序处理数据,获得大量精确信息。然而无论简单调查还是复杂调研,调查流程基本相同,如图5-2所示。

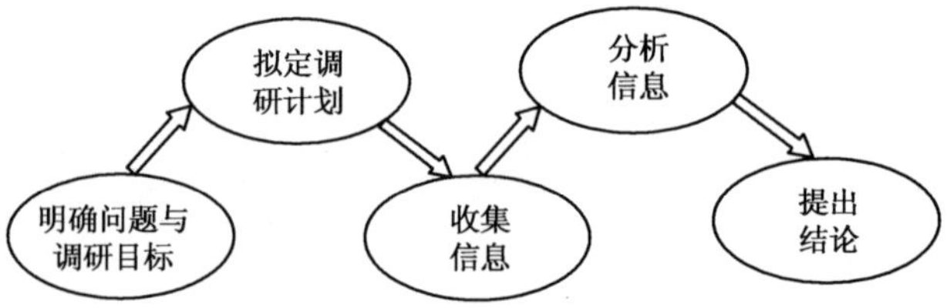

图5-2 服装营销调查流程

(1)明确问题与调研目标

市场调研的主要目的是收集与分析市场情况,为市场预测和营销决策提供客观的、正确的资料,因此调研首先要求决策者和调研人员确定要研究的问题,明确调研目标。例如:某服装企业发现其冬季新款上市销量很不理想,管理层想知道具体原因所在,是款式设计不理想?是代理商推销不力?是广告支出减少?还是经济衰退?企业应先分析相关资料,找出问题并作进一步假设、提出研究目标。如果认为上述问题是由于款式设计的原因,再进一步分析、提出若干假设:如今冬气候异常寒冷,冬款产品保暖性欠佳;竞争对手采用了新型的防污面料等。明确调研目标可以限定调查范围,节省调研时间与费用。但调研人员应注意,对问题的定义不要太宽泛,也不要太狭隘。

(2)拟定调研计划

对营销调研所需资料拟定一个最有效的收集计划,是调研能否成功的关键。有效的调研计划包括确定调研内容、调研对象、所需资料、抽样计划、调研进度和经费预算等:

① 确定调研内容

调研内容是收集资料的依据,根据调研目标确定具体的调查内容。调查内容的确定应具体而清晰，避免面面俱到、过于繁琐，避免将与调查目的无关内容列入其中。

② **确定调研对象**

调研对象根据调研内容来确定，一般为消费者、零售商和批发商等。在以消费者为调查对象时，应注意有些产品的购买者和使用者不一致，如男士服装，尤其是内衣，经常是由其妻子购买；此外还应注意有些产品的消费对象主要针对某一特定消费群体或侧重于某一消费群体，这时调查对象应注意选择那些产品的主要消费对象，像对于塑身衣，调查对象主要选择女性。

③ **确定所需资料**

明确调研问题之后，接下来就应确定资料来源，这自然应与调查的目标有关。市场调研往往要求既收集第一手资料，又收集第二手资料。第一手资料又称为原始资料，是调查人员为某种特定目的而通过现场实地调查搜集的资料。一手资料的调研方法后面详细叙述，其特点是针对性强，适用性好，但成本较高。第二手资料又称为间接资料，是他人为某种目的已经加工整理好的资料，其特点是获取成本低，时间短，但适用性较差。二手资料来源于：a. 企业内部，如公司销售数字、资产负债表、存货报告等；b. 政府出版物，国内权威性较高的有《中国经济年鉴》、《中国对外经济贸易年鉴》、《中国统计年鉴》等；c. 期刊和书籍等；d. 商业资料，如行业协会公布的行业资料、市场研究机构公布的研究报告等。

④ **抽样计划**

销调研人员从调研对象中抽取一小部分样本进行研究，然后得出关于总体的结论。样本是指从总体中挑选出的能代表总体的一部分，应具有代表性，以便调查者能准确地估量总体的思想与行为。调研必须设计一个抽样计划，以便在抽样对象中确定目标调查者、确定样本大小、确定抽样程序。抽样有概率抽样和非概率抽样两种方式。

A. 概率抽样

概率抽样又称为随机抽样，是指在调查总体样本中的每个单位都具有同等可能性被抽中的机会，分为如下几种类型：

a. 简单随机抽样，总体中每个单位在抽选时有相等的被抽中的机会。包括直接抽选法、抽签法、随机数字表法。

b. 分层抽样又称类型抽样，先将总体中所有的单位按照某个标志分成若干类(组),然后在各个类中分别随机抽取样本。

c. 系统抽样又称等距抽样,先将抽样总体单位按照一定顺序排队,根据总体单位数和样本单位数计算出抽选间隔(抽选距离),然后按照一定的间隔抽选样本单位。

d. 整群抽样,先将总体分为若干群或组,然后一群一群地抽选,每一群中包含若干个样本单位。

B. 非概率抽样

非概率抽样又称为非随机抽样,就是调查者根据自己的方便或主观判断抽取样本的方法,分为如下几种类型:

a. 任意抽样,调研人员选择人口中最容易接触的成员以获得信息。

b. 判断抽样,调研人员应用自己的判断来选择人口中能提供准确信息的理想成员。

c. 配额抽样,调研人员在几个类型中,对每一个类型按照所规定的人数去寻找和访问调查对象。

概括起来,概率抽样因通过随机化的机械操作程序取得样本,能避免人为因素的影响,保证样本的客观性,而且其依据的是大数定律,能计算和控制抽样误差,因此根据样本调查的结果可以在一定程度上推断总体特征。 非概率抽样由于无法排除抽样者的主观性,无法控制和客观地测量样本代表性,因此样本不具有推论总体的性质。 概率抽样的估计准确性较高,且可以估计抽样误差,从统计效率来说,以概率抽样为好,然而从经济观点来看,非概率抽样设计简单,可节省时间与费用。 究竟是采用概率抽样还是非概率抽样,其一应视具体调查所要求的准确程度而定;其二是样本数目,而这又需考虑到统计与经济效率问题。

C. 样本数的确定

研究对象的全部称为总体,研究中实际观测或调查的一部分个体称为样本,样本中个体的数目称为“样本容量”。 样本容量过大,会增加调查工作量,造成人力、时间和资金的浪费;样本容量过小,则缺乏对总体的足够代表性,从而难以保证推算结果的精确度和可靠性,因此在抽样设计时,必须科学考虑样本容量。确定样本容量的大小是比较复杂的问题,既要考虑调研目的、调研性质和精度要求,又要考虑实际操作的可实施性和经费预算等,需要对各方面进行综合权衡,选择一个最优的样本容量。

具体确定样本量还有相应的统计学公式，不同的抽样方法对应不同的公式。样本量的大小取决于以下参数：总体标准差δ（可以根据以往的资料或小规模预调查的结果进行估计）、调查者可接受的误差范围Δ；可信度α（一般取 95%），根据以上参数计算样本大小的公式如下：

$$n = 1.96^2 \times \delta^2 \div \Delta^2$$

式中：n 为所需样本大小；1.96 是可信度为 95%时所对应的 T 值；δ^2可以用小样的方差替代。

⑤ 调研进度和经费预算

详细地列出完成每一步骤所需的天数以及起止时间。 计划要稍稍留有余地，但也不能把时间拖得太长。 详细列出每一项所需的费用，通过认真的估算实事求是地给出每项的预算和总预算。

（3） 收集信息

收集信息是市场调研的实际操作阶段，也是整个市场调研过程的中心。 采集信息的真实性和有效性直接影响调研分析的科学性，因此数据收集必需通过调查员来完成，而调查员的素质会影响到调查结果的正确性。 信息收集过程中强调调查员的调研技巧和行业领悟能力，要求调查员通过各种专业和辅助渠道来进行信息采集，在信息收集过程中要善于采用观察、记录、问询、领会等调研手法，并且利用收集信息的同时分析市场，透过表面的市场现象捕捉真实的市场信息。

（4） 分析信息

分析信息就是对调研资料汇总和解析，它分析提炼了调研的价值成分，内容包括：剔除错误及无效的问卷；对不完整的答卷根据需要再次询问应答者，将资料填补完整；对数据进行分类整理，统计计算；将分析结果绘制成统计表或统计图，计算百分率、均值或差异，方便决策者了解结果。

（5） 提出结论

市场调研最终必须形成书面报告，在分析信息基础上提出的一些看法和观点将体现在最后的调查报告中，提交给服装企业决策者，做为企业制定市场营销策略的依据。 市场调查报告的撰写格式应规范，一份完整的市场调查报告应由题目、目录、概要、正文、结论、建议和附件等组成。

5.2.3 服装营销调研方法

根据调研的目的、内容和调研对象的不同，可以选择不同的调研方法来收集第一手资料。通常市场调研有访问法、观察法、实验法、问卷调研法和网络调研法，几种方法各有其优缺点，适用于不同的调查内容，企业可根据调研项目的要求来选择。

（1）访问法

访问法主要通过个人访问、小组访问、电话调查及邮寄调查四种方式获取需要的信息。调查人员可以按照事先设计好的调查表或访问提纲进行访问；也可以没有统一问卷，由调查人员就调查内容与被访问者进行广泛的交流，如对某服装品牌的款式特点进行交谈，了解被调查者对当季新款的看法；还可以通过集体座谈的方式听取被访问者的想法，来收集信息资料。

（2）观察法

观察法指调查人员直接到调查现场进行观察的一种调研方法。此法可以比较客观地收集资料，直接记录调查事实和被调查者在现场的行为，调查结果更接近实际。缺点是观察不到内在因素，调查时间长。适用于服装店铺客流量观察等。

（3）实验法

实验法是通过实际的、小规模的营销活动来调查关于某一产品或某项营销措施执行效果等市场信息的方法。该方法可获得较正确的原始资料。缺点是实验市场不易选择，干扰因素多，时间长，成本较高。适用于服装新产品销售实验等。

（4）问卷调研法

问卷调研法是通过设计调查问卷，让被调查者填写来获得信息。问卷调查法的优点在于：调查区域大；问卷由被调查者自由填写，信息更客观、真实；可以节省大量的费用和人力。不足之处是：问卷的回收率较低；容易产生差错和误解；一般花费的时间较长，如果控制不好，很容易使资料失去时效性。适用于了解消费者对某服装品牌的偏好、满意度等，并衡量其在人口中的数量比例。

调查表是迄今用于收集第一手资料的最普遍的工具，其设计直接影响到市场

调查的质量。 研究人员必须精心设计调查表,设计时要注意以下几点:

① 调查表的设计要与调查主题密切相关,重点突出,避免可有可无的问题,也要避免遗漏了应该回答的问题。

② 调查表中的问题应容易让被调查者接受,避免出现被调查者不愿或不能回答、或令被调查者难堪的问题。

③ 调查表中的问题次序安排一般遵循简单问题在前,较难回答的问题在后;封闭式问题在前,开放式问题在后。

④ 调查表的问题应条理清楚、符合逻辑,用词要十分审慎,尽量使用简单、直接、无偏见的词汇,保证被调查者能在较短的时间内完成调查表。

(5)网络调研法

网络调研是伴随着互联网的发展与普及,在近些年才发展起来的调研方法。它充分利用了互联网的开放性、广泛性和直接性等特点来开展调查工作。 与传统的市场调研相比,网络调研具有快捷、费用低、覆盖面广、数据统计方便等优点。 缺点是网络调研没有空间和地域的限制,一切都是随机的,调查人员无法确定调查对象的样本,也无法准确了解被调查者的身份、职业、性别、年龄等信息。

5.3 服装市场预测

服装市场预测,是指在对影响服装市场变化的诸因素进行系统调研的基础上,运用科学的方法,对未来一定时期内服装市场的供求变化规律和发展趋势作出定性、定量的分析和预测,为企业经营决策提供可靠的依据。 通过预测来把握经济发展或者未来市场变化的有关动态,可以减少未来的不确定性,降低决策的盲目性和可能遇到的风险,使决策目标得以顺利实现。

5.3.1 服装市场预测内容

服装市场预测的内容十分广泛丰富,也比较复杂。 不同服装企业的目的、要求不同,进行服装市场预测的侧重点也就不同。 主要包括以下内容:

（1）服装市场需求预测

① 不同层次的市场

A. 潜在市场：是指某种服装商品的实际购买者和潜在购买者的总和，是对该产品有兴趣的顾客群体。

B. 有效市场：是指对某种服装商品感兴趣、有支付能力并且能够获得该商品的顾客群体。

C. 目标市场：企业按照某些特征属性对有效市场进行过滤，将企业的营销努力集中于过滤后的某一细分部分，这部分顾客群体成为企业的目标市场。

D. 渗透市场：指在企业及竞争者的营销努力影响下，实际购买该服装商品的顾客群体。

对于服装企业来说，通过认真的市场调查，了解不同层次的顾客群体的特点，是进行有效的市场需求预测的基础。这也有助于企业采取合适的营销方案，力争目标市场，扩大渗透市场，促进产品销售量的提高。

② 服装市场需求

服装市场需求指在一定的营销努力水平下，一定时期内，在特定地区特定环境中，特定顾客群体可能购买的某种服装产品的总量。市场需求是产品、总量、购买力、顾客群体、营销环境、营销努力、时期、区域这样一组条件的函数。从短期来看，一个行业的市场总需求水平取决于行业营销费用水平（如图 5-3 所示）。在一个既定的市场环境下，我们把行业营销努力达到无穷大时，市场需求所趋向的极限称为市场潜量。

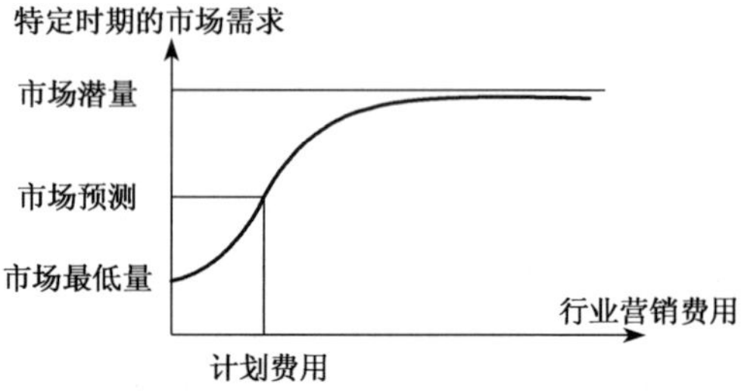

图 5-3　市场需求作为行业营销费用的函数

服装市场需求的变化，制约着服装产品的销售，而销售是否通畅，又决定着企业的生产规模和经营成果的实现。因此预测服装市场需求变化，可以及时调整企业的生产规模，避免服装产品滞销，形成良性循环。

（2）服装产品生命周期预测

服装这种商品有其生命周期，从新产品上市到被市场淘汰，一般要经历试销期、成长期、成熟期、衰退期四个阶段。服装产品在其生命周期的不同阶段，其成本、营销、利润率因市场需求量和市场竞争状况而异。预测服装产品的生命周期，便于服装企业掌握产品所处阶段及其转折时期，进而采取相对应的营销策略，提高产品销量和利润率。

（3）服装市场销售预测

服装市场销售预测是服装企业对本企业产品销售前景的预测，如预测一定时期内，服装产品销售状态是畅销还是滞销，本企业产品市场占有率、产品的销售数量和销售额等。销量预测包括保守的销量预测、实现某一目标利润的销售预测、利润最大化的销售预测。

现今服装市场来自国内外的竞争非常激烈，企业想方设法扩大产品销路、获取利润。对产品销售进行预测，有助于企业了解销售中存在的问题，也是企业制定营销计划和促销措施的依据。

5.3.2 服装市场预测程序

市场预测应遵循一定的程序和步骤，这有助于预测工作的统筹规划和有序进行，也有利于提高预测的效率，保障预测的精度与质量。一般包含以下步骤：

（1）确定预测目标

确定预测目标是进行服装市场预测的第一步，有了明确的预测目标才能有的放矢地收集资料、选择适当的预测方法、决定预测的重点等等。例如要预测消费者对中老年女性服装的需求情况，就要通过调查，了解消费者需要具有哪些特征的中老年女性服装，了解此类服装的需求量、消费者的购买能力等问题。明确预测目标，就是根据服装企业营销活动存在的问题，拟定预测内容，制定预测工作计划，编制预算，调配力量，组织实施，以保证市场预测工作有计划、有节奏地进行。

（2）收集与整理信息资料

进行市场预测，不能凭主观臆断，而应以相关信息资料为依据，因此调查和搜集有关资料是进行市场预测的重要一环，也是预测的基础性工作。对收集的资料还要进行系统整理，凡是统计指标的口径、统计核算方法、统计时间等不一致的，要进行调整；凡是受某些特别因素影响的数据，要予以剔除；信息资料不完整的,根据需要补全。

(3) 选择预测方法,建立预测模型

根据预测目标和收集的信息资料,选择出合适的预测方法。 各种预测方法有其特点和适用条件,选用是否恰当,将直接影响到预测的精确性和可靠性。 有时可以把多种预测方法结合起来应用,互相验证或综合分析预测同一目标。 运用预测方法的核心是建立描述研究对象特征和变化规律的预测模型,根据模型进行计算或者处理,即可得到预测结果。 一般来说,对定量预测,可以建立数学模型;对定性预测,可以建立逻辑思维模型。 具体将在本节服装市场预测方法中详细叙述。

(4) 预测结果分析和修正

对搜集的调查资料进行综合分析,并通过判断、推理,对初步的预测结果进行评估,分析是否达到预测目标,估计预测误差的大小是否在允许的范围之内,估计预测结果的精确度等等。 在分析评估的基础上,若认定预测结果不合理,则要改进预测模型,甚至重新确定预测目标,根据最新信息进行修正(如图 5-4 所示)。

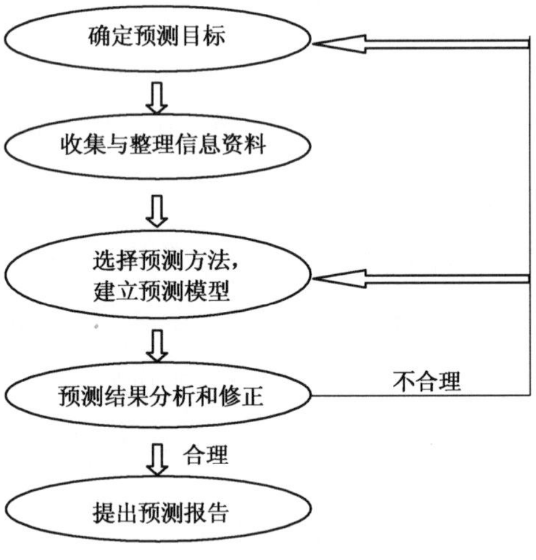

图 5-4 服装市场预测程序

(5) 递交预测报告

预测报告是对整个预测工作的概括和总结。 在预测报告中,要对预测活动的主要过程和取得的预测结果进行说明,指出预测的精度、预测目标实现的可能性和前提条件、以及实现预测结果应采取的措施和计划等等，为服装企业进行决策和制定计划提供依据。

5.3.3 服装市场预测方法

服装市场预测方法，从不同角度划分，可以有多种分类，一般可分为定性预测和定量预测两大类。

定性预测是市场预测中经常使用的方法。主要通过对历史资料的分析和对未来条件的研究，依靠预测人员的主观经验、业务水平和综合判断能力，对市场未来发展状况和趋势作出性质和程度的预测。如服装市场供求预测，就是预测未来服装市场是供不应求还是供大于求。定性预测简单易行，在预测精度要求不高时较为可行，特别适用于那些难以获取全面资料进行统计分析的问题。缺点是受个人经验判断的影响，具有一定的局限性。主要包括：经验判断法、专家会议法、德尔菲法、销售人员意见汇集法，顾客意见调查法。

定量预测是以完备的资料为基础，运用数学和其他分析手段，建立科学合理的数学模型，对市场未来变化趋势作出数量分析。如预测某服装企业在某地区的产品销售额。由于影响事物的因素是多方面的，很多因素的变化是难以预见、不可量化的，比如国家政策变化、人们对服装消费偏好的改变等，因此定量预测的结果也存在一定的误差，需要进行修正。主要包括时间序列法和回归分析法。

（1）定性预测方法

① 经验判断法

经验判断法是预测人员根据所掌握的情况和数据，凭借自己的知识和经验，或者依靠集体的智慧和经验，对预测目标作出判断的预测方法。这种方法在企业中较普遍采用，具有简单易行、节约费用、及时便利等特点；缺点是仅仅运用简单算术平均法来计算预测值，不够科学，预测结果主观性较强。根据参与人数的不同，可以分为个人直观判断法和集体经验判断法。集体经验判断法是在个人判断法的基础上，通过召集具有丰富经验的相关人员进行集体研究讨论，将各人的见解综合起来，得出最后预测结果的方法。其数学处理的形式主要有三值估计法、相对重要度法和主观概率法。

A. 三值估计法　预测结果分为最高值、最低值和最可能值三种，将三个值的平均值作为综合预测结果，其计算公式为：

$$E=\frac{a+4b+c}{6}$$

式中 E 为三点估计值；a 为最高值；b 为最可能值；c 为最低值；$a>b>c$。

例如某服装企业销售经理对该企业第三季度销售额作出预测，最高值为 2 500 万元，最低值为 1 900 万元，最可能值为 2 100 万元，则用三值估计法预测第三季度销售额为：

$$E=\frac{2\,500+4\times 2\,100+1\,900}{6}=2\,133\text{ 万元}$$

B. 相对重要度法　根据参与人员的不同经验水平，确定各自的重要度，依此对各个参与人员的预测结果予以平均，得到综合预测结果，其计算公式为：

$$E=\frac{\sum W_iX_i}{\sum W_i}\quad i=1,\ 2,\ \cdots,\ n$$

式中 E 为综合预测结果；W_i 为第 i 位参与人员的重要度；X_i 为第 i 位参与人员对预测目标的预测结果。

例如某服装企业对其下一年在某地区的服装销售量做了预估，总经理估计为 30 000 件，销售经理估计为 25 000 件，销售员估计为 20 000 件，三人的相对重要程度分别为 1.3 ∶ 1.5 ∶ 1，则该企业下年在该地区服装销量估计为：

$$E=\frac{30\,000\times 1.3+25\,000\times 1.5+20\,000\times 1}{1.3+1.5+1}=25\,395\text{ 件}$$

C. 主观概率法　预测人员在没有足够资料或数据的条件下，根据经验或少量资料，对某些事件发生的概率作出主观的估计，然后通过计算它的平均值来对预测目标进行预测。

② 专家会议法

专家会议法是根据市场预测目的，聘请相关专家成立预测小组，以会议的形式对某些预测事件及其发展前景作出评价，并在专家分析、判断的基础上，综合各种意见来进行预测的方法。这一方法的最大优点是集思广益，与会专家在相互交流、启发中容易产生新的思路；缺点是容易屈服于“权威”，不愿意公开与别人已发表的意见相抵触。应用这一方法进行预测时，应注意以下几个问题：①

专家应客观、公正的发表自己的意见；②有效的组织安排；③预测结果的整理分析。

③ 德尔菲法

也称专家意见征询法。通过匿名征询的方式向专家们征求对某一预测问题的意见，然后将预测意见加以综合、整理和归纳，再反馈给各个专家以供他们分析判断提供新的论证，如此往返多次，预测意见逐步趋于一致，最后由预测人员统计处理后，给出预测结果。德尔菲法具有以下特点：

A. 匿名性。采取不具名的方式征询不同专家的预测意见，可以减少交叉影响和权威效应，专家可以独立思考、提出和修改自己的意见。

B. 反馈性。就各种预测意见及其依据和理由，多次反复向专家征询意见，保证了所收集资料的全面性和可靠性。

C. 便于统计。每轮意见收回后，都要进行归纳整理，再寄给各位专家由其提出修改意见及其依据和理由。经过反复征询、归纳、修改，直至意见基本一致为止，提高了调查的科学性。

德尔菲法往往要经历几轮征询意见，因此预测时间较长。另外也受制于专家思维的局限性，且容易受组织者主观意向的影响。总的来说，该方法适用于历史资料缺乏或未来不确定因素较多的长期预测，如服装企业新产品的生产与经营。

④ 顾客意见调查法

顾客意见调查法指通过对市场潜在顾客的购买意向、开支计划、满意度等进行调查，来预测顾客的需求变化趋势。顾客是市场需求的决定者，顾客的购买意向及其影响因素对企业营销战略的制定有着重大的影响，因此顾客意见调查被广泛的应用在服装市场需求的调查预测中。该方法的优点是针对性强，通过调查可以掌握顾客需求的具体信息，预测结果较为客观和具体；缺点是无法准确预测出顾客的长期消费差异。顾客意见调查法要借用普查或抽样调查等方式来进行调查预测。

（2）定量预测方法

① 时间序列法

在市场预测中，经常遇到一系列依时间变化的经济指标值，如企业某产品按年（季）的销售量、消费者历年收入、购买力增长统计值等，这些按时间先后排列起来的一组数据称为时间序列。影响未来市场需求和销售量的各种因素与过去大体相似，有一定的规律性，因此只要将时间序列的倾向性进行统计分析，加以延伸，便可以推测出市场需求的变化趋势，把这种依时间序列进行预测的方法称为时间序列预测。这种预测方法简单易行，但是市场的未来需求状态不可能是过去的简单重复，因而此方法适用于短期或中期预测。如果市场环境变化很大，或时间序列的数据随时间的变化波动很大，则不宜采用此方法。

时间序列反映了某种社会经济现象在时间上的发展变化过程。市场现象随时间而变，一般要受起主导作用的规律性因素和起辅助作用的偶然性因素这两类因素的影响。预测时要剔除偶然性因素，把时间序列作为随机变量序列，采用适当的数学处理方法来进行预测，如平均（平滑）预测法、趋势外推预测法和季节指数预测法。平均（平滑）预测法又称为直线趋势预测法，主要包括简单平均法、移动平均法、指数平滑法等预测方法。下面分别进行讨论：

A. 简单平均法

简单平均法是将一定观察期的数据进行简单平均，以平均值为基础，预测未来时期的预测值。此方法简单易行，不需要复杂的数学运算，但由于没有考虑市场变化趋势，所以只适于短期预测和近期预测。主要用简单算术平均法和加权算术平均法。

a. 简单算术平均法

简单算术平均法是将一定观察期的时间序列数据的算术平均值作为预测值的方法。计算方法如下：

$$\overline{X} = \frac{X_1 + X_2 + \cdots + X_n}{n} = \frac{\sum_{i=1}^{n} x_i}{n}$$

b. 加权算术平均法

根据观察期各期数据重要性的不同，为每一个数据确定一个权数计算算术平均值，作为预测值。计算方法如下：

$$\overline{X} = \frac{\sum_{i=1}^{n} x_i w_i}{\sum_{i=1}^{n} w_i}$$

式中 w_i 为各期权数。

B. 移动平均法

移动平均法是对时间序列观察值由远及近，按一定跨越期计算平均值的一种预测方法，计算出来的平均值是下一期预测值的依据。 移动平均法能够修匀时间序列，消除不规则变动和季节变动，因而得到广泛的应用。 主要有一次移动平均法和二次移动平均法。

a. 一次移动平均法

只计算一次移动平均数，并将计算出来的平均值作为下一期的预测值。 计算方法为：

$$M_t = \frac{X_t + X_{t-1} + \cdots + X_{t-n+1}}{n} = \frac{\sum_{i=t-n+1}^{t} x_i}{n}$$

式中 M_t 为第 t 期的移动平均数，作为第 $t+1$ 期的预测值；n 为跨越期。 移动平均法的跨越期根据具体情况而定，跨越期长，反映波动平滑，但预测较为准确；跨越期短，反映波动比较灵敏，但误差较大。

b. 二次移动平均法

运用移动平均的方式，在一次移动平均的基础上进行第二次移动平均，再在此基础上建立数学模型，从而定出预测值。 举例如下：

例：某服装公司 2011 年 1～12 月销售额统计数据如表 5-1 所示，用移动平均法预测 2012 年 1 月的销售额。

表 5-1　某服装公司 2011 年 1～12 月销售额及移动平均分析表

观察期（月份）	销售额（万元）	$M_t^{(1)}$（$n=5$）	$M_t^{(2)}$（$n=5$）
1	300		
2	350		
3	260		
4	240		
5	320		
6	340	294	
7	220	302	
8	240	276	
9	260	272	
10	280	276	284
11	320	268	278.8
12	360	264	271.2
2012 年 1 月		292	274.4

第一步，计算相邻五个月的销售额平均数：

$$M_5=\frac{X_5+X_4+X_3+X_2+X_1}{n}=\frac{320+240+260+350+300}{5}=294\text{ 万元}$$

依此求出 M_6、M_7、M_8、M_9、M_{10}、M_{11}、M_{12}，填入表中。

第二步，在一次移动平均的基础上进行第二次移动平均，2012 年 1 月销售额预测值为 274.4 万元。例子中定出预测值的方法比较简单，复杂一点的，可以计算出相邻两跨越期平均值的变动趋势，然后计算平均发展趋势，进行预测，这样更为科学、与实际趋势也更为接近。

C. 指数平滑法

指数平滑法指的是根据定出的平滑系数计算出指数平滑值，进行市场预测的方法。其实质是一种特殊的加权移动平均法，适用于观察期具有长期趋势变动和周期性变动的预测。主要有一次指数平滑法、二次指数平滑法等。二次指数平滑法是在一次指数平滑的基础上再做一次指数平滑。

a. 一次指数平滑法

一次指数平滑法是以本期的指数平滑值为基础来确定下一期预测值的方法。它将本期的实际值和预测值的加权平均数作为下一期的预测值。计算公式为：

$$S_t=\alpha Y_t+(1-\alpha)S_{t-1}$$

式中 S_t 为本期指数平滑值；Y_t 为实际值；S_{t-1} 为上一期平滑值；α 为平滑系数，$0\leqslant\alpha\leqslant1$。

应用一次指数平滑法预测，平滑系数选择很重要，α 取值不同，预测结构就不同。平滑系数的大小可根据上期预测值与实际值的差距而定：差距大，α 应取大一些，如 $\alpha>0.6$，主要是为了突出近期数据对预测的影响；差距小，α 可取小一些，如 $\alpha<0.3$，即近期的变动较为平滑，趋势不明显。

b. 二次指数平滑法

二次指数平滑法是在一次指数平滑的基础上再做一次指数平滑，并建立数学模型，进行预测的方法。

D. 趋势外推预测法

趋势外推预测法是根据预测目标的时间序列寻求其发展变化的规律性和趋

势，并假设未来时期也按以往这个变化趋势发展，据此预测未来某个时期的数据。 包括直线趋势外推法和曲线趋势外推法。 直线外推法根据时间序列具有直线变动的特征，将其拟合成一条直线，通过直线模型来进行预测；曲线外推法适用于非线性变动趋势的时间序列预测。

E. 季节指数预测法

当产品的市场需求呈现明显的季节性波动时，用平均法进行销售预测就不能正确地反映销售量的波动，而要用季节指数预测法来预测季节性波动。 季节指数法是通过计算有规律的季节指数，并利用这些指数进行短期预测的一种方法。仅仅依靠一两年的历史数据计算得到的季节指数往往含有很大的随机波动性，因此实际预测中往往要掌握三年以上的历史数据进行分析。 计算方法如下：

$$\text{季节指数}(\%) = \frac{\text{历年同季平均数}}{\text{全时期总平均数}} \times 100\%$$

$$\text{预测值} = \text{上年的季(月)平均数} \times \text{各季(月)季节指数}$$

② 回归分析法

经济活动中的许多因素是相互联系、相互制约的，也就是说，它们的变量之间客观上存在着一定的关系。 回归分析就是研究某一个变量(因变量)与其他一个或几个变量(自变量)之间的数量变动关系。 回归分析预测法就是从一组数据出发，确定各种经济现象变量间的定量关系，通过对与预测目标有联系的现象变化趋势的分析，推测目标未来表现的一种预测方法。 常用一元线性回归分析法。

一元线性回归法就是根据自变量(X)和因变量(Y)之间的相关关系，建立线性回归方程进行预测的一种方法。 基本公式如下：

$$Y = a + bX$$

式中：Y 为因变量；a，b 为回归系数；X 为自变量。 这两个变量之间的关系，将在 a、 b 这两个回归系数的范围内，展开有规律的演变。

综合上面内容可知，不同市场预测方法具有不同的条件、应用范围和预测精度，我们应该综合考虑预测目标、收集的数据资料、精度要求、预算经费与时间等因素，选择恰当的预测方法。 在实际预测中，定性与定量可以相互组合预测、相互验证以及相互修正。

5.3.4 服装市场流行预测

（1）流行及流行预测的概念和目的

① 流行

作为一种社会现象，流行在社会学或心理学中通常被定义为：指一个时期内社会上或某一群体中广为流传的生活方式。它通过社会成员对某一事物的崇尚和追求，使身心等方面得到满足，具有普及性和约束力。相较于其他一些行业而言，服装行业可以说是最早接触流行，也是流行历史上表现得最为突出的领域之一。人们一谈到流行和时尚，常常第一反应就是服装。

不同时代和环境条件下人们的服饰审美心理和审美标准不同。服装流行反映了一定历史时期和地区内的人们对服装的款式、色彩、面料以及着装方式的崇尚和追求，并使这种局部的着装方式通过竞相模仿和传播而形成一种逐渐扩大性的社会风潮。现今人们对服装的要求不再仅仅停留在实用价值上，开始重视服装给人带来的美学和精神文化的享受，而服装的流行也反映了与之相对应的社会阶段人们对服装美学的一种品味和精神文化的追求。

② 流行预测

流行预测指在特定的时间，根据过去的经验，对市场、社会经济以及整体环境因素所做出的专业评估，以推测可能出现的流行趋势的活动。服装这种商品有其生命周期，从新产品上市到被市场淘汰，一般要经历试销期、成长期、成熟期、衰退期四个阶段。服装生命周期的特征使流行的发展有脉络可寻，因而具有可预测性。

流行趋势预测建立在广泛的市场调查和对社会发展趋势的全方位估测的基础上，足够的资料和专业经验使预测往往能贴近客观现实的发展。同时，各大权威机构的预测借助现代媒体高效率的宣传，冲击了消费者的视觉和心理，使消费者在不自觉中受到引导，服装流行预测已经成为一种规模宏大的产业化研究。

③ 服装流行预测的目的

在流行风尚变化日益加速的现代社会，掌握流行信息对于服装产品的设计有着重要的指导意义；对于流行信息的收集、分析与应用，是强化服装企业竞争力的重要手段。因此服装企业必须具有认知流行、掌握流行预测的手段和能力。

流行预测是一项专业性很强的业务，目的是带动未来服装趋势的走向。把握与应用流行信息，对左右未来服装市场是关键。服装企业应关注服装流行，运用流行预测及流行趋势发布积极主动地引导服装市场而不是被动地适应市场，也不能盲目顺从市场。

（2）流行预测的内容

流行预测的内容主要包括色彩、面料、款式和零售业的预测。色彩的预测一般提前 18 个月，国际色彩会议通过讨论确定色彩提案；面料的预测一般提前 12 个月；款式的预测常提前 6～12 个月；零售业的预测一般要提前 3～6 个月。

① 色彩预测

流行色是指在一定的社会范围内，一段时间内广泛流传的带有倾向性的色彩。国际流行色预测由总部设在法国巴黎的“国际流行色协会”发布。国际流行色协会各成员国专家每年召开两次会议，讨论未来 18 个月的春夏或秋冬流行色定案。协会从各成员国提案中讨论、表决、选定一致公认的三组色彩为未来季节的流行色，并进一步细分为男装、女装和休闲装流行色组块。

目前，国际上对服装流行色的预测分为两类。一类是凭专家直觉进行预测，以西欧为代表。直觉法预测对预测专家有着严格的要求，这些专家对西欧市场和艺术有着丰富的感受，以个人才华、经验与创造力设计出代表国际潮流的色彩构图，他们的直觉和灵感非常容易得到其他代表的赞同。另一类是建立在市场调研量化分析基础上的调查预测，以日本为代表。

世界主要流行色组织和机构有“国际流行色协会”、“国际纤维协会”、“国际羊毛局”、“国际棉业协会”、《国际色彩权威》杂志等。除此之外，一些世界级的实力企业也进行流行色发布，如美国杜邦公司、法国拜尔公司、奥地利兰精公司、美国棉花公司、德国赫斯特公司等。

我国也十分重视流行色预测，各地纷纷建立了研究机构，中国流行色协会现是国际流行色协会的正式成员。我国在流行色的预测上，借鉴了国外的定性、定量分析方法，随着经验的积累，色彩预测信息正日趋符合我国实际状况。

② 面料、款式及零售业的预测

在预测内容中，色彩是预测的基础，因此专门的国际预测组织对色彩的预测多而详细，对面料及款式的预测主要是在国际流行色的指导下结合实际材料来具体表现的，相对内容较少，主要是对各大结构及展览资讯的及时收集。

零售企业对零售业进行预测，目的是对潮流做出快速反应。主要是由公司的专门部门通过信息的收集与分析，结合该公司的市场定位，对新一季的采购工作做出评价报告。

（3）流行趋势发布的形式

流行色的发布一般通过服装表演、博览会展览、杂志刊登等方式向公众发布，稍后发布于国际流行色会议。纤维与面料主要以平面画册及各种面料小样在展览会上展示，并配合一些悬挂立体样式展示。款式发布主要以动态表演的方式进行展示。除了以色彩、面料和款式分别进行发布以外，有时也按照综合了色彩、面料和款式的形式进行平面发布，内容包括主题、主题画面、主题简单描述、款式与面料细节、色卡等。如图 5-5 所示：流行色的发布一般通过服装表演、博览会展览、杂志刊登等方式向公众发布，稍后发布于国际流行色会议。

图 5-5 CIFF 流行预测 2012/13 秋冬服装流行趋势

5.4 案例

掌握信息对企业营销的重要性

市场经济从某种意义上说就是信息经济，掌握营销信息和建立营销信息系统的必要性是无须置疑的。然而，掌握营销信息特别是营销信息系统的建立与应用是一项非常复杂的工程，需要细致的工作与长期的努力，需要多个不同职能的部门通力合作。但我们也相信，只要充分重视营销信息的作用，运用科学的方法建立起快速反应的营销信息系统，企业就会“运筹帷幄，决胜千里”。

（1）掌握真实数据快速反应，努力做到玻璃化库存

“未来的竞争，将是整个供应链的竞争。”某集团董事长是服装业界较早推崇并贯彻实施“供应链竞争”理念的，他直言：在公众都把整个中国服装行业当做落后生产力代表的今天，该集团正是通过一系列供应链的改革，在普遍供过于求的困难形势下摆脱了货物积压的困扰。9 年间使存货周转天数缩短到十分之一，该集团的库存管理经历其实是一场使市场数据更为透明的“玻璃化”变革。

① 掌握真实数据

2001 年前后，服装市场已由卖方市场转变为买方市场，导致企业利润趋薄。同时，服装行业也开始面临一系列的挑战：原有的根据订货安排生产计划的模式不能及时满足市场需求，造成服装制造厂生产能力过剩、库存积压等问题。除此之外，库存和物流成本压力凸现，企业普遍缺乏对市场需求的洞察和快速反应能力。

该集团也遇到了同样的问题。在 2001 年，该集团仅衬衣一项就积压了大量的资金。在意识到供应链管理非做不可之前，各种各样的新问题已经显现。其中最为突出的是，不仅库存积压多，而且库存周转天数达到 360 天，这相当于一年才周转一次。谁都知道，按照市场的需要及时更换配货策略是解决库存积压的有效方法，但如何才能把销售渠道的信息及时地反映给生产和配送环节？该集团是先从掌握销售终端的真实数据开始入手的。并不是说该集团在此之前没有掌握各个营业点的销售数据，而是各个区域的数据分散在全国，并不集中在总部管理，在这些数据的真实性都很难保证的情况下，集团很难对这些数据进行分析，更不用说拿这些数据指导生产和配送了。

刚开始的时候，该集团选择了试点推行，IT 部门先在安徽、河南等区域建设为地区服务的数据仓库系统，同时也保证这些来自一线的销售情况同时能被总公司及时了解。在掌握了一线数据的前提下，该集团随即上线了 DRP（配送需求计划）系统，这套系统管理企业的分销网络，可以使供应商和经销商之间实时地提交订单、查询产品供应和库存状况，并获得市场、销售信息及客户支持。

② 快速调整生产

数据统计并不是解决库存积压的最终方法，只是一个基础，真正要做到零库存，必须让生产设计等各个环节灵动起来。服装行业里有个“343”原则，即在服装厂收到订单之后，会将第一批生产出的订单总量 30% 的货物投入市场。这第一批 30% 的货物，是用来市场试水的。在这些货物中，哪些款式受欢迎、哪些不受欢迎，厂家会根据市场的反馈情况来修正订单，订单一般都是预期的生产数量；第二批 40% 的货物基本上是根据市场需求，会形成市场销售的主力；而最后的 30% 则主要满足补货需求。

这样的行业准则导致销售信息能否快速反馈到厂家，并成为服装厂商能否在市场上取胜的关键。该集团信息总监说，数据仓库系统给集团带来的收益非常明显：2001 年到 2009 年，企业的全国零售业务每年以 20% 的速度增长，而库存周转天数每年下降 36 天。

③ 灵动供应链

该集团希望不止是做到零库存，最好还能够让整个运营环节都因此动起来，像智能化的机器人一样，不但各个环节都能够根据市场的需要调整策略，整个集团的决策流程也能够因此而变得更加科学。2009 年 9 月，已经进行了 8 年供应链建设的该集团和 IBM 合作，试图让该集团的供应链系统更加智能。据了解，IBM 为该集团的下游供应链设计了“喝酒模式”，即喝啤酒时服务员能通过透明的酒杯看见你的酒还剩多少，如果你要就再给你倒，喝酒就很少有剩下的。这就好比该集团通过网络掌握专卖店的西服究竟销售出了多少，再决定供不供货，供多少货。

“喝酒模式”要延伸到整条供应链，将来该集团能够及时抽取供应链系统中的重要数据并按需进行多维分析，辅助领导层制定公司策略及生产采购计划，随时响应千变万化的服装市场需求，并通过统一系统平台同步发出货物的配送指令，及时调整策略。事实上，销售渠道的数据分析确实为该集团带来很大的利润，该集团之前有 2 000 多家店铺，整合到现在的 1 500 多家，销售额却翻了 3 倍。 这样不仅可以节省资源的投入，同时对商品库存也很有帮助。

（2）建立“信息高速公路”，做“全球裁缝”

绝大多数企业都是建厂、生产和销售，然而某企业却以品牌运营为基础，不设一家工厂，通过全国 300 多家上游供应商和下游 2 700 多家专卖店（柜），建起一条覆盖生产、管理、销售各个环节的“信息高速公路”。 现在，每 2 秒钟就有一件贴着该企业标识的服饰被消费者买走。

不明就里的人都说该企业是“空手道”，但业内人士都明白，要将供应商打造成共进退的合作伙伴，还要对 85% 渠道都是加盟店的任何一家店铺的销售了如指掌，不仅要有信息化建设的远见卓识，还要拥有一支软件研发团队。

该企业 1995 年开始创业，当时只有几家简陋的门店，每件货物的进出都靠销售统计员用笔记，从生产到销售，各个环节究竟有多少款式在卖，没有人确切知道。 好在那时休闲服饰非常好卖，企业业务数据统计混乱的情况还不至于制约企业发展。 该企业逐渐意识到企业没有业务流程和数据信息化标准，将无法提升公司对市场的响应速度。 1996 年，该企业从仓库管理开始信息化建设的突破，那是民营企业的管理瓶颈。 该企业把所有商品都纳入条码管理，要求出库、入库全部使用条码技术，当时企业内很多人不适应，甚至有人提出要废掉这一进、销、存系统。 然而很快，信息化就显示出巨大威力，量身定做的系统经过升级，成为企业早期拓展的连锁信息管理系统，花费不多，就基本解决了各地连锁店、分公司传真上报手工统计销售报表不及时、不准确等痼疾。

1998 年，该企业董事长做出了两项重大决定：第一是全力将该企业品牌打造成年轻人休闲服饰名牌，第二是效仿耐克公司的“生产外包，直营与加盟店相结合”的经营模式，即除了“品牌和设计”这个核心资源外，将上游生产商与下游加盟商进行“虚拟运营”。 虽然这第二项决定在当时是企业缺少足够的发展资金而不得已为之，却成就了企业今日的辉煌。

2001 年，该企业开始信息化全面改造，在专业公司的帮助下，开发出一套切合自身业务流程和管理需要的实用型企业资源管理系统。 系统涵盖了总部系统、工厂系统、代理商系统、专卖店系统，还包括与电子商务系统等外部系统的接口。 企业总部除了可实时考核各专卖店的销售业绩外，还可以配合对整条供应链的进、销、存数据进行分析，及时做出促销、配货、调货等决策。 加盟商也可以通过系统看到公司设计的最新产品，在网上下订单、付货款，供应商拿到订单就可以组织生产，整个过程只要短短两分钟，从订货到交货，也只要2～4天。

2008年该企业正式涉足B2C在线购物网站，开张首家网店。其长远的目标是巩固国内市场，未来带着自己的品牌走出国门，做成“全球裁缝”。

信息来源：1. 雅戈尔玻璃化库存：掌握真实数据快速反应. 服装界，2010/9/9；2. 美特斯邦威：靠虚拟运营成为“全球裁缝”. 经济日报，2009/2/26

思考练习题

1. 简述服装营销信息系统。
2. 服装市场调研的内容有哪些？
3. 分析服装市场调研的流程。
4. 分析服装市场预测的方法。
5. 为某企业做一次目标消费群体的消费心理调查，制订调查计划，编写调查表，对调查结果进行统计分析并撰写调查报告。

第 6 章 服装目标营销

知识要点

1. 了解目标营销的必要性及其理论发展历程；
2. 掌握目标市场营销的三个步骤，即市场细分、目标市场的选择和市场定位的含义；
3. 了解消费者市场细分的主要标准和有效细分的条件；
4. 理解企业目标市场选择的三种战略及其运用条件；
5. 掌握通过市场定位获得竞争优势最大化的方法。

本章内容提要

1. 目标营销

从广泛市场营销到目标市场营销是现代生产发展、消费水平提高和竞争激烈的结果。目标市场营销将企业的营销资源集中于最有潜力的市场部分，其关键步骤包括市场细分、选择目标市场和目标市场定位三个活动（STP 战略）。

2. 市场细分

市场细分是一种把一个市场划分成不同购买者群体的行为，这些购买者群体可能值得为其提供独立的产品和营销组合。消费者市场细分的两个基础是消费者特征和消费者反应，细分的依据变量主要有地理、人口、心理和消费行为等。市场细分的有效性在于按一定标准细分的子市场具有可区分性、可进入性、可盈利性的原则。

3. 选择细分市场

企业将最佳的细分市场挑选为其目标市场，为此要对细分市场从潜量、盈利能力到竞争状况等方面进行评价。然后，企业可不理会细分市场的差异性，采用无差异市场营销；也可以为几个细分市场开发不同的产品，采用差异市场营销；或者可以只追求某部分细分市场，采用集中市场营销。究竟用何种目标市场的覆盖策略，企业的决策受到诸如企业资源、产品和市场的同质性、产品的生命周期阶段和竞争者的营销策略等因素的影响。

4. 目标市场定位

对于已确定的目标市场，企业要为自己的产品进行市场定位，其实质是在消费者心目中标明本企业产品的特色和形象。为取得最大的竞争优势而进行的产品定位包括以下任务：首先确定企业可能的差异化来源；其次是找到企业产品独特的卖点，即究竟提供多少和什么差异化；然后明确产品的价值方案、开发总体定位战略。企业可从产品、渠道和形象等方面建立差异化。企业在定位时要尽力避免定位不足、定位过分和定位模糊等错误。企业在明确竞争对手并研究竞争者地位的基础上做出决定：或填补市场空白，或与竞争者比邻并存，或干脆取而代之，并根据市场变化再定位。通过产品的市场定位，为企业奠定制定营销组合计划的基调。

"我专为一、敌分为十，是以十攻其一，则我众而敌寡。"

——《孙子兵法》

"以乡村为中心"、"农村包围城市"

——毛泽东《星星之火，可以燎原》

孙子兵法的核心之一，是集中优势兵力攻打敌人的薄弱环节。毛泽东军事思想的核心之一，是在正确划分竞争区域的基础上，非常充分地利用敌人不愿意做、没有能力做的，而这正是自己擅长的优势，避开敌人的优势，逐渐发展壮大，最后才在敌我双方的同一竞争领域展开竞争。

随着经济发展和社会生活越来越丰富，服装市场发展至品牌林立、风格各异的买方市场，已经不存在一种特定服装产品可以面向所有消费者的市场状态，已经不存在单一服装公司能够在广阔多样的市场中与所有顾客建立联系的状态。服装业的特殊性，服装产品构成的多元化和消费型态的多样化，决定了服装商品种类的繁杂多样及消费需求的多样性。面对复杂多变的市场，任何一个规模庞大的服装企业、资金实力雄厚的大型服装公司，都不可能满足该市场上全部顾客的所有服装需求。企业只能根据自身的优势条件及市场竞争状况，以消费者特征和消费行为作为主要的市场细分考核依据，选择力所能及的、适合自己经营的细分目标市场，围绕特定的目标消费群体从事某一类或几类服装的设计、生产、营销活动。

但是现今市场却充斥了诸多不良现象：未能明确产品到底要卖给哪类细分消费群体、服装拆除商标后无法有效识别品牌区隔、品牌推广传播模式单一雷同且无法吸引目标群体。这种目标市场同质化、产品同质化、传播模式同质化现象的根源，就是企业未能有效识别并细分目标市场，未能根据企业自身特性选择目标市场，未能对目标市场施以针对性的推广传播。而目标营销，就是调节以上矛盾根源的有效手段。

第二次世界大战以后，处在买方市场情况下的西方企业纷纷开始实行目标市场营销（Target Marketing）。目标市场营销即企业识别各个不同的购买者群体的差别，有选择地确认一个或几个消费者群体作为自己的目标市场，发挥自己的资源优势，满足其全部或部分的需要。目标市场营销是市场营销理论和实践的极有意义的进步，成为现代营销的核心战略。

目标市场营销主要包含有三个步骤：在确定销售产品类别的基础上，进入市场细分（Segmenting）、目标市场选择（Targeting）、市场定位（Positioning）流程，又被称为 STP 营销（图 6-1）。

① 确定并描绘目标市场区域当中需要被提供相对独立的产品或营销组合的多个消费群体（市场细分）。

② 比较和评价经过细分的消费者群体，从中选择最有潜力的一个或几个作为自己的目标顾客群体（选定目标市场）。

③ 为取得竞争优势，在市场上建立和传播产品与众不同的关键特征和利益（市场定位）。

图 6-1 STP 营销

6.1 服装市场细分

6.1.1 目标营销

（1）从广泛营销到目标营销的发展历程

广泛市场营销又称大量市场营销（Mass Marketing），是指营销者以相同的方式向市场上所有的消费者提供相同的产品和相同的信息沟通模式，即大量生产、大量分销和大量促销。

广泛市场营销以市场的共性为基础，忽略市场需求的差异，力图以标准化的产品和分销影响最广泛的市场范围，从而获得最低的生产和营销成本，得到较低的价格，或者较高的利润。在商品不充足、消费个性不突出或产品需求同质性高的情况下，广泛市场营销能够有效地实现规模经济，为企业所推崇。例如，我国在 20 世纪 80 年代之前，由于商品短缺，消费者的衣生活特点单一，服装市场仍属于卖方市场，服装企业在传统体制框架下所生产的服装，单款批量大，且大多款型及面辅料雷同，但仍然处于供不应求的市场状态，这一时期企业所开展的市场推广活动就是广泛市场营销。

然而，随着时间的推移，市场环境中许多因素的变化使得广泛市场营销越来越困难。一方面由于市场规模迅速扩大到前所未有的地域，也将企业与消费者的信息联系推进到前所未有的广度和深度。消费者可以在百货商场、专卖店、网店等进行商品比较、选择和购买，通过传统大众传媒以及新型媒体得到信息。营销者与消费者的联系日趋扩大化、直接化和长期化。另一方面，现代工业的发展推动了企业生产能力的进一步提高，商品日益丰富，市场由供不应求逐渐变为供大于求，市场由卖方市场向买方市场转移。消费者的需求水平和需求层次都有所提高，并且越来越要求个性化的着装，在款式、面料、风格上要求不尽相同。单一的营销组合显然已经无法适应差异化日益明显的消费需求和购买行为。

于是，企业开始关注消费者的差异，也意识到自己的营销行为对于不同的消费者有不同的吸引力和影响力。与以前力图满足所有人的“散弹式”的广泛市场营销相比所不同的是,越来越多的企业开始了目标市场营销实践,他们仔细区分不同的消费需求,尽力寻找最适合自己的消费者群体,集中优势资源为之提供针对性的服务和建立稳固的关系。于是,大多数企业对自己力图满足的消费者有了更清楚的选择,从分散地使用营销资源,到将资源集中于最有潜力的消费者群体(目标市场),从对市场不加区分的广泛市场营销转变为"有所为、有所不为"的目标营销(Target Marketing),即企业识别各个不同的购买者群体的差别,有选择地确认一个或几个消费者群体作为自己的目标市场,发挥自己的资源优势,满足其全部或部分的需要。

从广泛营销发展到目标营销,就是辨别具有不同欲望和需要的消费者群,并把他们进行分别归类的过程。大致经历了三个阶段:

第一:大量营销阶段。生产销售同一品种规格的产品,试图满足所有顾客对同类产品的需求。

第二:产品多样化营销阶段。推出不同规格、质量、特色和风格的产品,以适应不同需要。但不是建立在细分基础上的,不是从目标市场需要来组织生产。相对成本高、效益低。

第三:目标市场营销阶段。企业通过市场细分一个或几个子市场作为自己的目标市场。使企业有针对性提供不同的产品去满足消费者的不同需要,以充分利用新的市场机会占领更大的市场。

(2)目标营销的理论依据

取悦每一个人是不现实的,成功的营销者一定是那些比竞争对手更了解自己为谁服务、以及服务对象的特殊性的人。目标市场营销扬弃了广泛市场营销那种"所有人都适用一种规格"的、以一般大众为营销对象的观点,使市场营销活动真正以消费需求为中心,也使营销者发现与自己资源相匹配的最佳市场机会,避免过度竞争,从而使市场营销活动更加有效。

① 企业资源的有限性

除了自然垄断、国家垄断的行业以及少数市场面极其狭窄的行业之外,对于大多数行业而言,一个企业是很难去满足其全部市场需求的,因为会受到企业资源和能力的限制。也就是说,企业只能去满足该市场上一部分消费群体的需求。

② 企业经营的择优性

既然企业只能去满足市场中的一部分消费群体,那么,当面临以下两种选择的时候，企业就会选择后者：一是不加区分地任意满足其中的一部分，其结果是，由于没有针对性，市场群体的满意度就不会很高，从而企业的市场竞争力也就不会很强；二是寻找到同企业资源相匹配的，有可能充分发挥企业特色和优势的一部分市场群体，有针对性地去加以满足。这样就可能既使这部分市场群体的满意度大大提高，又使企业的核心竞争力得到充分发挥。

③ 市场需求的差异性

在各种因素的影响下，市场消费群体之间存在很大的差异性，从而构成了一个又一个在需求上各不相同的市场群体，这就为企业有针对性地选择其目标市场提供了前提。

6.1.2 市场细分的依据与方法

（1）市场细分及其理论依据

市场细分又称市场分割、市场区隔。是根据消费者的消费需求和购买习惯的差异，将整体市场划分为由许多消费需求大致类同的消费者群体所组成的子市场群。而这一活动的结果即一个个被分隔的子市场可称为细分市场，每个细分市场内的消费者具有相对类同的消费需求。

市场细分的观点是美国营销学家温德尔·史密斯（Wendell R. Smitch）在20世纪50年代提出的。其理论依据是消费需求的绝对差异性和相对同质性。

① 消费需求客观存在绝对差异性

由于人们所处的地理条件、社会环境以及自身的个性心理不同，市场上的顾客千差万别，他们追求不同的利益，拥有不同的需求特点和购买习惯，以至于对商品的品种、数量、价格、式样、规格、色彩乃至购买时间和地点的要求都会有所不同。如果说卖方市场限制了消费者表现和实现其差异需求的条件，买方市场则使消费者步入了个性消费的时代，客观存在的需求差异得到真正尊重和鼓励。以消费需求为中心的营销活动自然地建立在对这些客观差异的识辨和区分即市场细分上。

② 消费需求客观存在相对同质性

在同一地理条件、社会环境和文化背景下，人们会形成有相对类同的生活观念、消费观念和传播观念的群体。正是因为消费需求在某些方面的相对同质，市场上绝对差异的消费者才能按一定标准聚合成不同的群体。每一个群体都是一个有相似欲望和需求的市场部分或子市场。

所以，消费需求绝对差异造成了市场细分的必要性，消费需求的相对同质性则使市场细分有了实现的可能性，而企业资源的有限性则是市场细分的外在要求。

（2）市场细分的意义

市场细分不是简单的根据产品品种、产品系列来进行的，而是从消费者的角度进行划分的，是根据消费者的需求、动机、购买行为等多元性和差异性特征来划分的。对于企业的生产、营销活动起着极其重要的作用。

① 有助于企业深刻地认识市场

市场由消费者组成，而每一个消费者都是集多种特征于一身，每一种特征都可能与一部分的消费者相一致，与另一部分的消费者不一致。不进行深入地分析，要深刻认识如此混沌的市场整体是不可能的。通过按不同标准细分市场，仿佛按不同的角度把复杂的市场分开，再拼起来。既清晰地认识了每一个部分，又了解了各部分之间的联系。细分后的每一个服装子市场都能够呈现相对具体的特征，使企业容易了解服装消费者的具体需求，对市场整体有了既清晰又全面的把握。

② 有助于企业发掘最佳的服装市场机会

在市场供给看似已十分丰富，竞争者似乎占领了市场各个角落时，通过市场细分，企业可以对每一个细分服装市场的购买潜力、满足程度、竞争状况等进行对比，发现尚未满足或没有完全满足的顾客需求，探索出有利于本企业的市场机会，使企业根据自身特点及时做出新产品开发计划，掌握市场主动权。诸如对于老年装市场，大多人会提到老年装市场利润空间有限，但却忽略了老年装市场中也存在特定高消费群体这个细分市场。又如对亲子装、宠物服装、科技型 LED 服装的市场机会发掘。

③ 有助于企业确定经营方向，集中资源开展针对性营销活动

面对极其广阔的市场，任何企业都不可能囊括所有的需求，而只能满足其中十分有限的部分。所以，慎重地选择自己所要满足的那部分市场，使企业的优势资源得以发挥是至关重要的。通过市场细分，企业把市场分解开来，仔细分析比较，及时发现竞争动态，避免将生产经营过度集中在某种畅销产品上，与竞争者一团混战。又可以选择有潜力并符合企业资源范围的理想顾客群作为目标，有的放矢地进行营销活动，集中使用人力、物力和财力，将有限的资源用在刀刃上，从而以最少的经营费用取得最大的经营成果。

④ 市场细分对小企业具有特别重要的意义

与大企业相比，小企业的生产能力和竞争实力要小得多，它们在整个市场或较大的细分市场上无法建立自己的优势。借助市场细分化，小企业可以发现某些尚未满足的需要，这些需要或许是大企业忽略的，或许是极富特殊性，大企业不屑去为之专门安排营销力量。无论何种情况，只要是小企业力所能及的，便可以见缝插针、拾遗补缺，建立牢固的市场地位。

（3）市场细分的依据

服装的整体消费市场之所以能够细分，是基于构成服装产品的要素众多以及服装消费者的需求存在差异性。消费者市场细分的依据很多，造成消费需求特征多样化的所有因素，几乎都可视为市场细分的依据或标准，称为细分变量。围绕消费者特征和消费行为特征，主要细分依据包括地理因素、人文因素、心理因素和行为因素这四大类相互交叉组合的变量（表 6-1）。关于组织市场和国际市场的细分变量依据不在此讨论。

表 6-1　服装市场的主要细分变量

细分标准		具体市场细分项目
地理变量	国家地区	欧美、东亚、非洲等；发达国家、发展中国家；东北、华北、东南等
	城市规模	超大城市、特大城市、大城市、中等城市、小城市、城镇等
	人口密度	人口密集区、人口中等区、人口稀少区、人口极稀区等
	气候地貌	温带、热带；季节、温度；平原、高原、盆地、丘陵等
人文变量	年龄性别	<6 岁、6～11 岁、12～19 岁、20～34 岁、35～49 岁、50～64 岁、≥65 岁；男性、女性
	家庭规模	单身贵族、二人世界、三口之家、四口之家、六口之家、氏族之家
	家庭生命周期	单身阶段、新婚阶段、满巢阶段、空巢阶段、鳏寡阶段等
	民族国籍	汉族、五十五个少数民族等；中国、美国、法国等
	宗教信仰	无神论者、佛教、道教、天主教、基督教、伊斯兰教等
	教育程度	小学或以下、初中、高中、大学本科、研究生、博士等
	经济收入	月 1 千以下、1 ～2 千、2～4 千、4～8 千、8 千～1.5 万、2 万以上
	工作职业	公务员、专业技术人员、干部、教师、军人、企业主、工人等
	社会阶层	劳动阶层、白领阶层、富裕阶层；蓝领阶层、中产阶层等

续　表

细分标准		具体市场细分项目
心理变量	需求动机	生存需要、安全需要、情感归属需要、尊重需要、自我实现需要等
	生活方式	传统型、新潮型、节俭型、奢华型、严肃性、活泼型、社交型等
	个性特征	活泼好动型、传统保守型、从一而终型、见异思迁型、追逐潮流型等
	文化导向	东方文化、欧美文化、日韩文化等
	心态特征	有抱负、自信、积极、乐观、悲观、内向、外向、善交际等
行为变量	购买场合	专卖店、百货商场、折扣店、批发市场等
	购买时机	规律性、无规律性、季节性、节令性、非节令性等
	购买阶段	不关心、知道、感兴趣、准备购买等
	穿着场合	社交场合、工作场合、休闲场合、家庭场合等
	利益诉求	表现力、质量、服务、品牌、功能等
	穿着频率	从未穿着、很少穿着、经常穿着等
	忠诚程度	坚定忠诚者、适度忠诚者、转移者、非忠诚者等
	服饰态度	热衷、积极、不关心、无所谓、否定等
	媒体偏好	报纸、电视、网络、杂志、影视等

① 地理细分

按照消费者所在的地理位置、自然环境来划分市场，将一个市场分为不同的地理单位，是一种传统的市场细分。“橘生淮南则为橘，生于淮北则为枳，所以然者何？水土异也！”（《春秋·晏子》）。由于地理环境、气候条件、社会风俗和文化传统的影响，同一地区的消费者往往具有相似的消费需求，而不同地区的消费者在需求内容和特点上有明显差异。如沿海开放型城市区域的消费者与内陆消费者的着装诉求差异、南方与北方消费者的着装诉求差异等。同时，处于不同地理环境中的消费者对企业所采取的营销策略（如款型设计、分销方式、广告宣传等）也会有不同的反应。

② 人口细分

人口因素包括年龄、性别、收入、教育水平、家庭规模、宗教和种族等直接反映消费者自身特点的许多因素。因为人口因素中所包含的这些变量来源于消费者自身，而且较易衡量。

如表 6-2 所示不同年龄女性对服饰的诉求差异、表 6-3 所示家庭生命周期与服装需求差异。

表 6-2　女性年龄周期与服装诉求差异

类型	个性特色	对服饰的要求	营销特征
少女（花季期）15～17 岁	生理心理不稳定、好动、爱新奇、爱引人注目	款式活泼新奇、鲜艳夺目、见异思迁	注重款式、颜色的跳跃、节奏、名牌效应、装饰配件、价格较低、对做工及面料要求不高、运动装需求大
姑娘（婚恋期）18～24 岁	生理心理成熟、刻意装扮、执著爱美、对他人的评价和穿着反应敏感、表现欲强、有收入、负担轻	追求时髦、对服饰欣赏品位高、对服饰美有强烈要求且目的明确	款式颜色应符合潮流、面料考究；注重名牌、名店、名师效应；易受广告诱惑；价格高；售货员应懂行；高级套装、礼服、休闲装看好
少妇（成熟期）25～34 岁	有生活、社会经验和较高的文化素养；稳重、收入稳定；打扮成为生活的一部分	欣赏水平高，对衣着有独到见解	款式颜色应符合流行趋势、面料考究、做工精细；名店名师效应；对广告较为关注，价格较高；正规套装、休闲装
中年（不惑期）35～50 岁	生活经验丰富，以职业女性为主；有较高的文化素养、稳重	雅致、俏而不艳，选择服饰的标准趋于稳定	颜色冷而凝重、款型简洁、庄重而不古板，对正装、休闲装需求量大，不受广告诱惑

表 6-3　家庭生命周期与服装诉求差异

家庭周期阶段	特点	子女状况	消费特点
单身阶段	年轻、单身 无经济负担	无子女	新时尚的领导者 娱乐导向性购买
新婚阶段	年轻夫妻 基本没有经济负担	无子女	购买力强 侧重耐用消费品
满巢阶段Ⅰ	年轻夫妻	6 岁以下子女	家庭购买的高峰期 经济负担重 房子、子女教育支出大
满巢阶段Ⅱ	年轻夫妻	6 岁以上未成年子女	购买趋向理智型 经济负担重 老人、子女支出大
满巢阶段Ⅲ	中老年夫妻	尚未独立的成年子女 但已经工作	理智购买 注重储蓄 经济状况好 有追求高档化倾向
空巢阶段	老年夫妻	子女都已成家	消费注重体面、方便、舒适 经济状况一般
鳏寡阶段	老年单身 配偶已忘	子女独立	注重情感和安全保障 退休、收入减少 衣食、医疗为主要支出

性别及年龄细分一直运用于服装、化妆品和杂志等领域；以收入水平细分市场也是服装行业的长期做法。 当单一变量无法准确划分时，要采用多种人口统

计变量来进行综合市场细分。例如，某服装公司以性别、年龄和收入三个变量将市场划分为多个细分层面，每个层面有更细致的描述，最终确定企业可为收入在 5 000 元（每月）的年轻女性市场提供高档职业女装。

社会阶层是指在某一社会中具有相对同构型和持久性的群体。处于同一阶层的成员具有类似的审美意识、兴趣爱好和行为方式，不同阶层的成员在上述环节存在较大差异。据联合国人口司（UN Population Division）及高盛集团（Goldman Sachs）预测，到 2030 年，中国中产阶级人数将会达到近 14 亿人，而相比之下，美国中产阶级人数将达到 3.65 亿人。我国如今正加快调整收入分配结构，将会进一步扩大中产阶层的厚度与广度。富有阶层已经形成，直接带动了奢侈品的旺销，会进一步推动中国成为最大的奢侈品消费市场；实现财务自由的中富阶层开始追求更有品质的生活；跨越了小康的中产与准中产阶层逐步壮大；中国正在进行着有史以来最大规模的城市化进程，一、二线城市的城乡结合部和三、四线城市，正逐渐成为国际品牌和本土服装品牌直接竞争的重点区域。处于上层社会的人选择名牌服装或是奢侈品品牌；普通消费者一般是选择大众化服装。诸如“真维斯”品牌主要是针对年轻学生群体，而“WHITE COLLAR”白领品牌针对的顾客群体是 35～45 岁之间有经济基础、有知识、有地位且不张扬的女性中坚精英阶层。

③ 心理细分

消费者的心理因素是关于消费者自身的较深层次的因素，包括消费者的消费理念、生活方式、个性特征、价值观、文化导向等心理变量。在同一市场细分中的消费者可能显示出迥然不同的心理特征，因此服装品牌的营销人员，正越来越多的运用消费者的生活方式来细分他们的市场。

生活方式是指一定社会条件下为生活主体价值观所指导，以满足其生存和发展需要的全部生活活动的稳定形式，它融合并通过人们的生活观、消费观、传播观等体现出来，并根据人们自己的某一中心目标而安排其生活的模式。而这个中心目标也就是服装品牌的卖点，即通过品牌来再现消费者自身感觉到所缺乏的、未具有的优势或其思想中固有的某种价值观。另外，具有类似生活方式的群体形成了相类似的消费模式。所以，针对服装市场的研究，可将按生活方式划分的群体看作具有相似性的象征意义和物质需求的细分市场，继而准确地进行服装产品定位和营销创意，即生活方式营销（图 6-2）。

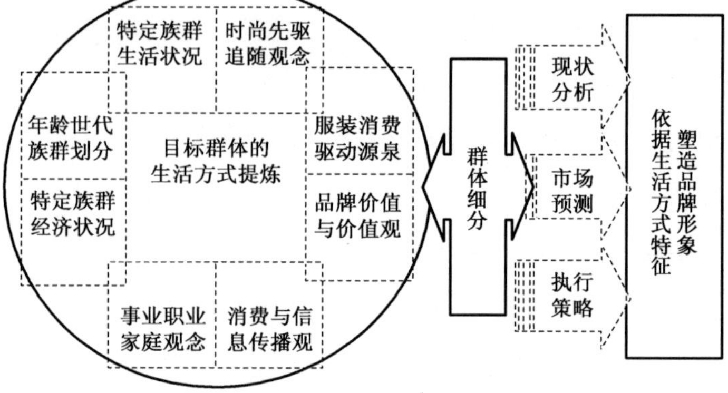

图 6-2　生活方式市场细分与行销

品牌是在贩卖一种生活方式。 Customer 这个名字已经出现了从需求者向消费者、又向生活者的角色转变。 环境的变化带来生活态度的变化,生活态度的变化会催化生活方式的变化,而生活方式的变化必然带来品牌营销的变化。现在,品牌的角色正在发生变化。 消费者愿意为一个品牌付出额外的钱,是因为这个品牌似乎代表了一种生活方式或者一套理念。 由于消费者主要会依其生活方式而思考,其服装消费行为也是其生活方式的一种外在反映,因此,商家要强化服装品牌的生活方式属性,因为符合自身生活方式的品牌服装更易于唤起消费者的购买行为。

PUMA“彪马”品牌就是按生活态度细分消费者的典型代表。 绝大部分分析家和观察家都认为 1994 年 Jochen Zeitz 出任 CEO 和董事会主席是彪马公司的一个重要转折点。 在此之前,彪马的营销计划循规蹈矩,除了那个小小的美洲豹 Logo,丝毫看不出这个品牌和耐克、阿迪达斯的区别,经销商也是把同样的产品摆放在了不同的销售终端上。 Zeitz 一上任就指出:“个性是我们的生存关键,我们要做消费者最想要的运动生活方式品牌,不然我们根本不可能和耐克等巨头竞争。” 没有人怀疑运动意味着一种积极的生活方式。 人们大多数时间并不在竞技场上,但或许每个人的内心都拥有对活力、时尚和“酷”的向往。 这种内心的渴望,或者说生活态度决定了各自的生活方式。 在大多数品牌仍然遵循着人口统计学的分类原则进行消费者定位和市场细分的时候,几近消失的彪马以全新的视野开创了一个现在看来都具有示范意味的细分方式——生活态度。 彪马公司全球品牌管理总监托尼 · 博特伦认为:“一位 19 岁日本中学生的生活态度和品牌偏好度，可能跟一名 30 岁的纽约黑人一样。 思维态度和生活方式是影响彪马消费者最重要的因素，创造一种属于彪马的、独特的品牌态度也是我们品牌营销的核心。 我们将‘运动’定义为一种积极的生活方式，希望彪马的消费者即使是变成了 70 岁的老奶奶仍然是这种生活方式，同时也是品牌的忠实顾客。”

又如台湾 TOOLBOX GROUP 总研社行销策略顾问集团，依据心理、商品消费、居住、媒体接触、兴趣嗜好这五项变量，把台湾地区消费者细分为 16 个生活方式迥异的族群：花蝴蝶族群、开喜双频族群、生活狗咬 D 族群、阿舍等路族群、钱钱圈族群、健康阿甘族群、沃客 ABC 族群、菜鸟业务族群、萝卜坑族群、3C 酷斯拉族群、游戏人生族群、安居乐业族群、阿妹酷龙族群、优质 Y 等生族群、怪怪美少族群、N 族群。 这项细分为企业选择台湾地区目标市场，以及针对市场的产品开发、行销、推广概念方向等提供了最直接的参考。

④ 行为细分

所谓的行为因素是指和消费者购买行为和习惯密切相关的一些变量，包括消费者对产品的了解程度、购买时机和频率、追求的利益、使用情况和消费者对品牌的忠诚度等。

A. 购买时机。 消费者在不同的购买时机下往往对产品有不同的需求，根据购买者产生需要、购买或穿着产品的时机，将他们区分为不同的群体。 例如，新郎新娘装定制业务的开展。

B. 利益诉求。 按消费者对产品所追求的不同利益，将其归入各群体，是另一种卓有成效的市场细分方式。 消费者对产品和品牌的选择出于不同的动机，例如同样是选择运动装，有人是为了锻炼身体，有人则是为了着装方便舒适。 企业针对不同的消费者、不同的动机，设计开发不同的服装品牌和产品，研究制定不同的促销方式方法，会成为专门为某一动机服务的服装市场专家。

耐克关注顾客利益的启迪：上世纪 70 年代后期，美国正处于“惟我独尊的年代”，新生代受教育程度较高，也更加追求以自我为中心的价值观念，每个体育明星都被视为一个成功实现自我的奇迹。 耐克敏锐地发现了新生代的思潮趋向，推出了大量的体育明星广告。 在广告中，没有让体育明星们穿着耐克鞋跑来跑去，而大多是真实地再现他们拼搏的精彩瞬间。 这种独特的自我价值关怀深刻地感染了新生代。 于是，从棒球场到城市街道，到处出现了穿着耐克鞋的健身族。 到了 90 年代，美国社会自我崇拜的热情渐渐退去，人们变得更加关注现实的自我。耐克再一次敏锐地发现了这种变化。虽然大部分广告的主角还是体育明星，但是已经没有了那种超人般的气质，他们像普通人那样在感受着压力、困惑甚至失败。而这再一次给予了人们一种深切的自我价值关怀。反观国产运动产品的广告，大多品牌几乎都是在借助明星单纯夸自己的产品。

C. 穿着者状况。使用者的情况可分为非使用者、曾经使用者、潜在使用者、首次使用者和经常使用者几种。不同的情况需要区别对待，例如潜在使用者和经常使用者需要不同的营销方法。一般来说，具有高度市场份额的公司，特别注重将潜在的使用者变为实际使用者，以扩大其市场份额；而较小的公司则设法吸引经常使用者，以维持其市场份额。

诸如著名运动品牌 PUMA“彪马”，该品牌市场细分的核心就是要牢牢地抓住“最先尝试者”（Early-Adopter）。所有消费者都可以根据他们对新产品、新技术的接收时间和接受程度分为“创新者”（Innovator）、“最先尝试者”（Early-Adopter）、“早期从众者”（Early Majority）、“晚期从众者”（Late Majority）和“落后者”（Laggard）。其中，“最先尝试者”大约占总数的 13.5%，他们一般都是某一个市场或领域的“意见领袖”，可以帮助将品牌或产品推荐给“从众者”和“落后者”。彪马并不是按照价格来区分品牌的产品线，而是考虑哪些产品是“为最先尝试者设计的”，哪些是“为从众者设计的”，为“最先尝试者”设计的产品更具有超前和时尚的概念。产品的分销渠道也是如此，彪马根据不同产品线的特点，让前卫设计产品出现在一些时尚小店，而那些主流一些的产品则在 Foot Locker 这样的运动服饰专卖店销售。

D. 品牌忠诚度。市场也可以按消费者对品牌的忠诚度来进行细分。品牌忠诚度指消费者对某种品牌的偏好和经常使用程度，可以分成四类：坚定忠诚者、不坚定的忠诚者、转移型的忠诚者、非忠诚者。每一个市场由这四种购买者组成，只是各种购买者的数量不同而已。而且，一个消费者并非对所有商品都有同样的忠诚度，他可能对这种产品有高度的品牌忠诚性，对另一种产品则没有。如有的消费者讲究衣着，只穿某名牌服装外套，而对箱包等服饰配件却不大讲究。忠诚度细分，还有助于了解为什么有些消费者忠诚于本企业的品牌，而另外一些消费者忠诚于竞争品牌。

（4）市场细分的原则

服装企业可以根据单一变量因素，也可以根据多个变量因素对市场进行细分。 选用的细分标准越多，相应的子市场就越多，每一个子市场的容量也会随之相应变小。 一般来说，有效细分应遵循以下三项原则：

① 可区分性

细分后的各个服装子市场的差异性应该是何以识别和衡量的。 以某种标准进行细分后的各个子市场范围清晰，其需求程度和购买力水平是可以被度量的，并同其他子市场有明显差异，这样才可能使企业能通过对特定需求的满足来达到对该细分市场的控制。

② 可进入性

细分后的各个子市场是企业的营销辐射能力能够到达的，企业能够通过努力使得产品进入该市场并对服装消费者施加营销影响的市场。 可进入性的另一含义就是该市场不存在实力很强的竞争对手，从而使企业进入这一市场相对比较容易。 否则，该细分市场的价值就不大。 诸如生产高档西装的企业将西藏北部高原地区作为一个细分市场，虽然没有竞争对手，但恐怕在较长时间内都难以有效进入该市场。

③ 可盈利性

细分后的各个服装子市场拥有足够的潜在需求容量，能使企业有利可图，实现其利润目标。 也就是说，子市场应该是值得企业为之开发服装产品的尽可能有规模的同质消费者群体。

（5）市场细分的方法

市场细分的标准是动态的，是随着社会变化及市场状况的变化而变化。 不同的企业在市场细分时应采用不同的标准，因为各个企业的生产技术条件、资源、财力和营销的产品不同，所采用的标准也有区别。 企业在进行市场细分时，可采用地理因素、人口因素、心理因素、行为因素当中的一项细分变量标准（如表6-1服装市场主要细分变量），即单一细分变量，也可采用多个变量因素组合或系列变量因素进行细分。

① 单项变量细分法

根据影响消费者需求的某一个重要因素进行市场细分，但在激烈的竞争环境中针对性不足。 这种方法有两个适用条件：市场竞争不激烈，市场细分程度不高，用单一变量就能够细分出有效市场；影响消费者购买的各个因素中有一项主导因素，其影响最为强烈。

例如，早期的服装市场按照消费者年龄变量来细分市场，可分为童装、青年装、中年装、老年装等；按照季节变量细分市场，可分为春装、夏装、秋装、冬装。但是现今竞争激烈的市场，仅靠这样的简单细分已经不足以参与市场竞争。

② 综合变量细分法

综合变量细分法又叫多变量法。它以两种或两种以上影响需求较大的因素作为细分变量，以达到更为准确地细分市场的目的。采用多变量法，首先面临选择几项变量的问题。变量个数的选择与企业的规模与资源情况、市场竞争情况以及行业所处的发展阶段等都有一定的关系。

变量越多，细分市场的规模就越小，适合于中小企业的发展；反之，变量越少，细分市场的规模容量就越大，适合于大企业更看重大块市场的战略。

市场竞争越激烈，市场中的产品越丰富，企业进行市场细分时选择的细分变量就应该越多。

在行业发展初期，消费需求比较单一，不需要采用多种变量详尽细分市场；随着行业发展的成熟，消费需求也逐渐多样化，不确定性提高，细分市场也逐渐形成。

③ 系列变量细分法

系列变量细分法又称多层次变量法。是用两个以上变量因素，但是根据一定顺序逐次细分市场。细分的过程就是一个比较、选择细分市场的过程，下一阶段的细分是在上一阶段选定的细分市场中进行。

诸如某西服企业的市场细分过程。首先用地理区域变量调查分析全国市场，确定企业将面向辽宁省区域的西装消费者市场；接下来加入收入层次变量分析辽宁区域西装市场，确定面向该区域每月收入水平在 5 000 元人民币的西装消费群体；再接下来又加入品牌忠诚度变量的调查分析，确定面向辽宁省区域月收入水平达到 5 000 元的坚定忠诚者西装消费群体。依次类推，直至更细分的辽宁区域西装市场。

④ 多变量组合细分法

分析一组相关程度较高的变量，把各个变量中相关性较高的具体项目组合在一起，将消费者区隔为几个行为趋近的群体。

例如，职业和收入是有直接关系的高关联性变量。因此，把不同职业和不同收入的变量组合，就会细分为高收入经营管理者、中等收入技术工作者、低收入普通工人等若干个消费群体。

（6）市场细分的程序步骤

① 选定产品的市场需求范围

选定服装产品范畴和目标市场地理区域，确定生产什么样的服装，准备在哪个区域开拓市场。即公司针对哪些地理区域、生产哪些产品、面对哪些顾客群体。诸如针对 T 恤衫产品、东北三省的一线城市消费者。

从本质上讲，市场细分的过程就是根据一定的变量和标准，把潜在的顾客群体分成几个需求不同的小群体的过程。细分市场的第一步就是选定潜在的顾客群体（可能成为本企业产品潜在购买者的人），即选定产品的市场范围。简单来说，选定产品市场范围就是限定细分的范围，解决对什么细分的问题，这是细分的前提。企业必须根据自身情况制定合适的细分范围。范围定的过大，细分成本就会增加；而范围定的过小，也会漏掉重要的市场。

② 了解某一区域内潜在顾客的基本需求

当公司基本确定了针对哪些地理区域、生产哪些产品、面对哪些顾客之后，就要从地理因素、人口因素、心理因素、行为因素四大变量出发，详尽罗列这个地理区域内所有潜在顾客的全部需求，为后续分析提供基本资料。

诸如大连、沈阳消费者对 T 恤需求包括遮体、安全、休闲、质量、档次、款型等细分变量方面的基本要求。

③ 了解不同潜在顾客的不同需求

当知晓全部潜在顾客的所有基本需求之后，仍需结合地理、人口、心理、行为四大变量因素进行后期调研和整理，把所有潜在顾客合理分类，并找到每个顾客群体各自的需求，然后分析各个顾客群体的需求有什么不同，行为有什么不同，各种需求中哪些对他们最重要，把细分变量按照顾客关注度依次排序。一般来说分析潜在顾客的各自需求采用问卷调查法，这需要五个步骤：对所列举的需求进行总结分类；按照不同变量对顾客进行分类；设计调查问卷；进行市场调查；对问卷进行分析总结。

诸如对 T 恤需求，A 类消费者注重质量、面料，而相对忽视款型等；B 类消费者注重款型而相对忽视其他变量。通过这种差异比较，不同顾客群体即可被初步识别出来。

④ **剔除潜在顾客的共同需求**

将高度相关的变量剔除，因为这些变量是各个消费群的共同需求，虽然在市场营销组合设计时不应忽视，但不能作为市场细分的依据。诸如对T恤遮体、安全的功能性需求是每位顾客的基本需求，不能作为T恤消费者市场细分依据。

⑤ **根据潜在顾客需求的差异性划分子市场**

舍去共同需求之后就可以清晰显现差异性需求，然后把差异性需求相对应的顾客细分变量和利益细分变量作为市场细分变量，选择合适的细分方法，将市场划分为不同的顾客群体，即初步的细分市场。诸如最关注T恤面料属性的群体、最关注T恤价格的群体等。

⑥ **进一步分析子市场需求与购买特征**

初步细分市场之后，要进一步认识每一个细分市场的顾客需求及其T恤消费行为特点，考虑各子市场有没有必要再作细分，或重新将个别子市场合并。

即放弃较小的或无利可图的细分市场；排除重复细分的市场；合并较小且与其他需求相类似的细分市场；拆分内部需求差异较大的细分市场。

⑦ **评估子市场容量和规模**

市场规模即市场容量，是指一个特定市场供应品的现有及潜在购买人数以及购买数量。对于上述T恤市场而言，就是评价该T恤子市场的规模容量吸引力，寻找可能的获利机会。

6.2 目标市场的评估与选择

目标市场，就是企业决定要进入的那个市场部分。企业在对整体服装市场进行细分的基础上，要对各个细分市场进行评估，然后根据细分市场的市场潜力、竞争状况、本企业资源条件等因素，决定把哪一个或哪几个细分服装市场作为自己的目标顾客群体。市场细分的目的在于正确地选择目标市场，如果说市场细分显示了企业所面临的市场机会，目标市场选择则是企业通过评估各种市场机会、决定为多少个细分市场服务的重要营销策略。

6.2.1 评估细分市场

评估细分市场是进行目标市场选择的基础。一个企业可从以下四个方面对个细分市场做出评估：

（1）细分市场的需求量和需求潜力

各细分市场中的消费者对某种产品的最大需求量。企业进入某一服装细分市场，是期望有利可图，如果市场规模狭小或者是趋于萎缩状态，企业进入后难以获得发展。首先，细分市场应该有足够大的市场需求潜量。如果某一细分市场的潜量太小，则意味着该市场狭小，没有足够的发掘潜力，企业进入后发展前景暗淡；其次，细分市场的需求潜量规模应恰当，对小企业来说，需求潜量过大并不利：一则需要大量的投入，二则对大企业的吸引力过于强烈。惟有对企业发展有利的潜量规模才是具有吸引力的细分市场。要正确估测和评价一个市场的需求潜量，不可忽视消费者（用户）数量和他们的购买力水平这两个因素中的任何一个。

（2）细分市场内的竞争状况

细分市场可能具有理想的规模和发展特征，然而从盈利角度来看，则未必有吸引力。对于某一细分市场，进入的企业可能会有很多，从而就可能导致市场内的竞争激烈。这种竞争可能来自市场中已有的同类企业，也可能来自即将进入市场的其他企业，主要包括同行业竞争者、潜在的新竞争者、替代产品、购买者和供应商。很显然，诸如目前国内的男正装西装市场，因为该细分市场已经有众多强大的或竞争意识强烈的竞争对手，该市场就没有吸引力。而那些诸如时装化西装的竞争者数量较少、竞争者实力较弱或市场地位不稳固的细分市场更有吸引力。

新竞争者的威胁。从时尚行业角度看，除了高级服装定制外，服装业属于高风险、低壁垒的行业。因此可能加入的新竞争者相对其他行业更多，他们会增加生产能力并争夺市场份额。

抄版仿制替代品的威胁。服装业的乱象之一就是抄版抄款现象严重，这种替代品的存在会限制细分市场内价格和利润的增长。因此，运用知识产权保护、独家买断原辅料、先端科技等手段尤为必要。

企业自身的竞争实力也决定了其对细分市场的选择。竞争实力强，对细分市场选择的自由度就大一些，反之，受到的制约程度就高一些。

（3）细分市场所具有的特征与企业总目标和资源优势的吻合程度

让一家老牌名牌服装店抛开自身品牌店面定位，去销售市场紧俏的其他服装产品来追求一时利益是不稳妥的做法。高端定制服装利润诱人，但并不是绝大多数企业都具备进入这一市场的能力。企业进行市场细分的根本目的就是要发现与自己的资源优势能够达到最佳结合的市场需求。企业的资源优势表现在其资金实力、技术开发能力、生产规模、经营管理能力、渠道规模等方面。既然是优势，必须是胜过竞争者的。消费需求的特点如能促进企业资源优势的发挥将是企业的良机，否则，会出现事倍功半的情况，对企业是资源的浪费，严重时，甚至造成很大的损失。

（4）细分市场的投资回报水平

企业十分关心细分市场提供的盈利水平。高投资回报率是企业所追求的，必须对细分市场的投资回报能力做出正确的估测和评价。

6.2.2 目标市场选择策略

目标市场的选择策略，即在对不同细分市场评估后，企业为哪个或哪几个细分市场服务的决定。

（1）密集单一市场

企业选择一个细分市场，集中力量为之服务。如表 6-4 所示，企业只关注中年男性职业套装。较小的服装企业一般这样专门选择市场的某一部分。集中营销使企业深刻了解该细分市场的需求特点，采用针对性的产品、价格、渠道和促销策略，从而获得强有力的市场地位和良好的声誉。

表 6-4 密集单一市场

	青年男性	中年男性	老年男性
运动装			
职业套装		☆	
休闲装			

（2）产品专门化

如表 6-5。企业集中生产男性职业套装一种产品，并向所有顾客销售这种产品，而不生产消费者需要的其他服装产品。这样，企业在职业套装产品方面容易树立很高的声誉。其特点是目标顾客容量较大，但是产品比较单一。

表 6-5 目标市场集中化

	青年男性	中年男性	老年男性
运动装			
职业套装	☆	☆	☆
休闲装			

（3）市场专门化

如表 6-6。企业专门服务于青年男性这一特定顾客群，尽力满足他们的各种服装需求。但一旦这个顾客群的需求潜量和特点发生突然变化，企业要承担较大风险。

表 6-6 目标市场集中化

	青年男性	中年男性	老年男性
运动装	☆		
职业套装	☆		
休闲装	☆		

（4）完全覆盖市场

如表 6-7。企业力图用各种产品满足各种顾客群体的服装需求，即以所有的细分市场作为目标市场，服装厂商为不同年龄层次的顾客提供各种档次的服装。一般只有实力强大的大企业才能采用这种策略，追求市场占有率，且大多是以不同定位的多品牌组合的形式体现。

表 6-7 目标市场完全覆盖

	青年男性	中年男性	老年男性
运动装	☆	☆	☆
职业套装	☆	☆	☆
休闲装	☆	☆	☆

6.2.3 目标市场营销策略

在目标市场选择好之后，企业必须决定如何为已确定的目标市场设计营销组合，即采取怎样的方式，使自己的营销力量到达并影响目标市场。这时，可以结合企业资源、产品特点、市场特点和竞争对手等因素，选择以下不同的策略：通过无差异市场营销和差异市场营销策略，达到覆盖整个市场；或借助集中市场营销策略，占领部分细分市场。

（1）无差异市场营销

将整个市场视作一个整体，不考虑消费者对某种产品需求的差别，它致力于顾客需求的相同之处而忽略差异需求。为此，企业设计一种产品，施行一种营销组合计划来迎合最大多数的购买者。它凭借单一的产品、统一的包装、价格、品牌，广泛的销售渠道和大规模的广告宣传，树立该产品长期稳定的市场形象。

无差异市场营销策略曾被当作“制造业中的标准化生产和大批量生产在营销方面的化身”。其最大的优点在于成本的经济性，单一的产品降低了生产、存货和运输的成本，统一的广告促销节约了市场开发费用。这种目标市场覆盖策略的缺点也十分明显。它只停留在大众市场的表层，无法满足消费者各种不同的需要，面对市场的频繁变化显得缺乏弹性。显然，在多样化的服装市场领域，这种策略应用有限。

（2）差异性市场营销

差异性市场营销策略与无差异市场营销截然相反，它充分肯定消费者需求的不同，把整体市场划分为若干细分市场，并针对不同的细分市场分别从事营销活动。企业根据不同的消费者推出多种产品并配合多种促销手段，力图满足消费者不同的偏好和需要。

服装企业可以针对不同性别、收入层次的消费者推出不同品牌、不同价位的产品，并采用不同的推广策略来宣传这些产品，就是采用差异性市场营销。差异性市场营销策略的优点很明显，企业同时为多个细分市场服务，有较高的适应能力和应变能力，经营风险也得到分散和减少；由于针对消费者的特色开展营销，能够更好地满足市场深层次的需求，从而有利于市场的发掘、提高销售总量。这种策略的不足在于目标市场多，经营品种多，管理复杂，成本大，还可能引起企业经营资源和注意力分散，顾此失彼。

诸如北京白领时装有限公司目前拥有 4 个品牌：WHITE COLLAR，Shee's，K. UU 和 golden collar。WHITE COLLAR 针对的顾客群体是 35～45 岁之间有知识、有地位且不张扬的中坚阶层女士；针织品牌 Shee's 针对的顾客群体是 25～

35 岁之间的柔美优雅女士，是年轻时尚、有设计感、为知性而赋予美感的一个品牌；裤装品牌 K. UU 是比较前卫跳跃，针对相对年轻的个性化顾客群体；而 golden collar 是高级时装品牌。

（3）集中市场营销

集中市场营销策略是指企业集中所有力量，在某一细分市场上实行专业生产和销售，集中力量争取在这一小市场上发挥优势，力图在该细分市场上拥有较大的市场占有率。企业运用此策略是遵循“与其四面出击，不如一点突破”的原则，例如中小服装企业受财力、物力、技术等因素制约，在整体市场无法与大服装企业抗衡，但如果集中优势在孕妇装、酒店制服等大企业尚未顾及或尚未建立绝对优势的某个或几个细分市场进行竞争，成功的可能性更大。

“劲霸男装，专注夹克三十年”这句广告语是集中市场营销的有力展现。集中市场营销因为服务对象比较专一，企业对其特定的目标市场有较深刻的了解，可以深入地发掘消费者的潜在需要；企业将其资源集中于较小的范围，进行“精耕细作”，有利于形成集聚力量，建立竞争优势，可获得较高的投资收益率。但这种策略风险较大，一旦企业选择的细分市场发生突然变化，如消费者偏好转移或竞争者策略的改变等，企业将缺少回旋余地。

如表 6-8 所示，前述三种目标市场策略各有利弊，企业应综合考虑自身资源、产品特征、市场竞争等因素，选择适合的策略。

表 6-8　目标市场策略选择

目标市场策略 / 影响因素	无差异目标市场策略	差异性目标市场策略	集中市场营销策略
服装企业的实力	很强	强	弱
服装产品同构性	高	低	低
服装市场同构性	高	低	低
产品生命周期阶段	初期	成熟期	衰退期
竞争企业数量	很少	多	很多

6.3　市场定位策略

在经过市场细分并选择细分市场之后，就要针对这个细分市场范围，确定企业品牌产品在消费者心目中所处的理想位置,以及在市场竞争中的相对优势。

6.3.1 市场定位的任务

"定位"这个词是由艾尔·里斯(Al Ries)和杰克·特劳特(Jack Trout)于1972年提出来的,"定位并非对产品本身采取什么行动,而是针对潜在顾客的心理进行的创造性活动。也就是说,将产品在潜在顾客的心目中确定一个适当的位置。"随着市场上商品越来越丰富,与竞争者雷同、毫无个性的产品,很可能"泯然众人矣",无法吸引消费者的注意。

目标市场定位又称产品的市场定位,指对企业的产品和形象进行设计,建立竞争优势,将本企业与其他企业严格区别开,使顾客明显感觉到这种差别,并在心目中占有一个独特的位置的行动。

当确定了目标市场之后,企业必须决定在该细分市场中应占据何种地位。消费者将可供选择的商品归类,即对产品、形象与其他公司做比较,在心理上形成一种可确认的综合形象。因此,服装商品最终定位是由顾客决定的。而企业所做的努力就是完成消费者需求的服装商品形象,企业必须有意识地去塑造明显区别于竞争对手的形象定位,吸引目标顾客群体,使自己的服装商品在竞争中占据有利位置。

6.3.2 市场定位的步骤

市场定位也是竞争定位。竞争优势是一个相对概念,当一个通过提供较低的价格或者较高的利益使消费者获得更大的价值,它就具备了竞争优势。某产品(品牌)的"位置"取决于与竞争者产品(品牌)相比较后消费者的认知、印象和情感等复杂因素。因此,企业要辨别目标市场上现存竞争对手及其产品的特色和地位,并决定自己产品的发展方向。

为获得竞争优势而进行的目标市场定位包括以下主要任务:首先要确定企业可以从哪些方面寻求差异化;其次是找到企业产品独特的卖点;然后要开发总体定位战略,即明确产品的价值方案。

(1)明确竞争优势

目标市场上的竞争者做了什么?做得如何?本企业能够为此做些什么?即调查了解竞争者的产品及其形象;调查了解该产品在市场中所处的位置;把握并

确定企业的竞争优势所在。

(2) 明确消费偏好

目标市场上的足够数量的顾客需要什么？他们的欲望满足度如何？即调查消费者对该产品的哪些或哪个特征最为重视;消费者对某种服装产品特征或属性的评价标准;消费者通过哪些途径了解该产品的属性特征。

(3) 准确选择相对竞争优势

相对竞争优势表明企业能够战胜竞争者的能力。准确地选择相对竞争优势,是企业各方面实力与竞争者实力相比较的过程,比较项目包括经营管理、技术开发、采购与生产、市场营销、产品开发等环节。

(4) 传播独特的竞争优势即卖点

主要任务是企业通过一系列的宣传促销活动,将自己独特的竞争优势,即企业产品的个性与形象传达给消费者,并根据实施结果及时调整改进营销活动,或者重新设计产品的市场定位,重新确立企业的竞争优势。

① 建立与市场定位相一致的形象。让目标顾客了解并熟悉企业的市场定位;使目标顾客对企业的市场定位认同、喜欢和偏爱。

② 巩固与市场定位相一致的形象。强化目标市场顾客的形象;保持目标顾客的了解;稳定目标顾客的态度;加深目标顾客的感情。

③ 矫正与市场定位不一致的形象即传播再定位。

6.3.3 服装品牌差异化市场定位的主体内容

差异化(Differentiation)指为使企业的产品与竞争者产品相区分,而设计一系列有意义的差异的行动。

根据迈克·波特的理论,企业的竞争优势来源于两个主要方面:成本领先或者差异化。实际上,为了向消费者提供更多的价值,企业产品定位就是从差异化开始的。而与顾客接触的全过程都可以进行差异化,因此,服装市场定位主要围绕品牌定位,通过产品差异化定位、分销渠道差异化定位、形象传播差异化等定位来实现。其中,品牌与产品差异化定位的主体内容如下:

(1) 品牌形象定位

品牌是企业及其产品的综合体。企业参与市场竞争,其产品首先是以品牌所传递的形象与消费者沟通。形象是公众对企业及其产品的认识与看法。企业或品牌形象可以对目标顾客产生强大的吸引力和感染力，促其形成独特的感受。有效的形象差异化需要做到：建立一种产品的特点和价值方案；并通过一种与众不同的途径传递这一特点；借助可以利用的一切传播手段和品牌接触（如标志、文字、媒体、店铺陈列、卖场气氛、事件和员工行为等），传达触动顾客内心感受的信息。

① 从品牌个性的角度挖掘定位点

在追求个性的时代，秉持个性、发展个性具有特殊的价值和意义。品牌个性是品牌持续内涵的外在表现，是品牌形象的核心，是品牌形象中最能体现差异、最活跃激进的部分。品牌个性可能在品牌设计阶段确立，也可能在品牌运作的过程中自然形成。品牌一旦具有与众不同的个性，即可作为其定位点。例如锐步的野性、户外、冒险、年轻、活力充沛；露华浓的女性、流畅、性感、高尚等。贝纳通则用“胆大妄为”的广告创意触犯宗教禁忌和信仰，为诉求自己品牌的“色感”，竟冒天下之大不韪，用黑牧师和白修女的“越轨”行为诉求贝纳通离经叛道的品牌个性。品牌产品可以模仿，品牌个性却是独有的，无法替代和模仿。品牌个性通过整合传播而逐渐加以强化，成为定位点的重要来源。

② 从品牌文化的角度挖掘定位点

品牌文化是指文化特质在品牌中的积淀和品牌经营中的一切文化现象，主要包括经济文化、民族历史文化和企业经营理念三个方面。对品牌而言，如果说产品的款式、质量、面料等是其肢体，蕴涵在其中的文化则是品牌的头脑。品牌是文化的载体，文化是品牌的灵魂。因此，企业可以从品牌文化中寻找定位点。如贝纳通品牌的社会公益广告一直倡导“爱自然、爱人、关怀社会”的品牌文化。

③ 从品牌主张的角度挖掘定位点

品牌主张是品牌精神内涵的外化，是品牌所倡导的价值观点。品牌主张中也包含着可供定位之用的要素。创立于 1908 年的英国伦敦的 LEE COOPER 牛仔裤是世界著名的服装品牌之一。其品牌主张一直在不断地变化着：20 世纪 40 年代是自由洒脱，50 年代是叛逆，60 年代是休闲潇洒，70 年代是粗犷豪爽，80 年代是标新立异，90 年代是复古简约。品牌定位创新使 LEE COOPER 品牌成了时装界的一棵常青树，同时也反映出了不同时代 LEE COOPER 品牌主张的变化。

（2）品牌产品定位

产品是品牌的物质载体，品牌是产品个性化的表现，是产品特性的浓缩，代表着产品品质、利益和服务的一贯性承诺，顾客通常是通过产品的体验和重复购买行为建立品牌认知。从产品角度进行定位是品牌定位最基本的着眼点。

① 类别定位

针对目标市场，销售什么特定产品。服装目标市场可以与竞争对手相同，但是产品应该有所区隔。诸如同为女士内衣系列，有的产品是注重塑形功能，有的产品是注重保健功能。（产品策略详见第八章）

② 风格定位

产品风格实际上是传递一种生活方式和生活态度，即服装产品设计风格拥有鲜明的特色，并符合目标市场消费群体的审美需求。设计定位是指在设计理念驱使下，对设计元素的选择。一种服装的风格往往可以由很多设计元素组成，比如：浪漫风格的服装既可以由 A 组设计元素来体现，也可以用 B 组设计元素去表达，尽管用这两组设计元素都能表现"浪漫风格"，但是，其外观上还是会有明显区别的，从而辨别出 A 组与 B 组的浪漫之不同。同样，在形式美原理和设计方法的作用下，一种类型的设计元素也可以设计出不同风格的产品。因此，在众多设计元素中选择出某种类型的元素，是引导消费者认知品牌风格的有效手段。

常见的具体服装风格包括：瑞丽、嘻皮、百搭、淑女、韩版、民族、欧美、学院、通勤、中性、嘻哈、田园、朋克、OL、洛丽塔、街头、简约、波西米亚、科技等。

③ 价格定位

价格定位应与目标市场的期望相一致，与目标市场的购买力相一致，与品牌定位相一致。高价策略适用于少数设计师品牌和与之相对应的高端目标市场，如 LV、GUCCI 等品牌（价格策略详见第九章）。

6.3.4 服装市场定位的策略

企业目标市场定位的最终确定，是必须经过对企业自身、竞争对手做出客观评价和对消费者的需求有了充分分析后的抉择，是一种竞争型定位。

（1）填补策略——避强定位

填补策略即企业将自己的产品定位在目标市场目前的空缺部分，市场的空缺部分指的是市场上尚未被竞争者发觉或占领的那部分需求空档。企业选择填补策略，寻找现今服装市场在风格和品种上的空档，定位于某个服装市场竞争的薄弱环节，获得进入某一市场的先机，发展目前市场上没有的特色服装，先入为主地建立对自己有利的市场地位。此原则适合各种档次服装品牌的定位。

但在决定采取填补策略之前，必须仔细分析“空缺”的性质和大小，以及企业自身的实力特点。首先，这一空缺为什么存在，是因为竞争对手没有发觉、无暇顾及或是因为这里根本没有潜在的需求；其次，如果确实存在潜在的需求，那么要考虑这一空缺是否有足够大的空间，也就是说，该市场部分中是否存在着潜在的需求，而且这些尚未满足的需求是否有一定规模足以使企业有利可图。最后，企业自己是否有足够的技术开发能力，去为这一市场的空白区域提供恰当的产品，并获得经济效益。

优点：由于其前所未有的产品风格等特征而独树一帜，少有竞争对手，具有潜在消费市场。

缺点：从推出到接受，消费者对其有一个认识过程，有一定的市场风险。

例如，目前的 LED 等高科技服装市场，虽然市场竞争少，但由于前期投入大，技术壁垒相对高，想获得市场容量还需假以时日。

（2）并存策略——追随定位

所谓并存策略，指企业将自己的产品定位在现有的竞争者的产品附近，力争与竞争者满足同一个目标市场部分，即服务于相近的顾客群。并存策略不是取代策略，所以并非向竞争对手发动猛烈进攻，而是一些实力不强的中小企业在产品定位时，跟随现有的大企业行动，力求与对手和平共处。

优点：由于业内已经有可以借鉴的成功品牌为例，采用这一原则比较保险，可以规避市场风险。企业无须开发新产品（可以仿制现有的产品），免去了大量的研究开发费用；因为现有的产品已经畅销于市场，企业也不必承担产品不为市场接受的风险。企业可在树立自己的品牌上多投入精力。

缺点：产品风格因容易与其他竞争品牌雷同而没有特色，缺少个性，品牌感召力较差。此原则比较适合中低档服装品牌的定位。

以快时尚品牌 ZARA 为例。“做潮流的跟随者而非发明者”是 ZARA 等快时尚品牌始终坚守的定位。从巴黎预示着年度时装趋势的 T 台秀场，到散落中国二三线城市的服装代工厂，高端品牌最新宣布的风行格式经由快时尚设计师们的模仿改造，有时只要一周时间就能推出跟随的新品。当然，快时尚品牌的这种追随策略，随之而来的就是各方对其涉嫌复制剽窃的非议。在欧洲，ZARA每年须要拿出数千万欧元来交抄袭罚金。ZARA现在已经开始与各个一线大牌的设计师合作，推出一系列独具风格的时装。

（3）取代策略——迎头定位

取代策略，顾名思义就是要将竞争对手赶出原来的位置，自己取而代之。这是一种竞争性最强的目标市场定位策略。企业这样定位是准备挑战现有的竞争者，力图从他们手中抢夺市场份额。选用这一策略的企业一般是实力都比较雄厚，为扩大自己的市场份额，决心并且有能力和信心击败竞争者。也可能是企业所选择的目标市场区域已经被竞争者占领，而且不存在与之并存的可能，企业只好勇敢地出击。

除对竞争者的优点和弱处有清晰的了解外，采取取代策略的企业还需要具备三个条件：首先，企业推出的产品在质量、功能或其他方面有明显优于现有产品的特点；其次，企业能借助自己强有力的营销力量使消费者认同这些优越之处；第三，企业拥有足够的实力，其资源足以支持这种较量。

（4）再定位策略

所谓再定位，就是对市场重新定位，旨在摆脱困境、使品牌获得新的增长与活力。它不是对原有定位的一概否定，而是企业经过市场的磨练之后，对原有品牌战略的一次扬弃。

我国大多传统服装品牌目前都面临再定位的考验。因为服装时尚行业发展呈现快速变化的特征，原有的服装市场定位会随着市场的变化出现不合时宜的状态。当目标顾客价值取向和消费者偏好发生变化、原有定位优势已不复存在、原有定位已不符合企业发展新态势的情况下，就要针对市场进行再定位。

6.4 案例

中国动向与Kappa的差异化市场再定位

Kappa的前身是一家叫Calzificio Torinese的以织袜和销售为主的企业，于

1916年在意大利都灵成立。 1958年Kappa“背靠背”商标诞生，并成为意大利市场首屈一指的袜子和内衣生产商。 20世纪70年代末，公司整合旗下商品并创立“Kappa sport”品牌，后简称为“Kappa”。

自2002年由李宁体育用品有限公司引入中国市场，2003年因遭遇“非典”而业绩惨淡，再到2005年被李宁公司放弃，由中国动向掌控后飞速成长；2006年，引入摩根士丹利的国际融资，买断Kappa在中国的品牌所有权；2007年，中国动向在香港上市，市值超越老东家李宁公司；2008年，收购Kappa在日本的代理商Phenix，而Phenix自身就拥有国际顶尖的滑雪品牌Phenix和X-nix。 销售额从2007年的17.11亿人民币跃升到2010年的42.62亿。 虽然2011年的中国运动鞋服市场陷入阴霾，出现整体急剧下滑趋势，Kappa在中国的市场业绩也未能实现正增长，但是与中国体育用品市场上大多数竞争者相比，中国动向绝对是个标新立异的选手。 从对于“国际品牌”身份的把握，到抓住时机向“时尚”概念转型，再到性价比极高的品牌营销，不仅成长速度惊人，盈利水平也明显高过对手，其运动、时尚、性感、品位的品牌理念已经深入人心。

Kappa成功的背后，经历了怎样的价值重构和商业模式的变迁？由品牌原有运动服装的国际定位如何转变为时尚运动品牌？

正如美国营销专家凯文·莱恩·凯勒（Kevin Lane Keller）所说：能够把某个品牌与同一参照系里的其他品牌区别开来的强烈、独特与良好的联想，是品牌定位取得成功的基础，品牌定位必须营造一种强烈而有效的差异点。 而Kappa所做的就是面向中国市场再定位，就是对品牌重新定位，摆脱困境、使品牌获得新的增长点与活力。 它不是对原有运动品牌定位的一概否定，而是企业经过市场的磨练之后，对原有品牌战略的一次“扬弃”。 站在组织战略的高度来看，因为企业面临的外部环境发生了变化，企业的组织战略也必须做出相应的调整，这当然也包括品牌定位。

（1）从运动服装转向运动＋时尚服装的品牌风格再定位

中国动向接手Kappa品牌之后，所做的第一件事情就是根据中国市场的竞争格局对品牌进行重新定位。 原有的意大利Kappa产品是面向竞争激烈的传统运动服装“专业体育”用品市场，这样一来，Kappa就要在中国市场上和国际顶级品牌耐克、阿迪达斯以及国内领先品牌李宁等品牌展开竞争。 与这些品牌相比，Kappa明显处于劣势。 在国际上，Kappa品牌的表现每况愈下，濒临亏损。中国动向接手 Kappa 品牌之后，敏锐地洞察到，如果沿用 Kappa 品牌原有发展路线，将难以与耐克等品牌竞争，只有重新定位走差异化路线，才有希望觅得生机。

再定位之后，中国动向将 Kappa 的品牌诉求确定为以下四个主题：运动、时尚、性感、品位。Kappa 的这种定位，我们很难将其与传统的运动服装联系在一起，因为传统的运动服装追求宽松、透气性能。但现在 Kappa 的定位是全新的，打破传统运动服装的定位，即定位运动服装时尚化，转向“运动 + 时尚”的路线。

产品和研发体系也做出相应的调整。中国动向的产品设计与研发体系主要分为三部分：自主设计开发、第三方合作、共享 BasicNet 集团全球研发体系。在产品设计上秉承东西融合的理念，再通过二次设计，达到运动心、时尚形（与之相对的是 Nike、adidas 的时尚心、运动型）的效果，最后合成“运动、时尚、性感、品位”风格的产品。Kappa 之所以受到年轻消费群体的青睐，在很大程度上源于其对色彩的理解和把握。熟悉 Kappa 的人都知道，其旗下的产品，每种颜色就代表一个国家。这样，Kappa 的产品色彩异常鲜明，而人们也乐于接受这种独具匠心的设计款式。其夸张、出位的设计和颜色搭配，更加符合意大利品牌的血统。就产品款式而言，Kappa 的版型偏瘦，“紧身的性感”也成为 Kappa 的招牌。“我们选择把产品做给身材最好的那部分人去穿，‘饥饿战术’的目的是要让穿上 Kappa 的人都为我们做了广告。”中国动向 CEO 秦大中解释说，虽然很多身材不那么纤细的人会感觉 Kappa 的尺码偏小，但是无数魔鬼身材的“样榜效应”会让这些人对 Kappa 更加痴迷。

2009 年 7 月，Kappa 开始与阿迪达斯前环球创作总监 Michael Michalsky 合作，开发 Kappa 品牌的新产品系列，进一步加重产品的时尚性，表现出与阿迪达斯旗下的三叶草时尚系列正面竞争的姿态。

（2）从广义运动群体转向时尚年轻群体的消费群再定位

经过缜密的市场调研之后，中国动向有个惊人的发现，年轻消费群体中的大部分人群其实并不需要专业的运动服装，他们需要的是一种运动的感觉。

按照 Nike 对运动人群的划分——Performer、Competitor、Participant、Sports Inspired、Urban、Indie、Metro 等，而 Kappa 看中的市场是其中很小的一个细分市场，即 Indie 群体。这类群体的消费者写真大致如下：一个身材苗条的 18 岁女孩，画着浓浓的眼影，佩戴耳坠项链，涂着指甲油，穿着 Kappa 的外衣、袜裤以及 Converse 的板鞋。恰恰是这些不经常参加体育运动，喜爱打扮、逛商场、泡夜店的青年群体，不仅提升了 Kappa 市场销量，而且起到了非常重要的口碑和品牌宣传作用。

（3）从主要赞助体育赛事转向时尚娱乐活动的传播模式再定位

Kappa 从 20 世纪 80 年代末开始为专业的运动员和队伍提供赞助。从 1998 年到 2002 年，Kappa 共赞助了 27 个国家的 200 多个队伍和个人。涉及的体育项目有足球、滑雪、板球、沙滩排球、曲棍球等 16 个体育项目。Kappa 进入中国之初，传播推广模式仍然是赞助甲 A 足球队这类专业运动的模式，但收效甚微。中国动向开始采用与产品定位一致的市场推广及宣传策略，具备产品组合的“运动”及“时尚”两项主要元素。中国动向策略性地通过体育营销、娱乐营销和跨界合作，选择最适合推广 Kappa 产品的形象及文化，且最有效针对客户市场的广告渠道。

体育营销强调气质吻合，强调与企业的发展战略、企业的营销资源、品牌调性相一致，这些在 Kappa 与中国网球公开赛的合作中清晰体现。首先是表现专业化的品质，其次是体现休闲时尚化的品位。作为中网的官方服装赞助商，他们为比赛中的裁判、官员以及服务人员提供装备，同时也参加了中网赛事组织的推广活动，体现了 Kappa 在竞技层面的专业性；其次是体现休闲时尚化的品位，将一向赛场气氛沉寂、呆板的网球比赛，首次融入了娱乐元素；另外，邀请 ATP 和 WTA 球员与观众进行特别集训，推广国际网联的“疯狂网球”课程，让观众在娱乐中感受着网球运动带来的乐趣，其效果不言而喻。

通过与百事饮料、雪铁龙的品牌垂直合作，通过赞助时尚慈善夜活动、CCTV 模特大赛、以及多个乐队及体育和娱乐界名人，通过引入娱乐明星入驻淘宝商城做客服等时尚传播手段，多角度展现了 Kappa 运动、时尚、性感、品位的品牌个性，在时尚领域中展现着独特的魅力与风采。

2007 年 Kappa 与 LYCRA 联合举办的“衣慕倾心、劲侣霏扬”打造时尚情侣全国巡演活动。好男儿魏斌、张晓晨和巫迪文等作为评委和颁奖嘉宾莅临现场并倾情助阵；动感十足的热舞，性感、时尚的 Kappa 运动时尚炫装展示，让观众大呼过瘾的同时也深切地体会到了 Kappa 运动、时尚的品牌特点。通过与时尚传媒集团联手举办 2012 时尚运动嘉年华“不穿礼服的时尚大 Party”活动，通过众多时尚名人、娱乐明星、体育健将现场进行的各种运动大比拼，将时尚和运动进行了一次完美混搭，完美体现了 Kappa 提出的全新品牌宣言“Play with style”、“打破界限，打破对立，打破运动不时尚的迷思”、“永远不要把运动禁锢在球场，把时尚摆设在橱窗”、“越动越时尚，越玩越有型”，明确地将“时尚”血液注入“运动”之中。正如中国动向（集团）有限公司首席运营官秦大中先生表示：“运动时尚是 Kappa 倡导的一种生活方式，热爱运动，但并不以赛场竞技输赢为目标；追求时尚，但时尚的展现需要与个性相融合。希望每个人把时尚的心态带到生活的每一面中去，与 Kappa 一起奏响属于自己的‘Play with style’！”

案例参考来源：1. 潘灯. 销售与市场. 2010. 1；2. 项兵. 中国动向如何运作 Kappa 品牌. 2008；3. 关键先生. 中国式成长. 凤凰出版社. 2009 年 10 月；4. Kappa 中国官网 http://www.kappa.com.cn.；5. 中国动向（集团）有限公司官网 http://www.dxsport.com

思考练习题

1. 什么是市场细分？它对服装企业市场营销活动的意义何在？
2. 如何确定服装消费者市场的各个细分市场？有哪些主要依据？
3. 用哪些标准来选择对公司最有吸引力的市场？
4. 市场定位的三种营销策略各有什么特点？
5. 市场定位的实质是什么？如何进行目标市场定位？

第 7 章 服装品牌管理

知识要点

1. 了解品牌管理的主要内容及在市场营销中的作用；
2. 掌握制定和实施品牌资产管理的原理与方法；
3. 掌握制定和实施品牌策略的原理与方法；
4. 掌握制定和实施品牌维护的原理与方法。

本章内容提要

本章重点构建了服装品牌管理系统，包括服装品牌资产管理、服装品牌策略和服装品牌维护等内容。

服装品牌资产管理部分首先从不同角度介绍了品牌的定义与意义，对品牌定义的理解要结合中国市场的现状去综合理解和把握。接着介绍了品牌资产定义的三种概念模型：财务会计概念模型、基于市场的品牌力概念模型以及基于品牌—消费者关系的概念模型。并对品牌资产的构成要素与特征进行了分析。接着本章介绍了品牌资产评估的内涵与特点，着重阐述了两大类不同的品牌资产评估方法（包括财务价值评估法和本源测评法），并指出了品牌资产评估的意义和相关的问题。

服装企业常见的品牌策略包括品牌化策略、品牌名称策略、品牌归属策略、品牌统分策略、品牌延伸策略和品牌更新策略等。

服装品牌维护主要包括品牌维系和品牌保护两个方面。一方面，品牌管理者要保持品牌与消费者的密切沟通，对品牌要素进行适时的更新，以适应市场的变化，防止品牌老化。同时，注意从法律层面上对品牌进行保护，防止商标、商业秘密、互联网域名等在未开发市场上特别是国际市场上侵权或抢注，确保品牌运营的可持续性。

7.1 服装品牌资产

作为非价格竞争手段,品牌战略已成为企业经营的重要战略资源。 随着市场全球化进展的不断加快,越来越多的服装企业重视品牌建设与品牌资产的保护,国内服装企业对品牌资产认定的需求越来越迫切。 研究品牌资产对服装企业合理配置资源以及采取有效的品牌战略和管理方法有着重大意义。

7.1.1 品牌及其意义

品牌越来越成为当今生活中最为大众化的词语之一,关于品牌的定义,不同组织和学者有不同的说法,主要反映了对品牌理解的不同倾向性。

(1) 品牌定义

品牌的英文“brand”一词源于古挪威语“brandr”,意为“打上烙印”,其原始用意是用以区分不同生产者的产品(包括劳务)。 从词源来看,品牌的基本含义是声明一种特殊的权益或资产。 品牌及其标志成为标明一种特权、一项资产的象征符号。

1960 年,美国市场营销协会(American Marketing Association,AMA)在《营销术语词典》中对品牌给出了如下定义:品牌是一个名称、术语、标记、符号或设计,或是它们的组合,其目的是识别某个销售者或某群销售者的产品或服务,并使之同竞争对手的产品和服务区别开来。 这个定义强调了品牌符号存在的意义在于辨认和区别,消费者利用品牌选择产品和服务,企业利用品牌符号区别竞争者的产品。

国内学者中山大学卢泰宏教授的观点是:品牌不仅仅是一个区分的名称,更是一个综合的象征;品牌不仅仅掌握在企业手中,更取决于消费者的认同和接受;品牌不仅仅是符号,更要赋予形象、个性和生命;品牌不仅仅是短期营销工具,更是长远的竞争优势和具有潜在价值的无形资产。

各国的品牌学家所处的环境不同,对品牌的理解或解释也存在差异,比如美国的经济发展和多元文化使品牌运营过程中更强调以市场份额表明综合实力;卢泰宏教授的品牌定义是在中国市场环境下对国内外品牌定义的综合和提升。

虽然以上品牌含义从不同角度阐述了品牌内涵，但他们之间存在内在的联系，这些定义可以帮助我们更加全面地理解品牌。

① 品牌具有识别功能，是区别的主要标志

美国市场营销协会的定义显示了这一点，作为品牌的基本条件，品牌的历史起源也反映了这一点。古挪威的“烙印”、古希腊和罗马的地址、吆喝声和简单的图画等可作为区分提供者货物的标志。而现代品牌的识别功能主要体现在，一方面，品牌的命名、标识、设计、包装可以用来反映品牌的个性和品牌形象；另一方面，品牌的名称、标识、包装等要素可以通过向国家品牌管理部门申请注册而受到法律的保护，并区别于其他厂商的商标。消费者可以通过商标来识别产品的产地或内在品质等因素，商标化是现代市场经济的基本特征。

② 品牌具有担保功能，是对消费者的承诺和保证

企业为了更好地满足消费者的需要，不断创新产品，使其品牌形象常存消费者心中，这是推动企业快速发展的动力。因此，企业通过不断提升品牌带给消费者的功能性、社会性、情感性的价值，进而推动企业品牌发展进入良性循环，这客观上形成了品牌对消费者购买产品的附加价值方面的担保和承诺。

③ 品牌具有沟通功能，表达产品与消费者的关系

品牌是将名称、标识、色彩、包装和设计等要素都合并到一起的复杂综合的象征，是消费者愿意接受的信息。企业通过各种途径把这些浓缩的信息传达给消费者，一方面引起消费者对产品的注意、记忆、识别与联想，形成事实上的沟通关系；另一方面，从消费者角度来看，品牌作为一种速记符号与产品类别信息一同储存于消费者头脑中，而品牌也就成了他们搜寻记忆的线索，成为他们在产品类别中选择特定产品的对象。品牌沟通的最终目的是通过不断提供满足消费者需求的产品并与消费者建立长久的、强劲的关系，博得他们的长期偏好与忠诚。

④ 品牌具有价值功能，是无形资产

品牌能为顾客提供比一般产品更多的附加价值，这种价值包括功能性价值、心理性价值和社会性价值。品牌可以让消费者为购买产品而愿意支付更高的价格，因此可以抵抗各种风险，形成独特的品牌竞争优势，获得超额利润回报。当一个企业愿意出高出净资产或市值几倍甚至更高的价格收购一个具有品牌优势的企业时，这种品牌无形资产的功能就表露无遗了。

（2）品牌意义

① 品牌对国家的意义

品牌是国家形象的代表。品牌不仅是一个企业开拓市场、战胜对手的有利武器，更是一个国家综合实力和整个民族财富的标志。民族品牌不仅代表国家产业水平，而且代表国家的国际形象，承载着重构民族自尊心和自信心的历史责任。法国以其深厚的人文底蕴、浓郁的创新气氛、包容开放的全球视野、富有成效的政府举措造就了一系列全球著名时尚品牌，如 Louis Vuitton、Christian Dior、CHANEL、Pierre Cardin、Yves Saint Laurent、Jean Paul Gaultier 等，法国时尚品牌群独特的气质代表了其在世界时尚舞台中无法取代的国家形象。

品牌与国民经济存在相关性。从英特品牌公司（Inter brand）、福布斯（Forbes）等各类机构对全球最有价值的品牌和最大企业业绩的排行榜来看，一个国家或地区的经济实力和地位，与品牌的多与寡、强与弱密切相关。因此，培育品牌无疑是中国经济实现强大目标的关键路径。

② 品牌对企业的意义

A. 企业广告宣传的需要

企业经常通过电视、报纸、广播、杂志等广告媒体，就企业的产品或服务，对消费者进行宣传与诱导，促使消费者做出对企业有利的选择。如果企业的产品没有品牌或商标，或者在广告宣传中没有使用企业的品牌或商标，即使投入巨额广告宣传费，对本企业的产品销售也不会有特殊帮助。因为，此时企业无法引导消费者购买、使用本企业的产品，广告效果是提高了这一类产品的销售额。也就是在提高本企业销售额的同时，也提高了竞争对手的销售额。

B. 有利于树形象、创名牌，获得更高的收益

美国的一项调查表明，领导品牌平均获利率是位居第二品牌的 4 倍，而在英国更高达 6 倍。消费者在许多情况下乐意为购买名牌而支付更高的价格。

在服装市场上，部分消费者已经处于指牌购买阶段，即他们对各服装品牌的属性特征有一定的了解，知道某一品牌的风格及适合人群，购买的时候针对性很强。由于品牌产品的价格为非品牌产品数倍，因此，这部分消费者对企业的利润贡献远大于关注价格的服装消费者。

例如在中国出售的法国“皮尔·卡丹”服装，其面料与中国普通服装面料相

差无几，有些面料就来自于中国，多数的服装还是在中国生产的。这些相同或差不多的面料，由中国服装企业做成服装后，贴上中国企业的商标，只能卖几百元，而贴上“皮尔·卡丹”商标，就能卖几千元甚至上万元。在这样的市场环境中，有条件的服装企业走品牌之路是明智的选择。

C. 有利于保护企业之间公平竞争

品牌注册后享有商标专用权，未经许可其他企业和个人均不得仿冒，可以在一定程度上防止冒牌商品出现，增大侵权人的违法成本，增加对商标所有人权益的保护程度，反对不正当竞争。同时，由于品牌代表着企业产品质量与特征，因此，它督促企业着眼于消费者利益、社会利益以及企业长期利益，规范自身的各种行为。

D. 有助于企业的资本运营

企业融资、并购的关键是标明未来收益的经营资本的价值，除了企业的技术、人才、市场、运营模式等方面的因素外，企业的品牌资产是经营资本评估的非常重要的因素。品牌是吸引投资、开拓市场的卖点，因为强势品牌的背后是强大的市场需求和顾客关系。

③ 品牌对消费者的意义

消费者的购买决策因品牌而变得容易，也更容易满意。消费者运用品牌建立了自己想要的理想形象，获得自我认同和社会认同；当购买者信赖品牌，把它当作一种重要的信息资料时，购买时只要看牌购买，降低了交易费用；另外，品牌可以充当促进消费者作出购买决策的“润滑剂”，减少消费者购买决策的认知不协调。作为回报，消费者则通常表现出购买产品、显示忠诚和付出较高的价格。

A. 获得自我认同和社会认同

自我识别(self-identity)的研究是后现代消费(postmodern consumption)最关键的决定因素。成功的品牌一般都具有鲜明的个性和形象，通过使用某一品牌，消费者在内心实现了理想的自我，或者自我通过品牌在社会中彰显出来，被他人和社会所接受。

B. 减少交易费用

消费者喜欢品牌，是因为品牌所构成的意义，变成一种较容易选择的方式，帮助消费者省下评判各种事物的时间。

消费者在接触某一品牌之后，如果该品牌代表的产品能够满足消费者心理与实际消费的需要，它就会在购买者心里留下印象。再次购买时，仍然会购买该品牌的产品。由于同一品牌代表着相同或相近的产品品质、特征与利益，因此它可以保证购买者的消费经验重复使用，能够增加购买者重复购买的信心。

C. 减少认知不协调

消费者在做出较重大的购买决策前后，都可能会感到不协调，常常会问自己："我买对了，还是买错了？"这种担忧往往会形成不协调的感觉。但如果买的是名牌产品，人们在购买时不仅可以用这牌子消除自己的疑问，而且能感觉到一种荣耀的自我满足。

总之，品牌让消费者得到"安心、信心、温心和欢心"。

7.1.2 品牌资产

日趋激烈的竞争格局促使企业认识到了品牌的巨大价值，并将品牌资产视为企业无形资产的重要组成部分，实业界非常重视对这种特殊的无形资产进行研究和管理，进而也引起学术界的广泛兴趣和关注。

（1）品牌资产的定义

品牌资产这一概念是个舶来品。西方的文献中有"Brand Asset"、"Brand Equity"、"Brand Value"等几个与品牌资产有关的概念。这几个概念既有内在联系，又有意义上的差别。

Brand Asset 是会计学上对品牌资产的翻译。由于品牌资产与企业其他资产存在太多差别，人们发现使用"Brand Asset"无法诠释其深刻内涵，为了探索品牌资产的本质和构成要素，强化企业对这个概念的理解和重视，从而更好地管理和利用品牌资产，学者提出了新的名词"Brand Equity"，将品牌资产从财务会计学领域中延伸出来。

品牌权益(Brand Equity)是 20 世纪 80 年代西方广告学界从品牌管理角度提出的一个概念，发展至今，品牌权益却成为品牌领域中使用最广泛、歧义最多的概念。我国学者对"Brand Equity"的翻译和理解也不相同，最具代表性的是三位学者提出的品牌权益、品牌资产和商标资产，而且他们对于"Brand Equity"内涵的界定也不完全相同。南开大学国际商学院教授范秀成认为品牌权益是由企业以往在品牌方面的营销努力而产生的赋予产品或服务的附加价值。北京大学光华管理学院教授符国群认为商标资产是附着于商标之上，能够为企业在未来带来额外收益的顾客关系。中山大学管理学院营销管理学教授卢泰宏认为“Brand Equity”有不同的含义，应该使用概念模型来解释，他归纳了“财务会计概念模型”、“基于市场的品牌力成长概念模型”和“完全基于消费者的概念模型”来理解这个词。由此可以看出，不仅译法不同，其实人们对“Brand Equity”的理解也存在差异，学者们的各种表述是他们基于自己的理解从一个或几个侧面进行的。

Brand Value 是经济学上品牌价值的概念。同其他资产一样，品牌资产具有使用价值和价值。同时，品牌作为一种特殊的无形资产，品牌资产的价值和使用价值又不同于企业的其他资产。

不同学者和研究人员从不同角度探讨品牌资产的不同特征和属性，人们对品牌资产的不同理解，也说明企业的品牌资产具有极其复杂和丰富的内涵。

尽管专家学者对品牌资产的定义是不一致的，我们可以从财务会计、品牌影响力、消费者与品牌关系三个不同角度描述品牌资产的概念。

① 基于财务价值的品牌资产

这种观点认为品牌资产本质上是一种无形资产，因此必须为这种无形资产提供一个财务价值，并且认为一个强势品牌的巨大价值应该被视为可交易资产。把品牌资产价值货币化，迎合了公司财务人员把品牌作为资本运行的需要，但也存在着很多不足之处：过于关心股东的利益，集中于短期利益，很可能导致公司短期利益最大化，而牺牲了品牌的长期成长；只提供了品牌的总体绩效指标，但却没有明确品牌资产的内部运行机制。

② 基于品牌影响力的品牌资产

该观点认为一个强势品牌应该具有强劲的品牌力，可以在市场中迅速成长，从而把品牌资产与品牌成长战略联系起来。研究的重心转移到品牌的长远发展潜力，是基于财务价值定义的一个进步。但是该概念同样不能说明品牌资产的来源和品牌资产的内部运行机制。

③ 基于消费者视角的品牌资产

这类定义强调，企业的营销活动对顾客的影响使顾客有了一定的品牌知识，而品牌资产就是顾客由于具有品牌知识而对产品产生的差异化效果。完全基于消费者的概念模型认为品牌资产是由品牌知名度、品牌形象、品牌的感知度、品牌忠诚度以及其他品牌专有资产五个部分组成。这一完全基于消费者的品牌资产概念模型把品牌资产的组成模块化，有利于对其进行管理。品牌资产的核心是如何为消费者建立品牌内涵。

综上所述，品牌资产作为企业的一种重要经营资源，其概念的提出有助于把握品牌的内涵，有助于体现和量化品牌的价值。基于消费者的品牌资产这一理论观点，解释了品牌资产形成的根本原因，是营销理论的一个重要成果。我们将品牌资产界定为：企业通过各种营销活动，使品牌在消费者心中的知名度提高，从而影响消费者对此品牌的联想和态度，由此产生的一系列行动，它能使该品牌获得更大的销售量和更多的利益，进而能使该品牌在竞争中获得比其他品牌更能获得顾客忠诚的优势。

（2）品牌资产的构成要素

品牌资产的内涵可以从财务会计的视角、消费者与品牌关系视角和品牌力视角来理解，不同视角理解的品牌资产，其构成要素也有所差别。比如，财务视角强调产品价格、现金流量，品牌力视角强调市场占有率等，而消费者与品牌关系视角强调消费者是品牌资产的来源，产品的知名度、品质认知、品牌联想和忠诚度是品牌资产的来源要素，市场占有率、产品价格和企业销售收入等是来源要素基础之上的衍生要素。

品牌资产的积累来源于消费者的认知、联想和忠诚。品牌资产是无形资产，它不可能由有形的实物资产来表示。一方面，品牌的现实性表现方式（如品牌名称、标识、包装等）是营销活动中对消费者产生作用的一部分载体；另一方面，品牌还取决于消费者对品牌营销活动的反应，如品牌认知、品牌联想、品牌忠诚等。因此，品牌资产由两个方面的要素构成：一是企业传播载体部分，主要是品牌名称、品牌标志和标记、品牌广告语、品牌广告曲和包装，这些成为品牌构成的有形要素；二是消费者接受企业传播而形成的品牌知名度、品牌品质认知、品牌联想、品牌忠诚度和其他专有资产，这些成为品牌构成的无形要素。

① 品牌资产构成的有形要素

品牌名称是信息传达中极有效的“缩写符号”，它简洁地反映了产品和服务的中心内容或者企业所倡导的观念、文化等核心要素。消费者了解营销信息花费的时间往往较长，而注意、理解并记住一个品牌名称却只需要几秒钟的时间。

标志和标记从产生之日起一直是表示起源、所有权或组织的一种方式。研究表明，一些接触视觉的品牌要素往往在传播品牌和建立品牌资产时起着关键作用。因为与竞争对手相区别的属性必须包含鲜明的个性和特色等文化类抽象的内涵，而简洁、凝练的标志和标记则可将这些个性和丰富的内涵生动、形象而又直观地传达给目标群体。

广告语是用来传递有关品牌的描述性或说服性信息的短语，也是企业个性和核心价值的表述。恰当、独特的广告语和广告乐曲也会加深消费者对品牌的印象和认知。

包装是设计和制造产品的容器和外部包扎物，是整体产品中一个重要的组成部分。它不仅具有保护商品、便于携带和运输等基本作用，还能标明品牌，并借助描述性和说服性信息来促进销售，增加利润。因此，包装被誉为“沉默的推销员”。

② 品牌资产构成的无形要素

品牌资产构成的无形要素为：品牌知名度、品牌认知质量、品牌联想、品牌忠诚度以及其他专有资产五个方面。

第一，品牌知名度

品牌知名度是指品牌被公众知晓的程度，是评价品牌资产的量化标准之一。从消费者的心理和行为反应来看，品牌知名度就是目标群体对商品、公司、商标等信息的学习和记忆的结果。而它作为一种条件联系，形成和消退也依赖于强化。这种强化的根源在于对商品各种物理特性（价格、款式、包装、质量等）以及消费者通过体验和感受这些物理特性而形成的认知。

第二，品牌品质认知

品牌品质认知是消费者的一种主观判断，它是消费者对于品牌所标示的产品或服务的全面质量和优势的感性认知，是对品牌全面的、综合的、无形的感知。品牌品质认知并不一定与产品本身真正的品质相符。不相符的原因有两个：首先，它是一个主观认识，主观认识是有局限性的；其次，不同的顾客有着不同的偏好和要求，其对品质质量的关注点不同，有的顾客可能因为对产品性能要求不高而感到满意，有的顾客可能对价格较高的高品质产品持有一种消极态度，还有的顾客可能因对产品的品质过分信赖而不惜代价。

对品牌的品质认知可以从内在要素和外加要素两方面去理解和认识。内在要素是指产品的具体的、物理性资产。只有在改变产品本身时，内在要素才会发生变化，而且只有当使用产品时才会消耗内在要素。例如，有关学者把耐用品的品质总结为:使用简易性、功能性、使用表现、耐久性、服务能力以及社会地位。服务行业的内在要素包括:信赖、负责、保证、认同和可见性。

外加要素与产品实体无关。即使改变它们,产品实体也不会有所改变。例如,价格、品牌名称、标志、广告、分销渠道、促销及质量保证和售后服务等都是品质的外加要素。

第三,品牌联想

品牌联想是指消费者记忆中与某品牌相关联的每一件事情,是品牌特征在消费者心目中的具体体现。当人们想起一个特定的品牌时,会很自然地与某种特定的产品、服务、形象甚至愉快的场景等联系起来;或者当对某种产品或服务存在需求,或者体验到某种场景时,就会和某一特定的品牌对接起来,这些都是品牌联想的具体表现。例如,提到白领,人们就会想到该品牌目标消费者及产品的品质和档次。

一个成功的品牌包含丰富的品牌信息,这些信息都可以成为品牌联想的来源。不同的消费者群体会从不同的角度理解和记忆这些信息,这就是品牌联想的支撑点,或品牌联想的来源。对于不同类别的产品,消费者会从不同的方面与该品牌联系起来。例如,提到红酒和香水等产品时人们更倾向于和其产地联系起来等。企业要根据产品特征和消费者需求,向消费者传递相关的信息,以便消费者产生积极的联想,在产生需求时能联想到自己的品牌。

第四,品牌忠诚度

品牌忠诚是指消费者在与品牌的接触过程中,由于该品牌所标示的产品或服务的价格、质量因素,甚至是由于消费者独特的心理和情感方面的诉求所产生的一种依恋和稳定的感情,并由此形成的偏爱,使消费者长期重复购买该品牌产品的行为。品牌忠诚度是消费者对某品牌产生的感情的度量,测度它的指标是重复购买次数、购买的决策时间、对价格的敏感程度、对竞争者的态度、对品牌产品瑕疵的态度等,反映了一个消费者的偏好由一个品牌转向另一个品牌的可能程度。

这种转向是一种行为过程,也是一种心理(决策和评估)过程。品牌忠诚度的形成不完全依靠产品的品质、知名度、品牌联想及传播,它与消费者本身的特性密切相关,它的形成更有赖于消费者的产品使用经历和体验。提高品牌忠诚度,对一个企业的生存和发展以及市场份额的扩大具有极其重要的作用。美国商业研究报告指出，多次光顾的消费者可以为企业带来 20%～80%的利润；固定消费者数量每增加 5%，企业的利润就会增加 25%。 忠诚的消费者是企业的财富。 品牌忠诚度是品牌价值的核心。

第五，其他专有资产

除上述四个品牌资产的无形要素外，附着在品牌上的其他专有资产，也是品牌资产的重要组成部分。 它主要包括与品牌密切相关的专利、专有技术、分销渠道、商业模式和购销网络等，它们对品牌增值能力具有重大影响。

（3） 品牌资产的评估

品牌资产是一种无形资产，如何对其价值做出合乎情理的评估成为品牌管理研究的一个焦点，相关的研究层出不穷。 英特品牌（Inter brand）咨询公司和《金融世界》是国际品牌资产评估的国际权威机构，每年发布全球品牌评估报告，受到广泛瞩目。

近年来，越来越多的服装企业开始使用品牌资产进行融资活动。 品牌资产评估使得企业资产负债表结构更完整。 评估品牌将品牌资产化，使得企业负债相对降低，显示企业资产质量较好，企业资产信誉大幅提高，获得银行大笔贷款的可能性大大提高。 因此品牌资产评估具有重要的现实意义。

① 品牌资产评估的内涵

通过品牌价值量化，测定品牌的市场竞争力，这已成为国际上品牌资产评估通行的做法。 不同的品牌评估体系并存也属于正常现象。

1999 年，在美国营销科学研究院主持的品牌资产计量研讨会上，理论界和实业界就理想的品牌资产评估需要达到的标准，形成了如下共识：

A. 有充分的理论依据。

B. 尽可能完善，涵盖品牌资产的所有维度，并且这些维度应有明确的含义。

C. 具有诊断力，能够反映出品牌价值的兴衰或涨落。

D. 就收入流量和品牌可延伸性而言，能够反映品牌的未来趋势。

E. 客观性，以便让不同的人使用评估工具能够得到同样的品牌资产测量结果。

F. 数据容易获取，以便评估能够定期监测众多产品品类中多个品牌的价值。

G. 结果为单一数据，便于跟踪研究，并传播价值。

H. 对高层管理而言，直观、可信。

I. 说服力强、可靠和稳定，同时能够反映品牌健康状况的变化。

J. 与其他相关的资产评估指标存在关联效度。

可以说，此次研讨会为理论界和实业界开展品牌资产的评估提供了理想的思路。

② 品牌资产评估方法

基于对品牌资产内涵的不同理解，品牌资产主要存在三种概念模型：财务会计概念模型、基于品牌—消费者关系的概念模型和基于市场的品牌力概念模型。构成各种品牌资产评估方法的基本要素也可以分为三大类：财务要素，如成本、溢价、附加现金流等；市场要素，如市场占有率、市场业绩、竞争力、股市价值等；消费者要素，如知名度、品质认知、品牌忠诚度等。

表 7-1 品牌资产评估方法分类

<table>
<tr><th>分类</th><th>评估方法要素</th><th>评估方法特点</th><th colspan="2">代表性方法</th></tr>
<tr><td rowspan="2">品牌资产财务价值评估</td><td>评估方法Ⅰ：财务要素
评估方法Ⅱ：
财务要素＋市场要素</td><td>品牌资产是公司无形资产的一部分，是会计学意义的概念。
品牌资产是品牌未来收益的折现，因此对传统的财务方法进行调整，加入市场业绩的要素。</td><td colspan="2">成本法、替代成本法、市值法、收益法：
Inter brand 方法
Financial World 方法</td></tr>
<tr><td>评估方法Ⅲ：
财务要素＋消费者要素</td><td>品牌资产是相对于同类无品牌或竞争品牌而言，消费者愿意为某一品牌所支付的额外费用</td><td colspan="2">溢价法
消费者偏好法
品牌抵补模型（BPTO）
联合分析法</td></tr>
<tr><td rowspan="2">品牌资产本源测评</td><td rowspan="2">评估方法Ⅳ：
消费者要素＋市场要素</td><td rowspan="2">品牌资产是与消费者的关系程度，着眼于品牌资产的运行机制和真正的驱动因素</td><td>辅助企业管理派</td><td>品牌资产评估模型
品牌资产趋势模型
品牌资产引擎模型
品牌转换模型
品牌资产监视器
品牌资产指数</td></tr>
<tr><td>消费者行为派</td><td>品牌资产 10 要素模型
基于顾客的品牌资产模型</td></tr>
</table>

A. 品牌资产财务价值评估

品牌资产财务价值评估（Brand Equity Valuation）也就是品牌资产的价格评估。这种方法是仿照企业其他无形资产评估的方法对品牌资产的价格进行估算。在公司并购，品牌使用许可与特许、合资谈判、侵权诉讼索赔等产权交易活动中都涉及或要求对品牌作价。出于这种需要，许多资产评估公司纷纷涉足品牌评估，并发展出许多评估方法，其中评估方法Ⅰ、Ⅱ、Ⅲ就是这一类型。

a. 在评估方法Ⅰ中，成本法对所有投入到品牌创建和维护上的成本（主要考察品牌的成本价值）作为估价的基础进行评估；替代成本法则以建立一个类似的品牌所需要的投入作为评估基础；股票市值法（市值法）用公司的总市场价值减去有形资产的部分，然后剥离出品牌资产以外的无形资产，得到品牌资产的价格。

b. 在评估方法Ⅱ中，收益法（以 Inter brand 方法、Financial World 方法为主）以品牌为企业带来的超额未来收益（主要考查品牌的增值价值）为计算基础进行折现，估算过程中采用财务信息定量分析和市场信息定性分析相结合。

c. 在评估方法Ⅲ中，溢价法、消费者偏好法、品牌-价格抵补模型（Brand-price Trade-off）、联合分析法（Conjoint Analysis）是采用实验模拟，向消费者提供品牌和价格的多种组合，让消费者进行选择，从而通过专用的统计软件计算出品牌资产价值。其特点是运用试验方法，操作比较复杂，过分依赖消费者的直观判断和电脑统计过程。

由于成本价值只是品牌资产价值的一个很小的部分，使用成本法、替代成本法势必低估品牌资产的总价值；缺乏完备开放的市场环境也使市值法遇到了困难。相对而言，收益法在品牌资产价格评估中体现出了优势。著名的 Inter brand 公司和《金融世界》（Financial World）每年对世界知名品牌进行的估价就采用这种评估方法。现在 Inter brand 和 Financial World 这两种方法已经具有较强的权威性和通用性，可用于任何产品类别或品牌。特别在品牌收购、兼并，或租赁等市场行为中用途较广。但这些方法也存在不足：它们只提供品牌总体绩效指标，却没有揭示品牌资产内部的因果关系，对品牌管理指引不够；过于简单化，难以确定品牌资产中有多少价值来自母品牌，又有多少价值来自于子品牌。

品牌资产价格评估将品牌资产的价值加以量化，为企业之间涉及到品牌的购并、重组等交易性活动提供了参考依据；缺点是测评结果只有财务数字，缺乏对企业的经营活动和品牌管理有参考意义的信息，同时评估方法上也存在着缺陷。

品牌资产来源测评

品牌资产来源测评（Brand Equity Evaluation/Measurement）以探究品牌资产的构成要素及相互关系为出发点，寻找隐藏在品牌资产的经济价值后面的本质驱动因素。这类方法关注的是品牌资产形成的原因和过程，偏重于对品牌的相互影响进行定性研究。

B. 辅助企业管理学派

这一学派多是咨询公司，它们往往从辅助企业管理品牌的目的出发，从管理决策的角度测评品牌资产。它们不仅关心品牌在当前时点下的状况，更注重研究品牌的成长和扩张对品牌资产未来增值的作用。它们往往从研究消费者与品牌之间的关系出发，衡量、比较各个品牌与顾客关系的强度，看重的不是测评的最终结果，而是测评过程中产生的信息，以及这些信息所带来的对企业决策产生的辅助作用。目前，许多咨询公司都致力于开发这种测评方法，下面就几个著名的公司开发的模型加以介绍。

a. Yuong & Rubicam公司的品牌资产评估方法，其前身是Landor Image Power模型。这种模型突出从品牌力的角度进行评估，根据消费者对每一个品牌的四方面指标（差异性、相关性、品牌地位、品牌认知度）的评估，建立了两个因子：品牌强度和品牌高度，并进而构成了品牌力矩阵，用于判别品牌所处的发展阶段，十分有利于品牌资产的诊断和品牌战略管理。它的优点是比较简单，可以覆盖的品牌范围及产品的种类范围很广，模型摆脱了传统的认知——回忆模型，因而比较新颖。该模型的局限是必须以数据库作为基础，而且这一模型不能解释品牌选择及品牌忠诚的作用。

b. Total Research公司开发的方法品牌资产趋势（Equitrend）模型。这种模型主要由消费者衡量品牌资产的三项指标（品牌认知度、认知质量和使用者满意）计算出一个Equitrend品牌资产得分。与Brand Asset Valuator一样，Equitrend也比较简单，而且能够覆盖较广泛品牌的产品种类，并且摆脱了传统的认知——回忆模型。但不足之处是太依赖认知质量这项指标（这项指标只能解释消费者为什么去买该品牌，但不能解释是什么原因导致高质量）；由于认知质量和使用者满意程度两项指标的基数不一样，认知质量和使用者满意程度两项指标的相关性并不高；而且，Equitrend模型没有很好地解释“各项指标的权重是如何得到的，是否对于每一个消费者都是一样”的问题。

c. 国际市场研究集团（Research International，RI）的品牌资产研究专利技术——品牌资产引擎模型（Brand Equity Engine）。该模型认为：虽然品牌资产的实现要依赖消费者的购买行为，但购买行为的指标不能揭示消费者心目中真正驱动品牌资产的关键因素。品牌资产归根到底是由消费者对品牌的看法，即品牌的形象所决定的。该模型将品牌形象因素分两类：一类是“硬性”属性，即对品牌有形的或功能性属性的认知；另一类属性是“软性”属性，即反映品牌的情感利益。品牌资产引擎模型建立了一套标准的问卷，通过专门的统计软件程序，得出品牌在亲和力和利益能力表现这两项指标上的标准化得分，并进一步分解为各子项的得分，从而可以了解哪些因素能够真正驱动品牌资产。RI 这项技术从品牌形象的角度来评估品牌资产，从而进一步摆脱了传统的认知——回忆模型，有助于去发现品牌资产的真正驱动因素。它既可以用于连续性研究，也可以用于专项研究。不足之处是，测量问卷要针对具体行业品牌作相应调整。

从目前的状况看，基于管理决策目的进行的品牌资产测评方法因其在指导企业决策中所起的作用越来越受到企业的重视，有广阔的应用前景和价值，但是目前各个公司开发出的模型中涉及的变量是否能够全面地反映品牌资产还有待继续研究。

C. 消费者行为研究学派

消费者行为研究派主要是由学者构成，他们注重从消费者行为角度出发测评品牌资产的构成。认为如果品牌对于消费者没有任何意义，那么它也不可能向投资者、生产商或是零售商提供任何价值。因此，更注重研究品牌的各个属性和企业的各种营销活动对消费者对于品牌的态度（包括认知、情感、行为意向），以及行为产生了什么样的影响，各种影响的强度如何，如消费者对品牌的熟悉程度、喜爱度和产生的联想、忠诚度等等。

这些品牌资产的评估方法为以财务导向的品牌资产价格评估方法和以管理决策为导向组成要素及关系测评方法提供了科学的依据，有利于企业了解品牌资产的现状，调整企业的营销策略，为帮助我国企业更加有效地创建和培育品牌资产、正确地评估品牌资产价格提供了借鉴。

目前在我国每年也有一项“中国最有价值品牌”评选活动，这是由北京名牌资产评估有限公司借鉴“世界最有价值品牌”评选进行的一项研究，主要依据是企业拥有的以品牌为核心的资本扩张力。世界品牌实验室从 2003 年底开始了《世界品牌排行榜》数据信息的收集整理工作，研究对象包括《福布斯》全球 2 000 家大企业、《商业周刊》全球 1 000 家大企业和《财富》世界 500 强企业、《剑桥制造评论》世界工业 500 强，各个国家的 500 强企业及对非赢利机构的评估，涵盖了当今活跃在世界市场上的所有强势品牌。世界品牌实验室自 2004 年开始对

“中国 500 最具价值品牌”进行评估，参考国际上通行的品牌价值评估方法，比较各种评估模型的特点，结合中国市场的经济背景和竞争环境，创造出一套客观、实用的评估指标体系，能够更加有效地评估品牌在中国这样的新兴市场中的发展潜力和竞争能力。

根据世界品牌实验室品牌价值评估结果，列举了 2009～2011 年“世界 500 最有价值品牌”及“中国 500 最具价值品牌”中，纺织服装行业最具价值品牌前十位及其品牌价值和排名，如表 7-2，7-3 所示。

表 7-2 2009～2011 年中国 500 最具价值品牌中纺织服装行业前十位及其品牌价值和排名

2011 年			2010 年			2009 年		
品牌名称	品牌价值（亿元）	排名	品牌名称	品牌价值（亿元）	排名	品牌名称	品牌价值（亿元）	排名
鄂尔多斯	345.76	36	鄂尔多斯	303.26	37	鄂尔多斯	262.37	37
劲霸	175.65	50	劲霸	148.77	50	波斯登	148.03	47
雅戈尔	98.53	111	雅戈尔	93.34	85	劲霸	127.39	53
杉杉	92.76	127	柒牌	80.06	110	雅戈尔	83.21	77
富贵鸟	90.82	138	杉杉	79.51	113	九牧王	80.68	85
七匹狼	85.89	152	魏桥	60.36	152	柒牌	80.61	86
柒牌	79.64	159	雪莲	60.22	153	杉杉	75.73	102
PIN 拼牌	79.45	160	班尼路	55.20	158	魏桥	60.28	141
魏桥	78.84	162	七匹狼	54.33	159	班尼路	52.82	156
G2000	77.73	164	PIN 拼牌	53.47	161	七匹狼	50.64	161

资料来源：世界品牌实验室（World Brand Lab），www.worldbrandlab.com

表 7-3 2009～2011 年世界 500 最具价值品牌中纺织服装行业前十位及其品牌价值和排名

2011 年			2010 年			2009 年		
品牌名称	品牌价值评分	排名	品牌名称	品牌价值评分	排名	品牌名称	品牌价值评分	排名
LOUIS VUITTON（路易威登）	5	28	LOUIS VUITTON（路易威登）	5	35	LOUIS VUITTON（路易威登）	5	37
NIKE（耐克）	5	35	NIKE（耐克）	5	43	NIKE（耐克）	5	47
adidas 阿迪达斯	5	63	adidas 阿迪达斯	5	65	adidas 阿迪达斯	5	72

续 表

2011年			2010年			2009年		
品牌名称	品牌价值评分	排名	品牌名称	品牌价值评分	排名	品牌名称	品牌价值评分	排名
Christian Dior（克里斯汀·迪奥）	5	73	Christian Dior（克里斯汀·迪奥）	5	18	Christian Dior（克里斯汀·迪奥）	5	77
GUCCI（古琦）	5	83	H&M	5	92	H&M	5	92
H&M	5	90	GUCCI（古琦）	5	94	GUCCI（古琦）	5	97
ZARA	4	91	ZARA	4	96	ZARA	4	98
CHANEL（香奈尔）	4	96	CHANEL（香奈尔）	5	102	CHANEL（香奈尔）	5	108
DIESEL（迪赛）	5	108	GAP（盖普）	5	112	GAP（盖普）	5	121
GAP（盖普）	5	109	DIESEL（迪赛）	4	118	Levi's	5	127

注：世界品牌实验室（World Brand Lab）按照品牌影响力（Brand Influence）的三项关键指标：市场占有率（Share of Market）、品牌忠诚度（Brand Loyalty）和全球领导力（Global Leadership）对世界级品牌进行了评分，1分表示一般，5分表示极强。

7.1.3 服装品牌资产研究的背景及意义

市场经济的发展促使我国服装企业越来越重视品牌的建设与品牌资产的保护，品牌战略作为非价格竞争手段，已成为企业经营的重要战略资源。随着经济全球化的发展，市场竞争已从单纯的产品、价格竞争转入到品牌竞争，品牌已成为企业经济实力和国际竞争能力的象征。

以深圳、上海、广州、北京等为代表的各大城市中，2010年人均可支配收入最高达到32 302元。我国经济发展蓬勃，国民收入增加，消费能力也随之增强。中国服装市场已成为国外服装制造商抢占的重地，许多著名国际服装公司凭借着强大的品牌影响力纷纷涌入中国，与中国本土服装企业共同逐鹿服装消费市场。例如，2011年开业的重庆星光68国际名品广场，进驻了包括全球十大顶级奢侈品牌在内的40余个国际大品牌。又如，截至2012年，法国奢侈品牌Louis Vuitton在中国的28个城市开设40家专卖店，其中包括长沙、西安、青岛、厦门等二、三线城市，宁波、杭州更云集几乎所有的国际奢侈品牌。

对于我国服装企业而言，自有品牌已成为一项重要的无形资产，其品牌的创建和维护对中国服装行业的发展和壮大有着十分重大的意义。

但从目前服装企业创建与维护品牌资产的现状来看，情况并不乐观。由于缺乏适合我国国情的服装品牌资产评估理论及实践的指导，服装企业面对顾客越来越多的选择和日趋激烈的竞争，对于如何创造和积累品牌资产，并以此为重要营销武器攻占市场时，具体实施的营销策略往往带有一定的盲目性。

以价格促销为例，从国内服装市场现状来看，服装品牌打折、返券之风盛行。价格促销在服装品牌发展的特定时期内，在短期内，对吸引消费者、扩大产品知名度、推行新款式、回笼资金等方面是有利的。然而，频繁无度地进行价格促销，对商家或服装企业的利润和自身形象都有负面影响，也会降低消费者对品牌的忠诚度。长期下去势必会影响服装品牌形象的树立及服装品牌资产的积累和提升。

因此，对影响服装品牌资产价值的因素进行研究，注重对服装企业品牌资产进行评估分析，不断调整和优化产品结构，科学地运用或实施品牌战略，实现服装品牌经营规模化，提升服装品牌资产，维持服装市场的稳定性及可持续发展，提高顾客对品牌的忠诚度，增强企业在服装消费市场上的竞争力有重要的意义。

7.2 服装品牌策略

品牌在现代营销中有着极为重要的地位，是中外企业营销工作都十分重视的营销因素。品牌策略是企业产品策略的重要组成部分，正确制定品牌策略对服装企业意义重大，常见的品牌策略有以下几种。

7.2.1 品牌化策略

品牌化策略就是决定企业产品是否使用品牌。一般而言，使用品牌对买卖双方都与益处，但是过度使用，也有一定的弊端。在没有使用必要的时候也使用，只会带来企业成本的增加，并无实际营销意义。

服装是个性化、文化性极强的产品，同时服装材料更新换代很快，非专业消费者难以区别。一般生产企业都要根据不同的目标群体给自己的产品标注不同的品牌标志，赋予有特色的内涵，便于消费者树立品牌偏好，产生品牌重复购买行为。品牌对服装企业而言，在营销工作中很有必要，服装产品作为选择性产品一般都使用品牌。

7.2.2 品牌名称策略

品牌名称是品牌的核心要素，是形成品牌概念和联想的基础。服装品牌名称的命名方式多种多样，大多数公司用公司名称命名作为产品品牌，如爱慕内衣有限公司的爱慕内衣，北京白领服饰公司的白领女装，阿迪达斯公司生产的阿迪达斯体育用品系列等等。高级时装中绝大多数品牌则以设计师的名字命名：如夏奈尔、迪奥、伊夫·圣洛朗、范思哲等。也有的品牌以创建者的姓名命名，如著名的 Levi's 牛仔服品牌则以首创者 Levi Strauss 的名字命名，李宁运动服饰以著名体操运动员李宁的姓名命名。

服装企业在确定品牌名称时，除了要考虑产品有关的因素外，还必须顾及语言文化及法律等因素。以下几个原则对确定品牌名称有一定帮助。

（1）简洁易记

现代社会的高效率、快节奏，使人们每天接触大量信息，而人的记忆力有限，因此，要求品牌设计图案清晰、简洁，文字精练、易读、易记，符号简明。只有这样，品牌才会易识别和记忆，才能在一瞬间就注意到，并把它与其他品牌区别开来。

绝大多数知名度高的品牌名称都非常简洁，这些名称多为 2～3 个音节，如 YSL、杉杉、金利来、LEE 等等。据日本经济新闻调查，品牌名称字节对品牌认知有一定影响，品牌短有利于传播。

（2）与产品密切相关

品牌设计应与代表的产品密切相关，能暗示产品的效用或质量，让消费者产生美好的联想。这样，在广告宣传时可以起到事半功倍的效果。

例如，Maidform 是美国著名的女性服装公司创立的女性内衣驰名品牌，Maidform 有少女风姿的含义，在亚洲华人社区取名美婷芳，意为穿上美婷芳，不仅美丽动人，而且亭亭玉立，高雅芬芳，这个中文名字既谐音又切意。

（3）新颖别致，寓意深刻

品牌设计要反映企业或产品与众不同的特色，与企业或产品的性质、特点、情调相和谐,要有新意,与众不同,给人们一种舒适、愉快感觉的同时,耐人寻味。如白领服饰暗示该品牌的目标消费者及产品的品质档次。

(4) 符合习惯,避开禁忌

品牌设计与命名要特别注意不同地区、不同民族的风俗习惯、心理特征,尊重当地的传统,避开禁忌。出口产品尤其要注意这一点。因为,不同国家传统文化、风俗习惯往往相差很大。不同国家文化交汇时候,常常出现许多误会,品牌设计应注意避免这些误会。例如,"金利来"、"银利来"牌男士用品,顺应了一般人希望发财的心理,受到消费者欢迎。

7.2.3 品牌归属策略

品牌归属策略就是决定品牌归谁所有,由谁管理。在品牌化策略决定企业使用品牌之后,企业就要制定品牌归属策略。品牌有三种归属策略可以由企业选择使用:①品牌归生产者所有,称为制造商品牌,也称为全国品牌,是生产者在市场上使用自己的品牌进行销售;②品牌归中间商所有,称为中间商品牌,即中间商向生产者大批购进产品,然后用自己的品牌销售;③特许品牌。

(1) 制造商品牌

生产企业有较高的信誉,希望通过自己的品牌来控制市场,同时由于消费者往往通过制造商品牌来判断质量,所以制造商品牌占支配地位。一般有规模的服装企业均以企业自己的品牌推出产品。绝大多数服装品牌都是制造商品牌。

制造商为保持自己的优势地位,必须采取如下策略:增加研究与开发投入,努力研制新的品牌和特色,并不断改进产品质量;发动强有力的广告攻势,保持品牌的高知名度;加强与分销商的合作,寻求节约开支,提高竞争实力的最佳方式,借以改进产销双方的经营效率。

(2) 中间商品牌

零售企业规模越来越大,遍布全球,对产品销售有很强控制力,大型零售商自己已陆续树立起自己的品牌。新加坡的麦特劳(METRO)百货商店,创立了几个品牌,如玛丽莎(Marissa)、安娜贝拉(Anna bella)、索菲斯(Sophis)和富特维(Footway);美国西尔斯公司器具类产品品牌为 Kenmore,妇女服装类名称为 Kerry brook,家庭设备类为 Momart,这些品牌已博得消费者的品牌偏爱和品牌忠诚。

中间商采用自己的品牌时，必须具备如下条件：他们必须找到能够提供产品质量合格稳定的供应商；他们必须有雄厚资本用于购买大量产品，储备存货；他们必须出钱宣传自己的私人品牌。同时他们必须还冒一定的经营风险：如果他们品牌商品不佳，消费者会对商店其他产品持否定态度。

目前欧美制造商品牌和中间商品牌竞争比较激烈。在对抗中，中间商有很多有利之处。零售店的货架空间是有限的，许多超级市场在接受新品牌之前，往往向制造商收取货位费，而自己品牌的产品可以放在优越的货位。而且中间商特别注意维护自己品牌的质量，从而赢得顾客的信赖与偏爱。许多人清楚使用中间商品牌的产品通常是由较大的制造商生产的，起定价相对较低，这对价格敏感型顾客有吸引力。

（3）特许品牌

20 世纪 80 年代消费的增长，为许多有名的时装品牌带来了机会，这些品牌通过零售与特许授权扩大了他们的商业活动。

对许多投资者来说，吸引他们的与其说是高级时装的作品，不如说是具有设计师名字的香水与其他产品，以及这些授权所带来的利润。在特许合约中，设计师将名字授权给主流制造商用于其产品上。拉尔夫·劳伦目前授权的产品范围涵盖手提袋、皮带到太阳眼镜。目前这家公司只有一家工厂及纽约、伦敦的两大店面，用来制造与销售男装，其他的都是授权。时装公司如使用授权品牌，必须利用它们的名声赚取利润，同时又不危及他们高级时装的形象、名誉与独特性。拉尔夫·劳伦则顾及每一个细节，由产品的品质到如何运送及展示在商店里。另一方面，皮尔·卡丹有超过 800 个授权项目，涵盖潜水用具到太阳眼镜，现在它是交易额最高的时装公司之一，但其代价是放弃了高级时装公司的地位。

企业制定品牌归属策略时，要考虑在整个产品供应链中的生产者与中间商的市场拓展能力，要从企业利益出发考虑品牌的归属问题。一般而言，大中型生产者或产品在市场上声誉较好的生产者，拥有自己的品牌；而小型生产者或产品在市场上没有地位的生产者，可以考虑使用市场声誉较好的中间商的品牌。如果一个生产能力很强的大型企业，准备在一个对中间商忠诚度很高的目标市场寻求发展，生产企业的营销难度会很大，很难建立强有力的市场号召力，因此，也可以考虑采用中间商品牌。在西方国家，很多服装商店使用自有品牌。在我国，小型服装企业可以考虑借助中间商品牌,而名牌服装则应采用自己的品牌,甚至考虑建立专卖店。

7.2.4 品牌统分策略

品牌统分策略就是决定企业所生产的产品是用相同的品牌还是分别采用不同的品牌。生产多种产品的企业在选择品牌归属策略之后,就应考虑品牌统分策略。通常有以下几种品牌统分策略:

(1) 统一品牌策略

统一品牌是指企业生产或经营的所有产品都统一采用一个品牌。企业采用统一品牌可以利用产品在市场上已有成功形象顺利推出新产品,降低广告宣传费用,同时也有利于显示企业实力,塑造企业形象。例如:李宁、耐克体育用品,服装、鞋帽、箱包都采用相同的品牌名称。产品特点、价格和目标市场大致相同的企业一般运用统一品牌策略。其优点为:

① 建立一个名牌,可以带动一系列产品的销路,并可以显示企业的实力,提高企业的声誉,在消费者心目中树立更好的企业形象。

② 可以利用已经获得成功的品牌推出新产品,消费者对新产品会产生良好的品牌联想,有利于新产品进入目标市场。

③ 企业只需集中力量运用各种广告形式宣传一个统一的品牌形象,可节约新品牌名称的设计以及调查工作,也不需为建立品牌名称认知和偏好而花费大量广告费。

但是,如果企业的一个产品出现问题,会影响或波及到企业的其他产品,使整个企业受到牵连。

在服装业采用统一品牌并获得成功的企业很多。例如,雅戈尔集团股份有限公司,以纺织服装为主业、房地产和国际贸易为两翼,其经营范围涉及多个领域。在其主业服装业方面,又经营衬衫、西服、休闲服、T 恤等不同种类的产品。20 世纪 90 年代雅戈尔公司的衬衫、西服就已经在市场上深受消费者喜爱,有着很好的市场声誉。因此在推出休闲服、T 恤的时候,公司采用统一品牌策略,借助衬衫、西服在市场上的良好形象,使休闲服、T 恤产品进入市场很快,企业广告宣传费用支出也相对较少。当然,雅戈尔的服装产品均以高档形象在市场上出现,质量水平保持一致,与目标市场的心理预期相同。

（2）个别品牌

个别品牌是指企业对不同产品分别采用不同品牌，或者对不同产品线采用不同的品牌，也可以针对不同细分市场推出不同品牌。如北京爱慕内衣公司，中高档内衣品牌为爱慕，2004年又针对高档市场推出了LC品牌。采用个别品牌策略的优点：

① 一种产品一个名称，没有将公司的声誉与某一产品品牌的成败相联系，一个品牌的产品失败，不会损及制造商的声誉。

② 公司可以为每一种新产品寻找最佳名称，一个新的品牌可以造成新的刺激，建立新的品牌偏好和品牌忠诚。

缺点是：个别品牌策略必须为每种产品制定新品牌名称。

（3）统一品牌与个别品牌并行策略

统一品牌与个别品牌并行策略，就是企业的所有产品线在共同使用一个相同品牌（统一品牌）的同时，每一条产品线又都有一个不同品牌（个别品牌）。即企业有主副两个品牌，主品牌是企业各条产品线统一采用的共同品牌，也就是统一品牌；副品牌就是各条产品线分别采用的品牌，是指个别品牌。主品牌可以使产品借助原有的光环，副品牌又让消费者区分出不同的产品系列。因此，这种品牌策略兼顾了统一品牌策略与个别品牌策略的优点，较好地避开了两种策略的缺点。

服装企业每一季都会推出新的系列服装，如果新的系列服装获得成功，公司则可采用这种策略，如爱慕公司2002年举办了大型内衣秀“爱慕·敦煌”，随后推出了“爱慕·敦煌”高档系列产品，多年来爱慕还不断推出“爱慕·婚庆”系列产品，以红色为主线，受到结婚女性的广泛喜爱。

7.2.5 品牌延伸策略

品牌延伸（Brand Extension）是指企业利用已经取得成功的品牌名称用来推出改良产品或新产品。品牌延伸的最终目的是吸引消费者对新产品的认同，将新产品迅速推入市场，从而获得竞争优势。

从品牌延伸领域与原有品牌领域的密切度分析，品牌延伸主要有以下三大类型：

（1）专业化延伸

专业化延伸（Special Extension）指品牌延伸的新领域与其原有领域处于同一行业并有一定的关联性，在专业技术、目标市场、销售渠道等方面具有共通性。企业可以充分利用原有品牌的品牌声誉吸引消费者选择新产品，从而节约新产品进入市场的成本。例如，娃哈哈公司从儿童营养口服液起家，利用“娃哈哈”这个品牌，逐步延伸到娃哈哈果奶，再到娃哈哈八宝粥、纯净水等。

（2）一体化延伸

一体化延伸（Integration Extension）指品牌延伸向原有领域的上游或下游延伸，品牌成长空间更为广阔。品牌沿产业链向上延伸，可进入高端产品市场；品牌沿产业链向下延伸，可填补低端市场空白，扩大市场占有率。例如，阿玛尼品牌最早推出乔治·阿玛尼高级时装后，又推出厄普里奥·阿玛尼为二线成衣品牌。

（3）多样化延伸

多样化延伸（Diversification Extension）指品牌延伸的新领域与原有领域完全不相关的品牌延伸行为。多样化延伸的消费者群体有一定的重合度，借助原有品牌的品牌声誉，在新的领域内快速获利。例如，皮尔·卡丹象征着身份和高贵，在该品牌名下的高档衣服、香烟、家具等跨度很大、关联度很低的延伸产品，也共用一个品牌，依靠原有品牌的影响力，包容这些物理属性和产品类别都相差甚远的产品，并能得到消费者的认同。

品牌延伸策略是成功企业运用很广的一个策略，据统计，跨国公司有 2/3 以上在扩大经营范围、推出新产品时候使用品牌扩展策略，以使他们的新产品顺利进入市场。我国许多知名企业也成功运用了品牌扩展策略，服装业雅戈尔集团就是在其衬衫成为名牌后，将品牌扩展到西服，继而又扩展到休闲服、T 恤等。鄂尔多斯集团以羊绒产业作为集团的事业基础，并不断向羊毛衫、男装、女装、内衣、皮草、羽绒、家纺等非绒类服装领域拓展，除此以外，集团还涉足房地产、资产管理、电子元件、酒店置业、生物制药等多个行业，成为国内纺织服装企业实现多元化经营的成功典范。

需要注意的是，企业在进行品牌延伸时候，要注意品牌在消费者中原有的市场形象，不能使消费者产生心理冲突，更不能有损原品牌的形象；应考虑到原有品牌的适用范围，考虑到产品的关联度等因素。否则，品牌扩展可能会招致失败。

7.2.6 品牌更新策略

当于外部环境发生变化，消费者对产品的需求发生改变；或者原有品牌定位失误，对购买者缺乏吸引力的时候，企业就需要对其品牌进行更新。品牌更新策略就是企业对原有品牌全部或部分形象进行调整的策略。企业对品牌进行更新，实际上就是对品牌进行重新定位、重新设计、重塑品牌形象。需要注意的是品牌更新是一项难度较大的工作，它可能涉及到企业内部条件的调整，外部环境的顺应，尤其是消费者对品牌更新心理接受程度的影响。诸多因素都会致使品牌更新失败，因此，企业进行品牌更新选择时，应慎之又慎。

图 7-1 法国版 Feiyue 的一些鞋款

企业对产品品牌进行更新，并取得成功的例子很多，例如拥有多年历史的飞跃牌球鞋一直墨守成规，多年来只生产一种样式。但是在被法国人带入欧洲市场时，推出了一些产品系列，其命名大多来自中国武术，比如经典款 Shaolin Soul（少林精神）和变化出的白色、黑色等款式，还有 Mantis style（螳螂）、Dragon Dust（龙尘）、Monkey Claw（猴爪）等，2010 年 8 月份还推出高帮的少林系列。法国版 Feiyue 在市场上的成功正是迎合了新时期消费需求的变化，多系列产品开发的改革做法很值得我们借鉴。

耐克勾(Nike “swoosh”),意为“嗖”的一声,是 1971 年由一名学平面设计的学生卡罗琳 · 戴维森(Carol Davidson)为耐克公司的主人菲尔 · 奈特(Phil Knight)设计的。当时的耐克公司气息奄奄,戴维森是刚刚从设计学院毕业的充满热情的学生,需要一份工作,而奈特需要人为他生产的鞋子设计纹样,就雇了戴维森,要求他设计一些条纹来表达动感。

在耐克公司历史中这样记载,当戴维森向奈特演示她的设计时,他并没有被她的设计打动,只是说:“我不是太喜欢它,不过我会慢慢习惯它。”当时奈特的鞋子需要纹样,所以就采纳了这个图案,戴维森为这个图案开了张 35 美元的收据。戴维森随后开了家设计代理事务所,并把耐克公司作为初创时期的重要客户,1983 年,她得到了最好的补偿,奈特给她一个信封,里面是耐克公司的股票。

耐克勾,现在是全世界知悉度最高,同时也是被假冒最多的品牌之一。1988 年,耐克公司在其广告活动中推出的广告语:“Just do it!”,则是一个卓越的文案。它为品牌作了一个有力的注释。

图 7-2 “耐克勾”标志更新图

7.3 服装品牌维护

在品牌创建和经营的过程中，有的品牌经历了几十年甚至上百年而经久不衰，而有的品牌却在经历了短暂的辉煌后被市场淹没。例如，香奈儿女士于1910年开设女帽及时装店起家，1913年在法国巴黎创立CHANEL品牌，如今品牌历经百年，用简洁、优雅引导潮流，在坚守品牌经典风格和不断创新的百年发展过程中，永葆市场长青风采；而有的品牌曾经一度得到市场的高度认可，如20世纪80年代北京相继涌现出的很多质量过硬的名牌产品，北京羽绒制品厂的伊里兰牌羽绒服曾获国家质量银奖（1987年）、北京衬衫厂的驼铃牌连衣裙获国优银奖（1989年）、北京牌男衬衫获国家金奖（1990年）、大华衬衫厂的“三A”牌男衬衫被评为北京市达到国际先进水平的产品等等，在后来的发展中，却在市场的大潮中黯然失色，有的日益衰微，有的已经难觅踪迹；还有的品牌在市场开拓过程中突然发现自己辛辛苦苦创建的品牌被其他经营者仿冒或抢注，品牌经营和发展遇到了障碍，要重新获得自己创建的品牌的合法地位，需要付出巨大的艰辛和成本，甚至永远失去使用自己品牌的合法权利。因此，品牌维护在企业品牌经营和发展中具有重要的意义。

7.3.1 品牌维护的内涵

品牌维护是一项持续性的工作，贯穿品牌管理的整个过程。

（1）品牌维护的定义

品牌维护是指企业针对外部环境的变化给品牌带来的影响，所进行的维护品牌形象、保持品牌市场地位的一系列活动的总称。

品牌维护分为品牌维系和品牌保护两个方面。品牌维护是品牌管理的一项重要工作，但是品牌维护并没有受到一些品牌所有者足够的重视，致使很多知名品牌甚至是百年老字号品牌也逃不掉陨落的命运。一方面，品牌管理者要保持品牌与消费者的密切沟通，对品牌要素进行适时的更新，以适应市场的变化，防止品牌老化。同时，注意从法律层面上对品牌进行保护，防止商标等品牌要素在未开发市场上特别是国际市场上被抢注，确保品牌运营的可持续性。

(2) 品牌维护的意义

在品牌管理过程中,品牌维护的现实意义如下。

① 品牌维护有利于巩固品牌地位,有效地防止品牌老化

由于内部和外部原因,品牌在市场竞争中的知名度和美誉度下降,销量萎缩、市场占有率降低等的品牌衰落现象,称为品牌老化。品牌老化是一种逐渐下滑的趋势,如果不对品牌进行维护,随之而来的就是失去原有的市场。

进行品牌维护可以有效地防止品牌老化。随着企业经营环境的变化和消费者需求的变化,品牌的内涵和表现形式也要不断变化发展,为品牌注入新的元素,满足消费者尝试新特色、新款式、新时尚的追求,例如,李维斯牛仔裤的式样随着市场需求而变化等。维护品牌不断创新的形象,保持和增强品牌生命力,更好地满足消费者的需求,在竞争中始终处于有利地位,保持品牌市场地位,是克服品牌老化的唯一途径。

② 品牌维护有利于抵抗竞争者的攻击

在市场竞争中,有两种竞争者对品牌形成巨大的威胁。一是自己不创建品牌,把生产的产品贴上别人的品牌进行销售,这一现象被一些经济学家称为"黑色经济"。据估计,假冒商品总量约占世界贸易额的 2%,甚至更多。假冒品牌商品不仅侵犯品牌的商标形象,使消费者真假难辨,而且由于质量等因素,在消费者使用过程中会产生不利影响。对于品牌拥有者来说,品牌被假冒将会引起市场混乱,降低市场控制能力,而且会严重影响品牌的经济效益,败坏品牌声誉,甚至导致品牌拥有者破产。二是品牌被恶意抢注。由于品牌有了知名度,得到了市场的普遍认可,产品经营也很顺利,在经营过程中企业突然发现自己的品牌被别人注册,品牌持续经营出现了障碍。因此,要有效地维护品牌,必须引入法制轨道,通过立法保护、司法保护和商标保护对品牌进行维护,有利于防止竞争者的恶意攻击。

③ 品牌维护有利于预防和化解危机

随着消费者维权意识和公众舆论监督程度的不断高涨,品牌面临越来越多的危机事件。企业的品牌运营活动是在变化着的市场环境中实现的。品牌维护要求品牌产品或服务的质量不断提升,可有效地防范由内部原因而引起的品牌危机,同时加强品牌的核心价值,进行理性的品牌延伸和品牌扩张,有利于降低危机发生后的波及风险。

7.3.2 服装品牌维系

(1)常规品牌维系

作为品牌维系的一个组成部分,这部分是最实在、最基础的。任何企业都必须从日常小事做起,以体现出企业理念,烘托企业品牌形象,打动消费者的心。具体来说,企业的常规品牌维系包括产品保证、质量管理和广告宣传三个方面。

① 产品保证

有关产品的概念等具体内容将在下一章详细介绍。产品观念作为现代市场营销学的一个组成部分,其内容大大丰富,它是指对满足市场需求的产品所持的观点和看法。名牌产品在维系其市场地位时,必须从市场需求出发,坚持产品的高质量、良好的外部设计和优质的服务。

任何产品质量的设计都要从满足消费者的需求出发,以适应、甚至引导消费者不断改变的审美观,使产品在消费者心目中始终保持美好、新颖的形象,也使品牌在消费者心目中固化。

20 世纪 80 年代中期,当时已有 100 多年历史的 Levi · strauss 公司,针对生育高峰的一代人步入中年这一现实,开发出了一系列新产品以适应中年人正在发福的身体,来满足这一代人的需要。其中最成功的是推出了 Dockers 产品系列,针对的消费者是生育高峰出生的、现已经逐渐变老的男性。由于该新产品系列是对牛仔裤系列的自然延展,所以产生了比预计要大得多的吸引力。不仅成人购买 Dockers 产品,而且他们的孩子也购买。自开发以来的十年中,该系列就成为盈利十亿美元的成功产品。

由于现代消费者在选择商品时,更注重产品之外的附加利益,所以要注意加强竞争性配套服务,以增强品牌竞争力,维系品牌地位。

20 世纪 90 年代中后期,市场价格与款式的迅速变化、消费者偏好不易琢磨、新面料普及加上竞争对手的威胁,造成 Levi's 身处动荡的环境中。Levi's 公司与戴尔计算机公司合组建立起了公司内部信息网络管理系统。1994 年底开始进行个人定制化业务，并称之为“个人之裤(Personal Pair)”计划，逐步改变了衣服零售渠道的格局。利用网络和信息技术实现了终端专卖店量体数据的迅速传递，实现了柔性制造和供应链的优化管理——大规模定制。过去，一般 Levi's 店面最多库藏 130 多种格式腰身的裤子，计算机个人化定做后可高达 430 种变化，依靠软件协助后，可提供高达 750 种款式。这些服务措施有效地维系了消费者的品牌忠诚，维系了企业的品牌形象。仅辛辛那提分店的业绩较往年增加了 300%。

而我国许多老字号因包装呆板不变、服务不周到而丧失竞争力、进入老化状态的例子比比皆是。产品是品牌的基础，保证产品质量和服务的行为是维系品牌的必要条件。

② 质量管理

“质量第一”是品牌维系的根基，“以质取胜”是永不过时的真理。国内很多服装企业在市场地位的维系方面都以全面的质量管理为保障。“企业的质量管理是指为满足消费者的需要，运用系统的理论和方法来研究质量问题，组织全体员工参与并综合运用各种科学手段和方法，对产品的设计、制造、销售和使用等全过程进行的质量管理活动。”

③ 广告宣传

现代广告对于企业形象塑造、企业知名度的提升、独特形象的建立和传播、品牌的推广和维系等方面起着不可低估的作用。在很多企业的发展中，广告是翅膀，它能在较短的时间内将品牌信息传给消费者。著名广告学家大卫·奥格威说，“每个广告都是对品牌印象的长期投资。”用合理的费用开支、合理的媒体选择进行有效的广告创意及发布能够不断加深品牌在消费者心中的印象，引导消费者在品牌选择中建立品牌偏好，逐步形成品牌忠诚。

还有一些其他的用于服装品牌日常维系的宣传方式如试穿体验、公关活动、业务会议和贸易展览等，这些宣传方式组合将会在服装整合传播一章中详细介绍。

对于企业而言，品牌的常规维护是一个长期的过程，它需要从每一件具体的业务和业务的细节做起，日积月累，才能在人们心中树立牢固的品牌形象，稍有不慎则可能全盘皆输。所以企业的常规品牌维系必须从小事情认真做起，从每一天努力做起。

创建于1923年的意大利古琦(GUCCI)品牌主要有服装、香水、鞋、包、箱及玻璃器皿等产品。古琦时装定位于高收入、崇尚奢华的消费群体，以高档豪华而闻名于世。但在1993年，公司的销售额才2.3亿美元，亏损了2 200万美元。1994年，古琦被 Invest corp 收购，古琦的家族掌权制度不复存在。汤姆·福特被提升为首席设计师。要彻底扭转业务面貌，就必须进行全面改革，管理业务的多梅尼克·德索尔力排众议，坚持把古琦定位为一个品牌而不是零售商，这是品牌得以维系与振兴的关键。福特一方面使原有的高档品牌线产品保持奢华雅致的贵族品味；另一方面致力于新系列的开发，增加了产品系列的色彩变化和成衣种类，并多次举办成衣展，使原先的奢侈荣耀的象征成为一种必需的时尚。到1995年，公司销售额达到5亿美元，利润850万美元。这时古琦的新决策是花2亿美元收回特许经济权，开设新的专卖店，并对旧的商店重新装潢。这有利于公司掌控建立强势品牌的两个必备要素——经营控制权和品牌的统一性。古琦成功的品牌维系可以概括为：坚定的高档品牌定位；高品质和不断更新的优质产品；焕然一新的公司面貌；广泛而合适的广告宣传；高度统一的品牌管理。

（2）常规品牌维系的其他力量

① 政府对品牌的维系

政府从不同的角度针对品牌采取的行为对品牌的维系具有极其重要的作用，主要表现为：

A. 制定政策、规划，提倡、推动质量振兴和品牌战略。这在总体上提供了有利于品牌的大环境，并且能引导企业和社会关注品牌的维系和发展。

B. 对实施品牌战略和质量振兴规划实行有效的支持和帮助。政府应该在力所能及和适可而止的范围内，为企业创造、推广、维系品牌提供物质的和精神的支持和帮助。

C. 加强监督，认真执法，有效打假。不断防止假冒伪劣产品对品牌的损害，是品牌维系的一个重要方面。政府一方面积极引导企业实施品牌战略；另一方面加大打击假冒伪劣的力度，这样才能保护品牌的健康发展，有助于企业顺利实施其品牌维系。

② 消费者对品牌的维系

消费者应当增强品牌辨识能力，不断对品牌及其产品提出宝贵意见，以促进品牌形象及其产品的改进，使企业对品牌的维系沿着健康而积极的方向发展。

品牌维系涉及的面很广，而当以上各方面形成一股合力时，品牌必能长盛不衰。

（3）服装品牌监测

① 对消费者品牌选择行为的监测

消费者的需求是经常变化的，这就要求对消费者的需求和购买行为进行监测，这样才能使品牌内容做出相应的调整，以更好地满足消费者的需求。这种监测和测量包括下面几方面。

a. 知名度调查。品牌知名度即心智占有率，是指消费者提到某一类产品时能想起或知晓某一品牌的程度；b. 美誉度调查。美誉度反映消费者对品牌的品质认知和喜好程度；c. 忠诚度调查。品牌忠诚度反映的是消费者对某一品牌持续购买愿意付出更多代价以及对品牌使用经历的满意程度；d. 联想度调查。品牌联想是指提到某一品牌就会产生的一系列联想、印象。

② 对品牌市场表现的监测

市场表现监测主要包括：对市场占有率的监测，比如在区域市场和细分市场的监测、品牌销售渠道的监测和渠道覆盖率监测等。对品牌进行市场表现的监测是为了更好地了解品牌在市场上所处的地位，目的是更好地适应未来的发展而做出调整。

③ 竞争性品牌监测

在市场竞争中，企业要明确自己的最大挑战来自哪些竞争对手，了解竞争性品牌的目标以及对公司品牌产生的影响，竞争对手的实力和弱点如何，公司品牌和竞争性品牌的竞争地位如何等。

7.3.3 服装品牌保护

（1）品牌保护的内涵

品牌保护，实质上就是对品牌所包含的知识产权进行保护，即对品牌的商标、专利、商业秘密、域名等知识产权进行保护。品牌战略的关键，就是提高品牌的知名度和美誉度。一方面，品牌的知名度是保持品牌市场竞争力的重要条件，但品牌一旦有了知名度后他人便会群起而仿冒。因此，利用商标、域名等知识产权法律制度保护品牌，可以避免不法经营者随意仿冒。另一方面，品牌的美誉度是品牌保持旺盛生命力的关键，其核心就是高质量，产品要具有高质量就必须进行技术开发和创新。但是如果开发出的科技成果不申请专利或者采取商业秘密的方式予以特别保护，便会被竞争对手仿冒，很快失去市场。因此，我们认为，对商标权、专利权、商业秘密权、域名权等知识产权的保护是品牌保护的核心。

过去，由于我国品牌管理者的品牌保护意识普遍不高，曾有过不少诸如名牌商标被抢注等惨痛的教训。近些年来，随着国民法律意识的提高以及知识经济带来的观念上的革新，服装企业的品牌保护意识有所提高。我国品牌所有者越来越重视用法律来保护自己的合法权益，利用品牌附加值获取更大的经济利益。

（2）服装品牌的法律保护

① 商标权的保护

利用注册商标保护品牌对品牌经营者来说是必不可少的一种方式。商标是区别不同品牌商品的特定标志，商标经过注册，能够获得商标专用权。商标专用权也称为商标的独占使用权，即一方面注册商标所有人有权在核定商品上使用其注册商标，另一方面可以禁止他人在未经许可的情况下在与核定商品相同或相似的商品上使用与注册商标相同或相似的商标。商标有多种形式，品牌经营者根据品牌的具体情况选择适当的商标形式，可以有效维护品牌形象，保护品牌的市场地位。

我国商标法确定商标专用权的原则是申请在先，而非使用在先，所以企业在创立品牌之初，应尽早向国家商标局申请注册。企业在注册时，可以采用以下三种策略：

A. 同一商标注册策略

企业生产的所有产品都以同一商标注册，既有利于识别，又有利于提高企业产品知名度，如李宁，LI-NING 等。

B. 联合商标注册策略

即将与自己商标近似的容易混淆的标记一同注册，形成系列商标。

C. 防御商标注册策略

在多种商品中注册同一品牌，甚至国内的 34 种商品均注册，但并非每类产品都生产。

红豆集团注册策略是联合与防御共用，他们在国内 34 种商品上全部注册了商标的同时，还把与“红豆”中文近似的发音相同的或含义相同的如虹豆、相思豆等都注了册。同时还在国外 54 个国家、地区申请了注册商标，从而形成了完整有效的市场商标体系。

② 专利权的保护

商标、商号、域名是品牌的识别特征，而专利、商业秘密则是品牌的内在性特征。 在经济科技迅猛发展的今天，现代企业越来越注重科技的投入，可以说高科技意味着强竞争力。 但是这些高科技如果被他人窃取或仿冒，就会给企业造成巨大的经济损失。 专利制度就是这些高科技的守护神，产品中的科技成果，经申请人申请，依法被授予专利权后，即可获得专利保护；专利权人对此技术成果拥有专有权，未经专利人许可，任何单位和个人都不得使用该专利。 世界上的许多著名企业都重视利用专利制度保护自己的科技成果、提高竞争力。

（3） 品牌的自我保护

① 珍惜商标权

品牌的培育有一个过程。 如果由于种种原因未能进行注册，会被一些机构或个人抢先注册，导致自己培育的品牌落入他人之手。 品牌抢注有两种情况，一是地域性抢注，比如有的品牌在国内已经注册，当要进入某一个国家的市场时，发现自己的品牌已经被别人抢注，品牌产品进入这个国家有了法律障碍；二是时效性抢注，品牌或商标的保护期限到了而没有合法延续，被别人抢注了。 抢注的类型包括同名抢注、谐音抢注、域名抢注等。 因此，服装企业要对品牌产品即将进入或未来的销售市场进行监测，进行商标和品牌注册，防止恶意抢注。

② 保护商业秘密

商业秘密是指不为公众所知悉、能为权利人带来经济利益、具有实用性并经权利人采取保密措施的技术信息和经营信息。 保护商业秘密事关企业的生存和发展，企业应采取有效的措施来保护自己的商业秘密。

对服装企业来说，一方面要注意在宣传时要适度，对于那些有可能造成商业秘密被窃的参观访问，应有技巧地予以拒绝；另一方面要加强内部管理，防止商业信息泄露，企业在确立了保密义务人后，应与他们签订保密协议，或在合同中增设保密条款，使其受到法律约束。

③ 注重互联网域名权

域名是互联网的单位名称和在 Internet 上使用的网页所有者身份标识。 域名不仅是用来区别不同网站主页的网络地址，而且还具有商标属性，能传达很多重要信息（如单位属性、业务特征等）。

但是，域名不等同于商标，有自己的特征：a. 域名具有较强的可辨识性，域名由字母和数字等符号构成，只要两个符号之间存在细微的差别，就可将两者完全区别开；b. 域名具有全球唯一性，Internet 上的每一个域名都是独一无二的；c. 域名注册的要求简单，除因申请人本身的法律属性而在选择顶级或二级域名时受到限制外，其他诸如经营活动、商品（服务）种类均不用申明。域名有商标的属性，又拥有自己的特征，具有很大的经济价值，所以它极易被他人抢注。

④ 打击假冒侵权行为

假冒侵权行为对品牌具有很大的负面影响，据有关方面测算，近年来，中国年均假冒产品的产值在 1 300 亿元左右，对品牌产生了极大的负面影响。

对服装企业来说，可以采取的对策一方面是提高自身产品技术含量和防伪能力，例如服装产品应用高科技面料、并培养和提高消费者品牌识别能力；另一方面是利用法律武器，借助工商管理部门的力量，全力打击假冒侵权行为。在我国对假冒侵权行为进行规制的法律主要见于《商标法》、《专利法》、《反不当竞争法》和《刑法》。品牌所有者也要积极收集有关制假的线索，配合工商管理部门的工作，共同打击假冒侵权行为。

7.4 案例

品牌资产管理案例——血雨腥风的品牌并购

（1）案例全程——GUCCI 品牌资产演变史

① 1921 年～1953 年（创业期），第一代掌门人完全控股 GUCCI

1921 年，古奇欧 · 古奇在佛罗伦萨维尼亚努奥巴创立第一家古奇欧 · 古奇皮箱店（Valigeria Guccio Gucci）。

1922 年，公司更名为古奇欧 · 古奇独资公司（Azienda Individuale Guccio Gucci）。

1923 年，完成 GUCCI 品牌登记注册。

1924 年，古奇欧 · 古奇唯一女儿葛玛达之夫乔凡拿出自己的积蓄资助古奇，从而将古奇事业从濒临破产的危险境地拉回。

② 1953 年～1974 年(扩张期),第二代继承人均衡控股 GUCCI

1953 年 11 月,GUCCI 品牌第一代掌门人古奇欧·古奇因心脏病突发去世。在财产分配上,他将自己唯一女儿葛玛达排除在外,理由仅仅是她是一个女人。从而,导致了第一次家庭裂痕。GUCCI 品牌由艾度、法斯卡和罗多佛平均控股。

为了筹措更多的扩张资金,艾度在 1971 年召开董事会,要求大家重新审视父亲古奇欧订下的主要经营原则,公司所有权究竟是否必须由古奇家庭牢牢掌控。在 2 比 1 的表决结果下,不仅艾度的计划全无可能实现,而且还决定至少 100 年内不允许向外出售股权。

1972 年,古奇香水国际有限公司(Gucci Perfume International Limited)诞生。不过对艾度来说,借助新成立的香水公司,他可以吸引三个儿子更多地参与到家族事业的管理中来。

③ 1974 年～1983 年(重组期),第二、三代继承人联合控股 GUCCI

1974 年 5 月 31 日,法斯卡死于肺癌。根据意大利遗产法规定,由于法斯卡没有子嗣,因此他名下的股权应由妻子玛利亚全部继承。为了保持古奇的家族所有权,艾度和罗多佛提议改用现金替代股票,令他们欣慰的是,玛利亚同意了。这样,艾度和罗多佛成为 GUCCI 王朝的控股股东,两人势均力敌,各持有一半股权。

当时,罗多佛正因为莫里吉奥(其独生子)的大胆反叛咬牙切齿,威胁要剥夺他的继承权;而艾度却认为该放手让三个儿子加入古奇家族的管理决策中来了。于是他拿出 10%的股权,平分给三个儿子。这样,乔吉欧、宝洛和罗贝托就各拥有 3.3%的股权。身为父亲,艾度的确慷慨而公正,但他却忽略了一点:他的任何一个儿子和罗多佛联合起来,都将拥有 53.3%的股权,意味着在董事会议中拥有压倒性优势。

1975 年,艾度对踯躅不前的香水公司进行重组,并授权香水界前辈万宁(Mennen)负责 GUCCI 香水的开发和销售。重组后的香水公司所有权由艾度、罗多佛以及艾度的三个儿子平分,每人占有 20%的股份。

1980 年,在德·索尔的协助下,罗多佛制定出一套把香水公司并入母公司的方案。

1981 年，艾度和罗多佛兄弟俩彻底调整了 GUCCI 王朝的结构：将古奇欧 · 古奇母公司和包括香水公司在内的所有姊妹公司合并为古奇欧 · 古奇 SPA（Guccio Gucci SPA），并在米兰上市。 艾度的三个儿子各取得 11% 的股份，艾度则为 17%。

1983 年 5 月 14 日，罗多佛去世。 莫里吉奥继承了罗多佛全部遗产。 艾度知道弟弟的死会打破 GUCCI 王朝一直遵循的权力划分原则：第一，公司必须由家族成员掌控，只有家族成员有权决定公司发展方向；第二，他们将公司业务分为两大块——艾度负责 GUCCI 美国公司和零售网络，而罗多佛主管古奇欧 · 古奇公司和意大利生产。

④ 1983 年～1989 年（并购期），古奇家族成员与第三方联合控股 GUCCI

莫里吉奥提出了将 GUCCI 公司发展为全球奢侈品集团的新愿景：专业化的国际管理模式，高效快捷的设计、生产、销售流程，成熟完备的营销战术。

1984 年 6 月 18 日，莫里吉奥与宝洛在日内瓦会面，商讨 GUCCI 股份转让等合作事宜。 同年 10 月 31 日，古奇家族成员在纽约签约。 11 月 29 日佛罗伦萨股东会上通过决议。 七席股东中，莫里吉奥占有四席，并被提名为古奇欧 · 古奇公司董事长。

1985 年 6 月，伯父艾度和堂兄们搜集详细文件，并把证人签名的重要证据送交当局，指控莫里吉奥为了避税，涉嫌在股票转让书上伪造父亲签名。 1985 年 9 月 8 日，案情尚未明朗之前，米兰法院暂时扣押了莫里吉奥持有的 50% 公司股权。 在律师积极协助下，9 月 24 日法院暂时解除对莫里吉奥的股权扣押。

1985 年 12 月 18 日，艾度与两个儿子秘密签署协议，将他在古奇欧 · 古奇剩余 40%的股份转让给乔吉欧和罗贝托。

1987 年 6 月 23 日，米兰法官签发逮捕令，指控莫里吉奥非法挪用公款购买“克里欧号”。 为此，莫里吉奥逃往不会因为金融犯罪引渡他回意大利的瑞士。

1987 年 7 月 17 日，法院组建董事会，任命大学教授玛莉亚 · 马特里尼担任董事长。 至此，GUCCI 公司的行政管理权首次落入外人之手。

1987 年 9 月，莫里吉奥飞往伦敦，与阿拉伯人内米尔 · 克达（Nemir Kirdar）1982 年创立的投资集团洽谈合作事宜，即“马鞍计划”——重塑品牌知名度、实现专业化管理、统一股东成员。

1987 年 10 月，投资集团以 4 000 万美元买下宝洛的股权。 宝洛出售股权的决定标志着 GUCCI 品牌发展史上的重要转折点。

1987 年 11 月 28 日，佛罗伦萨法院宣判莫里吉奥将资金移至海外的行为无罪。

1988 年 3 月，摩根士丹利公司陆续与乔吉欧和罗贝托达成协议。罗贝托留了 2.2%的股权，想抓住最后一根救命稻草，与莫里吉奥能一起掌控公司。

1988 年 6 月，投资集团决定现身，宣布已从摩根士丹利手上买下“近五成古奇股权”，而且与罗贝托就其手上剩余 2.2%的股权达成协议。直至次年 3 月，眼见与莫里吉奥合作无望，罗贝托才彻底放弃持股。这样投资集团收购了 GUCCI 的 50%股权，成为古奇家族企业史上另一个重要转折点。

⑤ 1990 年～1993 年(整合期)，古奇家族完全失去 GUCCI

1990 年 1 月，莫里吉奥与投资集团顺利达成协议，以 3.5 亿美元买下对方持有的 50%的 GUCCI 股权。由于经营不善，没有一家银行愿意贷款给莫里吉奥。

1993 年 9 月 23 日星期五，莫里吉奥作出了愿意出售股权的决定，并以 1.2 亿美元与投资集团成交。

⑥ 1993 年～1997 年(重生期)，GUCCI 成为完全公开发行的公司

1993 年 9 月 26 日星期一，这是投资集团完全控制 GUCCI 后的第一个工作日。

1996 年 4 月，投资集团又完成了更为成功的第二次上市计划。

1997 年 9 月，GUCCI 持续两年的销售量暴涨和股价飞扬戛然而止。为此，GUCCI 的首席执行官(CEO)德・索尔提出一项旨在防止被恶意收购的提案：单独股东不论占有多大股份，在股东大会上最多只能有 20%的投票权。11 月，GUCCI 的股东们否决了这个提案。

⑦ 1998 年～(反接管)，GUCCI 挫败恶意收购

1998 年 6 月，PRADA 宣布买进 GUCCI9.5%的股权而成为最大股东。

1999 年 1 月，LVMH 已买进 GUCCI34.4%的股权，总值约 14.4 亿美元。

1999 年 2 月 18 日，GUCCI 宣布向 GUCCI 员工配发 3700 万股普通股，这样 LVMH 持有的 GUCCI 股份立刻被稀释为 25.6%。

1999 年 3 月 19 日，皮诺特(PPR 集团创始人)和 GUCCI 向外界发布惊人消息：除了把刚刚 10 亿美元买下的莎诺菲公司交给 GUCCI 管理外，佛朗索瓦・皮诺特已投资 30 亿美元买进 GUCCI 的 40%(后增至 42%)股票。

至此，LVMH 集团恶意收购 GUCCI 的争夺战宣告结束。

据世界品牌实验室（World Brand Lab）2011 年全球 500 强品牌排名显示：GUCCI 在全球所有行业品牌经营中位列 83 位。如今，GUCCI 品牌已成为全球第二大奢侈品集团 PPR（Pinault—Printemps—Redoute）的领军品牌。

表 7-4　GUCCI 品牌资产所有权演变表

三个阶段	时间跨度	七个时期	经营时间	GUCCI 品牌管理重点
家族控股	1921 年～1983 年	创业期	1921 年～1953 年	第一代掌门人完全控股管理
		扩张期	1953 年～1974 年	第二代继承人均衡控股管理
		重组期	1974 年～1983 年	第二、三代继承人联合控股
联合控股	1983 年～1989 年	并购期	1983 年～1989 年	古奇家族成员与第三方联合控股管理
机构控股	1990 年～至今	整合期	1990 年～1993 年	古奇家族失去控股管理
		重生期	1993 年～1997 年	完全公开发行公司，实施机构控股管理
		反接管	1998 年～至今	古奇挫败恶意收购，实施机构控股管理

案例点评

GUCCI 品牌资产所有权的演变经历了三个阶段七个时期，典型反映了一个家族品牌蜕变成国际品牌的一般历程，参见 GUCCI 品牌资产所有权的演变表。随着企业的成长老化，由于缺乏灵活性或自我控制力所引起的困难总会反复出现，这是预料之中的事，管理人员一般称之为“问题”。管理的本质并不是营造一个根本没有问题的环境，而是引导企业进入盛年，这样做的过程中，实际上把一类问题转化成了另一类问题。成功管理的关键不是排除所有的问题，而是把注意力集中到企业目前的生命阶段所存在的问题上，这样企业才能成长并成熟起来，去面对下一个生命阶段所存在的问题。

纵观 GUCCI 品牌的发展史，如果没有对 GUCCI 品牌不断进行资产重组，GUCCI 品牌的发展会因为资金短缺而夭折。

然而，资产重组并不能真正解决 GUCCI 品牌的发展瓶颈，1993 年 9 月 26 日对 GUCCI 品牌的管理重组则引领 GUCCI 走向崭新的巅峰。面对中同服装品牌建设事业的飞速发展，我们应该向意大利 GUCCI 品牌学点什么？

阿玛尼黄金原则：多品牌线塑造品牌资产

阿玛尼的不同品牌所针对的消费人群不同，但其从风格到名称都一脉相承。

它通过二十多个品牌线构成了强大的品牌族，使得阿玛尼的品牌价值在 2009 年 Inter brand 的全球品牌 100 强中位列第 94 位，达到 33 亿美元。

意大利品牌阿玛尼旗下拥有众多品牌线，但并不像路易酩轩集团或者古琦集团那样是不同奢侈品品牌的集合，而完全是自主创立的品牌。

时尚特性：设计的三个黄金原则

乔治·阿玛尼曾经说过：“我的设计遵循三个黄金原则：一是去掉任何不必要的东西；二是注重舒适；三是最华丽的东西实际上是最简洁的。”

营销策略：品牌族与品牌资产的互动

阿玛尼公司现在拥有着有二十多个品牌线构成的紧密型品牌集群。 它从乔治·阿玛尼起步，当其品牌价值达到一定程度后，衍生出针对不同细分市场的爱姆普里奥·阿玛尼并取得成功，由此又进一步提高了品牌资产，然后再适时推出新的品牌线，如此循环往复，构成品牌族与品牌资产的联动，使品牌资产与时俱进。

名人效应推广品牌形象

在好莱坞流行着一句话：“当你不知道要穿什么的时候，穿阿玛尼准没错。”

从 1980 年起，阿玛尼就开始为明星们设计出席各种高级场所的服装，他是第一位认识到名人市场潜力的现代服装设计师。 为此，他专门在洛杉矶设立了办事处，向名人出租服装，满足他们在服饰方面的需求。 而设计师与明星同时在各种场合的频繁曝光形成了双赢局面。

阿玛尼总是选择邀请那些最红的明星担任代言人。 例如 2010 年阿玛尼用《变形金刚》女主角梅根·福克斯取代了贝克汉姆夫妇，担任其爱姆普里奥·阿玛尼内衣的新的代言人，同时也参与旗下另一个品牌 Armani Jeans 广告的拍摄。

另外，阿玛尼与英国切尔西足球俱乐部签署了为期 3 年的球队正装和其他正式服装合作协议。 球迷也可以在英格兰的爱姆普里奥·阿玛尼店铺购买到新服装的复制品。 更有意思的是，曾经担任阿玛尼广告代言的乌克兰球员舍瓦在家乡投资了一家阿玛尼专卖店。

通过收购加强控制

阿玛尼公司收购了很多给自己贴牌生产的企业或者分销商。 但其收购的原则是不收购其他的品牌。 这样一方面阿玛尼集团利用现金实现了对大部分生产和分销的控制，另一方面也有利于通过分销商和工厂了解顾客的需求，此外还保证了品牌的风格延续。阿玛尼坚持每天观察从全球各地传来的当日销售数据,进行研究分析,掌握市场动向。

加强对零售终端的控制

积极推出自己的零售店,加强对零售端的控制,也是阿玛尼的营销战略之一。阿玛尼品牌自 1974 年落户意大利米兰市场,1989 年进入伦敦市场,1991 年进入美国市场。1998 年,阿玛尼来到中国,2004 年 4 月在上海开了阿玛尼在中国最大的旗舰店。至 2009 年初,阿玛尼集团已在全世界 46 个国家拥有 500 多家零售店。集团采取矩阵式的组织架构:每位经理同时向本地市场的上级领导和集团总部相应职能部门的上级领导负责,并汇报工作。这样加强了总部对零售终端的控制,使得信息能够很快传回总部,并尽快作出相应决策。

阿玛尼的品牌延伸

用品牌延伸的方法,阿玛尼的时尚帝国已经从纵向上涵盖了儿童、青少年、成熟男性及女性的不同消费群的需求。从横向上看,其又为不同群体推出了针对他们需要的全方位的生活方式体验,包括服装、配饰、化妆品、香水、家居系列,以及针对商务人士的钢笔系列等。

阿玛尼认为时尚潮流不应局限于服装鞋帽,而是要全面覆盖日常生活。如今,富有前瞻精神的他又将目光投向了更为广阔的天地。例如,阿玛尼曾与韩国三星电子联合微软合作推出智能手机;与 Emaar 房产公司 2005 年签订了阿玛尼酒店及度假村合作项目,计划在环球各大著名城市和度假胜地发展、拥有和运营一系列高级酒店、度假酒店及豪华住宅。首家阿玛尼酒店于 2010 年 3 月 18 日在世界上最高的迪拜塔内开幕,酒店设有 175 间装备有阿玛尼家居的客房、5 间餐厅和一个阿玛尼水疗中心。穿阿玛尼服装、碰阿玛尼香水、用阿玛尼手机、住阿玛尼酒店的时代已经到来。

案例分析

品牌的延伸是一个具有良好口碑和价值感的品牌可持续发展的战略,也是品牌资产建设和利用的重要举措。像阿玛尼这样拥有极高的人气及庞大的生产销售体系的时尚品牌,如何延续自身的品牌价值又能从中获利是集团首先需要解决的问题。阿玛尼一向务实,从 20 世纪 80 年代开始,就开始低下奢侈品高高的头颅,尝试推出价位较低的副线品牌,以抢占年轻的新兴市场。时间证明他的策略在当时是非常成功的，年轻人可以望着阿玛尼黑标礼服而叹息，但至少可以穿着印有 Armani 或者 A/X 标志的 T 恤炫耀时尚。

如今，二战后的“婴儿潮”一代已经风华正茂，副线品牌也已经在其他奢侈品牌中发芽开花，阿玛尼开始考虑为这一最具消费潜质的年轻人推出更为时髦的服务。 他们买得起昂贵的奢侈品，但还需要更多不同寻常的享受，因此阿玛尼的手机和豪华酒店便成为提升品牌价值感的又一体现。

一个人的生命中有不同阶段，当然还要繁衍后代，品牌也是如此。 因此阿玛尼并没有放弃此前已经拥有的品牌价值，而是想充分利用并创造新的价值增量。总之，阿玛尼通过成功的品牌延伸，带动了品牌销售和品牌产量的螺旋式上升。

不足之处

阿玛尼通过三十多年建立起来的庞大时尚帝国享有极高的国际认知度，多品牌在带来滚滚销售额的同时还让品牌资产节节上升。 然而品牌战线过长、副线品牌众多以及知名度的负面影响带来了众多赝品，使品牌的核心价值遭到冲击。因此品牌在加强供应链以及销售终端的管理的同时，还需要另辟蹊径，寻找不同于目前市场的新的商业价值点。

品牌维护案例——三道杠之战

2002 年 9 月 13 日，阿迪达斯向国家工商行政管理总局商标局申请注册商标，指定使用在第 25 类服装、外套、茄克、运动衫、套衫、T 恤衫、风衣、羽绒服装、体操服上。“如果该商标注册成功，则意味着中国服装企业不能在服装侧面使用三道杠线条。” 晋江纺织服装协会会长、九牧王董事长林聪颖说。

于是，此商标(下称被异议商标)一经商标局初审并公告，晋江纺织服装协会就向商标局提出异议申请。 但等来的结果是，2008 年 4 月 21 日商标局作出了第 02320 号裁定：此商标予以核准注册。 2008 年 5 月 12 日，晋江纺织服装协会再次向国家工商行政管理总局商标评审委申请复审，称被异议商标包含了指定使用商品的通用图形，不具有显著性，容易造成市场混淆，阿迪达斯恶意注册垄断市场，属于法律所禁止的不正当竞争行为。

阿迪达斯则向商标评审委员会答辩称，上衣轮廓仅仅是为了更好的显示三条杠位置，并不是商标的一部分，三条杠才是其商标。 随后，2010 年 3 月 15 日商标评审委员会作出第 05798 号裁定：其显著性就在三条竖杠上，并且经过长期使用，已和 Adidas 建立了对应关系，因此核准注册。

对于这种解释，晋江市纺织服装协会难以理解，于是向北京市第一中级人民法院提起诉讼。2010 年 5 月 6 日法院受理了此案，并于 2010 年 9 月 15 日公开审理。在法庭上，阿迪达斯重新提证据。比如：第 17 届世界杯足球赛图片、新闻报道集锦；金靴奖奖杯图片；2002 年阿迪达斯街头篮球挑战赛亚太区总决赛照片；甚至包括阿迪达斯公司于上世纪 70 年代“三条杠图形”获准注册的国家及地区名录等。

晋江纺织服装协会委托代理人进行了抗辩，并出示了新证据，如用以证明梅花运动服一直使用“三道杠”款式的公证书；天津市针织运动衣厂出具证明；中国服装企业使用“三道杠”“两道杠”的产品图片；台北高等行政法院判决书复印件等。

其实，中国服装协会于 2010 年 6 月 24 日也出具证明称，在上衣袖、裤侧面的一道杠、两道杠、三道杠以及五道杠等款式设计是中国服装企业所经常使用的服装装饰，是中国市场常见的运动服装式样。在种种证据面前，法院根据法律认定，被异议商标系普通平面商标，并非立体商标，其使用应体现整个商标图样。同时，阿迪达斯并未将被异议商标作为标志图样，贴附于商品上投入市场，亦未对其进行广告宣传，不能证明其经过使用获得显著性。至于阿迪达斯使用三道杠，也仅仅是作为服装样式或装饰，或者涉及其他商标，而商标中部分图案的出现，并不等同于商标已使用。

法院判定，撤销商标评审委员会第 05798 号裁定，并进行重新裁定。

中国的胜利

然而，事情并没有结束。商标评审委和阿迪达斯不服一审判决，把晋江纺织服装协会上诉到北京高级人民法院。2011 年 2 月 10 日，北京高级人民法院受理本案，并与 3 月 15 日公开开庭审理。在法庭上，阿迪达斯仍称，被异议商标是一个视觉可以感觉的位置商标，在实际使用中位置突出醒目，具有显著性，且与其他商标同时用，有很大知名度。

为此，阿迪达斯提出了新证据，本案被异议商标、第 3307038 号商标在鞋等商品上申请注册商标的《商标注册申请书》。证据显示，被异议商标《商标注册申请书》在“商标设计说明”中，已注明“该商标以上衣为背景，由三条杠图形组成，上衣的轮廓仅仅是未来更好的显示三条杠图形在制定使用商品上的位置，上衣的轮廓并不是申请商标的一部分”。但是，北京高级法院否决了这一主张，认为其不是立体商标。

根据《中华人民共和国实施条例》第十三条规定：“以三维标志申请注册商标的，应当在申请书中予以声明，并提交能够确定三维形状的图样。以颜色组合申请注册商标的，应当在申请书中予以声明并提交文字说明。”同时，根据《商标法实施条例》第十三条规定，商标标志应当以向商标局提交的商标图样为准，商标设计说明并不是确定商标标志的法定依据，不能以商标设计说明替代或限定商标图样中的商标标志。

由此，北京高级法院认为被异议商标属于图形商标，原判关于被异议商标系普通平面商标的认定并无不当。北京高级法院认为，被异议商标由上衣图形和三道平行排列的竖杠构成，本身缺乏显著特征。显然，按照《商标法》，缺乏显著特征的商标不能注册。

而在法庭上，阿迪达斯还拿出了杀手锏，他们带来了国际注册 G948935、G876661、G730835 号商标的商标信息，其中 G948935 号商标标志与被异议商标基本相同，并核定使用在第 25 类服装商品上。

而北京高级法院认为，商标注册应在案件相关事实基础上，遵循个案审查原则，其他商标注册并不决定被异议商标能否获得注册。其实，《商标法》第四十一条第一款规定“已经注册的商标，违反本注第十条、第十一条、第十二条规定的，或者是以欺骗手段或者其他不正当手段取得注册的，由商标局撤销该注册商标，其他单位或者个人可以请求商标评审委员会裁定撤销该注册商标。”因此，法院认为，虽然相关商标在国外已注册，但并不能因此认定其有显著性，而应予注册。

同时，商标委员会还提出，通过长期赞助运动赛事，阿迪达斯坚持在其大部分产品上使用“三道杠”商标，已在消费者中建立了牢固的产源对应关系，具备了商标应有的显著性和识别性。但北京高级法院认为，阿迪达斯实际使用的并不是被异议商标，而仅仅是指三道竖杠。只使用部分要素，不能等于商标的使用。因此，被异议商标标志缺乏显著特征，且无法证明经过使用获得显著特征。最后，北京高级法院驳回商标评审委员会和阿迪达斯上诉，维持原判。

阿迪达斯的条纹霸业

实际上，作为一种样式，三道杠早被很多国际品牌使用。也正是如此，阿迪达斯早已开始了全世界的反攻。而他们的野心，并不局限于三道杠。上世纪90年代末，阿迪达斯就向荷兰法院起诉，称C&A、H&M、Marca Mode和Vendex四大国际服装商使用的两条纹，侵犯了其商标权益。然而，荷兰法院并没有马上判决。

但很快阿迪达斯迎来了转机。2003年，阿迪达斯与世界贸易健身(Fitness World Trading)相争中，欧洲法庭支持了阿迪达斯。

看到了希望的阿迪达斯，于2007年又向欧盟法院提出上诉上述四大国际品牌。这一次，阿迪达斯又得到了支持，阿迪达斯三道杠全球霸业，向着两道杠、四道杠扩张。实际上，自成立以来，阿迪达斯公司就裹挟着“条纹”，开始寻找自己的全球霸业。

早在20世纪70年代，德国法庭就已判定，任何两道、三道或是四道条纹设计都是侵犯阿迪达斯“三道杠”商标。正是这一判例，让耐克发言人孔洛斯“感到失望。”2005年，因为一款短裤使用了两条条纹，阿迪达斯将耐克告上德国法庭。最后，德国法庭责令耐克停止销售此款短裤，并罚款100万欧元。同期，德国服装厂商Tom Tailor也因一款夹克使用两道杠，被罚50万欧元。对此，Tom Tailor首席执行官迈克尔·罗森布拉特声明道，这无疑会限制服装设计的空间。

随后，阿迪达斯把目光投向德国之外的市场。2005年，阿迪达斯在美国，指控美国马球协会设计师拉尔夫·劳伦及艾伯克朗比与费迟公司。2007年，阿迪达斯状告ABER CROMBIE & FITCH公司。

阿迪达斯的举动，遭到了世界范围内品牌的反对。“这种条纹设计元素不应是某一公司的私人财产，”英国伦敦知名设计师厄休拉·赫德森说，否则会限制设计师的创造灵感，也会打击整个设计行业。

其实，在2006年冬奥会开幕式中，耐克、彪马、锐步及Pentland，向瑞士洛桑的国际奥委会申诉，反对阿迪达斯在奥运会中的特权待遇。其中一个原因是，商标不得超过20平方厘米。但40多年来，阿迪达斯赞助的奥运会运动员服装上，三道杠并没有任何面积限制。后来，奥委会要求，阿迪达斯三道杠面积不能超过

20 平方厘米。

合理的保护

其实,知识产权保护,最后还是利益的保护。“在 TRIPs 协议中,很多条款实质上是不平等的,是发达国家为了维护自身的利益强加给发展中国家成员的。”中国社科院知识产权中心副主任、中国法学会知识产权法研究会副会长李顺德教授曾这样说。 显然,在中国,知识产权是舶来品,在加入世贸组织后,才开始有很大进步。 正是由此,很多声音都强调,中国企业要加强知识产权意识,把板子打在企业身上。 比如,2003 年的《市场报》就发表文章就认为,阿迪达斯“三道杠”标志明显,可以作为商标注册。

由此可见,中国知识产权保护任重道远。 显然,这需要政府、司法等部门的协调,否则知识产权保护必将是步履蹒跚。

浙江嘉兴银兴制衣厂遭遇的“耐克滑雪夹克商标侵权案”,就是一例。

当时,浙江嘉兴银兴制衣厂受西班牙品牌 CIDESPORT 委托加工产品。 但产品经深圳海关发往西班牙时,却被扣留。 随后,嘉兴银兴制衣厂和 CIDESPORT 又被深圳中级人民法院判决侵犯了美国耐克商标权。

实际上,早在 1932 年,NIKE 商标就在西班牙注册,是合法商标。 也就是说,世界上出现了两个 NIKE,但都合法,只不过 CIDESPORT 拥有的 NIKE,只在西班牙受保护。 但深圳中级人民法院认为,虽然 CIDESPORT 在西班牙拥有 NIKE 商标使用权,但商标权具有地域特性,所以在中国未经耐克许可,其他公司不能以任何方式侵害其商标专用权。 但问题是,此时 CIDESPORT 另一批中国生产带有“NIKE”商标的服装,却顺利通过荷兰海关,并进入西班牙。 而荷兰法庭理由是,因为是过境产品,并且产品在接受国西班牙可以合法销售,所有 CIDESPORT 公司没有侵权恶意。

耐克在荷兰输了,却在中国赢了。

这引起了我国知识产权界、整个法学界乃至世界相关领域的震荡,在《读书》杂志举办的一次知识产权的研讨会上,专家纷纷发言警惕中国知识产权过度保护。 由此,2004 年 2 月 18 日,北京市高院在《关于审理商标民事纠纷案件若干问题的解答》中写到:“定牌加工是基于有权使用商标的人的明确委托,并且受委托定牌加工的商品不在中国境内销售,不可能造成相关公众的混淆、误认,不应当认定构成侵权。”

“政府、司法和行业协会是知识产权保护的三大支柱力量，这三种力量互为补充，相辅相成。”中国知识产权研究会资深会员廖俊铭说。实际上，协会代表企业维权，已成为一个重要的力量。

此次，晋江服装协会状告阿迪达斯就是一个明显的例证。

其实，安踏、贵人鸟、九牧王、德尔惠等晋江市多家品牌企业，早就开始了集体维权大行动。显然，国内企业维权方式已从单打独斗发展为形成行业联盟、行业协会进行。

“协会集体维权将为越来越多的企业采用，协会也在保护知识产权方面发挥重要作用。”有专家这样说。为此，晋江工商局定期对成员单位生产、经营情况进行回访、调查，收集名优企业遭受侵权的信息，并制定了《晋江市工商局与名优企业联手打假维权网络管理办法》。

而中国纺织工业协会也制定了知识产权发展纲要。中国服装协会则于2010年12月专门召开了维权工作会议，来自国家工商总局的领导及企业代表、法律顾问，就傍名牌、假冒伪劣、仿冒等维权问题从立法、执法以及企业管理等方面进行了探讨，中国服装协会与品牌企业知识产权保护沟通机制也开始运行。

思考练习题

1. 简述品牌定义及内涵。
2. 简述品牌资产定义及内涵。
3. 品牌资产的评估方法有哪些？
4. 服装品牌延伸时须注意那些事项？
5. 服装品牌维系的主要内容是什么？请结合服装企业案例加以分析。
6. 服装品牌保护都包含哪些内容？
7. 对于处在不同生命周期阶段（创立期、成长期、成熟期、衰退期）的服装品牌来说，在品牌资产评估、品牌策略及品牌维护方面都需要注意那些问题？

第 8 章 服装产品策略

知识要点

1. 整体产品的概念、构成及分类；
2. 产品组合的概念、结构和策略；
3. 服装新产品开发的含义和程序；
4. 流行的概念、影响流行的因素；
5. 产品生命周期的概念及特点；
6. 服装产品流行的生命周期；
7. 服装包装方法、基本作用和策略。

本章内容提要

本章节将从服装产品的整体产品入手，分析整体产品的构成，并进一步探讨服装产品的组合结构和策略。同时，服装这种产品特色鲜明，流行性强，消费者对服装的需求是千差万别，企业要满足消费者的需要，就必须进行新产品的开发。本章也介绍了关于流行的概念和影响因素，以及服装产品的生命周期，并且对服装包装策略做了基本的叙述，以对服装产品策略做个全面的介绍。

8.1 整体产品概念

产品是市场营销组合中首要和基本部分，离开了产品，企业和市场就无从谈起。通常人们理解的产品，是指人们为了生存的需要，通过有目的的生产劳动所创造的物质资料，它只是局限于有形的物质实体，如：汽车、服饰、食品等。然而，这种传统的产品概念是狭义的、不完整的，随着生产的发展，科学技术的进步，产品概念也越来越完善。

市场营销学是从广义上来阐述产品的，它是指能提供给市场以满足人们某种需要的服务和物品，包括服务、实物、主意、场所、或者计谋等。

广义的产品概念具有两方面的特点：

① 具有一定使用价值的物质实体是产品，能满足人们某种需要的劳务也是产品，如运输、通讯、保险、储蓄等。

② 对企业来说，向市场提供的产品，不仅是物质实体，还包括随同物品出售时所提供的服务。

从这个意义上说，产品的内涵，并不仅仅局限于产品的有形实体，还包括一切能够满足消费者需求的无形部分。即凡是能够满足消费者需要的因素均属于产品的范畴，它涵盖了一切能够用于出售的东西，这就是所谓现代的“整体产品概念”。而现代营销学认为：产品是指能向市场提供用来满足人们某种欲望和需要的事物。这既包括有形的实体如实物和场所等，也包含无形的产品如服务、思想、创意等。

8.1.1 整体产品的概念

一些西方营销专家针对整体产品概念提出了产品的五层次理论，即核心产品、基础产品、期望产品、附加产品和潜在产品。（如图 8-1）

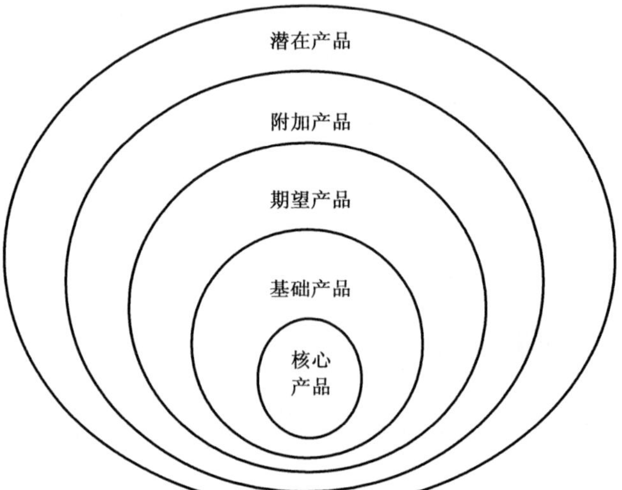

图 8-1　整体产品的五层次图

（1）核心产品

所谓核心产品，它是指能够满足消费者和用户最基本的需求和利益的产品，产品的功能和效用即核心。 比如购买衣服，那么它至少应该能遮羞蔽体，可以保持人的良好形象；或者购买手表，它至少能够计时。 核心产品位于整个产品层次的中心，是产品的实质性内容。 对于核心产品，所有的购买者对它的要求是一致的，它体现了用户对同一需求的共性。 如人们购买服装的同一需求就是打扮、装饰自己，让自己保持一个良好的状态和形象。 产品如果没有核心产品这一层次，也就失去了存在的必要，也不会有人花钱去购买它。 所以核心产品就是顾客真正要购买的产品。 核心产品在产品整体概念中是最主要、最基本的部分。

（2）基础产品

基础产品是指核心产品的外部特征，它是产品的基本形式。 基础产品包括 5 个方面：品质、式样、特征、包装和品牌。 营销者必须将核心利益转化为基础产品。 对服装来说，它的基础产品就是服装的面料、造型、款式等等。 它满足了不同顾客对于同种商品的不同要求。 消费需求的多样性和产品的差异化也都表现在这里。 如冬天人们购买羽绒服，人们还要考虑品质、造型、颜色、品牌等因素。 基础产品在市场上呈现出来并被顾客所识别，它是一种直观依据来供消费者选择商品。 产品的核心效用必须通过基础产品有效地实现，才能满足消费者的需要。

（3）期望产品

人们在购买产品时一般希望和默认的一组属性和条件就是期望产品。 就服装而言，人们对于服装的期望包括面料舒适且经久耐用；衣服不掉色、不起球，款式大方新颖，穿着得体漂亮等等。 期望产品实际上就是指这一系列属性和条件。 当大多数的服装品牌能满足这些一般的期望时，消费者就不再选择哪个品牌能给他们带来期望产品，而是根据品牌给他们的印象及服务。 若期望产品不能满足普遍消费者的期望，则会影响消费者对产品的满意度、评价和再次购买率。

（4）附加产品

附加产品是指顾客购买形式产品和期望产品时所能得到的附加服务和利益，包括提供信贷、免费送货、产品安装调试、售后服务等。 比如商场中各服装品牌商店会提供试衣间、试衣时用的鞋子、蒸汽熨烫机和包装袋等等。现代的市场竞争从本质上说，大多发生在附加产品的层次上，增加附加产品能为企业在市场的有效竞争中提供许多机会，如服务、包装、客户咨询、融资、广告、送货、仓储等。当然，附加产品也不是越多越好，而是要坚持以顾客需求为中心，做到：第一，附加产品所增加的成本在顾客愿意承担且能承担的范围之内；第二，附加产品给予顾客的利益将很快转变为顾客的期望利益，企业应根据顾客期望利益的需要不断对附加产品作出改进；第三，在重视附加产品的同时考虑顾客不同的需求，生产一些核心产品为主，含少量附加产品的廉价产品，以满足低收入消费者或实惠型消费者的需要。

（5）潜在产品

潜在产品是指现有产品包括所有附加品在内的，可能最终发展成为未来产品的潜在状况的产品。如果说附加产品包含着产品的今天，则潜在产品指出了它可能的演变趋势和前景。潜在产品指出现有产品的可发展前景或可带来的额外利益，比如彩色电视机可能发展成为录放像机、电脑终端机等。对服装来说，它的潜在产品很多的，随着技术和流行趋势的发展，每种样式、面料的衣着都可能朝着千变万化的方向去改变。

8.1.2 产品分类

在研究产品和服务营销战略时，需要对产品进行分类，主要是根据产品的不同特征来进行划分，如产品的耐用性、消费者的购物习惯等。

（1）按产品是否耐用和有形分类

按耐用性和有形性进行划分，产品可分为耐用品、非耐用品和劳务。

① 耐用品

指使用年限较长、多次使用、价值较高的有形产品，如汽车、电视机等。通常来说，大衣、裤子等绝大多数衣服均属于耐用品。耐用品一般需要较多的推销人员，需要提供相应的服务。

② 非耐用品

是指使用时间较短，甚至一次性消费的商品，这类商品一般单位价值低，如袜子等。这类产品使用次数多，单位利润较低，通常可通过布置较多的销售网点来吸引顾客。

③ **劳务**

指以劳动形式为他人提供的某种特殊使用价值的劳动，如购买商品时导购人员的推荐服务等。劳务是无形的、不可分的、易变的和不可储存的。一般来说，它需要更多的质量控制、信誉和适应性。

（2）按消费者不同的购买习惯分类

按照消费者的购买习惯划分，产品可以分为便利品、挑选品、特殊品和非渴求品。

① **便利品**

指消费者希望花很少的时间和精力去比较品牌或价格，并且能随处买到的常用产品，如棉袜、吊带等用品。

② **挑选品**

为了挑选出合适的产品，消费者在最终购买前通常要在各家商店之间了解和比较商品的价格、式样、花色和质量，这样的产品称为挑选品。大部分的服装均属此类。

③ **特殊品**

特殊品是消费者愿意花大量时间和精力去挑选和购买的产品，消费者能够分辨出不同品牌的产品之间的区别，比如哪些价廉物美，哪些质价不符等。特殊品牌和造型的奢侈品均属此类。

④ **非渴求品**

指消费者还不知道或者即使知道也不感兴趣的产品。例如刚某些上市的服装新产品等。

（3）按产品销售关系分类

按照产品之间存在的销售关系，则主要可划分为独立品、互补品、条件品、替代品和转换品五种。

① **独立品**

是指一种产品的销售状况不受其他产品销售状况的影响。假定有 X、Y 两种产品，X 作为独立品有两种情形：

一是 X、Y 完全独立。两者不存在任何销售方面的联系，如鞋子与帽之间的关系就属此类。

二是 X、 Y 从功能上讲是独立的，但是产品 X 的销售增长可能会引起产品 Y 的销售增长，而产品 Y 的销售变化却绝不会影响产品 X 的销售状况，即 X、 Y 之间的影响关系是单向的，X 可以影响 Y，但 Y 并不会影响 X，说明 X 相对于 XY 而言是独立品。

② 互补品

是指两种产品的销售互为补充，即一种产品销售的增加会引起另一种产品销售的增加，如眼镜片和眼镜框，反之亦然。

在经济学中，互补品关系通常是根据交叉弹性系数的正负号来判断的。 交叉弹性表示一种产品的需求对另一种产品价格变化的反应程度。 当交叉弹性系数为负值时，一种产品价格的升高（销售量减少）会引起另一种产品需求量（即销售量）的减少。

③ 条件品

是指一种产品的购买以另一种产品的购买为先决条件。 在这种情况下，只有那些曾购买过某种产品的购买者才会成为另一种相关产品的潜在购买者。 比如，某居民打算购买装潢，他必须先前已购买了商品房。 这时，两种商品之间存在单向的因果关系。 假设为 X 装潢，Y 为商品房。 则 X 与 Y 存在条件关系就说明，Y 的销售状况与 X 无关，而 X 作为条件品其销售状况直接受到 Y 销售状况的影响。 也可以说，没有产品 Y 的先期销售，也就没有产品 X 的销售。

④ 替代品

是指两种产品存在相互替代的销售关系，即一种产品销售的增加会导致另一种产品的销售量减少，反之亦然。 替代品与互补品是相互对立的概念。 显然，当交叉弹性系数为正值时，表明两种产品之间存在替代关系。 即一种产品价格的降低（销售量增加）会引起另一种产品需求量的减少，这时两种产品便是替代品。

8.2 产品组合策略

在市场经济条件下，企业面临这样的矛盾，一方面随着生产专业化程度的提高，企业要以更细的分工、大批量的生产、更高的劳动生产率来满足社会的需要；另一方面又要面对消费者需求的多样性，生产多品种的产品以满足市场的需求。调和这种矛盾的关键就在于认识、分析和选择适当的产品组合。

8.2.1 产品组合的概念和结构

(1) 产品组合的概念

所谓产品组合，是指一个企业所生产和投放到市场上的全部产品的组合方式，它是各种产品品种之间相互的组合。任何企业都必须根据市场供需的变化和自身的经营目标，确定特定的组合方式来组合产品。

产品组合是指一个企业所经营的所有产品线的各种组合方式。比如皮尔·卡丹，该品牌不仅生产女装系列，还生产女装系列和童装系列产品。所谓产品线，是指一组密切相关的产品。这组产品具有相近功能，能满足某种类似需要，但是规格、档次和款式不同。如下表中宁波杉杉集团公司的女装产品线，包括女时装(麦斯奇来)、女职业装、高级女装(法涵诗)这三种类别。以下是宁波杉杉集团公司生产服装产品的组合。

表 8-1 宁波杉杉集团公司服装产品组合

男装产品线(杉杉)	女装产品线	青年装产品线(意丹奴)	童装、学生装产品线
男西装	女时装(麦斯奇来)	休闲装	男童装
男 裤	女职业装	T恤	女童装
男衬衫	高级女装(法涵诗)	—	—
男T恤	—	—	—

(2) 产品组合的结构

产品组合的结构包括产品组合的广度、深度和关联度三个方面：

① 产品组合的宽度

是指企业生产线的数目。如表 8-1，杉杉公司产品组合的宽度为 4。一般来说，企业的产品线越多，越能满足市场多方面的需求，分散企业经营的风险。但是产品线过多，对企业的生产技术也要求越高，管理组织也越复杂。

② 产品组合的长度

指一个企业的产品组合中包含的产品项目的数目。还是如表 8-1，杉杉公司共有 11 个产品项目，那么该公司的产品组合的长度为 11。其平均长度为总长度除以产品线数目。

③ **产品组合的深度**

指产品线中的每一产品有多少品种。加入杉杉公司的男士西装有三种规格和两种版式(商务西装和休闲西装),则杉杉公司的男士西装的深度为6。通过计算每一品牌的产品品种数目,我们就可以计算出该公司的产品组合的平均深度。

④ **产品组合的关联性**

指一个企业的各产品线在最终用途、生产条件、分销渠道和其他方面的相互关联的程度。若一个企业具有较高的产品关联性,那么企业的规模效益和范围效益将会提高,并且其在某一地区和行业的声誉也将得到提高。例如美国服装品牌POLO原来只生产男装,后来利用其品牌效应又发展处相关女装品牌RALPH LAUREN。

通常来说,这些产品系列之间有下列联系:

A. 这些产品符合同样的市场需求;

B. 这些产品通过同一中间商销售;

C. 这些产品的销售时同一主顾;

D. 这些产品互为补充和可一起使用;

E. 这些产品按不同价格水平的同一组价格销售。

产品组合的广度越大,说明企业的产品线越多;反之,广度越小,产品线越少。同样,产品组合的深度越大,企业产品的规格和品种就越多;反之,深度越小,则产品的规格和品种越少。产品组合的深度越小,广度越小,产品组合的关联度越大;反之则关联度越小。

产品的广度、深度和关联度对企业的营销活动会产生重要的影响。通常情况下,企业增加产品组合的深度,可以吸引更多的具有不同爱好和需求的消费者,迎合他们的口味;若企业增加产品组合的广度,则能够更加合理地利用企业资源,减少经营过程中的风险,有利于充分发挥企业的综合潜力,提高经济效益;而增加产品组合的关联度,则有利于提高企业在某一地区和行业的声誉,提高经营管理效率。

8.2.2 产品组合策略

企业拓展产品系列宽度、长度、加深其深度及其关联性,都有可能促进销售，增加利润。但这种努力将受到一定的限制：第一，企业所拥有的资源条件的是有限的，且企业总有自己的薄弱环节，因此，并不是经营任何产品都是有利的；第二，受市场需求的限制，企业只能拓宽或加强具有良好成长机会的产品线；第三，受竞争条件的限制，如果新增加的产品线将遭到激烈的竞争，利润的不确定性过大，那么与其加宽产品线，还不如加深原有产品线更为有利。所以，企业可以进行多种选择，将产品线的长度、宽度和关联度进行不同的组合决策。一般来说有三种策略：扩大产品组合策略、缩减产品组合策略和产品延伸策略。

（1）扩大产品组合策略

这是指既拓宽产品组合的宽度又加深产品组合的深度。前者意味着扩大产品的经营范围，即在原有的产品组合基础之上再增加一个或几个产品大类，比如迪奥的产品线就是从女装还扩展到了香水、化妆品等领域；而后者是指在已有的各种产品大类内继续增加产品项目。扩大产品组合策略的优点在于，一是可以获得更多的利润；二是提高企业产品在整个市场上的覆盖面；三是能有效地将平时过剩的生产能力利用起来，提高企业经济效益；四是避免给竞争者有可乘之机的机会；五是或许能使企业在各项产品上成为全面领导者。

企业要扩充产品组合，可以采取下列几种方式：

① 在维护原有产品品质和价格的前提下，增加同一产品的规格、款式和尺码；

② 增加不同品质与价格的同类产品；

③ 增加相互关联的产品。如牙膏与牙刷，鞋油与鞋刷，录音机、音响与磁带等；

④ 增加与现有产品使用同一原料的其他产品，如做上衣的面料用来做裙子；

⑤ 增加产品线，生产有良好销路与利润的其他产品。

企业扩大产品组合主要有以下两个优点：一是可以充分利用企业的人力、物力和财力资源，提高企业的综合效益。当市场需求或企业本身情况变化时，扩大产品组合，就可以使一些潜在的资源得到合理的利用，增加经济效益。二是可以增强市场竞争能力，特别是减少季节性与市场需求变动的影响。单一品种生产所面临的风险较大，扩大产品组合实行多品种经营，可以分担市场风险。对于名牌服装，该策略最有价值的一点在于可以充分利用其深厚的品牌资产，利用原有品牌的信誉和知名度，推出的新产品极易在市场上获得成功，又大量节省了创建新品牌所需的营销费用。

但是，扩大产品组合需要防止盲目的综合经营。 每个企业都有一定的产品方向，不能为了眼前利益，影响主要产品的发展。

（2） 缩减产品组合策略

这是指缩小产品组合的宽度或缩减其深度，使之变为较窄的产品组合，从经营较少的产品中获取较多的利润。 当市场情况较好时，企业若采取宽且深的产品组合，那么其盈利的机会是较多的，但是当市场不再繁荣而是走下坡路时，采取缩减产品组合策略则可能反而使企业利润上升。 原因在于企业剔除了产品组合中获利能力低的产品项目或产品线后能够集中精力发展获利能力较强的产品项目和产品线。 Levi's 公司在 20 世纪 80 年代遭遇了激烈的竞争并陷入困境，为了恢复其原有优势，公司果断地只进行 Levi's 501 单一生产，从而树立了 Levi's 501 牛仔裤在牛仔服装界的首要地位。

企业在缩小产品组合时，可选择以下几种不同的方法：

① 保留此项产品，但改革经营方法，如委托生产；

② 继续生产，成批销售；

③ 停止生产，从其他企业购入同类产品继续销售；

④ 停止销售。

企业缩小产品组合，有下列优点：一是便于集中企业的资源、技术等，大批量的专业化生产从而提高产品在同行业中的竞争能力，并进一步提高产品质量，降低成本、增加企业经济效益。 二是减少资金占用，加快资金周转。

（3） 产品延伸策略

当企业发展到一定程度时，要想要打开新的市场，增加市场份额，适应消费者需求的变化，往往会采用产品延伸策略。 这是指企业全部或部分地变动原有产品的市场定位，将产品大类延长至原有范围以外。 该策略能使企业经营更为全面的产品种类，阻止或反击竞争者。 通常产品延伸的主要方式有三种：向下延伸、向上延伸和双向延伸。

① 向下延伸

指原本生产高档产品的企业决定增加低档产品的生产。 采取该策略通常有以下几种原因：一是为了填补企业产品线的空白，二是企业本身经营的高档产品增长缓慢，三是这种高档产品在市场上竞争很激烈，四是企业为了方便日后向下延伸而特意先进入高档产品市场，为其建立良好的质量形象。 然而，企业采取这种决策存在一些风险：一是可能降低企业原有的良好的质量形象，给人以“走下坡路”的印象；二是可能会刺激本来生产低档产品的企业进入高档产品市场，使竞争加剧；三是企业的经销商可能不愿经营低档产品。 这种策略的主要特点是可以完善产品线，满足低端或保守型消费者的需求，获取更多的利润。

② 向上延伸

指原来生产低档商品的企业决定开始生产高档产品。 企业采取该策略有几个主要原因：一是企业预估高档产品在市场上竞争并不激烈，容易击败其他对手；二是企业自己本身想全面发展各品种的产品系列；三是高档产品易销售，利润高。 企业采取该策略同样也存在风险：一是顾客可能对企业实力存在怀疑，不相信企业能够生产高档产品；二是进入高档产品市场后可能会引起竞争者对其低档产品市场进行反攻；三则是企业需要对与高档产品相配套的一系列销售人员进行物色和培训。

③ 双向延伸

是指企业决定向产品大类的上下两个方向延伸，一方面在中档产品基础上发展高档产品，另一方面则增加低档产品。 采取这种策略的企业主要是为了扩大产品的市场份额，增强自己在市场的竞争能力。

（4） 产品线现代化策略

在某种情况下，虽然产品组合的宽度、深度都非常合适，但产品线的生产形式已经过时，需要对产品线实施现代化改造。 对于产品线的现代化改造可采取两种方式实现：一是逐项改造，可使企业耗费较少的现金流量，但会使竞争者有机会看到企业的变化，处于相对不利形势。 二是全面更新，则可以克服逐项改造的不足，但耗费的现金流量较大，有的企业难以承受。 因而，具体采取哪种方式，应视市场和企业具体情形而定。

（5） 产品差异化策略

产品差异化是指在同质市场上，各企业为了强调自己的产品区别于竞争者的产品而采用的产品策略。 产品差异化也叫产品异样化。 在同质市场上，企业为了强调自己的产品与竞争产品有不同的特点，避免价格竞争，会采用不同的包装、材料等进行区别，尽管产品实质是一样的。

产品差异与市场细分化不同。产品差异化，实质上是从供应商的角度出发，用改变式样或包装来吸引消费者；而市场细分则是从消费者的需求出发，强调供应服从消费需求。产品差异化的内容，可以是核心产品的差异化，也可以是形式产品的差异化。

通常有四种方法来实现产品差异化：

① 通过产品质量传达实现产品差异化。比如高价格意味着高质量，高档包装显示出高档次，以及用著名商标来区别其他产品等；

② 通过信息传递来实现产品差异化。企业可以通过各种媒体如电视、网络、杂志等来将有关产品特征的信息传达给消费者，让消费者对其产品有与其他产品不同的感知，从而树立起别具一格的产品的印象；

③ 通过优质服务来实现产品差异化；

④ 通过分销渠道来实现产品差异化。

8.3 服装新产品开发与管理

在激烈的市场竞争中，靠任何产品都不可能使企业基业常青。一个优良的企业在产品上必须是不断的更新换代，推陈出新，才能适应不断变化的市场。不断研究和开发新产品是企业永葆竞争优势的关键。本节主要介绍新产品开发的内涵、新产品开发程序以及服装新产品的市场扩散。

8.3.1 服装新产品开发

企业生存和发展的关键在于不断开发服装新产品和不断开拓新市场。服装这种产品具有独特的特点，其服装工艺技术和面料日新月异，生命周期短，顾客需求多种多样，一成不变只能走进死胡同，因此许多企业采取了“生产一代，开发一代，储存一代”的产品策略，把新产品的开发看作是企业生存和发展的首要条件。在生产时装的企业，服装的造型式样是其灵魂，也是时装适销的首要条件。虽然时装款式可以千变万化，但由于时装是给人穿的，必须符合时代潮流和人们的心理要求，这是时装造型变化的基本要求。

（1）服装新产品开发的意义

发展新产品是企业制定产品组合的重要途径之一，不断研究和开发新产品是企业永葆竞争优势的关键。随着市场需求的变化和纺织科学技术的不断发展，服装产品也会不断地得到更新和改良。对于企业来说，服装新产品开发具有极其重要的意义：

① 通过开发新产品避免服装因过时而被淘汰，始终保持与消费者需求一致的时装，更好地满足现在和潜在的市场需求。

② 企业的市场竞争力往往体现在其产品满足消费需求的程度和领先性上，企业只有不断地推出服装新款型、新颜色、新品种等，才能在满足市场消费者需求的同时，增加企业盈利，增加企业的竞争能力和经济实力，否则就会被竞争者挤出市场，惨遭市场淘汰。

③ 开发新产品，可以减少企业的风险。一个企业经营多种品种的产品，并推出有较高创利水平的新时装，满足各种消费者的需求，有利于分散企业的经营风险，同时也可增加企业的市场开拓能力，扩大产品的销售，提高市场占有率。

④ 有利于树立企业的形象，主导市场的流行潮流。同时，增强企业内部的凝聚力，增强员工的归属感。

（2）服装新产品的类型

服装新产品的类型大体上包括以下三类：

① 新设计服装

指在预测流行的新款式和流行色的基础上，采用新材料、新技术设计出的流行时装，这类新时装与现流行的服装无雷同之处，是一种全新服装产品。

② 换代服装

指采用新材料、新生产工艺或新技术对原有服装的外观、装饰等进行改良，使产品在结构、功能、品质、花色和款式上更加满足消费者不断变化的需求，如西装、衬衣等传统式样的服装。

③ 模仿与改进服装

服装的改进和仿制在市场竞争中是不可能排除的，开发模仿新产品有着积极的意义。特别是对先进国家已经推出的流行时装，而在我国还没有生产出来，企业进行模仿或改进制作，对服装的结构、材料、花色品种等方面做出改进，使服装号型、颜色、式样等适合当地的风俗习惯和审美标准。或对一些名牌服装进行仿制，对其造型、工艺技术等进行吸收，对于提高企业的技术水平，增强竞争意识、扩大销售都有很大的作用。

8.3.2 服装新产品的开发程序

服装新产品开发是一项难度大的工作，需要掌握流行信息，运用灵感和想象，从设计造型到选择材料、颜色等整体配合。另外，还要考虑消费者心理需求、当地的风俗习惯和审美标准，服装企业的生产条件等。一个完整的新产品开发过程要经历以下几个阶段：

（1）构思、创意阶段

新产品的设想即构思，指在预测服装流行信息的基础上提出新产品的设计方向和设想。在构思时，企业设计人员应采取各种办法，集思广益，可以从企业内部和外部寻找新产品的创意，尽量多地收集将流行的造型、颜色、面料等资料，决不能“闭门造车”设计新产品。要根据收集的信息，从中选出有价值能形成批量生产的构思方案来。设计的新产品的必须满足消费者需要，因此设计人员要把自己设计风格贡献给特定的消费者，集中精力调查消费者的消费习惯、消费模式和消费心理。现在服装消费出现了多层次、个性化的趋势，服装需求差别大、款式变化快、流行周期短等特点。这就要求设计人员在选定设计方向时，应该不断地调查研究，对消费者提出的要求和市场反馈的信息要认真分析和总结。通过调查研究，收集消费者的需求特征和即将流行的造型式样、颜色和面料、当地的风俗习惯、服饰配件、体型特征等信息进行产品构思。另外，在构思过程中还要注意收集以下几方面的资料：

① 明确新产品的消费群体；

② 消费者在什么时候、什么地点、以什么形式穿此服装；

③ 消费者的消费水平，市场相似服装供求情况；

④ 自己企业的技术情况、生产能力等。

（2）初步设计

根据收集到的资料，设计人员对即将设计的服装款式、结构、颜色、装饰物、配件等进行全盘考虑，设计出既能适合消费者需求又能与流行趋势相适应，并具有自己特色的新服装。为了便于有关方面进行评审筛选，服装初步设计包括以下几个方面内容：

① 绘制服装效果图

服装效果图是展示服装作品在人体上的效果，其中包括配件、面料、穿着场合、布景等，不论采用何种画法、何种颜料，都要求画得比例基本准确、结构表达清楚。服装画一般应以正面或正侧面为主，并加画后背图，有时还应根据款式特点加画侧面图和部件特写图，以便全面、准确、清楚地表达服装的款式结构。有的企业用画服装外形图代替效果图，其特点是不用画人体。

② 产品外形结构

用文字简述产品设计构思、外形结构、造型特点、销售对象等。

③ 工艺制作说明

用文字或图表示出服装各部位的缝制方法、制作要求等。初步设计时的工艺要求说明可以不必像生产工艺制造单那样详细、具体，但对某些结构比较复杂的服装，对于设计效果关系密切的关键部分和特殊要求必须写明。

（3）筛选

企业在取得了足够的创意后，要对这些创意进行评估并挑出可行性高的创意。但对构思进行筛选时，可能会出现两种问题：一是对某些好构思的潜在价值估计不够，以致漏选，失去赢利机会；二是误选了没有很大市场的新作品，仓促投产，造成浪费。在选择评审各种设计方案时，其具体标准可归纳为希望成功的评定和风险分析两方面：

① 希望成功的评定标准主要有

A. 设计构思是否符合市场需求；

B. 款式是否符合当前潮流，选料和配色是否恰当；

C. 结构及工艺是否合理；

D. 加工技术条件是否合理，成批生产原材料供应有无保证；

E. 结算成本，制定初步价格，分析产品的经济效益。

② 风险分析主要包括

A. 销售风险和供应风险；

B. 市场消费者接受的风险，市场占有率风险；

C. 被新的竞争产品取代的风险和被仿制的风险等。

(4) 样品试制

经历了以上几个阶段,企业选定最佳创意后,就可以通过具体的裁剪和缝制过程使创意实体化。它主要解决产品创意能否转化为技术上和商业上可行的产品这一问题,同时考查产品结构、工艺,并进行合理修正。为新产品制作提供全套的技术文件。在样品试制过程中,不必强求一次成功。一件完美的作品常常要不断修改,对其分割线的位置、弧度曲直以及每个部件的大小、形状、位置等都要反复修改、试穿,以便观察实际穿者的效果,以及活动是否方便、穿着是否舒适等。在样品完成后,应再进行一次技术经济分析,检查其是否具有产品概念所规定的所有特征,同时在经济上、技术上是否可行。

(5) 市场试销

市场试销是指企业将新产品投放到具有代表性的小范围目标市场进行销售测试,它是企业有计划、有目的、有组织的市场营销活动,它必须在一定的市场条件下,即在限定市场范围、严格控制产品价格、促销等条件下向市场提供产品。它可为新产品是否全面上市提供全面、系统的决策依据,也为新产品的改进和营销策略的完善提供依据。当企业把少量产品试投入市场时要做好以下决策:第一,确定试销的范围和时间;第二,选择市场销售途径;第三,在试销过程中广泛听取意见,收集好资料,试销后改良产品,为正式投放市场做充分准备。当然,不是所有服装产品都要进行试销,如对于一些流行性特强的时装不要进行试销。但对一些款式变化不大的服装,如西装、西裤、男式衬衣等,进行试销效果最好。试销的目的,能大致了解市场潜在需求和消费习惯,据此可做出相应的决策。另外,通过收集资料可为选择各种有利的市场营销策略提供依据,如质量标准、价格水平等。

(6) 正式投放市场

新产品经过市场试销后,发现是成功的,就应以最短时间投入批量生产,满足市场消费者需求。在新产品正式上市时,不同的消费者对新款服装的接受时间、程度会有所不同。这一阶段,企业需投入大量资金用来购置原材料,组织成产,同时还要支付大笔的促销费用,所以,在新产品投放市场之初,企业往往获利甚微。对于最早期接受者,他们特别乐于接受新鲜事物,敢于冒险,追求时尚的东西，敢于表现自己，即使没有促销活动，他们也会主动接受新的产品消费观念，这类消费者被视为消费先驱。对于早期接受者，虽然能较早接受新鲜事物，但行动较为谨慎。一般来说，这类消费者在其所属的社团或领域中是有影响力的，其最主要需求是被尊重、被注目，或者是跟随最早期接受者，是赶时髦的一群，他们对晚期使用者影响较大。对于晚期接受者，他们更为谨慎，而且行动迟缓，对事物疑虑重重。他们一般不会主动接受新时装，要等大多数人接受后并反映良好时，他们才会决定购买；对于不接受者，这类人性格保守固执，很难接受新鲜事物，或者对时髦的服装反感，他们的思想中传统观念很强。这类人不是时装的消费者，只是传统式样的接受者。根据以上情况，企业产品设计和广告宣传的重点对象应是最早期接受者和早期接受者，特别是对早期接受者更要努力促销。

8.4 流行与产品生命周期

8.4.1 流行的概念

流行又称时尚，指的是在某一时期、某一群体中被大多数成员所采用的款式或行为模式。流行具有时间性和空间性。流行的时间或长或短，流行的范围或广或窄，这取决于当时的社会、经济、需求变化等多种因素。服装流行在时间上有着不同表现形态，这些不同形态为理解服装流行的特点，预测流行演变的趋势提供了帮助。

（1）稳定型

一种款式的服装经引入期、成长期到达销售高峰后，仍然在一定程度和较长时间内受到消费者的青睐，进而成为人们的日常穿着固定下来，这种服装被称为“经典服装”。如男西装、衬衫、T恤衫等。

（2）反复型

在时间间隔上时断时续重复出现的流行现象，反复型流行是在社会环境和生活意识需要的基础上产生的，其发生的必要条件是两次流行的时间间隔能使人们产生一定的新鲜感。

（3）交替型

这是一种具有较为明显的周期性变化的流行现象。通常表现在服装的外观、细部结构或色彩的周期变化上。如裙子由长变短、再由短变长，领带由宽变窄，又由窄变宽等。

（4）热潮型

这种流行通常发生在很短的时间内，一般在几个月之内迅速为人们所接受，形成流行热潮，又在很快的时间内衰退和消亡。热潮流行的范围可能很大，也可能很小。热潮的诱发因素多为社会的偶发事件，并难以预料。

8.4.2 影响流行的因素

流行意味着一定数量的消费者接受，而新出现的服装款式是否被消费者认可并形成一定范围的流行，取决于多种因素。其中主要的因素有：服装的构成要素；消费群体特征和心理因素；社会、经济和文化因素等。

（1）服装的构成要素

服装由外观轮廓、细部结构、材料质感和色彩四个基本要素组成。新的款式是通过改变这四个基本要素组合中的一个或几个要素而设计出来的。这些新款式能否被消费者接受，成为流行款式，与款式本身的特征有很大关系。过分新奇超前或保守过时的款式，都很难为消费者接受。设计师可以通过服装款式的创新设计，在某种程度上对消费需求起到引导作用，但却难以改变消费需求。事实上，每一季设计师或服装企业都会推出大量的新款式，而真正受欢迎，被大众接受的款式并不是很多。

（2）消费群体特征和心理因素

新的服装款式能否流行，与消费群体特征和心理因素有关。不同的消费群体对同样的新款式的接受程度会有明显差异。消费群体可以按照年龄、收入、教育水平、职业等人口统计变量划分，也可以按照社会阶层、生活方式、价值观、需求和态度等社会心理因素划分。一般来说，受某一群体欢迎的款式，在另一群体中就不一定被接受。因此，成功的设计师或服装企业都有自己明确的目标消费群体，他们通过认真研究这些消费者的需求、偏好和购买习惯，设计开发出适当的款式，以合适的价格，在恰当的场所和时间满足这些消费者的需求，从而达到新款式流行于目标消费群体的目的。

（3）环境因素

环境因素包括经济状况、社会文化、科学技术等。其中既有推动流行变化的力量，也有阻碍流行发展的因素。

① 经济状况是影响流行的重要因素

流行从某种角度上说是一种“奢侈”的消费。很多情况下，人们放弃曾经流行款式并不是因为它不能穿不能用，而是由于“过时”。因此，追求流行需要消费者以一定的购买力为基础。而一个社会总体的经济发展状况和发展水平，对消费者的收入以及购买力会产生很大影响。在经济迅速发展的时期，一方面，人们收入稳定增加，有更多的可自由支配收入用于消费和追随时尚。在这种情况下，流行的传播范围变大，同时流行周期缩短；另一方面，经济收入的增加也提高了人们的需求层次，对服装的需求从实用耐穿变为更高层次的追求品质、时尚性和自我表现。我国改革开放以来的服装流行变化过程，就能很好的说明这一点。由于经济的高速成长伴随服装业的迅速发展，服装流行从 20 世纪 80 年代追求同一化款式，到 90 年代演变为追求多样化、个性化的流行，并和国际流行趋势同步。90 年代后期，经济环境发生了变化，经济体制进行了变革，消费者在住房、医疗、教育等方面支出的增加以及对预期收入下降的担心，使得消费者的购买支出减少，导致服装总体消费出现下滑。

② 社会文化一方面推动着流行的变化，另一方面又阻碍着流行的发展

开放型社会通过与外来文化的交融，加快了流行的变化。20 世纪 80 年代的改革开放不仅把国外先进的技术引进到国内，同时也把西方的文化带到了人们身边按。西方文化及生活方式所带来的影响，首先通过流行服饰表现出来，牛仔裤、超短裙、喇叭裤成为年轻人追求的时尚。随着经济全球化的到来，国家间文化的逐渐融合，流行已开始成为一种全球化的文化现象。另一方面，传统文化中的风俗、习惯、禁忌、道德和宗教等并非对外来的观念全然接受，它们即阻碍流行传播的力量。

③ 科学技术的飞速发展加快了流行变化

科学技术发展推动了服装生产的工业化，大大提升了服装产业的生产力，降低了服装的成本，使普通大众也能以可接受的价格获得流行款式。

纺织技术的进步和化学纤维的发明，极大地丰富了人们的衣着服饰，应用现代技术，经过纺织染整加工的各种外观、性能的面料及化学纤维性能的不断改进和品种的增加，加快了流行服装变化周期。

现代交通、通讯、计算机网络的发展缩短了时空距离，人们足不出户便能通过电视、广播、报刊、计算机网络了解到世界上正在流行的东西。同时，也很大程度上提高了服装经营企业的反应速度。现代社会，各种传播媒体异常活跃，而流行的生活方式通过这些传播媒体渗透到了每一个人的生活中。

④ 消费者闲暇时间的增加、教育的普及和服装企业的销售促进等也影响着流行的变化

随着社会的发展，人们除工作外的闲暇时间增加，周休两日和“五一”、“十一”、春节等长假的出现，形成了所谓的“假日经济”，推动了旅游，购物等消费活动，同时也带动了休闲时尚产业的发展。教育的普及，不仅提高了人们的文化知识水平，也提了高人们审美鉴赏能力和社会规范意识。消费者对流行服装的选择，从之前的盲目追随到现在更注重自我形象、与穿着场合的协调，出现了个性化、多样化的趋势。

服装企业也越来越意识到企业不能被动地等待消费者选择自己的产品，而是应该主动通过产品的定位设计、品牌形象的建立、广告宣传、价格策略和销售促进等营销策略去影响消费者的选择和购买。实际上，消费者也会在很大程度上受企业营销策略的影响，对某一产品做出购买行为。

8.4.3 产品生命周期

产品生命周期曲线和阶段

产品的生命周期一般会从四个星期到几十年不等，但是大部分女装款式的周期一般会在六个月到一年左右。少女装是对流行趋势反应最为敏感的产品类别，周期相对较短，而大部分男装和童装的生命周期会比女装长一些。还有一个与产品生命周期有关的概念，即意见领袖(Opinion Leadership)，指生活中那些第一个使用某款新产品的人，他们会对产品生命周期产生一定的影响，新产品通常由这些人试用之后才上市，进入大众消费市场。

虽然不同的产品在市场上销售状况表现有所差异，但其变化大体上是按一定的规律进行的，其中典型和最常见的是“S”型曲线形式，如图 8-2 所示。

根据这条曲线的特征，大体可把整个产品生命周期分成 4 个发展阶段，即投

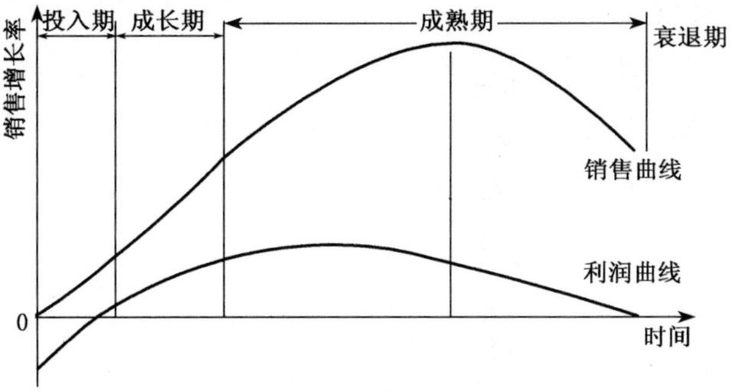

图 8-2 产品生命周期曲线

入期、成长期、成熟期及衰退期。

（1）投入期

指产品试制成功后投入产品试销阶段。这一阶段市场营销特点主要是：消费者对产品还不是很了解，大部分消费者不愿放弃或改变自己以往的消费行为，产品销售量小，生产批量不大，单位产品成本较高，广告费用和其他营销费用开支较大；产品生产技术即性能不够完善。一般是微利、无利，甚至亏损。

（2）成长期

成长期是产品试制成功后批量生产、销售量扩大的阶段。这一阶段市场营销特点主要是：经过前一阶段的销售，产品在市场上已逐步被消费者广泛认识并接受。这个阶段销售量迅速上升，同时由于产品基本定型，大批量生产能力形成，生产与推销费用相应降低，单位产品成本逐步下降，利润大幅度上升。

（3）成熟期

成熟期是市场已进入一个相对成熟的阶段。其主要特征是“二大一长”，即生产量大，销售量大，此阶段持续时间最长。成熟期分为三段：第一段为增长成熟期。此时销售增长速度缓慢，这是由于还有少数后续购买者继续进入市场，但绝大多数购买属于原有顾客的重复性购买。第二段为稳定中的成熟期。由于市场饱和，消费水平不再有大幅波动，多数潜在消费者已试用了这种产品，要想继续扩大销售额，只能依赖于人口增长和消费者需求更新。第三段为衰退成熟期。这时销售水平开始下降，消费者开始转向购买其他产品。

（4）衰退期

衰退期是指产品已老化，逐渐被市场淘汰的阶段。其主要特点是：产品销售总量由缓慢下降变为急剧下降，产品出现积压现象，同时产品明显老化，市场已出现质量更好、效能更高的新型替代品，产品价格下跌，利润迅速下降。

上述四个阶段的本质区别在于各阶段的销售增长率的不同，因而直接决定着企业的利润回报。通常以产品逐年销售额的实际增长率作为判别其生命周期各阶段的标准。一般说来，当销售增长率大于零、小于 10%时，产品处于投入期；当销售增长率大于或等于 10%时，产品处于成长期；当销售增长率小于 10%、大于－10%时，属于成熟期；当销售增长率小于或等于－10%时，产品进入衰退期。但要注意，在用定量分析对产品生命周期进行判断时，应联系有关定性因素的分析，如国家的宏观经济政策、物价、产业结构、科学技术水平、人们消费习惯变动等因素。

8.4.4 流行的生命周期理论

如前所述，每一种流行都有周期性，因为流行总是逐渐变化的，以使消费者逐渐接受新的组合和新的形象。每个季节，消费者都会见到一系列设计师设计的新款式，一些款式很快被市场淘汰，但另一些在一定时期内被大多消费者接受——作为企业，通常可用销售额来衡量。

（1）流行的生命周期

流行的周期变化过程可用一系列钟形曲线描述，通常分为五个阶段（类似于一般的产品生命周期）：导入期、成长期、鼎盛期、衰退期、消亡期（见图 8-3）。

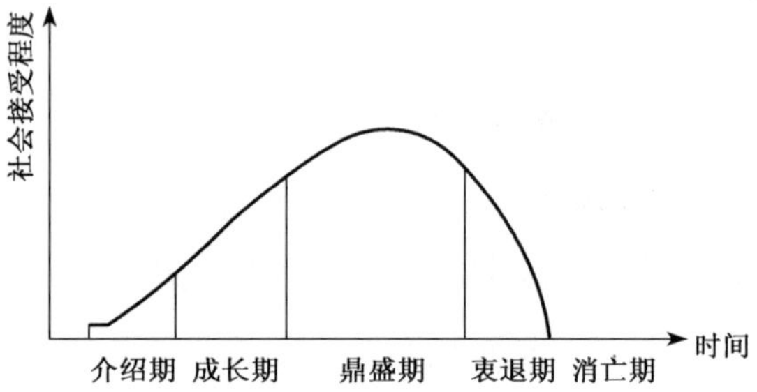

图 8-3　流行的生命周期

① 导入期

设计师根据自己对时代潮流的理解推出一种具有创造性的款式，而后通过零售渠道进入市场，向公众提供这种新的服装商品。巴黎的某些“最新时装”可能未被任何人接受，所以说，这一时期的流行只是意味着时尚和新奇。绝大多数的新款都以高价推出。一般而言，以创造性和对潮流敏感著称的设计师需要在巨额财力的支持下，结合高品质的原材料，同时采用精美的制作工艺，才能自由地进行创作设计。显然，这样做成本极高，因此只有极少数人消费得起。例如，知名的设计师阿玛尼(Giorgio Armani)和卡尔拉格斐(Karl Lagerfeld)就不希望大量销售自己的作品,因为小批量生产能给他们提供更多的自由,更大的灵活性和更多发挥创造力的空间。

② 成长期

当某种新的时装被购买、穿着并为更多的人了解时,它就有可能逐渐为更多的消费者所接受。 对于那些昂贵的时装,它可能是设计师一个系列中最流行的,甚至是所有高档时装中最流行的,但销售额可能永远也不会很高。 为此,在现实经营活动中,某种款式可以通过驳样和改制得以进一步流行或扩大市场份额。

一些企业通过品牌授权的方式进行生产,而后以较低的价格进行销售;而另一些企业则用较便宜的面料或修改一些细节进行批量生产,然后以更低的价格出售;著名设计师也许会对自己的设计加以修改以符合他们的顾客需要和价格定位,许多知名服装设计师通过这些方法获得不菲的市场收获。

③ 鼎盛阶段

当一种流行服装达到鼎盛时期时,消费者对它们的需求就会极大增加,以致许多服装企业以不同的方式驳样或改制流行时装,并进行批量生产,使流行款式更多地被顾客购买。 大批量生产前提是产品必须能得到大众的接受,因此,许多服装企业紧随已经形成的流行趋势进行生产,因为他们的顾客需要的是正处于流行主流的服装。

④ 衰退期

最终,相同款式的服装被多家企业批量生产,导致具有流行意识的人们厌倦了这些款式而转向寻求新品。 此时的消费者也许仍会购买或穿着这类服装,但他们不再愿意以原价购买,于是零售店铺将这些服装放在削价柜上打折出售,以便尽快为新款式腾出空间。

⑤ 消亡期

消亡期是流行周期的最后一个阶段。 这时消费者已不再接受旧款开始转向新的款式,因此又一个新的流行周期开始了。 这种现象的发生是因为这种款式已落伍。

(2) 流行周期的长短

尽管每一种流行都遵循同样的流行模式,但没有一种能衡量流行周期的时间表。 某些流行很快达到鼎盛期,而有些却要漫长的时间;有些流行是缓慢地衰退，而有些却是急速消亡，有些时装只能在一个流行季节里流行，而另一些却可能持续几个季节甚至更长；某些风格会迅速消亡，而另一些则经久不衰。

① 经典服装

有些款式永远不会被彻底摒弃，而是在很长的时间里被或多或少的人接受。经典的服装以简约的设计为特征，从它被推出就一直被保持和传承。典型的例子如夏奈尔套装，它于20世纪50年代晚期达到鼎盛时期，在70年代晚期和80年代后期又受到了广大消费者的欣赏和认可。

② 流行快潮

昙花一现的流行或者称之为流行快潮，可能只在一个季节里出现又消失，它们缺乏能长时期吸引消费者的个性。流行快潮通常只能影响极小部分消费者，以较合适的价格推出，相对来讲制作工艺比较简单，仿制方便，因此能很快在市场上流行。由于市场很快趋于饱和，公众很快就会厌倦而摒弃它。

8.5 服装包装策略

8.5.1 包装的含义与设计

商品包装包括包装与装潢两部分。包装泛指用于盛装、裹束、保护货物的容器或包扎物，使商品不致损坏、散落。装潢是商品外表的装饰，它通过绘画、文字等设计，附着于包装外表，起美化商品的作用。随着商品经济的发展，市场的繁荣，以及销售方式的变革，商品包装的重要性越来越突出它是产品整体概念的重要组成部分，且成为强有力的营销手段——“无声的推销员”。

(1) 包装的含义

服装产品进入市场离不开包装。所谓包装，是指设在流通过程中保护产品、方便储运、促进销售等所使用的容器或材料服装的包装往往由三个方面构成：即产品主要包装、次要包装和运输包装。如西服的主要包装为衣架和立体防水防尘绸布罩，次要包装为手提纸袋，在运输过程中的立体纸箱等为运输包装。产品包装的重点不但在于保护产品、提高产品质感，更在于能吸引消费者。 运输包装则以保护产品、降低运输成本及仓储方便为主。

服装产品包装有两种方法：一种是折叠包装后装箱，这种方法能充分利用空间，但服装穿着时外观效果不佳。 另一种方法是立体包装，如女套装、西服、大衣等，服装工厂整烫完毕后套上衣罩，挂在专用架上，入库、运输和进店铺都采用吊挂传送及挂架陈列方式。 立体包装能很好地保持整烫加工后的服装外观，有良好的店铺陈列效果，但在保管和运输上要有专用挂架，成本较折叠包装高。

（2） 包装设计要点

① 包装的形状和大小

服装既不是刚性固体，也不是液体，因此包装外形和大小设计伸缩余地较大。 形状与大小要与商品体积相容，设计要起到美化商品的作用，对消费者有吸引力，方便运输、搬运和携带等。 例如有的企业把内衣裤用抽真空紧压方式做成扁形蛋糕状、肥皂状，很有吸引力。

② 包装构造

要突出产品的特点，同时也要具有鲜明的包装特色，使包装美和内在的性能统一起来，给消费者留下深刻的印象。

③ 包装材料

服装产品主要采用透明度高的塑料纸包装，这对陈列、选购和储存都是很方便的。

④ 装潢

是指对产品的包装进行装饰和艺术造型。

由于服装产品呈现多样化，消费者不仅讲究质量，还注意包装造型和装潢。现代服装商品不仅仅能遮体保暖，更主要的是能表现个人的品格、爱好及思想意识境界。 服装商品的包装装潢今后更应重视美学法则的设计和应用，以突出个性品味。 同时也要与品牌协调，以突出企业形象。

8.5.2 包装的作用

商品包装的作用，可以归纳为以下几点：

（1） 保护商品

这是包装的主要目的，也是包装的最原始、最基本的功能。 即保证产品从生产领域转移到消费者手中,直至产品被消费掉之前,使产品的使用价值不受外来影响,产品不致损坏、散落。 精致的装潢及图案附着在包装上,更惹人喜爱,在装卸运输中倍加爱护、小心,从而起到保护商品的作用。

(2) 增进销售

产品包装具有识别和推销的功能。 产品经包装后,可与同类竞争品产生区别,优良的包装,精心的设计与印刷,不易被仿制、假冒、伪造,有利于保持企业信誉。 在产品陈列中,包装起着“沉默的推销员”的作用。 良好的包装能引起消费者注意,激发购买欲望,使消费者产生购买动机。

(3) 增加利润

好的商品与好的包装相得益彰,能给商品树立起高贵的形象,使商品身价倍增。 俗话说的“货卖一张皮”不无道理。

(4) 美化产品

精美的包装,可以增强商品的美感,给人留下美好的印象。 据英国市场调查公司调查表明,一般到超级市场购买商品的妇女,由于受包装装潢的吸引,在现场购买的商品,通常超过出门时打算购买数量的 45%。

(5) 便于运输、携带和贮存

产品在流通过程中,要经过多次装卸、运输和贮存,因此,这就需要解决装卸、运输工具和储存空间的问题,而商品经过包装后,可以为装卸提供方便,并可节约运输工具和节约储存空间。

对于服装产品来说,包装的功能不如食品和日用消费品那样明显。 对于服装产品,一般是直接陈列销售(挂式陈列、模特儿陈列),大多数产品也没有特殊的理化性质和销售及使用要求,所以包装较为规范。 在运输中,主要是使用集装箱包装或瓦楞纸箱包装,每件衣服上有小包装,包装起到保护商品和便于运输的作用。

8.5.3 包装的基本要求

要达到保护产品、安全运输、促进销售和降低成本等目的,商品的包装就必须满足以下基本要求。

（1）包装应同产品的价值或质量相配合

档次高、价值高的产品或礼品应配以最精致包装，这样，才能衬托出产品的高贵、典雅。如高档皮衣配以高级手提皮箱包装，名牌高档西服要用防水绸布罩包装，大多数服装多用塑料衣袋、纸袋、手提袋等包装。因此，包装应当切忌“金玉其外，败絮其中”，也不能用“稻草包珍珠”，自贬身价。

（2）包装要尽可能地降低成本，做到经济实用

如设计多用途和多次使用包装；尽可能合理包装、简化包装；选材上尽量便宜。

（3）包装形状、大小设计应便于运输、储存、陈列

服装既不是刚性固体也不是液体，因此包装外形和大小设计伸缩余地较大。形状与大小设计要起到美化商品的作用，对消费者有吸引力，方便运输、搬运和携带等。如有的企业把内衣裤抽成真空压紧做成扁形蛋糕、肥皂状，很有吸引力。

（4）包装上的文字，图案设计必须真实地反映产品的特性、功能和独特风格

这可以增加消费者的信任感，并能指导消费。1984年在广州的领带展销会上，一向不出名的上海嘉定县外岗乡西服领带厂领带销售量独占鳌头，原因是该厂的领带在包装上独具特色，即印有醒目的烫金商标，又印有配有图案的三种打领带的方法，图文并茂，一目了然。

（5）包装要适合商品特点、新颖独到

对以外形和色彩表现其风格或特点的产品，如服装包装，应能直接向消费者显示产品本身，以便选择。常用的方法是透明或半透明的包装，开天窗包装，或包装上附上彩色图片，这种方式对陈列、选购和储存都很方便。

（6）包装装潢上用的色彩、图案等要符合消费者的心理，并且考虑各民族的风俗习惯和宗教信仰

现代服装商品不仅仅是遮羞保暖，更主要的是表现个人的品格、爱好及思想意识。

8.5.4 包装策略

目前国内外通常采用的包装策略主要有以下几种。

（1）类似包装策略

即一个企业将其所生产的各种不同的商品，在包装外形上采用相同的图案和近似的色彩，使之具有共同的特征，使顾客易于联想到这是同一企业的商品。其优点是：可以节约设计和印刷费用，从而降低包装成本；有利于新产品的推出；有利于增强企业的市场信誉。它适用于同一品质的商品，否则，不仅使低档产品的包装费用提高，而且使优质产品蒙受不必要的损失。

（2）差异性包装策略

差异性包装策略也称为等级包装策略，是指企业把生产不同等级、不同品种的产品，按各自的特征，在设计上采取不同的风格，不同的色调和不同的材料进行包装。其优点是不至于因某一商品营销的失败而影响其他商品的市场声誉。缺点是设计的成本较高。

（3）相关包装策略

相关包装策略也称为组合包装策略，是指在同一包装内放入相关联的多种产品。它可以方便人们的购买和使用，也有利于带动多种产品销售，特别有利于新产品的推销。在服装产品中，常见的是把一些配件组合包装，也有的将内衣裤组合包装。但这种包装不能把毫不相干的商品搭配在一起，否则，必然会影响销售。

（4）多用途包装策略

多用途包装策略也叫再使用包装策略，是指将原包装的商品使用完毕后，将包装物作其他用途，如盛装咖啡、水果罐头的瓶子可作茶杯用，装衣服的袋子作手提袋等。其目的是诱发消费者购买，或引起重复购买，并且空包装物还能履行广告宣传的作用。但这种包装成本一般较高，还必须特别注意研究时尚、风俗和心理需求等。

（5）附赠包装策略

附赠包装策略是指在商品的包装物内附赠物品或奖券。如婴儿服装套盒中附赠奶瓶。这种包装对引起顾客的兴趣、扩大销售有一定作用。但这种策略成本较高，容易影响产品在价格上的竞争力。

（6）改变包装策略

改变包装策略也称创新包装策略。企业为了扩大市场面，吸引新顾客，将旧式落后的包装,改换采用新的包装。 改变包装给人推陈出新、摆脱陈旧之感,有时会起到意想不到的结果。 但若宣传跟不上,也会失去一些老客户。

(7) 等级包装策略

即对同一商品,采用不同等级的包装,以适应具有不同的购买力或有不同购买目的的消费者。 比如同样的领带,有实用的普通包装和精致的礼盒包装。 前者适应那些准备买来自己使用的消费者,而后者则可能被想用来作为礼品的消费者选用。

8.6 案例

北京羊绒衫厂的整体产品策略

北京羊绒衫厂创建于 1963 年。 经过 30 年的发展,已从一个几百人的小厂发展成为 2 000 多人的大厂,从羊绒的分梳、洗染、梳纺、针织到成衣,全套工序均在厂内完成,是一个典型的全能厂。 该厂生产的“雪莲牌”羊绒衫不仅占领了国内市场,而且打入了国际市场,成为我国羊绒衫生产和出口的重要企业之一。

北京羊绒衫厂成功的重要原因之一,就在于他们在企业发展中,坚持产品整体观念的决策。 产品整体观念是市场经营学中的一个重要概念,包括产品实体在内的一切能满足购买有需求和欲望的物质的和非物质的各种因素。 物质的产品,包括产品的实体及其品质、特色、式样、牌子和包装;非物质的产品,包括产品能给购买者提供的利益以及售后服务、产品形象、销售者声誉等。 这些因素不是产品本身所具有的特征,而是附着在产品之上的,只有具备了物质的和非物质的两种因素的产品,才称得上是完整的产品。 为此,北京羊绒衫厂以产品实体为中心,对构成产品质量和产品形象的关键因素,作了重大改变。

(1) 不断提高产品的内在质量,羊绒衫是服装中的高档商品,具有轻薄、柔软、滑爽、高贵等特点,外加做工精细、款式考究,深受顾客,尤其是青年顾客的欢迎。 北京羊绒衫厂狠抓了产品的内在质量,解决了产品易变型、易虫蛀等问题,并与科研单位合作攻关,提高分梳绒制成率,取得了突破性的进展,使质量上了新的台阶。该厂早在 1983 年就突破了分梳绒制成率 50% 的大关,超过了英国,在世界上处于领先地位。

(2) 不断增加新品种、新款式。由于服装产品的寿命周期很短,要想使企业获得发展,就必须增加新品种、新款式,为此,北京羊绒衫厂专门设立了新产品设计试制组。他们设计出的新品种、新款式,绝大多数受到顾客的青睐。比如,他们按据国外流行式样设计的蝙蝠衫,穿着舒适、大方,很有特色,一位香港客户一次就订购了 2 万件。还有,他们设计的 26 支 V 领马鞍肩套衫,一位美国客户一次就订购了 8 万件。

(3) 改进染色工艺,增加产品花色,该厂过去采用的工艺是纺成纱后染色,这样,经常因操作不慎而出现"染花现象",织出的羊绒衫经常出现"色花",影响外观质量。自改为散毛染色工艺后,羊绒衫的颜色既丰满,又自然,同时大大降低了染花率,提高了产品的外观质量,另外,羊绒衫讲究"流行色",而该厂过去只有灰、米,驼、蓝等几种颜色,近年来增加了豆绿、米橙、米黄、紫等鲜艳而雅致的颜色后,深受顾客的欢迎。

(4) 改进包装。由于产品包装既能保护产品,又能突出产品形象,增加产品吸引力,北京羊绒衫厂采取了正确的包装决策,他们精心选择包装的颜色、形状、材料、大小、标签等,在文字说明等方面下功夫,做到包装与质量相匹配,收到了很好的效果。

(5) 扩大产品的知名度。为使"雪莲"牌子不倒,北京羊绒衫厂一方面保证名牌产品的质量,另一方面采用各种不同形式的宣传活动来扩大"雪莲"的知名度。1983 年,日本富士电视台两次来北京,拍了"羊绒衫生产和产品"以及"驼绒产品"两部电视片。电视片在日本电视台放映后,反响很好,当年订货就达 10 万多件。

(6) 交货及时。羊绒衫是季节性很强的商品,能不能按时、按质、按量交货,对于商业信誉和商品价格都会产生很大影响。20 多年来,北京羊绒衫厂一直很重视研究出口国家的气候、服装习惯等因素,及时交货,顾客对此比较满意。

(7) 售后服务。售后服务是扩大市场的措施之一,对此,北京羊绒衫厂注意开展这项工作。主要内容有:每件羊绒衫上附有一小支本色纱和一枚纽扣,以便修理和调换；由于个人保护不当、穿着不当造成破损，工厂均给予无偿修补；出口产品如有问题，可按合同退货和提供索赔。

由于北京羊绒衫厂紧紧抓住以上构成产品质量和产品形象的产品整体观念，使羊绒衫质量不断提高，产量稳步上升，市场进一步扩大，销量不断增加，取得了良好的经济效益。“雪莲”牌羊绒衫出口数量居全国之首，并已进入日本、美国、德国、加拿大、法国等 20 多个国家和地区，而且深入到这些国家的大百货公司等高级市场，在国内外享有很好的声誉。

思考练习题

1. 以上案例中北京羊绒衫厂采取的措施分别是针对整体产品中的哪一层次？采取了哪些策略？
2. 叙述各种产品组合策略的优缺点。
3. 请谈谈服装新产品开发对于企业的意义。
4. 叙述服装新产品开发的程序。
5. 以上案例属于哪种类型的流行？
6. 请举出一种处于鼎盛期的服装产品，并分析其未来的市场前景。
7. 举例说明处于各生命周期的流行服装产品有哪些，并分析影响因素。

第 9 章 服装价格策略

知识要点

1. 影响服装定价的主要因素；
2. 服装定价步骤；
3. 服装定价方法；
4. 服装定价策略；
5. 服装价格调整。

本章内容提要

1. 价格是市场营销组合中创造收入的重要因素，也是市场营销组合中最关键、最灵活的因素之一。产品成本是服装定价的最低限度。成本全部得到补偿是企业获得利润的基本前提。市场竞争因素和需求弹性对定价的影响极为重要。此外，政府或行业组织的干预、国家政策法令、消费者心理等也是定价时必须考虑的。

2. 服装企业的定价方法主要有成本导向法、竞争导向法和需求导向法。

3. 在市场营销实践中，企业还需要根据实际情况利用灵活多变的定价策略，如价格的定位策略、折扣定价策略、心理定价策略、新产品定价策略、产品组合定价策略等，来修正或调整产品的基础价格。大多数定价策略可被组合使用，所以每种策略对企业来说都是有价值的。

4. 服装企业在确定了基本价格后，还要考虑其他有关因素，运用灵活的定价技巧对基本价格进行修正。当服装企业考虑改变价格时，必须认真分析顾客、竞争对手的反应。顾客的反应来自价格变化后的心理反应。竞争对手的反应可以来自固定的反应，或来自对每一情况的即兴评估。当然，企业也是时刻警惕竞争对手发动的价格攻势，并作出及时的反应。

所有的营利组织都面临一个给他们的产品制定价格的任务，服装企业也不例外。价格是买者作出选择的主要因素之一。消费者和采购代理非常关心价格信息和价格折扣。

在营销组合中，价格是产生收入的唯一要素，其他要素则只产生成本。价格也是营销组合中最灵活的要素，它和产品属性、渠道承诺不同，它的变化是异常迅速的。而且，价格能向市场传递所期望的价值定位。然而，定价决策很复杂，很艰难，用得好，可以创造需求；用不好，则会失去市场。因此，服装价格策略是服装企业营销组合的重要要素之一，它直接决定着企业市场份额的大小和盈利率的高低。随着营销环境的日益复杂，制定价格策略的难度越来越大，企业不仅要考虑成本补偿，还必须考虑消费者接受能力和竞争状况，其定价过程具有消费者和生产者双向决策的特征。

9.1 服装定价方法

9.1.1 影响服装定价的主要因素

影响服装产品定价的因素很多，有企业内部因素，也有企业外部因素；有主观的因素，也有客观的因素。概括起来，影响服装产品定价的主要因素有服装产品成本、服装市场供需状况、服装市场竞争状况和其他因素四个方面。

（1）服装产品成本

一件服装从原材料采购、设计生产到上市销售，要经历一系列的过程，从而形成了服装的最终价值。与此相应，在这一过程中企业都要投入费用，一般称为成本。显然，企业为其产品定价时，成本是首先要考虑的关键因素。企业定价时，成本为最低界限，产品价格只有高于成本，企业才能补偿生产上的消费，从而获得一定的赢利。当然，这并不排除在一段时期内，个别产品价格低于成本销售。

服装产品的成本可以分成固定成本和变动成本。

固定成本是指在既定生产规模范围内，其成本总额不随生产种类及数量或销售收入的变化而变化的成本。不管企业的产品如何，都要支付租金、能源费、利息、管理人员的工资等。服装企业的固定成本如厂房租金、设备折旧、管理人员的成本等，是与企业的产量无关的费用。

变动成本是其成本总额随产量的变化而成正比例变化的成本。服装企业生产的每件衣服，它的成本就包括面料、辅料、纽扣、拉链、包装等费用，它们随着产品数量的变化而变化。

固定成本与变动成本之和构成了总成本。产品销售后的总收入应弥补一定水平下的总成本。平均成本是指一定产量下单位产品的成本，它等于总成本除以总产量。一般而言，在一定时期内，平均成本随产量的增加或效率的提高而降低，这是因为固定成本分摊到每一单件上的费用下降了。但是，在达到某个产量之后，产量的增加也会导致平均成本升高，因为生产经营效率降低了（例如，增加新机器，机器故障频率增加等）。通过计算不同规模的工厂成本，企业可以确定理想的工厂规模和产量水平，达到规模经济，降低平均成本。

（2）服装市场供需状况

产品价格除了受成本影响外，还受市场需求的影响，即受商品供给与需求的相互关系的影响。通常，当商品的市场需求大于供给时，价格应高一些；当商品的市场需求小于供给时，价格应低一些。反过来，价格的变动影响市场需求总量，从而影响销售量，进而影响企业目标的实现。当然，不同商品的价格变动对市场需求的影响是不同的。因此，企业制定价格时必须了解价格变动对市场需求的影响程度。

（3）服装市场竞争状况

市场竞争也是影响价格制定的重要因素之一，根据竞争的程度不同，企业定价策略会有所不同。按照市场竞争程度，可以分为完全竞争、不完全竞争（垄断竞争和寡头竞争）与完全垄断三种情况。在竞争性的市场条件下，竞争的强度对企业的价格策略有重要影响。所以，企业首先要了解竞争的强度。

当前，服装行业竞争非常激烈。当目标市场确定后，基本价格带定位通常比较清晰，服装企业就应当考虑相同市场定位的竞争品牌或同类产品的价格。当以与竞争者商品相同的价格进入市场时，品牌采取的是非价格竞争策略，应以产品品质、服务等优势争取市场份额。当以高于竞争者同类商品的价格进入市场时，要获得与竞争者的差别优势，比如独特性能，特殊设计或面料等，让消费者相信他们的选择是正确的。 当以低于竞争者同类产品的价格进入市场时，品牌采取的是价格竞争策略，应降低产品与服务成本，并密切关注竞争者的反应。

（4）其他因素

服装企业的定价除受产品成本、市场需求以及竞争状况的影响外，还受到其他多种因素的影响。 这些因素包括政府或行业组织的干预、消费者的习惯和心理、产品的生命周期、企业或产品的形象等。

① 国家政策法规对服装价格的影响

现代市场经济是有秩序的经济。 政府可以通过政策手段对企业定价以及对社会整体物价水平进行调控。 所以企业在制定价格时，总是要受到政府法律、政策法规的约束。 国家总是密切注视物价的波动，通过规定其所控制的产品或服务的价格，对价格水平施加影响。

② 消费者心理对服装价格的影响

消费者的心理行为是很难预测的，其随机性较大。 这是服装市场营销中最不容易考察的因素。 服装是每个人都消费的商品，而且每个人对服装的审美和认知各不相同，有些消费者注重质量，有些消费者看重款式，还有些消费者在意服装的色彩搭配。 市场经济的发展，人们收入结构的变化，带来了人们消费观念的变化，心理因素对定价的影响将越来越大。 如消费者的定向购物心理：认为大商场购物环境时尚味浓，服装品种齐全，所以人们在观念上容易接受大商场价格较高的事实。 同时消费者会认为集贸市场、批发市场的服装在质量、款式、档次上不及大商场，因此在心理上会认为其价位是中低档的。 还有，不同的消费群体也会形成不同的心理价位，工薪阶层喜欢经济实惠且有一定档次的服装；而成功人士则追求体现身价与成就感的服装，以达到心理和精神的满足。

③ 差价对服装价格的影响

商品差价是指同种商品因为购销环节、购销地区、购销季节以及商品质量不同而形成的价格差异。 服装产品的差价是指服装生产企业所生产服装的出厂价格与商业零售价格之间的差别。 从市场营销角度正确认识和掌握商品的差价体系，有利于搞活购销活动，提高经济效益。

一般商品差价可以分为以下几种：一是购销差价。 购销差价是指商品流通环节中的差价。从广义上讲，任何经营单位的商品购进价格与销售价格之间的差额都称为购销差价。二是批零差价。批零差价是指同一商品在同一时间、同一市场上的批发价格与零售价格的差额。零售商通过这一差价来补偿流通费用，并得以向国家缴纳税金和获得合理的商业利润；三是地区差价。地区差价是同种商品因购销地区不同而形成的价格差额。有两种形式：一种是收购的地区差价，一种是销售的地区差价；四是季节差价。季节差价是指同种商品的销售价格在不同季节之间的差额。服装市场的季节性对服装企业的产品设计、生产安排和营销策略的制定有密切关系。应季服装一般会早于该季节销售，否则会降价甩卖。季节差价的幅度一般根据商品的市场特征、仓储费用的大小、易腐烂程度和资金占用情况等来确定。合理的差价既要有利于生产，又要有利于消费；五是质量差价。质量差价是指同种商品因质量不同而形成的价格差额，质量同成本成正比关系，高质量的商品，优质优价。例如，男士服装店可能会经营三种价格档次的西服：2 000元、1 200 元、800 元。男士们会按照自己偏爱的价格档次来购买服装。销售商的任务就是确立认知质量差别，使价格差距合理化；六是批量差价。批量差价是指同种商品在同一市场和同一时间内，因购买批量不同而形成的销售价格之间的差额，批量差价存在于出厂、批发和零售各环节中。

④ 服装商品的生命周期

服装商品最能体现产品生命周期特点，即服装的流行性。服装流行与价格的关系如表 9-1 所示。

表 9-1 服装流行与价格的关系

服装类别	流行周期	社会影响面	消费类型	价 格
快潮式服装	极短。 前期增长很快，后期下降亦快。	较小。 但在某些团体或组织中影响又极大。	追求流行的女士以及青少年，国外的雅皮士等。	初期价格高，中期价格不稳，后期价格暴跌。
一般服装	较长。 演变周期基本遵循产品生命周期模式。	较大。 基本按产品生命周期模式由小变大，由大变小。	社会各阶层，基本按产品生命周期的消费类型划分。	随着基本产品生命周期的演变而由高到低。
古典式传统服装	极长。 前期同一般时装，后期无明显衰落和消亡现象。	极大。 前期同一般时装，后期相对趋于稳定。	社会大众，其中前期消费者按产品生命周期模式划分。	前期价格较高，后期价格趋于稳定。

此外，还有许多其他因素影响服装定价，有些因素难以定量描述。这主要是因为服装在很大程度上属于社会文化范畴，与其他一般商品相比，有明显的人文特征。服装与社会文化、社会心理、时代潮流、消费需求等方面有着千丝万缕的联系，反映了人们的价值观念和生活方式。在时装与高档服装领域，有些因素，如产品设计的独特性、品牌知名度等无形资产，往往超过服装面辅料成本等有形资产对服装定价的影响。

9.1.2 服装定价步骤

对服装产品定价一般遵循以下六个步骤，如图9-1所示。

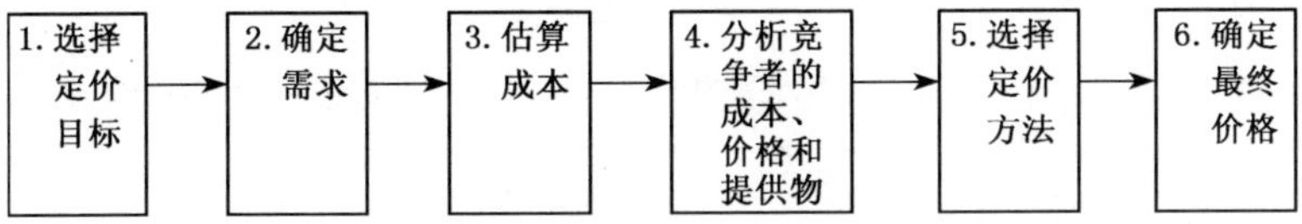

图9-1 服装定价的6个步骤

（1）选择定价目标

企业首先必须决定给它的市场供应物做怎样的定位。企业对它的目标越清楚，则制定价格越容易。每个公司在制定营销策略时，一定有某些特定目的，通常会有的定价目标主要有几个：当期利润最大化，市场占有率最大化，产品质量最优化，或维持生存。

① 当期利润最大化

每个企业都希望制定的价格能够获得当期利润最大。当一个企业的产品在市场上处于完全垄断地位时，可以实现利润最大化。但在一般市场竞争中，由于企业之间互相竞争、互为制约，因此其产品价格不能定得过高，否则会遭到其他企业的联合抵制或对抗，难以实现利润最大化。当期利润最大化存在的另一个主要问题是不太容易估计市场的需求。

② 市场占有率最大化

市场占有率是企业经营状况和产品竞争力状况的综合反映。提高市场占有率，维持一定量的市场占有率，是企业赖以生存的基础。市场占有率越高，说明企业产品的销路越好，也可以有较强的垄断能力控制市场及产品的价格。提高市场占有率比短期高赢利意义要大得多。所以，企业常常选择以提高市场占有率作为产品定价目标。以低价打入市场，开拓销路，逐步占领市场，最终获得较高的赢利。

③ **产品质量最优化**

一个企业的目标也可能是成为市场产品质量的领先者。服装行业中，企业可以将自己的品牌作为产品质量的象征，只要消费者提起，就会联想到它的质量是最优的。一般而言，高质量的产品，还应辅以相应的优质服务，价格也相对较高。致力于产品质量最优化的企业既可以提供将品质、奢华和高昂的价格融为一体的产品，也可以用消费者可接受的价格提供人们买得起的高质量产品。

④ **维持生存**

当企业面临生产力过剩、产品大量积压、市场竞争激烈或者消费者需求发生变化等情况而可能危及企业的生存时，企业不得已将维持企业生存作为定价的目标。企业为避免倒闭，往往靠大幅度降低价格，只要它们的价格能够弥补可变成本和一些固定成本，就能够维持住企业。因为，利润比起生存来要次要得多。但是，这种定价目标只能是企业特定发展过程中不得已的过渡性目标，一旦出现转机，将很快被其他的目标所替代。

（2）确定需求

价格会影响市场需求。在正常情况下，市场需求会按照与价格相反的方向变动。价格上升，需求减少；价格降低，需求增加。

① **需求价格弹性**

定价时要考虑产品的需求价格弹性。不同产品具有不同的需求价格弹性。企业可从需求弹性强弱的角度来考虑企业的价格决策。需求量的变化与价格的变化之比，我们称之为需求的价格弹性，也称需求弹性。它反映需求变动对价格变动的敏感程度，也就是价格变动百分之一会使需求变动百分之几。用公式表示为：

$$需求的价格弹性(Kp) = 需求量的变化(\%) / 价格的变化(\%)$$

如果商品的价格有较大变化，但需求却变化不大，称为价格的缺乏弹性需求。相反，如果价格稍有变动，需求量就变动很大，称为价格有弹性需求。

当存在下列情况时，需求可能缺乏弹性：市场上很少或没有替代品，或没有竞争者；购买者对较高的价格不在意；购买者改变购买习惯迟缓，在寻找更便宜的商品上表现不积极；购买者认为物有所值，或者认为存在通货膨胀的情况下价格上

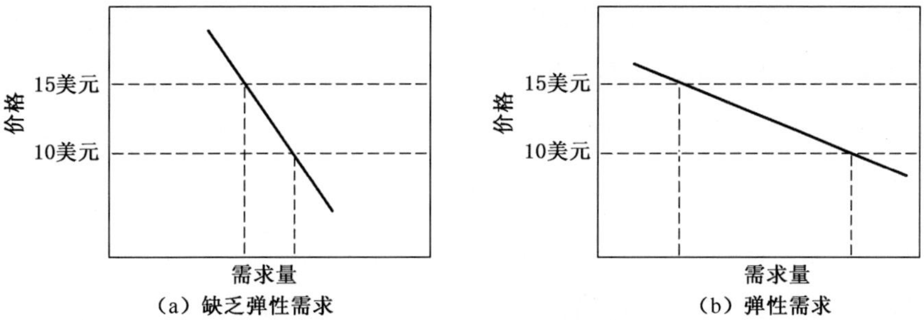

图 9-2　缺乏弹性和有弹性需求

升是可以理解的。

当需求量与价格等比例变化时:这类商品价格的上升或下降会引起需求量的等比例的上升或下降。 这时价格变化对销售量的影响不大,企业宜采取稳妥的价格政策,只要竞争者的价格不发生变动,企业也尽可能不首先发动价格调整,以尽快实现预期的投资效益。

当需求量变动的百分比大于价格变动的百分比时:这类商品价格的上升或下降会引起需求量较大幅度的下降或上升。 这时企业宜采用低价策略,因为只要价格稍微降低,市场销量就大大增加,这样可以带来更大的收入。

当需求量变动的百分比小于价格变动的百分比时:这类商品价格的上升或下降只会引起需求量较小程度的变化。 这时企业宜采取高价策略,因为较高水平价格往往会增加赢利,低价对刺激商品的需求量没有明显的作用,相反会降低企业收入。

不同层次服装商品价格弹性的特征:

大众成衣或大众时装——这一类服装属于基本型产品,占据服装商品比例大,需求富有弹性。 企业可采取降低成本或适时降价的策略,充分运用价格竞争手段占领市场。

经典时装——目标顾客群及潜在目标顾客群需求有一定弹性。 有计划的降价能争取更多的潜在顾客。 但折扣比例应相对较大,才能反映出价格的需求弹性。

高级成衣——需求缺乏价格弹性。 应该注意,降价不仅对扩大销售作用不大,还有可能失去原有忠诚顾客。 因为这一层次的顾客追求高品质、高品位的认知价值。

高级时装——众所周知,高价是高级时装的一种标志,价格是一种壁垒,而价格折扣仅仅是 VIP 顾客的一种特权。 高级时装价格是其名誉价值、艺术价值的一种表现，是与成本无关的一种效用价值的体现。 正如菲利普·科特勒所指出的那样：显示消费者身份和地位的商品需求曲线有时是向上倾斜的。 有时，高级时装提价后，销量有可能增加。

② 需求交叉弹性

在为服装产品线定价时，还必须考虑各产品项目之间相互影响的程度，服装产品线中的某一个产品很可能是其他产品的替代品或互补品。 这样，一项产品的价格变动往往会影响其他产品项目销售量的变动。 两者之间存在着需求的交叉价格弹性。 所谓替代性需求关系是指在购买者实际收入不变的情况下，某项产品价格的小幅度变动会使关联产品的需求量出现大幅度变动；而互补性需求关系是指在购买者实际收入不变的情况下，虽然某项产品的价格大幅度变动，但其关联产品的需求量并不发生太大变化。 服装产品的配套销售定价是一门独特的艺术，可以通过价格定位策略研究寻找需求交叉弹性规律。

③ 估计需求线的方法

大多数公司做了一些尝试去测量它们产品的需求线。 一般采取以下几种方法。

第一种方法是用统计方法分析过去的价格、销售数量和其他因素的数据来估算它们的关系。 这种方法需要详实的数据、合适的模型和高超的统计技能。

第二种方法是价格实验法。 这种方法在一个或几个商店里有系统地变动几个销售产品的价格，并观察其结果。 这种方法反复在相似地区变化不同的价格，研究价格是怎样影响销售的。

第三种方法是询问购买者在不同的价格水平，他们会买多少产品。 然而，这种方法的主要问题是购买者认为价格较高时会降低他们的购买愿望，这迫使公司不能制定高价格。

测算价格与需求的关系是比较困难的，市场调研者必须控制可能影响需求的其他因素，同时竞争者的不同反应也会影响测算结果。

（3）估算成本

需求在很大程度上为企业确定了一个最高价格限度，而成本则决定着最低价格限度。 价格应包括所有生产和销售该产品的成本，还包括对公司的努力和承担风险的一个公允的报酬。

如果把固定成本与变动成本都列出来，那么成本估算表上将开列出很多项目，但实际上，公司都会按简化的方式进行估算，见表 9-2。

表 9-2 公司成本估算

公司类型	成本估算
服装生产公司	用于材料上的成本 + 工缴费
服装商业公司	用于进货的成本 + 毛利

① 服装生产公司的成本核算

生产成本是企业为制作一件服装或一批服装所投入的费用。主要包括原材料采购费用，设计开发费用，生产加工费，机器折旧和机物料损耗，管理费用等等。服装材料成本是产品成本的主要部分，是以货币形式表现的已耗费的生产资料的价值。服装的生产材料主要就是服装的面料、辅料和配料。

当服装产品的设计越来越重要之后，设计成本被作为独立项目计入产品的成本之中。在实施科学的品牌操作的服装企业中，设计成本一般体现在信息与资料费用、产品设计与研制的投入、设计技术人员的劳动报酬，以及与产品设计相关的成本投入。这些成本费用尽管不像服装面辅料成本那样便于计算，但也时时体现在服装品牌的产品运作过程中。

② 服装商业公司的成本估算

分销成本是产品从生产者手中转移到消费者手中这一过程中发生的费用。主要包括产品运输、储存、包装、损耗、利息、店铺租金或商场扣点、人员工资、渠道维护管理、促销等费用。目前，我国大多数百货商场的扣点为企业销售额的 15%～30%，根据商场的竞争力不同扣点比例不同。

表 9-3 一件标价 85 美元的裙子的成本和利润 单位：美元

制造商成本		零售商成本	
原料	6.35	商品成本	37.49
衬料	0.64	通常的降价幅度	9.08
拉链	0.17	市场价格下降的幅度	0.87
人力	12.40		
包装成本（价签、商标挂钩、袋子）	1.11	费用（工资、促销费、租金等）	33.76
企业一般管理费用（设备建筑费、管理人员工资）	12.13		
利润	4.69	利润	3.78
批发价格	37.49	零售价格	84.98

资料来源：零售学精要．北京：机械工业出版社，2000，P252

成本估算在服装商业公司中也是至关重要的。商业公司除了进货成本外，分销成本也是很高的。服装经营者要根据自身的经营条件给出一个销售盈亏平衡点，把利润目标与流通费用均摊到每件衣服上，再加上进货成本，就形成了产品的销售价格。

③ 目标成本法

成本会随着生产规模和效率发生变化。现在越来越多的企业开始重视目标成本法。目标成本法首先确定一个新产品的功能，然后根据销售诉求和竞争价格确定该产品的定价，再从定价中减去毛利，剩下的就是目标成本。这个目标成本是必须达到的。通过检查每一个成本项目，如设计、制造费、销售费等，使最后的成本项目在目标成本之内。如果不成功，就不开发这项产品，因为它无法按目标价格销售从而实现目标利润。如果成功了，利润也会随之而来。

（4）分析竞争者的成本、价格和提供物

价格受市场供求状况的影响，而且还与竞争激烈程度密切相关。即产品的最高价格取决于市场的需求，最低价格受总成本制约，而在此之间，企业究竟能制定多高的价格，则要受竞争者同类产品价格的影响。

（5）选择定价方法

企业的产品价格受到市场需求、成本费用和竞争情况三个方面因素的影响和制约。产品成本规定了产品价格的最低底数。市场需求限定了产品价格的最高限度。竞争者的价格提供了企业在制定其价格时必须考虑的标定点。

企业通常通过考虑这三个因素中的一个或几个来选定定价方法以解决定价问题。具体定价方法将在下面介绍。

（6）确定最终价格

企业最后拟订的价格除了同企业定价政策相符合外，还要考虑消费者的心理，如将价格定为 1 299 元（奇数定价法）。选定最终价格时，还须考虑企业内部有关人员（如推销人员、广告人员）、经销商、供应商等对所定价格的意见，另外还要考虑竞争对手对所定价格的反应。除此之外，公司还必须清楚拟订的产品价格是否符合公司品牌发展的整体计划。

9.1.3 服装定价的主要方法

服装定价的方法，是服装企业在特定的定价目标指导下，依据对成本、需求及竞争等状况的研究，运用价格决策理论，对产品价格进行计算的具体方法。定价的方法主要包括成本导向定价法、需求导向定价法和竞争导向定价法。

（1）成本导向定价法

成本导向定价是企业定价首先需要考虑的方法。成本是企业生产经营过程中所发生的实际消耗，客观上要求通过商品的销售而得到的补偿，并且要获得大于其支出的收入，超出的部分表现为企业利润。以产品单位成本为基本依据，再加上预期利润来确定价格的成本导向定价法，是企业最常用、最基本的定价方法。

① 成本加成定价法

所谓成本加成定价就是在产品的单位成本上加上一定比例的利润，作为单位产品售价。加成的含义就是一定比率的利润。其计算公式为：

单位产品售价 = 单位产品成本 ×（1 + 成本加成率）

这是成本导向定价方法最基本的形式。成本加成率的衡量方法，即加成率 = 加成 / 进货成本。其中：加成 = 售价 − 进价。

采用这种方法定价的关键是确定成本加成率。加成率的大小与商品的价格弹性有关。需求价格弹性大的商品，加成率宜相对低些；需求价格弹性较小的商品，加成率宜相对高些。

加成的比率因时间、地点、市场环境的变化而有很大差别，一般服装产品的加成率约在40%～60%左右。

用这种方法并非一定能定出最佳价格，因为它忽视了市场需求和竞争，而且缺乏灵活性，难以适应市场竞争的变化形势。但是加成定价法具有计算方便、定价程序简单等优点。而且在正常情况下，按此方法可以保证企业获得预期的利润。因此，在市场环境稳定的情况下，许多企业都采用这种方法定价。

② 损益平衡定价法

损益平衡定价法是企业在预测商品销售总量和已知的固定成本、变动成本及价格前提下，确定能够保证企业收支平衡的产销量的方法。收支平衡点也称损益平衡点（或盈亏临界点），其计算公式为：

损益平衡点产量 = 固定成本 /（单位产品价格 − 单位可变成本）

当企业的产量及销售量达到损益平衡点时，企业不盈也不亏，收支平衡，保本经营。保本价格计算公式为：

保本价格 = 固定成本/损益平衡销售量 + 单位产品变动成本

③ 成本倍数法

价格 = 成本系数 × 成本

这种方法亦称经验定价法，时装与高档品牌服装的定价常用。定价的关键是选择成本系数。上述成本概念是指面辅料成本及加工费成本，不包括流通领域的成本费用。一般大众时装成本系数取 3～4；先锋派时装成本系数取 5；经典时装或高档服装成本系数取 6。这种定价方法简便实用，很多服装企业都在运用。

从本质上说，成本导向定价法是一种卖方定价导向，他忽视了市场需求、竞争和价格水平的变化，在有些时候与定价目标相脱节，不能与之很好地配合。此外，运用这种方法制定的价格是建立在对销量主观预测的基础上，从而降低了价格制定的科学性。因此，在采用成本导向定价法时，还需要充分考虑需求和竞争状况，确定最终的市场价格水平。

（2） 需求导向定价法

现代市场营销观念要求企业的一切生产经营必须以消费者需求为中心，并在产品、价格、销售和促销等方面予以充分体现。只考虑产品成本而不考虑竞争状况及顾客需求的定价不符合现代营销观念。根据市场需求状况和消费者对产品的感觉差异来确定价格的方法叫做需求导向定价法，又称市场导向定价法或顾客导向定价法。其特点是灵活有效地运用价格差异，对平均成本相同的同一产品，价格随市场需求的变化而变化，不与成本因素发生直接关系。

需求导向定价法是以消费者需求的变化及消费者价格心理作为定价的基础，伴随现代营销观念所产生的定价方法。这种定价方法主要有以下两种形式。

① 感知价值定价法

感知价值定价法也称为认知价值定价法。它主要是指企业根据消费者对于某种商品的价值观念或感受，而不是根据产品成本，来进行定价的方法。企业应该研究该种产品在不同消费者心目中的价格标准以及在不同价格水平上的不同销售量，并做出恰当的判断，进而有针对性地运用营销组合中的非价格因素去影响消费者，使消费者对本企业形成一定的有利的价值观念，然后还要估算投资额、销售量、单位产品成本和利润，制定出符合消费者需求的期望价格和营销组合策略。

感知价值定价法的关键要求企业准确地评价市场对本企业产品价值的认知。如果卖方高估了自己的产品价值，则其产品的定价就会偏高；相反，如果卖方低估了自己的产品价值，则其产品的定价就会偏低。为了有效地定价，企业需要经常地进行市场调查，测定市场的价值认知程度。

假如市场上有三家企业都生产领带，抽样选取一组顾客为对象，了解他们对三家企业产品的感知价值。有三种方法可以使用：

A. 直接价格评比法。顾客对每一种领带估测价格，该价格能反映出购买每种品牌的总价值。如，他们对三种品牌的估测价格分别为：255 元、200 元、152 元。

B. 直接认知价值评比法。即顾客将 100 分分配给三种品牌的领带，来反映三家企业各自产品的总价值。假如顾客给三家企业的分数为 42 分、33 分、25 分，而领带的市场平均价格为 200 元，则可算出三种品牌的领带的感知价值所代表的价格分别为 255 元、200 元、152 元。

C. 诊断法。即顾客根据一系列的特征对产品进行评判。假如顾客对领带的质地、花色、种类、垂感四项属性赋予一定的权重系数，与其得分相乘，便可发现，三种品牌领带的感知价值分别为 42 分（高于平均分）、33 分（处于平均值）、25 分（低于平均分）。因此，定价时，可以拉开档次。

② 价值定价法

价值定价法是指企业以较低的价格出售高质量的产品。在服装行业，ZARA、H&M 都采用价值定价法。价值定价法并不是简单地制定一个相对竞争产品来说价格更低的产品，而是要对企业的运作进行重构，从而在不损害质量的前提下提供低成本的产品，吸引大量对价值敏感的顾客。

（3）竞争导向定价法

竞争导向定价法即在竞争激烈的市场上，企业通过研究竞争对手的生产条件、服务状况、产品价格水平等因素，并依据自身的竞争实力，参考成本和供求状况来确定产品价格。其特点是：价格与商品成本、需求不发生直接关系；产品成本或市场需求变化了，但竞争者的价格未变，就应维持原价；反之，虽然成本或需求都没有变动，但竞争者的价格变动了，则应相应地调整产品价格。

基本上，时尚型服装属于异质产品，在异质产品市场上，企业有较大的自由度决定价格。产品差异化使购买者对价格差异的存在不甚敏感。企业可以相对于竞争者灵活确定自己的价格定位。

当服装商品以同等于竞争者价格进入市场时，可采取品牌等非价格竞争策略，使企业与竞争者共享市场。

当服装商品以高于竞争者同类产品的价格进入市场时，企业与竞争者市场互补。但应注意必须让消费者感到物有所值，否则，成熟消费市场中质价不符的高价服装将无人问津。

当服装商品以低于竞争者同类产品价格进入市场时，应尽可能降低产品与服务成本，体现服装商品的成本竞争优势。当服装商品以低于成本定价时，往往会受到反倾销法的限制。

竞争导向定价法主要有以下两种方法：

① 随行就市定价法

随行就市定价法是指企业按照行业通行的价格水平或平均价格水平制定价格的定价方法。这种定价方法简单、安全无风险，容易被消费者接受，并可避免行业价格竞争。不足之处是没有注重自身产品的成本和市场需求。

② 差异价格定价法

差异价格定价法是指采用与竞争者不同价格的定价法，可以低于竞争者的价格，也可以高于竞争者的价格。这是一种积极的定价方法。企业在定价时，不仅对本企业产品的性能、质量、款式、成本等进行分析，还对竞争对手的产品做了较为详细的调研，分析其优劣势，在此基础上确定产品价格，形成竞争优势。

服装企业常用的是随行就市定价法，即将本企业某产品价格保持在市场平均价格水平上，利用这样的价格来获得平均报酬。此外，采用随行就市定价法，企业就不必全面了解消费者对不同价差的反应，从而为营销、定价人员节约了很多时间。服装企业应对照竞争者产品的价格，谨慎保持与竞争对手价格的差距。

9.2 服装定价策略

上节所述定价方法是依据成本、需求和竞争等因素决定产品基础价格的方法。但在市场营销实践中，企业还需要考虑或利用灵活多变的定价策略，修正或调整产品的基础价格。大多数定价策略可被组合使用，所以每种策略对企业来说都是有价值的。企业最终选择何种定价策略，与其全部的市场营销和生产组合密切相关。

9.2.1 价格的定位策略

服装企业在制定价格时价格的定位是十分重要的，它是企业战略的直接体现。可以选择以下几种定位策略：

（1）高价定位

服装是一种技术含量较低的产品，较容易被他人仿造，故服装产品的高价定位和一般新产品的撇脂定价法不同。其高价定位的目的不是为了在短期内收回投资，赚取高额利润，而是为了维持一种产品的形象。对于高价定位的服装，常常配合以大量的广告宣传，从而产生一种名牌高价的效果。

（2）廉价定位

廉价定位是通过该产品与同类产品的价格比较，以较低的价格打开销路，占领市场，但这种定价的获利较少，需有较长的投资回收期。企业在产品打开市场以后，可以通过逐步提高价格来提高获利能力。对于市场竞争较强的常规服装可以采用这一策略。如“新郎”西服就是用这种策略打开市场的。

（3）不定位的变价

大多数的季节性流行服装都是采用这一定价策略的。它的特点是在不同的时间内采用不同的价格。在服装流行的初期，以高价赚取高额的利润；在流行的末期则以低价售出剩余的商品，以回收资金取得最后的利润。

9.2.2 折扣定价策略

折扣定价是卖方为了正确处理和买方的利益关系，促进本企业的生产和经营，根据商品交易的内容和条件，如交易的对象、交易的数量、付款的条件等，对买方进行一定的价格折扣。

直接折扣的形式有数量折扣、现金折扣、功能折扣、季节折扣；间接折扣的形式有回扣和津贴。

数量折扣有两种形式:累计数量折扣和非累计数量折扣。 累计数量折扣是指在某一阶段时间内对顾客总购买量提供的一种价格折扣,其目的是加强顾客的忠诚度。 相反,非累计数量折扣是指对一次性购买的顾客提供的价格折扣,其目的是鼓励大额购买。 数量折扣的好处是可以刺激顾客在某一销售商那里更多地订货,而不是从多个供应商处购买。

服装市场上的折扣定价表现为服装生产企业对服装经销商的折扣和服装零售商对顾客的折扣。

服装生产企业对服装经销商的折扣主要是在买方以现金支付货款或买方购买的大批量产品时,卖方给买方一定的优惠。 这种优惠可以表现为价格上的折扣,也可以表现为数量上的折扣。 通过这种折扣,卖方不仅可以加速资金的周转,节约流通的费用,还可以减少呆账的风险。

服装零售商对顾客的折扣主要是季节性的折扣。 服装是季节性很强的商品,一旦季节转换,服装就很难销出,不仅资金占用时间长,无法周转,而且由于服装流行的快速变化,这些陈年服装将更难销出。 因此,服装的零售商往往是在时装上市的初期,通过高价以取得足够的利润,等到转季时,再以低廉的折扣价将剩余的商品销售出去。

某些情况下,服装企业通过开设特卖场的方式以较大幅度的折扣进行产品特卖,这样既不影响自身形象,有起到了处理库存的目的。 如有些品牌开设专门的折扣店,以销售过季或过时的商品,“宝姿”每年在某一时间段选择一合适的地点开设特卖专场,吸引了大量追求名牌又讲究实惠的消费者。

9.2.3 差别定价策略

差别定价策略是指同一质量、功能、规格的商品或劳务,对待不同需求的顾客而采用不同的价格。 也就是说,价格差异并非取决于成本的多少,而是取决于顾客需求的差异。 这类定价法主要有以下几种形式:①对不同的顾客群,可以用不同的价格,甚至可以讨价还价;②对外观不同的同种商品,可以规定不同的售价;③对不同的销售或服务区域,可以规定不同的地区差价;④对不同季节、不同时间的商品或劳务,可以规定不同差价。

实行差别定价一般要满足如下条件:①市场必须能够细分,而且这些细分市场有不同的需求程度;②支付低价的细分市场的顾客不能将产品转销给付高价的细分市场;③细分市场和监控市场的费用不应超过差别定价所得的额外收入;④这种定价法不会引起顾客的反感;⑤差别定价的具体形式不能是违法的。

9.2.4 心理定价策略

心理定价策略是根据心理学的原理,以强化消费者某种购买心理动机而采取的销售策略。 它主要包括以下几种:

(1) 尾数定价

尾数定价是在定价时故意保留尾数,使消费者认为价格较低,以激发消费者购买动机中的求廉心理,从而达到扩大销售的目的。 如 19.9 元的服装从感觉上比 20 元的要便宜。 这种定价策略一般适用于中、低档的服装,对高档服装则不宜采用。

(2) 声望定价

声望定价是指企业利用消费者仰慕名品名店的声望的心理采用的一种定价方法。 因名品名店使消费者产生了信任感,一般故意把价格定成整数或高价,基本上不影响销售。 当然价格也不能高得离谱,使消费者不能接受。 如一些名牌服装定价为 1 800 元。 声望策略不仅可以提高商业利润,而且还可以表现该服装的身价,满足部分消费者的心理需要。 这种定价策略适用于部分高档服装。

(3) 招徕定价

招徕定价是指零售商利用部分顾客求廉的心理,特意将某几种商品的价格定得较低以吸引顾客。 如某些服装店推出几款商品以较低的价格出售,吸引顾客前来购买,同时也选购了其他正常价格的商品。

9.2.5 新产品定价策略

企业对新产品的定价以及制定价格策略的自由度取决于市场状况及市场营销策略组合的其他因素。 例如,服装企业推出一种新产品服装,款式新颖,做工精细,而且在市场上没有类似的替代品,那么这种服装在刚上市时有较大的定价自由,宜采取新品新价策略。 这种价格策略通常有三种方式:撇脂定价、渗透定价、满意定价。

(1) 撇脂定价

撇脂定价的意思是“从顶端撇去奶油”,它是指在产品生命周期的最初阶段，企业把新产品的价格定得远远高于成本，以攫取最大利润，有如从鲜奶中撇取奶油。企业为那些具有独特优势的新产品定价时通常使用这种策略。由于新产品较市场上其他产品有明显的优势，顾客愿意以高于市场平均水平的价格购买这种新产品，那么撇脂定价是最合适的定价方法。

成功的撇脂定价策略能够使经营者在短期内迅速收回产品成本，并迅速获得盈利。产品的销售对象主要是那些高收入阶层。产品在销售一段时间后，可以逐渐降低价格，以吸引更多顾客，渐渐扩大市场覆盖面。服装产品的款式容易被仿制，当市场上出现大量仿制品时，企业要及时更新策略，采取降低价格以保持优势，使竞争者处于不利地位。这种定价方法的优点是企业能迅速实现预期盈利目标，有利于企业回收资金，便于扩大生产规模。新产品的高质量、高价格的特点容易刺激需求，也有利于树立名牌产品的形象。缺点是由于价格过高，对消费者不利，容易影响产品市场的开拓。同时，高价厚利信号极易诱发激烈的竞争，从而缩短企业新产品的高额利润期。

（2）渗透定价

渗透定价是与撇脂定价相对的定价策略。是企业对其新产品制定相对较低的价格，以吸引大量顾客，利用价廉物美迅速进入大众市场，占领大量的市场份额。这种定价方法可以使企业迅速打开新产品的销路，有利于提高市场占有率，降低生产成本，树立良好的企业形象。同时，低价薄利不易诱发市场竞争，便于企业长期占领市场。缺点是产品的投资回收期较长，价格变动余地小，使企业对市场随时变化的情况难以应付。

（3）满意定价

满意定价是介于“撇脂”和“渗透”两种定价方法之间的定价方法。它的特点是企业制定的新产品价格水平适中，兼顾了买卖双方及中间商的利益，既避免了撇脂定价策略因价高而具有的市场风险，又避免了渗透定价策略因价低带来的困难，因而使各方面都能满意接受。它的优点是价格比较稳定，能够顺利实现企业制定的预期目标。缺点是相对比较保守，不适于需求多变或竞争激烈的市场环境。这种定价方法一般适用于规模较小的企业。

9.2.6 产品组合定价策略

当某种产品成为产品组合的一部分时，对这种产品定价的逻辑必须加以修订。在这种情况下，企业要寻找一组在整个产品组合方面能获得最大利润的共同价格。

大多数服装品牌企业，每一季节都向市场提供多个系列服装，供顾客选择。各系列产品在面料、工艺、款式上都有一定的差异，其中有一个或几个系列作为主推产品，并以主推产品系列价格为基准，向上和向下进行延伸，形成价格系列。如主推产品是以高支纱定织面料制成的西服，定价 1 500 元，向上为 2 000 多元的采用进口高档面料生产的产品，向下则是采用普通面料生产的1 000元左右的西服。这样在消费者看来是高、中、低三种不同质量的服装，即使这三种价格的服装同时提价，消费者仍可能会按自己偏好的价位点进行选购。

在为不同系列服装制定价格时，除要考虑各个系列产品的生产成本外，还要考虑各系列产品之间的价格差异是否合理，也就是是否能使消费者感知到不同价格的服装确实存在档次差异，并且每个价格段服装都能产生相应的销售量。

产品束定价法是指有些服装企业也常常将产品组合在一起，定价销售。如男装品牌，将衬衫、领带、皮带等组合成一整套进行销售，售价比分别购买这些产品要低，既增加了企业的销售，又使顾客得到一定实惠。但是由于顾客本来不一定购买全部产品，因此节约的金额必须有一定的吸引力，才能吸引顾客购买。

9.2.7 网上定价策略

网上销售可以说是销售方式的一场革命。因此，商品网上定价也不同于一般的定价策略。互联网给大家提供了巨大的方便，消费者可以对多个产品和价格进行比较，也可以通过网上拍卖对自己中意的商品进行竞价。网上定价与实体店的定价是不同的，如何协调两者之间的关系也是企业需要考虑的问题。因此，企业网上价格竞争往往是同质商品最重要的竞争手段，而差异化的产品将是网上销售赢得利润的关键。

9.3 服装价格调整

价格在确定以后，一般不应轻易改变，但也并不是一成不变的。企业为了生存和发展有时候需要主动降价或提价,有时候又需要对竞争者的变价作出适当的反应。

9.3.1 适时进行价格变更

企业在产品价格确定后,由于客观环境和市场情况的变化,往往会对价格 进行修改和调整。

(1) 发动降价

企业在以下情况需考虑降价:

① 企业生产能力过剩,产量过多,库存积压严重,市场供过于求,企业需以降价来刺激市场需求。

② 面临强有力的价格竞争,企业如果不降价将会失去顾客或减少市场份额。

③ 随着科技的进步,劳动生产率不断提高,生产成本逐步下降,产品价格也应下降。

(2) 发动提价

提价一般会遭到消费者和经销商反对,但在下列情况下不得不提高价格:

① 通货膨胀。 物价普遍上涨,企业生产成本必然增加,为保证利润,不得不提价。

② 产品供不应求。 一方面买方之间展开激烈竞争,争夺货源,为企业创造有利条件;另一方面也可以抑制需求过快增长,保持供求平衡。

9.3.2 价格变化的反应

任何价格变化将会受到购买者、竞争者、分销商、供应厂商,甚至政府的注意。

(1) 顾客对价格变化的反应

顾客对降价可能有以下看法:①产品样式过时,将被新产品取代;②产品有缺陷,销售不畅;③企业财务困难,难以继续经营;④价格会进一步下跌;⑤产品质量下降。

提价通常会阻碍销售,也可能带来某些积极的意义。 顾客对提价的反应可能是：产品很畅销，如不赶快买就买不到了；产品价值很高；卖主想赚取更多利润等。

（2）竞争者对价格变化的反应

服装是一种季节性、流行性很强的商品，这使得服装企业经常面临价格变动的压力。一个打算变更价格的企业必须考虑到竞争者的反应。在产品同质，买者信息灵通的地方，竞争者是很可能作出反应的。

① 相向式反应，即你提价，他也提价；你降价，他也降价。这样一致的调价行为，对企业影响不太大，不会导致严重后果。企业坚持合理营销策略不会失掉市场和减少市场份额。

② 逆向式反应，即你提价，他降价或维持原价不变；你降价，他提价或维持原价不变。这种相互冲突的调价行为，影响很严重，竞争者目的也十分清楚，就是乘机争夺市场。对此，企业要进行调查分析，首先摸清竞争者的具体目的，其次要估计竞争者的实力，再次要了解市场竞争格局。

③ 交叉式反应，即众多竞争者对企业调价反应不一，有相向的，有逆向的，有不变的，情况错综复杂。企业在不得不进行价格调整时，应注意提高产品质量，加强广告宣传，保持销售渠道畅通。

9.3.3 对竞争者发动价格变化的反应

在异质服装产品市场，购买者不仅考虑产品价格高低，而且考虑质量、服务、可靠性等因素，因此购买者对较小价格差额无反应或不敏感，企业对竞争者价格调整的反应有很多自由。

在同质服装产品市场，面对价格的瞬息万变，服装企业必须有快速灵敏的反应。面对竞争者的价格变化时，企业必须冷静分析：竞争者调价的目的是什么？调价是暂时的，还是长期的？能否持久？企业面对竞争者应权衡得失，考虑是否做出反应及如何反应等问题。若企业要做出反应，最好事先制定反应程序，按程序处理，提高反应的灵活性和有效性。企业对竞争者调价反应如图 9-3 所示。

当企业处于市场领导地位时，常常会碰到其他服装品牌为争夺市场份额而发起的降价活动，在这种情况下，可以有以下几种选择：

（1）维持价格稳定

给消费者高价高品位的感觉，让消费者了解本企业品牌价格定位合理且严

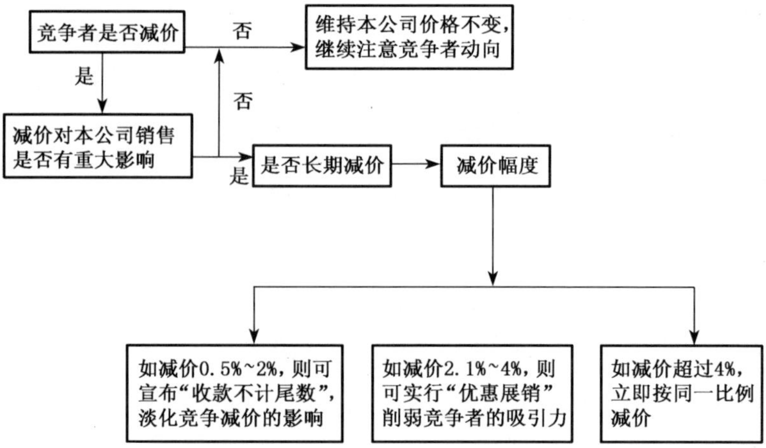

图 9-3　企业对竞争者调价的反应

谨，不随意降低价格。但是这种策略的风险是有可能失去原有的市场份额。

（2）非价格竞争

市场领导者可以通过改善商品性能，服务和沟通争取市场和消费者的青睐，这可能比降价和在较低毛利率下继续经营要划算得多。

（3）降价

当企业采取降价策略时，意味着与竞争者进行全面的价格竞争以维持市场占有率，同时应尽力保持产品质量和服务水平。

（4）研发创新

可以创立单独的低价格品牌或产品系列，以清晰的细分市场来应对竞争对手。

（5）提高价格

市场领导者可以提高价格并引入一些新品牌去保护受到攻击的品牌。

9.4　案例

奢侈品价格的“怪现象”

2010 年，许多奢侈品牌在年中和年底涨价了两次。香奈儿品牌的包涨价

10%到 20%不等,有的专柜甚至涨了 40%。

2011 年,奢侈品涨价一路未停。 在年初,包括路易 · 威登、香奈儿、爱马仕等奢侈品对旗下的部分产品进行提价。 在中国市场,2011 年 7 月份,由于奢侈品进口关税下调,许多奢侈品为了维护其品牌奢侈的形象,价格不但未降反而普遍上涨,而其中的高端品牌涨幅达到 5% 至 20%,金、钻、表的涨幅甚至高达 30%。

2012 年刚进入 4 月,奢侈品陆续迎来新一轮涨价潮,巴宝莉、路易 · 威登、卡地亚等奢侈品牌陆续涨价 5%~25%不等。

如此局面不由得让人困惑,美国的失业率屡创新高,欧洲时不时传出主权债务危机的消息,发源于欧美的各大品牌为何如此自信?

有的奢侈品牌给出了自己的理由:原材料涨价了,皮毛尤其贵,产品价格自然水涨船高。 然而又有质疑之声:谁都知道奢侈品是个极高毛利率的行业,原材料成本的上升并不那么难消化。

奢侈品涨价是营销手段

业内人士表示,奢侈品逐年涨价早已成为其营销手段之一,大多数奢侈品品牌每年都会有 1~2 次的规律性调价。 就一般产品来说,产品价格由制作成本、研发成本、市场推广费用、销售费用、管理费用、汇兑损益、合理利润、溢价等因素构成。 但于高附加值的奢侈品、高端消费品来说,涨价并非简单的成本推动。 中国奢侈品协会行政总裁蔡苏建认为:“奢侈品本身的溢价空间就很大,成本的涨幅对其不构成绝对影响。 靠定期价格上涨来保持品牌高端地位,是奢侈品品牌的常规保护策略。 它首要的是要保持高价位这一根本的属性,这是奢侈品的精神价值所在。 奢侈品要的是心理价值,一般消费品强调功能价值。” 博盖咨询董事总经理高剑锋说,“涨价符合高端消费品的品牌策略,这些品牌需要在价格上保持一个不断爬升的状态以确保其高端性,而价格上升慢反而会被市场淘汰。”

奢侈品的定价原则已远远超越了传统的定价思维,“高价位”这一根本的属性,是奢侈品精神价值的体现。 以路易 · 威登为例,其完全控制价值链的所有环节,既是品牌拥有者,又是生产商、批发商、代理商和零售商。 涨价的直接后果是赚取丰厚的多层利润。 涨价能为新兴市场留下足够的利润空间,同时也能弥补因全球经济危机而损失的利润。

提价不减销量

原本价格与销售量之间的反比关系，在奢侈品的营销中却活生生地变成了正比。对于专业人士而言，普通人眼中违反经济常识的现象，在奢侈品的销售中太正常不过了。

涨价并没有影响奢侈品的销量。从 2010 年度和 2012 年度各大奢侈品牌公布的业绩数字来看，奢侈品的消费者具有强劲购买力，大多数奢侈品牌在整个经济不景气的情况下业绩傲人。甚至某些产品在价格上调后，出现“不一定有货”、“需排队等候”等热销现象。

世界奢侈品协会中国代表处首席执行官欧阳坤认为买涨不买跌的消费心理也给了奢侈品牌一个合理的涨价理由。消费者在熟悉了以涨价调控市场购买速度、缓解供应压力的营销手段后，就会产生再不买还会涨的心理。在这种情况下，“品牌涨价反而变成一种正常的策略了。奢侈品希望获得高于其他任何品牌的价格和附加值，所以一旦其他产品涨价，奢侈品也会不断提升价格”。

业内人士表示，奢侈品生产商对产品数量的严格把控，以及奢侈品品牌所拥有的国际性影响，是其提价不减销量的又一保证。

奢侈品价格内高外低

消费者已经发现，奢侈品价格“倒挂”明显，即同款产品在中国境内的售价往往高于在国外的售价。

2011 年，对外经济贸易大学奢侈品研究中心完成了国内首份奢侈品境内外市场价格的动态监测报告。该报告共涉及珠宝、腕表、箱包、皮鞋、高档酒、香水、化妆品 7 大类商品，65 个国际奢侈品牌，115 种产品。监测范围包括中国内地、香港、澳门，以及法国、意大利等欧洲地区，还有美国市场，范围涉及奢侈品的有税销售市场及免税市场。报告显示，在上述 7 大类商品中，腕表的境内外差价最大，其中最高百分比达到 348.72%，平均达到 160.68%。以欧米茄 Olympic Collection-Timeless 腕表为例，其官网售价 2 900 美元(约合 18 560 元人民币)，天津市商场售价却高达 51 200 元，差价幅度达到 176%。而一款巴宝莉经典格子女士长款钱包，在其英国官网售价是 142 英镑(约合 1 462 元人民币)，而在天津市巴宝莉专卖店的售价是 3 200 元人民币，差价达到 1 738 元，天津市售价高出境外售价 119%；古驰一款“sukey”仿古纹理挎包，美国官网售价 795 元(约合 5 088 元人民币)，天津市商场售价 9 010 元人民币，差价达 77%。

不仅如此，在奢侈品的涨价风潮中，虽然是全球普涨，但中国区的涨幅却尤为明显。

案例来源：1. 卢曦. 奢侈品涨价只因中国太给力. 中国经营报；2. 张平. 抓住买涨不买跌消费心理——奢侈品涨价促销故伎重演. 国际商报；3. 张琦，耿雅新，付麟. 境内外奢侈品价格最多相差三四倍——中国市场奢侈品怪状. 中国质量报

思考练习题

1. 服装定价主要考虑哪些因素？
2. 面对竞争者的降价策略，服装企业应该如何应战？
3. 比较几种定价方法的优缺点。
4. 列举几个服装企业的产品特色，分析其主要定价策略。

第 10 章 服装营销渠道策略

知识要点

1. 掌握服装营销渠道的定义和作用；
2. 了解服装营销渠道的基本结构和类型；
3. 掌握服装营销渠道的选择和管理。

本章内容提要

营销渠道，也称分销渠道，指产品从制造者手中转至消费者所经过的各个中间商连接起来形成的通道。它能够有效地减少交易次数，提高交易效率。

服装营销渠道的基本功能是提高交易效率；克服服装生产和消费的背离；提高企业的资金效率；分担经营风险；促进市场开发。服装营销渠道在结构上有长度和宽度两个维度。服装营销渠道设计须参考的影响因素有：市场特性；产品因素；中间商特性；服装企业的特性；成本因素。服装营销渠道设计须遵循的原则有：分工协同原则；辐射覆盖原则；整体效率原则；动态平衡原则。在选择服装营销渠道中的中间商时，须考虑以下标准：中间商的经济实力和经营能力；中间商的信誉；合作意愿。对服装营销渠道的激励，包括直接激励和间接激励。辅助营销渠道的改进包括：调整渠道政策；渠道成员的增减；渠道类型的增减；整个营销系统的修正等类型。

10.1 服装营销渠道结构

进入市场的服装商品必须通过流通中介从生产者手中转至消费者或用户手

中。 服装生产与服装消费之间存在着时间、地点、数量以及所有权等方面的差异和矛盾。 只有克服这些矛盾和差异,才能使产品实现预期的效用,实现其价值和使用价值。 服装商品从生产方转移到消费者的过程中,离不开中间商或其他中介机构。 正是通过这些流通中介机构的经营活动,生产企业才得以在适当的时间、按适当的价格与数量,将产品送达适当地点的目标顾客。 这一系列营销中介机构就形成了一条条分销渠道。 如何管理中间商以及如何选择销售渠道,将直接影响到各个企业的经营效率和效益。

10.1.1 服装营销渠道的概念

在目前的市场上,大多数服装生产企业都不是将其产品直接出售给最终用户的。 在生产者和最终消费者之间有大量执行不同功能和具有不同名称的营销中间机构,如:买卖中间商、代理中间商、辅助机构等。

在市场营销理论中,有两个与渠道有关的术语经常不加区分地交替使用,这就是市场营销渠道和分销渠道。

所谓市场营销渠道,是指配合起来生产、分销和消费某一生产者的产品和服务的所有企业和个人。 也就是说,市场营销渠道包括参与某种产品供产销过程的所有有关企业和个人,如供应商、生产者、商人中间商、代理中间商、辅助商(如支持分销活动的仓储、运输、金融、广告代理等机构)以及最终消费者或用户等。

例如,服装生产企业把成衣销售给批发商,而后批发商又销售给零售商,这些批发商也许并没有运送或保管过该商品;即使有若干专业的运输公司或仓储公司参与了商品实体转移活动,但它们却从未介入任何商品的买卖交易活动,而只提供了服务。 处于中间商环节的物流机构在商品销售过程中并不对商品拥有所有权,但它们帮助达成了商品的买卖交易活动。 因此也应算作营销渠道的一个环节。

所谓分销渠道(也称销售渠道),是指服装产品从服装企业转移到消费者的过程中所经过的途径。 一般指仅参与了商品所有权转移或商品买卖交易活动的中间商组成的商流通道。 整个服装销售渠道的起点是服装生产者,终点是最终消费者。 中间商包括参与商品交易活动的批发商、零售商、代理商和经纪人等,但不包括供应商和辅助商。

由于中间商的存在，不同商品或同一种商品的分销渠道可以大不相同。不过，只要是从生产者到最终用户或消费者之间的任何一组与商品交易活动有关并相互依存、相互关联的营销中介机构均可称作一条分销渠道。

10.1.2 服装营销渠道的结构

（1）营销渠道的长度

在商品从生产者转移到消费者的过程中，任何一个对产品拥有所有权或负有推销责任的机构，都可视为一个渠道层次。

渠道的长度是指商品从生产者流向最终消费者的整个过程中，所经过的中间层次或环节的数量。中间层次或环节越多，则营销渠道的长度越长。

① 零级渠道

指服装产品从生产者流向最终消费者的过程中不经过任何中间商。

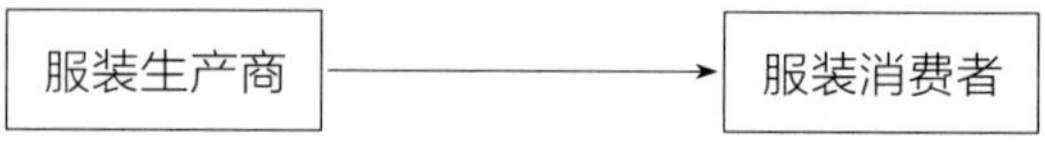

直接渠道的优点有：流通时间短；直接销售费用低；及时掌握市场信息。

直接销售渠道的不足之处在于：会占用企业资源；分散企业的生产力量；影响企业效益。

② 一级渠道

指在服装产品的生产者和消费者之间有零售商的介入。

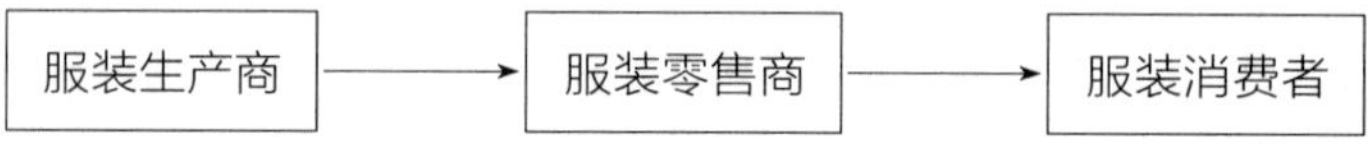

③ 二级渠道

指在服装产品的销售渠道中，由批发商把产品转卖给零售商，再由零售商将产品卖给消费者的渠道形式。

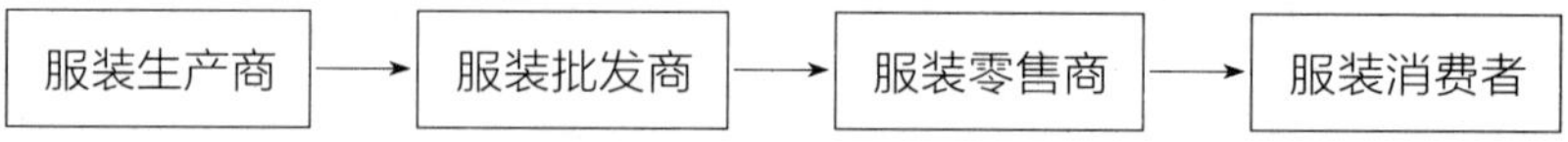

服装企业在选择长度策略时，除了直接渠道没有中间商的介入，其他几种策略都包括不同类型的中间商。这些中间商一方面可以帮助企业实现产品（服装）从生产者到消费者的转移，也减少了企业在流通领域的开支和风险，在服装的销售过程中发挥了重要的作用。企业可根据实际情况，选择不同的中间商为其代理和销售服装。企业选择的中间层次越多，销售渠道就越长。但太长的销售渠道会使服装价格成本上升，企业对渠道的控制力减弱，这会影响企业的营销效果。

（2）营销渠道的宽度

营销渠道的宽度是指渠道中的每个层次使用的同种类型中间商的数目。同一层次或环节的中间商越多，渠道就越宽；反之就越窄。

企业一般有三种宽度策略，即密集分销、选择分销和独家分销。

① 密集分销是指企业尽量采用更多的中间商来销售本企业的服装产品。密集分销策略可实现市场覆盖面广，增加产品销量，提高市场占有率。但是可能会导致企业对中间商的管理失控，因此，企业也要择优而行，对中间商给予必要的监督，加强互相了解和沟通，随时把握市场的变化。

密集分销适用于购买频率高，但每次购买量不大的日常用品。对服装而言，一些无品牌或非选购服装，通常采用这种策略，而流行性和季节性强的服装一般不会采用此策略。

② 选择分销是指企业在市场上选择少数几个符合企业特定要求的中间商来经销服装产品。

选择分销策略可以提高营销效率，节省费用开支，并能够对市场实施有效的控制；缺点是企业难以在营销环境宽松的条件下实现多种经营目标。

现实中，服装企业大多采用选择分销策略。在实际运用过程中，需要注意以下几个问题：A. 必须对服装中间商进行选择性分类。企业在选择中间商之前，须对中间商的类型、声誉、可能销售量、每次订货量、付款能力、服务能力等进行考察，经过认真论证之后做出决定。B. 为了尽可能避免中间商之间的竞争，要控制在一个区域中的中间商数量，以激励中间商的销售工作。C. 要想实现对中间商的控制，必须在服装陈列、销售方法和销售价格等方面都能有效控制。

③ 独家分销是指企业在某一目标销售区域仅选择一家最合适的中间商，给予其对本企业产品的独家经销或独家代理权，专门销售本企业的产品，中间商不得经营竞争者的品牌。

这种销售方式有助于提高服装公司及品牌形象。一些知名度高、形象定位突出的品牌，适用独家分销方式进行销售。但需要注意的是，独家分销策略对中间商的依赖性太强，一旦中间商出现不合作的情况，企业的销售链条将中断。独家分销的销售效果与服装品牌的被认可程度有关，如果品牌知名度不高，将严重影响销售业绩。另外，独家分销缺乏竞争，不利于促进中间商提高效率。

（3）服装营销渠道的作用

一般说来，营销渠道能够对商品从生产者到消费者所必须的交易加以组织，利用营销中介机构或中间商可以实现以下目的：

① 研究。收集制定计划和进行交换所必需的信息。

② 促销。进行关于所供应物品的说服性沟通。

③ 接洽。寻找可能的购买者并与之进行沟通。

④ 谈判。为了转移所供物品的所有权，就其价格及有关条件达成最后协议。

⑤ 订货。分销渠道成员向制造商进行有购买意图的沟通行为。

⑥ 配合。使所供应的物品符合购买者需要，包括分类、分等、装配、包装等活动。

⑦ 物流。组织产品的运输、储存。

⑧ 融资。为补偿渠道工作的成本费用而对资金的取得与支出。

⑨ 风险承担。承担与渠道工作有关的全部风险。

⑩ 付款。买方通过银行或其他金融机构向销售者支付账款。

⑪ 所有权转移。所有权从一个组织或个人向其他组织或个人的实际转移。

⑫ 服务。渠道提供的附加服务支持，如信用、交货、安装、修理等。

建立积极而可靠的销售渠道是服装企业营销中非常关键的，一个企业的销售渠道是否畅通，将影响产品能否及时销售出去，从而影响产品的销售量和企业的经济效益。营销渠道在服装的销售过程中发挥着重要的作用：

① 提高交易效率

在市场经济条件下，交换成为满足人们需求的一种手段，社会分工的发展，使生产与消费逐渐分离。随着生产越来越专业化、产品越来越多样化，交换也变得越来越复杂和困难，生产与消费在产品数量、品种、时间、地点和所有权等方面的矛盾越来越大。例如，3 个服装生产者向 3 个消费者直接供货，需要 9 次交易。而 3 个服装生产者通过中间商向 3 个消费者供货，只需 6 次交易。在整个社会系统中，交易者人数越多，中间商介入生产的效率就越高。通过中间商集中交换确实提高了交易的效率，但同时也就产生了制造企业如何组织分销渠道和制定分销策略的问题。

② 克服服装生产和消费的背离

利用中间商,服装企业可以实现集中生产、分季节销售的目的,也能够使服装及时在消费者需要的地方出现,减少空间差异。 同样,供给与需求数量方面的差异,也可以因为中间商的介入而得以减缓或化解。 如,一个服装批发商从全国各地的许多个厂家采购各种款式的服装汇总后,再销售给零售商或最终用户。通过销售渠道及时地把产品运送到销售市场和消费者的身边。 还可根据消费者的需要对产品进行分等分类,合理组配。 并通过包装和储存使产品的使用价值在实体运转过程中不受损害,以期在适当的时候投放市场。

③ 提高企业的资金效率

通过中介机构的活动,能加速资金在各个环节之间的周转,减少资金的积压和呆滞,使资金发挥更大的作用和产生更大的效益。

④ 分担经营风险

分销渠道中介环节的增加,实际上是将原先由生产者所承担的风险分散到各个中介机构,从而使产品销售的风险可通过各中介环节之间的利益调整和专业化经营效率的发挥而得以减缓。 通过分销渠道的这些功能的发挥,就能使生产者更有效地将他们的产品广泛地打入各个目标市场,并通过对分销渠道合理地选择运用来实现最佳的经济效益。

⑤ 促进市场开发

在分销活动中,各类中介机构能沟通生产者与消费者的联系,各种商品的信息在不停地互相交换,在各级经销商间得到了充分的流动,促进了信息传递,并促进了商品交易活动。 而且,服装企业可以把销售转给中间商,而无需建立自己的销售部门。 另外中间商接近市场,也更了解市场,可以帮助服装企业宣传产品,开拓市场和组织销售。

建立积极而可靠的销售渠道对服装企业营销中非常关键。 一个企业的销售渠道是否畅通,将影响产品能否及时销售出去,从而影响产品的销售量和企业的经济效益。 对大多数服装企业来说,利用中间商则更经济、更合理。

10.2 服装营销渠道设计

在不同的营销渠道中,以上渠道功能由不同的渠道成员承担。 当渠道结构改变时，这些功能的结合方式也会发生变化，但所需承担的工作总量不变，在渠道中某些机构是可以被取消或越过的，但这些机构所分担的功能不能被取消，它们只不过被向前或向后转移一个环节，由其他成员承担罢了。

服装企业在选择销售渠道时，除了要考虑各个制约因素外，还需要在理想渠道和现有渠道之间进行选择，必须因时因地灵活变通，以确定到达市场的最佳方式。

10.2.1 服装营销渠道选择的影响因素

有效的渠道设计以确定企业所要达到的市场为起点。渠道设计问题的中心环节是确定到达目标市场的最佳途径。服装企业在选择合适的销售渠道时，须考虑的主要因素有：

（1）市场特性

渠道模式的选择受顾客人数、地理分布、购买频率、平均购买数量以及对不同促销方式的敏感性等因素影响。

① 消费者特性

消费者因购买服装的方式、购买地点、购买数量、购买时间等对销售者会提出不同的要求，这将影响企业分销渠道的选择。如一些时尚消费者购买服装多选择在百货商店、购物中心或者专卖店中购买。

② 市场潜量

市场潜量是指某类或某种款式的服装在市场上的可能销售量。大众性的服装，市场潜量相对较大销售渠道一般较长。而某些小众服装，则须采取快捷有效的短渠道。

③ 市场竞争状况

企业可结合实力、品牌优势采取不同策略。如紧跟竞争者策略，回避竞争者策略，有时也可另辟新的销售渠道，从而能够突出自身的特色，在竞争中取胜。

（2）产品因素

对服装企业而言，以下产品特性会影响其渠道的选择。

① 服装的价格

价格昂贵的高档服装，其分销渠道大多较短、较窄；价格较低的低档服装，其销售渠道大多较长、较宽。 如生产高级时装的企业,一般把服装交给大的百货公司、高级服装店出售。

② **服装的款式**

款式多变、时尚新潮的流行服装,应尽量选择短渠道,以减少中间层次,缩短服装到达消费者手中的时间,避免因潮流的变化而造成的损失。

(3) 中间商特性

设计并选择营销渠道时,必须考虑执行不同任务的中间机构的优、缺点,在成本、可获得性以及服务三方面对中间商进行评估。 一般来讲,中间商在执行运输、广告、储存及接纳顾客等方面以及信用条件、退货特权、人员训练和送货频率方面,都有不同特点和要求。 企业可根据当时企业的经营导向,选择适宜的经销商开展合作。

(4) 服装企业的特性

服装企业本身的条件对销售渠道的选择有很大的影响。

① **企业实力**

企业实力是指企业的规模、声誉、资金、品牌等综合实力。 企业的实力强,可选择较短的销售渠道,甚至可以建立自营的销售系统直接销售;实力弱的企业,常常依赖中间商提供的各种服务,销售渠道较长。

② **对渠道的控制性要求**

不同的生产企业对销售渠道的控制要求是不同的。 一些服装企业为了控制零售价格、增进销售力量、保持产品的时尚性和企业形象等,尽可能缩短分销渠道。 因为较长的销售渠道企业不易控制。

(5) 成本因素

包括企业发展渠道的投资成本以及保持渠道畅通的维护成本。 如广告、培训、店面与陈列,以及推销人员的工资等。

10.2.2 服装营销渠道设计的原则

服装营销渠道设计的本质是在系统集成的基础上,各级成员有效地协同运作,在各区域市场上,构建包含生产商、经销商、零售商、消费者及辅助商的营销价值链。 在服装营销渠道设计中,须遵循以下原则:

（1）分工协同原则

服装销售渠道应能保证服装商品能连续不断地从生产领域转移到消费领域，中间尽可能不发生脱节、阻塞和不必要的停滞现象。这就要求服装企业在选择自己的分销渠道时，除了通过渠道分工覆盖相应的细分市场外，更要强调服装营销渠道各环节间的优势互补和资源共享，以有效地获得系统协同效率，提高分销效能，降低渠道运营费用。如服装制造商利用管理经验、市场能力、品牌影响等优势，承担品牌运作、促销策划和市场维护等管理职能；各级经销商利用网络、地理位置、影响力、资金、配送系统等优势，承担物流、结算、沟通、配合促销、信息反馈等职能。

（2）辐射覆盖原则

服装企业的分销渠道实际上是从生产企业为起始点向中间商进行辐射，又由各中间商为起始点进一步向外辐射而形成的多层次扇形网络，扇面铺得越开，企业产品的市场覆盖面就越广，市场渗透能力也就越强。辐射所形成的市场销售机会越多。

（3）整体效率原则

服装生产商、零售商在设计和选择营销渠道的时候，要充分考虑渠道中商流、信息流、物流、资金流的顺畅性和运营维护成本，应尽可能以较少的耗费获得较高的收益，使单位产品的流通费用降低。在规划市场渠道结构时要考虑市场容量、消费者需求、产品特性和地理等影响因素，合理设计渠道层次关系，使渠道的整体效率最大化，同时减少了渠道冲突，稳定市场秩序，降低市场维护费用。服装企业对营销渠道的设计应从总体上去进行考察，应追求渠道综合效益的最优化，而不能只强调某一个方面。

（4）动态平衡原则

服装企业在设计营销渠道时，要保证区域市场容量与批发商和零售商的分销能力保持动态平衡。批发商市场覆盖能力和零售终端的卡位直接关系着服装销售网络整体布局的均衡状况，必须根据特定区域市场容量和结构的变化，结合各渠道成员的具体发展状况适时调整。其次，在渠道结构调整方面，营销渠道的宽度和长度要与消费者的消费习惯的发展保持动态平衡。对服装企业来说，市场现实是区域差异性大、各类商家发展不平衡、消费者需求偏好个性化等，这要求服装企业要深入研究现有及潜在的渠道,尽可能跳出单一渠道的束缚,采用合理的多渠道策略。

10.2.3 服装营销渠道的设计流程

(1) 分析目标顾客的消费特征

服装企业设计营销渠道的前提是了解目标消费者的消费特征:在什么地方购买、为何购买、何时买和如何买。 据此,描绘出目标顾客期望的服务类型和水平。

(2) 分析营销渠道的环境

服装企业设计营销渠道的中心环节是确定到达目标市场的最佳途径。 必须在顾客特征、产品特性、市场特性、企业特性和国家法律限制的既定情况下,对各个渠道要素对公司绩效的影响有准确的把握。 据此,企业确定企业预期达到的顾客服务水平以及中间商应执行的职能。

(3) 制定营销渠道的备选方案

营销渠道的备选方案须解决两个基本问题:中间商类型与数目和渠道成员的特定任务。

(4) 评估、选择方案

依据经济性、控制性和适应性三个标准,对各可能的渠道备选方案进行评估,从那些似乎很合理但又相互排斥的备选方案中,选择最能满足企业长期目标的一种。

10.3 服装渠道管理

10.3.1 服装营销渠道成员的选择

渠道成员主要指服装企业的各类中间商。 一般来讲,作为核心企业的服装制造商要评估中间商经营时间的长短及成长记录、清偿能力、合作态度、声望等项目。当中间商是销售代理商时,还需评估其经销的其他产品大类的数量与性质、推销人员的素质与数量。

为了使中间商能够实现企业的渠道目标,在选择服装营销渠道中的中间商时,服装企业应掌握以下条件和标准:

(1) 中间商的经济实力。中间商的经济实力在很大程度上决定了其经营能力。可以通过查阅其资产负债表、注册资金、不动产情况等了解中间商的经济实力。

(2) 中间商的经营能力。可以通过考察其经营服装的年限、利润记录等来证实中间商的管理水平、人员素质等经营能力。

(3) 中间商的专业条件。指中间商对自己经营范围内的服装产品、市场、销售、促销等有关情况的了解程度和专业知识。

(4) 中间商的信誉。

(5) 中间商的合作意愿和态度。

实际上,渠道成员的选择过程通常是一个"双向过程",不仅制造商选择中间商,中间商也在选择制造商,尤其是强大的或有影响力的零售商在这一"双向选择"过程中具有较强的主动性。

10.3.2 服装营销渠道的激励

服装企业在选择中间商,建立了营销渠道后,还要不断地激励、指导中间商的营销工作。因为中间商是一个独立的商业机构,它有自己的经营目标和任务,而它的经营目标和任务与服装企业的利益并不一致。若不给中间商特别奖励,中间商一般不会保存所销售的每个品牌的记录。而那些有关产品的开发、定价、包装、促销等信息常常是保留在中间商很不系统的记录中,甚至故意隐瞒不报。

服装企业可对中间商进行激励的基础是一组权力,包括:

(1) 强制力。是生产商对不合作(如对顾客服务差、未实现销售目标、窜货等)的中间商威胁撤回某种资源或中止关系而形成的权力。中间商对生产商的依赖性越强,这种权力的效果越明显。

(2) 奖赏力。指生产商给执行了某种职能的中间商额外付酬形成的权力。

(3) 法定力。是生产商要求中间商履行双方合同而执行某些职能的权力。

(4) 专长力。指生产商因拥有某种专业知识而对中间商构成的控制力。如果中间商得不到这些专业服务，其经营很难成功；一旦专业知识给了中间商，这种专长力又会削弱。

(5) 感召力。是中间商对生产者深怀敬意，并希望与之长期合作而形成的。

为了生存并赢得竞争，服装企业必须采取一系列措施激励中间商最大限度地关注销售工作。而激励工作的首要步骤，就是要多站在中间商的角度考虑问题，尊重、理解中间商独立的利益。

中间商在销售过程中是否积极努力，与企业产品的销售额直接相关，为增加服装销售量，服装企业对被选中的中间商必须不断地加以激励，使其出色地完成任务。

激励中间商的形式一般分为两种，即直接激励和间接激励。

直接激励指的是通过给中间商物质、金钱的奖励来激发中间商的积极性，从而实现企业的销售目标。

间接激励指的是通过帮助中间商获得更好的管理、销售方法，从而提高销售绩效。

服装企业或者品牌商给中间商的优惠条件不能太高，也不能太低，如果太高可能导致销售量上升而利润下降，如果太低起不到激励作用，利润同样不能增长。

10.3.3 服装营销渠道的评估

服装企业要定期对渠道成员进行评估，考查中间商的绩效。对完成合同任务的中间商支付相应的报酬，如果完不成任务，则需找出主要原因，考虑可能的补救方法。如果经过一定时期情况没有改变，则应考虑终止关系。

评估的方法有两种，一种是对每一中间商的销售绩效与上期的绩效进行比较，并以整个群体的升降百分比作为评价标准。另一种是将各中间商的绩效与该地区的销售潜量分析所设立的配额相比较，也就是计算中间商实际销售额与其潜在销售额的比率。在评估中间商时，不仅要看各中间商销售水平的绝对值，而且还须考虑到他们各自面临的环境，考虑到服装企业的产品大致在各中间商的全部货色搭配中的相对重要程度。

评估服装销售渠道成员的指标有:销售额完成情况、平均存货水平、次品及丢失品的处理情况、对消费者提供的服务、货款回收情况等。

10.3.4 服装营销渠道的改进

服装营销渠道的成员是相对独立的经济主体,存在着不同的利益关系,即使是本企业的分支机构,也有其自身的利益考虑。例如,服装企业寻求长远利益,而经销商多看重眼前收益,服装企业关注市场份额,而经销商追求经营利润;再加上分销系统中各分销商的文化、知识背景、经营实力不同,使它们在保持距离的情况下相互讨价还价、谈判交易条件并且在其他方面各行其是,导致渠道交易费用增加、分销效率下降,渠道管理难度加大。服装企业在进行营销渠道模式的设计与选择时一定要充分考虑到这些因素。

(1) 服装企业与经销商之间的关系。例如服装企业希望有一个稳定的市场,而一些经销商却低价抛货销售,扰乱市场秩序。还可能出现经销商不认同厂家的企业文化、不执行企业的整体销售政策、市场开拓不力、越权管理、拖欠货款、不及时反馈市场信息等问题。而分销商也可能对厂家产生意见:缺货、供货不及时、对经销商的利益考虑不够、售后服务不力。甚至一些企业着力培养的大客户在销售额达到一定水平,获得一定的市场控制权后,也会力图从厂家获得更多的优惠,并以此来要挟企业,争夺渠道的主导权。服装企业投入巨资建立起来的分销网络正似乎面临逐渐被日益发展壮大的经销商所掌握和控制的危险。

(2) 经销商与经销商之间的冲突。为了获得更多的当期利益,经销商会出现以下不符合系统利益的行为,诸如互相争夺客户、低价倾销、跨区销售等。另外,渠道成员之间由于地位不同,收益也是不均匀的,对一些弱小成员而言,厂家开出的某些优惠恐怕就享受不到了,相反,可能还要承担更多义务。例如:由于进货少,折扣就比较高,得不到支持等,遇到厂家清货的时候,由于是小本经营,这些弱小成员往往难以承受损失。

服装市场的竞争异常激烈,市场形势快速变化,服装企业的营销渠道系统要定期改进,以适应市场动态。当消费者购买方式变化、市场扩大、新竞争者兴起和创新的分销战略出现以及产品进入生命周期的下一阶段,渠道系统便需要进行改进。

外部环境因素的变迁显然是其中最重要的因素,它们的变化推动着营销渠道系统组织形式的不断创新。

① 经济环境的变迁。市场的结构、消费者的消费特征和购买力、物价等因素都会对服装消费造成很大的影响。

② 社会和文化环境的变迁。消费者的生活态度和生活方式影响着他们收集信息、选择产品与服务及购物的方式。

③ 技术环境的变化。IT技术的高速发展,使得消费者在家里就可以通过有线电视、电话、互联网与生产商和零售商沟通。以POS,MIS等技术为内容的商业自动化系统可以及时地处理收集各种信息,加以汇总分析,并提供准确及时的决策依据,使零售商实现小批量订货,也使支付手段发生了革命性的变化。

当出现以下情况时,服装营销渠道存在改进的可能:

① 客户体验不能令人满意;

② 新的分销渠道出现;

③ 渠道费用高企;

④ 现有分销商不胜任。

⑤ 客户关系管理方法落后。

服装企业在对营销渠道的进行分析和评估之后,接着就要针对所存在的问题对渠道作相应的调整,以优化渠道、增进效益。

① 调整渠道政策。这种改进不增减渠道成员,是渠道的“软性”改进。调整的范围可包括但不限于价格政策、铺货政策、市场推广政策、信用政策、激励政策等。

② 渠道成员的增减。这种渠道调整通常需要进行增量分析,以估算其对企业利润的影响。但是,当个别渠道成员对同一系统的其他成员有间接影响时,直接增量分析方法就不适用了。因此,在实际业务中,不能仅仅依据增量分析的结果采取行动,而宜采用整体系统模拟来测量某一决策对整个渠道系统的影响。

③ 渠道类型的增减。信息技术的发展与网络经济的出现催生了许多新的渠道模式,同时,消费者的购买行为也处于动态变化之中。生产厂家需要经常思考这样一个问题:企业现有渠道是否仍能有效地将产品送达目标消费者手中?是否增加网上渠道?

④ 整个营销系统的修正。这是最复杂的一种渠道改进决策,因为此时它不

仅涉及渠道改进，还涉及整个营销系统的修正。比如，杉杉集团从自有渠道转为特许经营模式。这种决策通常由企业的最高层来制定。

10.4 案例

“杉杉”的渠道变革

“杉杉”，从一个名为“宁波甬港服装厂”地方小厂起步，成长为国内服装业著名品牌、拥有五大事业板块、两家上市公司的企业巨擘。

1992年“杉杉”建成当时国内服装界最大的市场营销网络。1996年，“杉杉”市场占有率是25%，领先第二名近20个百分点。1999年销售收入达26.8亿元。

这种依照传统方式建立起来的销售网络，代价是极其昂贵的，包括运行成本和库存。这个系统要想有效运转，必须有一个前提：市场的需求无限，有多少货销多少货。一旦市场的需求趋缓，渠道就不再是渠道，而成了“库房”，就像一座城市的交通系统一旦出现问题，街道和马路就成了临时停车场。每年处理那么多存货，不仅让企业在资金上承受巨大的损失，而且周期性的处理品、打折品将严重损害杉杉的品牌价值。1996年，“杉杉”的商业公司已发展到21家，覆盖全国除西藏以外的所有省份，专卖店120家、专卖厅600余个。这期间，“杉杉”每年以至少20家店的速度快速扩张。计划经济背景下形成的营销体制，为“杉杉”带来上千个销售网点的同时，也产生了上千个仓库的库存。在这种经营模式下，单纯地扩大生产规模，一味地追求销量，造成库存增加，成本费用上升，利润下降的恶性循环。

1999年“杉杉”公司决定：引用西方已经成熟了的、比较成功的特许加盟的经营模式实施“推行特许经营模式，重建市场网络体系”的战略。“杉杉”决定对销售体制进行彻底改革，如壮士断腕般地将销售部门全部砍掉，全面实行特许经营的营销模式，把分公司的销售市场卖给代理商。到2001年年底，“杉杉”庞大的分公司销售体系解散，取而代之的是70余家一级特许加盟商和数百家二级加盟商。随着改革的推进，总公司的管理费用、服务费用、经营成本都在大幅下降，集团甩掉了臃肿的包袱，并成功地实现了多元化经营和服装多品牌管理的战略转向。这一举措被“杉杉”称为“渠道瘦身”。

“杉杉”这次改革解决了加盟商与总公司的责权利关系，减少了库存，消灭了腐败，但同时新的问题也开始出现了。比如订货会，订不订货并不是由消费者说了算，也不是由次加盟商说了算，而是由打着自己小算盘的主加盟商说了算。因为采取的是买断制，当主加盟商买断的老货没有全卖出去时，他就不订或少订今年的新货，却把隔年老货推销给下面；同样，加盟商对于缺货时的补货热情也不高，能不补就不补，进行博弈。这就是说，“杉杉”从主加盟商那里得来的市场反馈信息很可能是虚假的，只是反映了主加盟商的意图，真正的市场信息，也就是说什么服装在市场卖得怎么样，很难得到判断。主加盟商实际上是在“杉杉”和次加盟商之间砌了一堵墙。这种信息的不对称，直接造成“杉杉”有新品发不出去，客户也看不到；消费者有什么样的需求“杉杉”同样也无从得知。两边信息互通不畅造成的第二个后果是“杉杉”对终端形象、终端影响力也破割断。

在刚刚改制之后的 2000 年，“杉杉”品牌的销量就下降了 12%，西装市场份额第一的位置也被雅戈尔所取代。5 年之后，“杉杉”依然没有夺回其销量第一的份额。至于“杉杉”营销渠道改革失利的主要原因，国泰君安证券研究所的分析师李质仙认为：“杉杉”由传统渠道一下子转向特许加盟，转变得过快、过猛，从而导致了一些问题。虽然对自有销售公司“一刀切”的勇气让人敬佩，但对于一家企业来讲，销售渠道的变革宜循序渐进，而不要“一口吃个胖子”，以免消化不良，尤其对于实力较弱的企业来说，更是如此。

痛定思痛，在挨过漫漫冬夜后，“杉杉”终于痛下决心，对它的销售渠道开始了“二次革命”，具体思路为：改主加盟制为主加盟与单店加盟联合，保留做的比较好的主加盟商，改为代理制，起到区域组织者的作用。同时，尽量形成主加盟商竞争机制，使做得好的次加盟商有机会取代不好的主加盟商。主加盟商现在要具备两个功能：一是经销商，二是发展商，即发展新的网点。主加盟商仍然代表次加盟商判断服装款式，订货买断，“杉杉”根据其组织的货源数量提供一定比例佣金。然后，“杉杉”的市场管理部直接跟单店加盟的终端客户、市场沟通，售后服务也跟着走。当然，这个成本可能会很高，也是新的利益切割方式，估计会有一定阻力。

“杉杉”早年以庞大而完善的销售网络，造就了行业第一，也极大促进了“杉杉”品牌的形成。但庞大网络的巨大投资及运行中的弊端也使“杉杉”付出了高昂的成本。当“杉杉”对其销售渠道进行变革后，又失去了它连续七年的行业第一位置。那么，目前在“杉杉”奋力突围的路上，还会有哪些荆棘坎坷呢？

思考练习题

1. 什么是营销渠道？
2. 分析影响服装分销渠道的因素。
3. 什么是销售渠道的长度策略、宽度策略？服装企业该怎样选择？
4. 试述服装企业管理营销渠道的步骤。

第 11 章 服装零售与物流管理

知识要点

1. 掌握服装零售的形式、特点；
2. 自有品牌服装零售商的营运特点；
3. 理解服装物流管理物流管理的重要性；
4. 分析服装快速反应战略的内容和意义。

本章内容提要

服装零售商的主要业务活动是把商品直接卖给最终消费者。 业态形式有店铺零售,包括百货商店、专卖店、折扣店、超级市场、购物中心和便利店;连锁商店是由同一公司所有并经营的,包括两个或两个以上分店的零售业态;非店铺零售包括自动售货、直接销售和直复营销等方式;网络销售主要有 B2C、C2C 和团购等三种形式。 自有品牌专业零售商(SPA)是一种服装企业全程参与企划、设计、生产、物流、销售等产业环节的一体化商业模式,通过革新供货方法和供应链流程,实现对市场的快速反应,成为“快时尚”的主要商业模式和营销模式。 服装销售物流是销售中的商品实体转移过程,通过有效地安排商品的仓储、管理和转移,使商品在需要的时间到达需要地点的经营活动,对于降低成本、提高效益和提升客户体验具有重要意义。

11.1 服装零售业态

11.1.1 零售商的作用

所有面向个人消费者的销售活动都称之为零售。 零售是将产品和服务出售给消费者，供个人和家庭使用，从而增加产品和服务价值的一种商业活动。

零售商是以从事零售经营为主的企业。零售商是服装营销渠道中最重要的成员。零售商的主要业务活动是把商品直接卖给最终消费者。零售业务与批发业务的本质区别在于零售面对的是个人消费者市场，是整个营销网络系统的出口，是商品流通的最后环节。服装销售大部分是通过零售商销售的，零售商在销售服装的过程中发挥着重要作用。

顾客购买服装的目的是为了个人消费。从竞争的角度看，控制住了零售终端也就是控制了本企业产品与消费者见面的机会。零售商能及时地把消费者的购买信息反馈给服装企业，使其能针对服装尺码或色彩等方面进行补换货，而且通过服装卖场零售，企业可以把服装设计的理念、定位传递给消费者，有利于市场推广，形成企业自己的顾客群体。

由于零售商是生产者与消费者或批发机构与消费者之间的中间环节，零售商经营状况的好坏不仅关系到市场供给状况，而且会影响整个宏观经济的增长。零售商经营状况好，货畅其流，批发业才能购销兴旺，社会再生产才能持续，就业才能增长，也才能实现宏观经济的实际增长；反之，如果零售经营状况不佳，销售不畅，短期会造成商品在零售环节大量积压，批发和制造业也无法发展。

服装市场的特征是周期短、快速变化和竞争激烈，由此迫使经营者加强对服装零售这一最后环节的管理；服装商品的广泛性、多样化、丰富的文化内涵，更要求零售经营者能面对不同目标顾客的价值内涵和文化层次，发展新的零售概念、引导潮流、推动商品流动。同时，零售业的进步既提高了消费者的生活质量，又促进了服装行业乃至社会的进步。

在社会商业体系中，零售商表现出以下主要特点：

① 零售业从业人数众多，零售销售额占国民生产总值的比重很大，社会商品零售总额是国家制定宏观经济政策的重要参考指标和依据。

② 零售商的发展与分布受一国的人口数量、人口地理分布、市场分布状况的影响较大。

③ 零售商的业务活动具有明显的时间性和季节性。零售商的主要业务活动是把商品直接卖给最终消费者，由于最终消费者的购买时间、购买习惯又受传统风俗习惯的影响。在美国，圣诞节是最主要的节日，在圣诞节期间，一个月的零售额占美国全年商品零售总额的 25% 以上。在我国，春节是最重要的传统节

日，节日前后的零售总额在全年比重中是最大的。各种节日由于客流集中，给各类商家带来巨大地客流和商流，节日也成为零售商必须全力争取的销售高峰。每年的新年～春节、“五一”假期、中秋～国庆是最重要的购物季。同时元宵节、情人节、“11.11”、圣诞节等中外节日，都成为消费市场的重要购物季。

④ 零售商的商誉和服务质量是企业的生命线。随着时代发展，各种零售业态和商家的竞争日益激烈。消费者对零售商的职业道德、商业信誉、文明经商等预期较高。零售业者必须不断改善经营管理、服务态度，提高服务质量，才能赢得生存和发展。

⑤ 新兴零售组织不断涌现，而且新型零售商从产生到成熟所需时间日益缩短，零售业态也存在生命周期现象。100 多年前，美国零售商主要包括地方普通商店和小型专业商店。19 世纪 60 年代出现了百货商店，70～80 年代出现了邮购。到 20 世纪 20 年代，连锁店发展很快；30 年代初出现了超级市场；40 代末出现了郊区购物中心；50 年代出现了折扣商店，同时有了自动售货机；60～70 年代，折扣百货、超级商店、特级市场、仓储俱乐部、便利店、等新型零售机构不断出现。零售业态从产生到成熟所需时间，百货商店花了 100 年（从 19 世纪 60 年代中到 20 世纪 60 年代中）；超级市场 35 年（从 20 世纪 30 年代到 60 年代）；折扣商店 20 年（从 50 年代中到 70 年代中）；仓储店只用了十几年（从 70 年代末到 90 年代中）。进入 21 世纪，电子商务的发展，对传统商业形式带来了巨大的冲击，加速了传统商业形式的更新代谢。

11.1.2 服装零售的类型

零售商的分类方式多种多样。传统的分类方法是按照所有权关系和商品经营范围划分零售企业的，如私营商场、国有商场，以及百货商店、专营店。

按所有权关系划分，零售商也可分为独立零售商和连锁零售商，前者即所有者仅拥有一家商店，而后者则是同一所有者拥有两家或两家以上的联号商店，这些商店通常实行一定程度的集中采购和管理。

从零售商的经营战略组合，即按照零售经营业态或经营形式分类，根据商店的选址、商品组合价位、购物环境、服务等划分，服装零售商有街边店、高档商场、购物中心等。

按零售经营业态划分，通常首先将零售商分成经营实体商店的零售商和不经营实体商店的无门市零售商两类。

（1）店铺零售

① 百货商店

是指那些经营品种多、种类全的商店，为顾客提供大量服务以及按照陈列商品的方式，将其组织形式划分为不同部门的零售商。

百货商店起源于19世纪中期的欧洲，是城市发展、人口集聚、商品品种增多的结果。百货公司具有大众性，对所有人开放，满足所有人各方面的需要，因此在早期的美国，百货公司曾被称作“消费者的宫殿”。

百货商店的规模一般较大，由多个专业商品部组成，经营商品品种多、范围广。经营的每大类商品都有相当多的花色品种和品牌供消费者选择，且内部装饰华丽，讲究商品陈列与橱窗布置。

传统百货商店以经营软性高级商品为主，如各式服装、家用纺织品、鞋、美容化妆品、珠宝项链、手包及礼品等。后来，百货公司逐渐增加了一些“硬商品”，如家具用品、小五金、炊具、照相器材、灯具、体育用品等。百货商店经营的另一特色是向顾客提供广泛的服务，有较多的售货人员，提供商品咨询、送货、维修、礼品包装，甚至餐厅、娱乐、儿童照顾等。

与其他零售业态相比，百货公司提供齐全的商品品种与全方位的服务，因此经营成本较高，商品加价率也高，传统百货公司商品加价率高达40%。从单位营业面积获利能力上看，百货商店在各种零售形式中不具竞争优势，它的优势在于商品品种齐全、购物环境好、服务项目多。百货商店因为本身采购量大，希望越过批发商直接向生产商进货，以得到优惠的采购价格和制造商较好的售后服务，但由于其经营品种繁多，要做到这一点并不容易。

百货商店可按经营商品的不同，划分为若干部门，如家电部、箱包部、服装部等。服装部又可分为男装部、女装部、童装部。女装往往占百货商场销售额的比重较大，有些百货商店把女装按不同标准进行细分，如少女装、淑女装、职业装、休闲装或者传统服装、现代时装等。

目前，许多百货店的服装零售采用集中管理与分散经营相结合的经营模式。即百货店作为业主，将其卖场划分为若干专柜，对服装商品及卖场环境进行统一管理，把每一专柜经营权交给承租者，承租者每月向百货店缴纳租金或缴纳商品销售额的一定百分比（一般是商品销售额的25%～30%）。百货店按服装品种类别、品牌类型、顾客类别进行分区，以专柜的形式销售服装商品。

近些年来，由于百货商店之间竞争激烈，还有来自其他零售商形态的激烈竞争，加上交通拥挤、停车困难和中心商业区的衰落，百货商店正逐渐失去往日魅力，百货商店的总体销售额停滞不前，有商店自身的原因，如定位不准，缺乏经营特色等；也受外部环境影响，最主要是新兴零售业的冲击，使很多消费者到专卖店或连锁店去买商品，造成百货商店购买力的分流。

面对外部冲击，百货商店出现分化：一种情况是经营的商品向中低档发展，加价率也大幅度降低。另一种是商店向小型化、专业化发展，回到以经营软性商品为主，如加强珠宝、化妆品及奢侈品配饰、高级手表、国际品牌服装等高增长品类，以对抗大型专业店和综合超市的低价竞争。

服装仍然是各个百货商店经营的核心产品，百货商店可以从准确的服装定位、精心的橱窗设计、突出现场的卖场氛围等方面入手，使经营的服装更有特色，这是百货商店营销的重点。

② 专卖店

是专门经营某一类或几类服装，产品线较窄，但经营服装的规格品种较为齐全的零售店铺，如妇女服装商店、鞋店、体育用品商店等。

专业商店可大可小，经营品种可多可少。根据产品线的狭窄程度，可将专用品商店再细分为：单一产品线商店，如服装商店；有限产品线商店，如男士服装店；超级专用品商店，如男士定制衬衫店。

专卖店是最早的服装零售形式，往往以特定的消费者作为目标市场，为他们提供独特的产品和服务，以满足消费特殊的需要。这类商店通常以经营该类商品中各具特色的高中档品种为主，价格亦偏高，但能给消费者广泛、充分选择的余地，满足各种特殊需求，服务项目齐全。

一般来说，专业店的商品加价率偏高，高档商品专业店的加价率甚至高过百货商店。但因为专卖店比百货商店能为消费者提供更好的选择和销售专家的评价，消费者往往被专卖店品种多样、个性化的服饰所吸引。

③ 折扣店

折扣百货店是第二次世界大战以后发展起来的零售形式，20 世纪 60 年代后获得了较大的发展。其突出的特点是提供很多商品品种、有限服务和低价格的普通商品零售商店。

折扣店趋于面向中低收入消费群体。为保持低价优势，折扣商店一般设在郊区或地租较低的建筑物内，只有简单的内外装修及店内设施，购物环境相对较差，而且只雇用少量员工，开架自助购物，提供很少的服务项目。

折扣店的服装通常采取低毛利率、大量销售的策略。一般以价格较低的基本服饰如T恤、牛仔、内衣及鞋袜等为主，品种较少，多为销路较好的大路品牌商品，以减少推销费用，加快周转，同时，顾客也容易比较价格便宜了多少。与百货商店相比，这些服饰一般不具时尚引导性。

由于折扣店之间、折扣店与百货商店之间的竞争激烈，导致许多折扣零售商经营品质高、价格高的产品，改进内部装修，增加新的产品线，增加更多服务。这些措施导致折扣店成本增加，商品价格提升。另外，百货商店经常降价与折扣店竞争，两者之间差距日益缩小。折扣零售已经从普通产品发展到专门产品商店，如折扣体育用品商店。

④ 超级市场

是指采用自我服务的方式，实行商品部管理，主要经营食品、日用品的零售机构。

超级市场初始业态是一种大型综合型食品零售店。它起源于20世纪30年代，二战后在美国获得迅速发展。现在美国的超级市场销售广泛系列的食品和日用杂品，包括鲜果、干果、蔬菜、冷冻食品、肉类、洗化用品、小五金、厨房用品、文具、音像制品等。

超级市场开创了自我服务的经营方式，采用开架售货，只雇用较少的营业人员，并以大规模、快周转、低加价、低成本为其经营特色，其商品加价率一般在20%左右，大大低于专业食品店。现代超级市场的发展趋势是营业面积更大，平均每店超过2 000平方米；经营的非食品类商品越来越多，鼓励消费者“一站式”购齐日常生活必需品。

在传统超级市场的基础上，随着营业面积增至1万平方米以上和更多品种、更大范围的非食品类商品的加入（如家用电器、服装、家具），出现了特级市场或超级商店，这类超市更像是一个传统超市加一个折扣百货店。如美国的沃尔玛公司和法国的家乐福。

20世纪90年代中期以来，超级市场及大卖场在我国的大中城市均获得了迅猛的发展，如上海联华超市和北京的物美，其销售额在90年代中就已超过了北京王府井、上海一百等大型百货公司。

近年来，一些大型超市为增强竞争力，服装也成为其主营商品之一。这些超市经营的服装以运动休闲服装为主，由于价格较低，品质有保障，也吸引了一部分消费者。

⑤ 仓储商店

是一种以经营日常用品为主，低价销售，储销一体，并提供有限服务的零售形式。

仓储商店一般采取会员制，顾客定期交纳会费，凭会员卡进店采购。仓储商店的面积巨大(上万平方米)，单店年销售额在亿元人民币以上；店址一般较偏僻，一般设有大规模的停车场，多在城乡结合部的交通要道。

仓储商店的经营产品线宽，但每类商品品种不多，服装是其经营的产品之一。所营商品以周转快的全国性品牌商品为主。店内商品均直接码放在货架上，很少店内装修，最低购买包装较大，以自选的方式销售商品加价率最低，一般只有百分之十几，而商品品质却很有保障，因为经营的大多是名牌商品或自有品牌的商品。

⑥ 购物中心

购物中心是在工业化社会大背景下产生的。随着城市规模的扩大，人口流动性增强，城市中心的零售企业迅速向郊区发展。同时，人们教育程度的提高，娱乐时间的增多，要求购物更方便、省力，于是购物中心应运而生。

购物中心的布局采取统一规划、店铺独立的经营形式。内部结构由百货商店、超级市场作为核心店，与各类专卖店、快餐店等组成。服装在购物中心一般采取品牌专卖销售或店中店形式销售。

⑦ 便利店

便利店是设在居民区附近的小型商店，销售品种有限、周转率高的方便产品。由于所以便利店的规模一般较小，其价格相对其他零售店要略高一些，它的主要特点是为广大消费者提供购物地点和时间上的便利，便利店选址通常深入到居民住宅区或加油站，消费者主要是在此进行“填充”式采购。

便利店由于小而分散，经营品种有限、进货成本高，因而商品价格较高，大多数便利店都是个体独立店。便利店营业时间很长，通常营业到深夜甚至通宵，而且节假日都不休息，使顾客随时都能买到商品。便利店一般经营日用品、食品等。便利店内的服装商品多为低价的鞋袜、内衣等。

（2）连锁商店

“连锁商店”（Chain Store）是由同一公司所有，统一经营管理，包括两个或两个以上的分店，这些分店经营类似的商品大类，实行集中采购和销售，还可能有相似的建筑风格和标志。

连锁店不是一种零售经营形态，而是一种零售组织形式。连锁店的定义主要从规模、产权关系方面考虑，而不涉及经营内容，连锁经营意味着通过标准化的技术和多店铺的扩张方式发展。目前许多百货店、超市等都采取了连锁店形式经营。连锁店的优点主要是实行集中采购，从而降低成本，实现规模效益的目的。传统连锁店所经营的服装一般都定位在大众消费层。但为了开拓市场，许多连锁店也引进名牌，通过大批量采购，快速周转，从而以低于百货商店服装的价格出售，具有一定的竞争力。

连锁店是由一系列（两个或两个以上的）的商店组成，采取统一采购、统一经营、统一配货、每个店内的经营品种和服务方面都基本相同的策略。经营的实质就在于它把现代工业化大生产的组织原则及大规模集中化管理模式应用于流通领域，通过联合化、统一化、专业化和规范化等手段，实行规模化经营、标准化服务和科学化管理，达到提高整体商业经营体系协调运作能力和规模经济效益的目的，从而也形成了其特有的经济优势。

连锁商店一般由总部、门店和配送中心构成。其中，总部是连锁店经营管理的核心，其职能主要是市场调研、商品开发、促销策划、采购配送、财务管理、质量管理、经营指导和教育培训等；门店是连锁店的基础，主要职责是按照总部的指示和服务规范的要求承担日常销售业务；配送中心是连锁店的物流机构，承担着各门店所需商品的进货、库存、分拣、加工、集配、运输和送货等任务。

连锁经营形式代表了一种大工业的标准化的经营方式。即“4S”主义：

① 差别化（Specialization）

按照企业的业态和定位，明确企业经营的商品和服务的目标，在满足顾客需求的过程中，确定在哪些环节形成与竞争对手的差别，形成竞争优势。品种、价格、设计、质量、形象、服务、促销手段等都能成为差别化的手段。

② 简单化（Simplification）

在科学分析、高度分工的基础上使经营过程中的每一环节、每一项工作都调整到简单、明了、易行。以简单化,实现高效率,最终得到快速推广。

③ **标准化(Standardization)**

经营过程中的每一项工作,经过不断探索,发现最佳方式方法予以规范化,并按照规范实施各项工作。

④ **专业化(Segmentation)**

强调分工细致、责任明确,由专家分别从事采购、物流配送、信息管理、店内布置、顾客服务、商店选址、市场调查、促销宣传、人员招聘和培训等工作。

传统零售商店相比,连锁店具有四个基本特征:

① 组织联合化。连锁店在组织形式上不再采用传统的单体店形式,而通常是由一个总部和 10 个以上门店构成的联合体,连锁分店的经营业务不同程度地受总店的控制。

② 经营统一化。连锁店“克隆”总部标准化的经营方式,包括经营理念统一化、视觉识别系统统一化、经营行为统一化等。

③ 作业专门化。总部负责全面的管理,管理职能分解为经营规划与政策的制定、门店开发与设计、商品配置与陈列、采购与配送、库存与保管、财务与会计、人事与培训、促销与广告等,由专业化职能管理部门统一操作,形成集中规划下的专业管理式经营组织网络。

④ 管理规范化。连锁店在管理方式上有一套规范化的管理制度和调控体系,以保证庞大而又分散的连锁经营体系内部的各类机构能协调、有效地运转。

连锁经营也有一些不足,如各分店自主性有限;缺乏灵活性;投资数额巨大;容易管理失控等。在服装行业,由于连锁店的服务和商品品种的刻板,对一些顾客会失去吸引力,他们宁愿去更有特色或服务更周到的专卖店购买商品。

连锁经营按照不同的标准可以划分为正规连锁和特许连锁。

正规连锁(Regular Chain,RC),也称直营连锁。国际连锁商店协会对正规连锁的定义为:以单一资本经营的,10 个以上分店组成,统一经营管理的零售业或饮食组织。

正规连锁是最典型的连锁,可形成权力集中的大资本。而且在企业经营管理的各个方面实行高度集中、统一管理。包括统一制定战略、政策和规划,对采购、人事、财务、广告、销售、定价的统一管理。分店的一切经营管理策略,几乎都听从于总部,分店经理只是总部委派的雇员,负责组织分店的销售及向顾客提供服务。

特许连锁(Franchise Chain,FC)。 总部拥有知识产权,连锁店的分店同总部签订合同,取得使用总部商标、商号、经营技术及销售总部开发的商品的特许权,经营权仍集中于总部。 典型的例子如麦当劳、7-11 等。 连锁企业通常会在开设了一定数量的正规连锁店后,便考虑用特许连锁的方式发展加盟店。

特许经营是指特许授予人(即特许人)与特许被授予人(即受许人)之间通过协议授予受许人使用特许人已经开发出的品牌、商号、经营技术、经营规模的权利。 受许人必须先付一笔首期特许加盟费,此后每年按销售收入的一定比例支付特许权使用费,换得在一定区域内出售商品或服务的权利,并须遵守合同中关于经营活动的其他规定。

(3) 非店铺零售

① 自动售货

自动售货是二战后出现的一种无门市零售形式,它是利用机器向消费者提供产品。 包括经常购买的产品(如香烟、软饮料、糖果、报纸等)和其他产品(袜子、化妆品、书、T 恤、牛仔裤等)。 自动售货一般向消费者提供 24 小时售货,给人们带来了方便,在美国、日本等发达国家发展比较成熟,广泛分布于办公室、教室、车站、飞机场、加油站等各种公共场所。 自动售货机的缺点是设备较昂贵,有可能被损坏,商品加价率也较高,其商品价格一般较商店贵 15% ~ 20%,且不便退货,有时补充货物不及时。

在我国,自动售货机市场已经兴起,城市的大街小巷和公共建筑里也开始出现各种自动售货机,但总体发展比较慢,制约这一市场发展的主要原因之一可能是我国人口密度高、人力成本低,街头有许多小贩和便民店,而安置和管理机器的费用显然过高,经常得不偿失。 此外,还存在消费习惯使自动售货还不被普遍接受;行业管理无法可依;支付手段单一造成使用上的不便。 另外,由于我国市场发展不成熟,能供应自动售货机运营的商品非常少。 目前,在我国自动售货机上出售的商品只有饮料、小食品、香烟、内衣、袜子等。

随着我国城市化的发展,城市中心地带有一些小店铺消失,为自动售货机补充遗留下的市场空间提供了机会;同时随着金融支付手段的增多,也为自动售货机提供便利服务成为可能。

② 直接销售

直接销售主要指销售人员挨门挨户推销、逐个办公室推销和举办家庭销售会等形式。美国的雅芳公司、玫琳凯公司、安利公司等都依赖这种销售方法。由于要支付雇用、训练、管理和激励销售人员的费用,使直接销售的成本较高。从事直销的销售人员一般都是兼职,在大多数情况下,销售人员可以将商品卖给任何人,但有些公司为销售人员限定了销售区域。销售人员从销售的商品中获取佣金。目前,在服装行业中,采用直接销售的企业较少。

③ 直复营销

直复营销,源于英文词汇 Direct Marketing,即“直接回应的营销”它是以盈利为目标,通过个性化的沟通媒介向目标市场成员发布售卖信息,以寻求对方直接回应(问询或订购)的社会和管理过程。美国直复营销协会(DMA)定义为:“直复市场营销是:一种互动的营销系统,运用一种或多种广告媒介在任意地点产生可衡量的反应或交易。”形式包括邮购、电话营销、电视营销以及互联网营销等。这些直复营销方式企业可以单独运用,也可以结合运用。

直复营销与现代消费者的联系越来越密切。一方面,现代社会生活节奏不断加快,使消费者用于购物的时间逐步减少;另一方面,信息、通信技术的发展,信用系统的不断健全,给直复营销的发展提供了契机。

A. 邮购零售

直接邮购营销是指零售企业制作宣传信函、编制商品目录,通过一定的途径分发给目标顾客,引起顾客对商品的兴趣,消费者通过电话、邮政等方式订购商品,零售商再将商品邮递到消费者手中的一种零售形式。目标顾客的名单可以通过租赁、购买,或者与无竞争关系的其他企业相互交换获得。

邮购零售的优点在于:商品资料内容含量大,信息丰富完整;图文并茂,易于吸引顾客;便于顾客作为资料长期保存,反复使用。其不足之处在于:设计与制作的成本费用高昂;只能具有平面效果,视觉刺激较为平淡。

物流业不断完善的服务,为迅速送货提供了保障,增强了消费者对邮购的信心。常见的邮购零售项目有土特产、服装、日用品、食品等。有些邮购零售公司完全通过邮购零售,也有一些兼顾经营零售店。有的公司的邮购目录就像一个大的百货公司,品种繁多;有的就像一个专卖店,如只经销儿童服装。

电子商务的迅猛发展给传统的邮购零售带来巨大挑战。现在很多电子商务企业在开展在线交易的同时，也向消费者寄送邮购目录，如凡客诚品。

B. 电话营销

电话营销是指营销人员通过电话向顾客提供商品与服务信息，顾客再借助电话提出交易要求的营销行为。现在许多消费者通过电话询问有关产品或服务的信息，并进行购买活动。

电话营销的优势在于：能与顾客直接沟通，可及时收集反馈意见并回答提问；可随时掌握顾客态度，使更多的潜在顾客转化为现实顾客。电话的普及，尤其是免费电话的开通使消费者更愿意接受这一形式。

电话营销的劣势是：营销范围受到限制，在电话普及率低的地区难以开展；因干扰顾客的工作和休息所导致的负效应较大；由于顾客既看不到实物，也读不到说明文字，易使顾客产生不信任感等。

C. 电视营销

电视营销是指营销人员购买一定时段的电视时间，在电视上播放某些产品的录像，介绍功能，告示价格，从而使顾客产生购买意向并最终达成交易的行为。其实质是电视广告的延伸。

电视营销的优点是：通过画面与声音的结合，使商品由静态转为动态，直观效果强烈；通过商品演示，使顾客注意力集中；接受信息的人数相对较多。

电视营销的缺点是：制作成本高，播放费用昂贵；顾客很难将它与一般的电视广告相区分；播放时间和次数有限，稍纵即逝。

直复营销的指导思想是坚持以消费者需要为导向，强调以比竞争者更有效的方式传递目标市场所期待的产品与服务。直复营销的特征有：

A. 互动性。指营销人员和消费者之间的直接联系，包括：营销人员怎样在目标市场上提供旨在引起消费者反应的刺激物；消费者怎样对此做出反应。通过与消费者的互动，营销人员可以获得有效地与消费者保持联系的信息。

B. 目标化。营销信息的接收者可以是购买过该产品或服务的消费者，或是极有可能成为主顾的潜在消费者。营销人员有针对性地传递促销信息，重视广告宣传投入。直销中传播的广告和服务信息是根据消费者特征，比如姓名、地址、电话号码、电子邮件密码等，采用相宜的媒体所进行的有针对性的信息传递。

C. 可控性。营销人员通过定期检查每次推销的结果，可以获得有关目标顾客的更准确的信息，从而不断修订目标顾客名录。 对营销活动的管理，包括制定目标和计划，做出预算和评估结果。 它是一个循环的过程，营销人员可以根据过去活动的结果制定未来的计划。

D. 可衡量性。 直复营销以营销数据库系统为支撑。 营销数据库系统可以用来寻找目标顾客，建立持续良好的客户关系，形成基本稳定的顾客网络，满足顾客差异性、个性化的需要，进一步培养、巩固与顾客间长期稳定的营销关系。一个内容完备的顾客数据库能帮助公司预测顾客需要，能够针对特定产品找出可能的买主并对顾客忠诚度进行评估。 根据顾客数据库提供的潜在顾客特征数据，直销资料只需在适当的时机较精确地发送到感兴趣的顾客手中，大大提高了营销针对性和有效性，降低了营销成本。

（4）网络销售

互联网的出现彻底改变了人类的工作方式，改变了人们对商业活动中广告和销售的基本概念。 互联网的发展，给商业活动带来了无限的机遇和活力。 出现了一些属于制造商、分销商的网络平台，并形成了一个服务于消费者的网状分销渠道。

据《尼尔森全球在线调查》显示，85%以上的全球网民使用互联网作为购物手段，网上购物市场在过去的两年里增长了 40%。 从全球范围来看，一半以上的网民至少有过一次网上购物行为。 网上购物商品中最受欢迎、购买最多的是书籍、服装（饰品、鞋类）、影像（DVD、游戏），以及电子产品。

根据中国互联网络信息中心发布的“中国互联网络发展状况统计报告”，截至 2012 年 6 月底，中国网民数量达到 5.38 亿，我国的互联网普及率超过了全球平均水平，达到了 39.9%。 过去 10 年里，中国互联网经济的平均增速在 60%以上，是国家 GDP 增速的 5 倍还多，2011 年，我国互联网产业的总体规模超过 2 600 亿元。

淘宝网发布的《网络购物报告》显示，2007 年中国网络购物市场总成交额达 594 亿元，2010 年超过 2 000 亿，淘宝网连续 5 年增长速度超过 100%，远远超过家乐福、国美等传统零售巨头的增长。 淘宝网在线商品 1.16 亿件，日独立用户数突破 900 万，2007 年人均消费达 817 元。 淘宝网的服装类商品销售额超过北京市所有亿元大卖场销售额的总和。

目前，服装业网络销售主要有三种形式：B2C、C2C 和团购。

① B2C 即 Business-to-Customer，商家直接面向消费者销售产品和服务。这种形式的电子商务一般以网络零售业为主，主要借助于互联网开展在线销售活动。企业通过互联网建立网上商店，消费者通过网络在网上购物、在网上支付。

在我国，B2C 网络销售有多种商业模式。以天猫为代表的综合商城；以当当网、卓越亚马逊为代表的网上百货商店；以苏宁易购、京东商城为代表的垂直商店；以优购网为代表的企业品牌网上直营店；以凡客诚品、梦芭莎为代表的品类专营店，等等。

② C2C 即 Consumer to Consumer，是个人与个人之间的电子商务。淘宝网是中国 C2C 电子商务的绝对代表。在中国 C2C 市场，淘宝网的市场份额超过 90%。

③ 团购（Group Purchase）就是团体购物，指认识或不认识的消费者自行组团联合起来，加大与商家的谈判能力，以求得最优价格的一种购物方式。根据薄利多销的原理，商家可以给出低于零售价格的团购折扣和单独购买得不到的优质服务。通过专业团购网站、商家组织团购等形式，提升用户与商家的议价能力，并极大程度地获得商品让利。作为一种新兴的电子商务模式，团购引起消费者及各类厂商的关注。

11.2 自有品牌服装零售商

11.2.1 自有品牌专业零售商经营模式的发展历程

自有品牌专业零售商经营模式（Speciality Retailer of Private Label Apparel，SPA），是一种生产企业全程参与企划、设计、生产、物流、销售等产业环节的一体化商业模式，将企业的营运流程从商品策划、制造到零售都整合起来的垂直整合型销售形式。

SPA 模式能有效地将顾客和供应商联系起来，以满足消费者需求为首要目标，通过革新供货方法和供应链流程，实现对市场的快速反应。SPA 已成为“快时尚”商业模式和营销模式的代名词。

SPA 模式具有如下特征：

① 直接掌握消费者信息；

② 简化供应链环节，大幅度压缩物流费用和时间；

③ 最大限度降低需求预测的风险，实现快速反应供货；

④ 独特、新颖的商品策划；

⑤ 快速实现资金回笼。

SPA 模式是由美国服装巨头 GAP 公司从快速消费品行业的经营模式中提炼出来，确立为公司业务发展的根本体制，并于 1986 年正式定义。凭借着这种新的业务模式，GAP 公司在美国本土和国际市场成功扩张，使得这种 GAP 式的 SPA 在世界范围内也开始得到广泛认可。

SPA 模式随着市场的变迁不断的做着改进和调整，一般认为，SPA 的发展阶段分为三代：第一代就是美国 GAP 公司提出并发展的 SPA 模式。GAP 主要完成了产品从策划到销售一体化的改变。这样的改变，减少了供应链环节，压缩了物流费用和时间，同时让企业的回款更为顺畅，现金流更健康。第二代则是以日本优衣库（UNIQLO）品牌为代表大众基本款日本化 SPA。优衣库通过对供链有效控制和快速出货，在消费者看不到的后台，有效控制压缩企业内部管理成本，以扁平化的结构更快响应消费者需求。优衣库的生产全部外包，并且以提供基本款服饰为主，产品看上去没有那么潮流，款式仅为普通休闲服品牌的三分之一或是四分之一。第三代则是将平民快速时尚发展到极致的西班牙 ZARA、瑞典 H&M 这样的欧洲品牌。ZARA、H&M 的经营理念是在吸收美国 GAP 和日本优衣库（UNIQLO）的 SPA 模式优势基础上，强调对供应链的整合，开创了“平价快时尚”的模式，并基于高效的生产能力，保障产品的快速更新。仿照大卖场式的服装销售方式。创立以仓储型自助购物的方式出售服装。

SPA 模式被认为是后 IT 时代最成功的服装运营模式。2009 年世界服装销售量排名前五的品牌各具特色，但它们都是 SPA 型企业，并大都是从上世纪 90 年代左右开始向 SPA 转型，此后用 20 年左右的时间发展成现在年销售额近千亿元的巨擘。据“2010 年全球最具价值服装品牌榜”，H&M、ZARA、GAP 分别以 121.31 亿美元、89.86 亿美元、13.21 亿美元分别排在第 2、3、9 位。哈佛商学院把 ZARA 品牌评定为欧洲最具研究价值的品牌，沃顿商学院将 ZARA 品牌视为研究未来制造业的典范。

随着优衣库(UNIQLO)在2002年、ZARA在2006年和H&M在2007年相继进入中国内地,SPA模式开始在中国落地,并迅速扩张,将SPA模式的影响继续深入扩大。目前的中国服装产业正在经历着SPA模式带来的改变,一些有实力的服装制造企业在提升设计和生产能力的基础上,灵活利用SPA模式中的成功元素,将营销重点放在了自营大店的建设上。吸收了SPA体系部分概念的本土化“大店模式”成为本土企业快速发展的重要手段。多家本土品牌,例如美特斯邦威、七匹狼、雅戈尔、李宁等都在通过大店模式抢占市场份额,拉大与后来竞争者的距离。与世界SPA模式的发展相比,中国还没有真正形成独到的SPA体系,但是随着整个行业的迅速发展,企业品牌意识的不断深化,SPA模式在中国的发展潜力十分巨大。

11.2.2 自有品牌专业零售商经营模式的营运架构

服装产品是一种市场更新速度较快的商品,在当前追求个性化时尚的消费时代,服装企业必须挖空心思研发推出层出不穷的新款。在传统型的“款式少,数量大”的生产——销售模式下,真正的销售途径主要是订货会,每个季度将经销商或分销客户所订的期货,一次性生产出来,输出到终端,然后分成几个波段来销售,这一途径为企业带来的利润占到整个价值链的70%~80%,甚至更多。在这种模式下,提前8~9个月购买的大量预售商品,意味着很大的风险。滞销货品形成的库存成为服装企业的一大负担,可以吞噬运营商的全部利润,乃至亏损。很多中国服装企业,这种营销模式的弊病将通过SPA系统可以得到解决。

SPA与传统经营模式的最大区别在于:通过与最终消费者直接交易,实时掌握市场需求信息。这种商业模式是“全程参与”供应链而不是“全部拥有”。从运营形态看,“SPA模式”与“纵向一体化”(Vertical Integration)较为相似,但也兼有“横向一体化”(Horizontal Integration)特征。

服装企业的SPA模式有5个主要特征:

① 拥有超强的设计团队,创建和保持品牌系列化款式开发的领先优势;

② 压缩生产周期,以节约时间成本;

③ 高效的物流,创造更强的空间效用;

④ 加强货品管理,以大众化的价格拓展销售面的同时,总部力图近乎零库存

运作,以较小的失销成本来减少库存损益;

⑤ 零级渠道的模式,使得以顾客为导向的策略顺利实现,这也是前面 4 点得以顺利实施的关键所在。

SPA 模式的核心特点就是来自于其 SCM(供应链管理)的高效率,而这种高效率就是建立在零渠道的模式上。 SPA 模式的企业往往从生产到零售全部直接掌控,中间没有分销商,通过自营店铺的方式操作市场,以此提高商流、物流的运转速度降低流通费用,并对信息流及时快速反映,在压缩经营成本,减少各环节损益的前提下,创造一定的规模效益。

SPA 价值链包含以下方面:

SPA 模式是在传统“横向一体化”和“纵向一体化”的基础上创新而成的一种新商业模式,它的全新价值组成模式展示了“宽市场”创新原则,这表现在:

① 模式的基本驱动力来自零售业。 通过零售终端广泛汇集消费者的需求信息并据此决定 SPA 模式中厂商对上游资源的整合力度与模式。

② 模式的核心是时尚转换力。 将消费者对于时尚的需求转化为设计与生产的时尚,则是 SPA 模式中决定性环节的技能。

③ 模式的利润来自过程控制。 由消费信息整合、IT 系统、物流、柔性生产组织与外包、店面展示等方面共同整合而成,并由此形成了一个良性的循环。

④ 模式的驱动依赖于 IT 及其他辅助系统。 先进的 IT 系统和通畅的信息网络完成消费信息传递,实现零售、设计、生产等环节的价值转换。 即通过“软交换”能力实现多个产业价值链的对接。

11.3 服装销售的物流管理

11.3.1 物流的含义

物流(Logistics)原意是后勤保障。 具体指在商品流通过程中运输、储存、配送、装卸、包装、保管、物流信息管理等各项活动。

销售物流是企业在销售过程中,将产品的实体转移给用户的物流活动,是产品从生产地到用户的时间和空间的转移，是销售订单管理、库存管理、运输管理、配送管理等各环节的统一。

物流管理在服装企业营销过程中发挥着重要的作用，是企业销售渠道中重要的内容之一。市场营销不仅要发掘、刺激消费者或用户的需求和欲望，而且还要适时、适地、适量地提供产品给消费者或用户，以满足他们的需求。物流通过有效地安排商品的仓储、管理和转移，使商品在需要的时间到达需要地点的经营活动。为此，要进行商品仓储和运输，即物流管理。制定正确的物流策略，对于降低成本、增强竞争力、提供优质服务、促进和便利顾客购买、提高效益，均具有重要意义。

物流的职能是将产品由生产地转移到消费地，从而创造地点效用和时间效用。服装商品由于花色繁多，款式型号复杂，流行性和季节性明显，从市场营销的角度看，产品销售的过程中，如何实现包装、装卸搬运、仓储、运输等工作的合理安排，既能保护好商品，并能降低花费，使服装产品的最终零售价格保持在一个合理的水平，又能实现商品的快速流通，进而提升产品的销售量，提高产品的竞争力，就成为一个重要的经营任务。因此，有效的物流管理是服装营销管理的重要环节。

销售物流是服装企业物流系统的最后一个环节，是企业物流与社会物流的一个衔接点。它与企业销售系统相配合，共同完成产成品的销售任务。

销售物流的起点，一般情况下是生产企业的产成品仓库，经过分销物流，完成长距离、干线运输的物流活动，再经过配送完成市内和区域范围的物流活动，到达零售企业和最终消费者。销售物流是一个逐渐发散的物流过程，其内容包括：对运输、仓储、存货控制、搬运装卸、保护性包装、订单处理等物流活动的管理，以形成有效的“物流策略组合”。

11.3.2 服装销售物流管理的目标

销售物流作为服装企业市场营销活动的一部分，不仅包括产品运输、保管、装卸、包装，而且包括开展这些活动过程中所伴随的信息传播。它以企业销售预测为开端，并以此为基础规划生产进度和存货水平。从市场营销观点来看，物流规划应以市场为起点，并将所获信息反馈到产品来源地。服装企业首先应考虑目标消费者的位置以及他们对产品便利性的要求。还须知道竞争者提供的服务水平，以设法赶上并超过竞争者。之后制定一个综合策略，设计包括店铺、仓库的位置选择、存货水平、运送方式等策略组合，进而向目标顾客提供服务，不断提升客户体验水平。

客户体验是物流工作的第一要素。物流的基本工作是向顾客提供满意的服务水平。基本内容包括：

① 产品的可得性；

② 订货及送货速度，包括普通订货速度和紧急订货速度；

③ 存货或缺货的比率；

④ 送货频率；

⑤ 送货可靠性，包括小心照护、轻拿轻放以及损坏补偿等；

⑥ 运输工具及运输方式的选择。

服装销售物流管理的目标是：以最低的成本为消费者提供最好的服务，通过对物流过程的控制与计划管理，实现以最经济合理的方式，最低的费用，满足消费者的需要，把产品在准确的时间运送到准确的地点。

物流管理的目标，并不是轻易可以达到的。要为消费者提供最好的服务，往往会导致成本上升。物流管理直接影响企业的成本，无效的物流管理造成高额成本。让消费者满意是企业市场营销的核心，也是销售物流工作的重要内容。有效的物流越来越成为赢得和保持消费者的关键。如果企业不能及时运送流行性、季节性很强的服装产品，将会失去消费者。

服装产品种类的繁多。要使每一个消费者在一定的时间，一定的地点购买到所需要的产品，经营者就得保持一定的库存，库存量小，经营者可以节省库存费用，但一旦出现缺货，消费者在这个确定的时间、确定的地点没有购买到他所需数量的产品，就会对经营者产生不信任感，经营者的商誉就要受到损害，经营者就会失去顾客，导致以后的销售量下降，利润减少；库存量多，消费者随时可以买到他所需的产品，但是经营者的库存费用就要增加。有时经营者为了保持合理的库存量，避免出现缺货，就不得不放弃低成本但速度慢的物流方式，而选择速度快的方式，但会增加运费，使销售成本和销售价格上升。

服装企业为消费者提供最好的服务，就必须完成好以下物流工作：

① 订单处理。准确并迅速地把订单分送到负责仓储、运输、结算等工作的有关部门，选择符合顾客需要的运输工具和运输方式，使货物顺利运到消费者

手中。

② 发货管理。 能按消费者需要的时间、频率,及时并安全可靠地送货。

③ 库存管理。 保持合理库存,使消费者随时可以买到货物。

11.3.3 服装企业销售物流管理的内容

(1) 仓库选择

服装企业须解决仓库的数量、性质、分布等问题。

首先,必须决定仓库的数量。 仓库多,就意味着能够较快地将货物送达市场或者消费者。 但是,仓储成本也将增加。 储存场所的数量必须在服务水平和成本之间取得平衡。

仓库多往往能增加企业交货的便利性,从而提高对顾客的服务水准,但是必然会使企业在仓储方面的成本相应增加,所以应当在这两方面进行平衡,把仓库的数量控制在适当的水准内。

企业可自建仓库,这样使用比较方便,但投入的固定成本就比较大,限制了资金的流转;企业也可租用公共仓库,这样投入的资金比较少,但使用起来就不可能随心所欲,因此企业应当根据产品和市场的特点结合企业自身的能力,合理选用不同类型的仓库。

仓库位置的分布必须全面考虑市场容量,交货便利性,以及运输成本等因素。 仓库分布于目标市场附近,交货便利性会大大增加,但企业运输成本可能相应上升,仓库建于工厂附近,运输成本可能降低,但交货便利性也会下降,甚至有可能丧失市场机会。 仓库距离各主要市场的位置也会影响到产品实体流通费用变化,所以在确定仓库位置时必须慎重权衡,合理布局。

(2) 存货控制

存货的意义在于可以帮助服装企业调节供需。 如果存货太多或存货过少,都会产生负面作用。 存货太多,增加了不必要的开支,是一种浪费;存货过少,导致缺货,紧急运输或生产成本太高,使企业受到损失。 如何保持合适的存货数量就是一个重要的营销问题。

如果服装企业仓储积压严重,将占压企业大量资金。 为减少损失,许多企业会在季节末打折出售产品。 但如果积压过大,再加上服装过季、过时等因素的影响,即使打折的服装也很难全部售出,会给企业带来一定的损失。 市场需求状况决定了服装的仓储量，企业要进行准确的预测，适当保证存货。

企业的存货水平受到两方面因素的影响：一是满足市场需要；二是存货成本。要使市场需求随时都能得到满足，就应当有充足的存货，而大量存货必然会导致存货成本的上升；要降低存货的成本，则会冒市场产品脱销的风险。企业也应当在两者之间加以权衡，以做出合理的存货决策。

企业能通过对进货时间和数量的调节来达到控制存货水平的目的。

① 定时进货的控制方法。先确定存货的最高水平和每次进货的间隔时间。在进货前检查实际的存货数量，确定与所确定存货最高水平相差多少，然后按照所差数额组织进货。定时进货的好处在于进货时间有规律，比较容易安排。但缺陷在于对市场变化的适应性较差。

② 定量进货的控制方法，先确定存货的最低水平（安全存量）和每次进货的固定数量（采购批量）。采用着这种方法必须经常检查存货的实际数量。当发现存货数低于安全存量时，就应当按照确定的采购批量组织进货。定量进货对存货水平的控制比较严格，能保证顾客需求的及时满足，但进货时间和每次进货数量不易准确掌握，需要进行认真的核算。定量进货的方法较适合于市场需求变化大的商品。

（3）商品的运输

服装企业在选择运输方式时，一方面要考虑运输效率，另一方面也要考虑运输成本的大小。一般运输方式有以下几种：

① 铁路。是服装最主要的运输方式之一，尤其对长距离运输货物来说，铁路也是最节约成本的运输方式。

② 公路。这种运输方式比较灵活，可随意选择时间和路线，而且可直接运到指定的地点，不用转运，对短途运输服装比较有利。

③ 航空。空运的费用最高，适于运输距离远、价值高、体积小、重量轻和需要快速运达的货物。在特殊情况下，服装有时也会采用航空运输。

④ 水运。适于运送分量重、不易变质的大宗商品。在国际贸易中，服装也采取此种运输方式。

（4）商品的配送

配送是在经济合理的范围内，根据用户的要求，对物品进行拣选、加工、包装、分割、组配等作业，并按时送达指定地点的物流活动。配送直接面对消费者，最直观地反映了供应链的服务水平，是商流与物流紧密结合的综合性供应链环节，也是服装销售物流过程的关键环节。

配送是由备货、储存、分拣及配货、配装和送货等环节组成的：

① 备货。在仓库、商店、工厂，或者配送中心进行集货的功能。完成满足订单的货品集成。

② 储存。形成配送的资源保证。物流节点应保持一定量的储备，货物储备合理与否，会直接影响配送的整体效益。

③ 分拣及配货。按照客户按不同要求，对多种货物进行种类、规格、数量的搭配，完成订单商品的组合。分拣及配货是决定整个配送系统水平的关键要素。

④ 配装。对已经过分拣、装配好的货物进行重新包装，贴标签，记载货物的品种、数量、收货人的姓名、地址以及抵运时间等。

⑤ 送货。需要设计最佳运输路线，选择合理的运输方式，合理安排货物装载量，重点是合理做好配送车辆的调度和运输路线的规划工作。

11.3.4　服装企业销售物流合理化的指导原则

企业的各种物流活动具有高度的相关性，应从整个物流系统考虑物流策略，不应只着眼于物流职能部门。

销售物流过程是由几个负责不同工作的职能部门共同完成的，因而各部门的成本常常以相反的方向互相影响。如运输部经理喜欢用铁路运送代替空运，这样虽能降低运输费用，却使运送速度缓慢，资金周转迟缓，延缓顾客付款，并可能引起顾客购买其他竞争者的物品。包装部门为了降低费用使用廉价的质量没有保证的包装物，运输部门为了降低损坏率就必须改变原订的装卸搬运方式，但这样又会提高运送过程中的物品损坏率，从而影响企业信誉，因此，就要延长装卸搬运天数，这样包装部门的费用虽然节省了，运输部门的费用却提高了，而且由于装卸搬运天数延长，为了保证在合同规定的期限内及时送货，运输部门不得不把铁路运输方式改为空运方式，结果，包装部门虽然节省了一定的费用，但运输部门增加的费用远远大于包装部门节省的费用，因此导致物流总系统成本的上升。存货部比较喜欢减少存货，以降低总的存货成本，这样做又往往引起缺货、订单延缓履行或装运成本提高等后果。

单单强调各个职能部门降低本部门的成本是不够的，把本部门的成本降到最低并不能保证物流总系统的成本能降到最低，必须重视相关职能部门成本升降的相互影响，应从整个物流系统来考虑制订成本决策，不能只着眼于各个职能部门。

合理的物流目标应是通过有效选择，适当兼顾最佳顾客服务与最低配送成本：

① 将各项物流费用视为一个整体。在致力于改善对顾客服务的过程中，努力降低物流总成本，而不只是个别项目成本费用的增减。

② 将全部市场营销活动视为一个整体。各项市场营销活动都必须考虑物流目标，联系其他活动的得失加以权衡，避免因孤立处理某一具体营销业务而导致物流费用不适当增加。

③ 权衡各项物流费用及其效果。为维持或提高顾客服务水平而增加的某些成本项目视为必需，不能使消费者受益的成本费用坚决压缩。

在为客户提供最好的服务和降低费用之间如何选择，一般是考虑竞争者所提供的服务水平。如果经营者提供的服务水平低于主要竞争者提供的服务水平，经营者就可能失去顾客，导致销售额下降；如果经营者提供的服务水平比主要竞争者高，主要竞争者也会提高服务水平，这样可能导致每一企业都面临着成本提高的威胁。如何在不断提高的客户体验水平的要求下，服装企业内各部门通力合作，实现低成本、高效益的物流运作，就是一个重要的课题。

11.4 服装企业的快速反应

11.4.1 快速反应（QR）战略的发展

快速反应（QR，Quick Response）是美国纺织与服装行业发展起来的一项整体业务概念，目的是使包含零售商、服装制造商以及纺织品供应商的产业链条通过系统化的供应链管理策略，减少原材料到销售点的时间和整个供应链上的库存，最大限度地提高供应链的运作效率。

二战后，欧美经历了一个经济快速发展的繁荣时期，市场似乎拥有无限的容量，从而导致了生产型的经营模式。企业的经营重点是快速生产、降低生产成本并占有更大的市场份额，而不太关注消费者的需求。生产商向零售商提供设计生产的服装，但并不一定是消费者真正需要的服装。进入二十世纪 70 年代中期，滞胀和经济危机使服装零售商和生产商经受了一次大量库存的打击。此后，服装行业的生产和销售企业开始把注意力集中到消费者，引入了以消费者为导向的经营观念。零售商最早意识到这一点，纷纷进口质优价廉的服装。生产商和面料商则意识到不仅要满足消费者的需求，也要满足中间商的需求。快速反应就是在“满足消费者的需求，更有效地服务于消费者”的营销观念基础上发展起来的。

上世纪 80 年代初，美国的服装行业面临着国外进口商品的激烈竞争。进口服装却占据了美国市场的 40%。为此，美国的纺织与服装行业开展了如何长期保持美国的纺织与服装行业的竞争力的大规模研究。研究发现尽管服装产业的供应链系统的各个部分具有高运作效率，但整个系统的效率却十分低，供应链的长度是影响其高效运作的主要因素。

在当时，整个服装供应链，从原材料到消费者购买，时间为 66 周。其中，11 周在制造车间，40 周在仓库或转运，15 周在商店。这样长的供应链不仅各种费用大，而且因整条供应链建立在不精确需求预测的基础上，制造过多或过少造成的损失非常大，其中，最大的损失来自于零售商或制造商对服装的降价处理，以及在零售时的缺货。进一步的调查发现，消费者离开商店而不购买的主要原因，是找不到合适尺寸和颜色的商品。

服装业界的持续研究导致了快速响应（Quick Response，QR）策略的应用和发展。信息时代的到来，电子数据交换系统、条形码、电子收款机以及电子货币等的应用，奠定了快速反应战略的技术基础。应用 QR 策略，零售商和供应商通过共享信息，加快了需求信息的流动，实现了密切合作，使得整个链条上的企业可以预测未来需求，并共同重组他们的业务活动，对消费者的需求做出快速的反应。

当前，实施服装的快速反应战略已成为世界服装业的一个发展趋势，欧美许多国家和地区的服装企业已率先实施。例如美国服装业，自 20 世纪 80 年代中期就开始推行快速反应战略。目前，美国 65% 的服装企业已参加到这一行列，在降低流通成本和产品的适销对路方面收到了明显效果。我国服装快速反应战略得到我国服装企业越来越多的重视，有些企业已经进行了一定的研究、探讨。

11.4.2 快速反应（QR）的概念及其内涵

美国纺织服装联合会将快速反应（QR）定义为："制造者为了在精确的数量、质量和时间要求的条件下为顾客提供产品，将订货提前期、人力、材料和库存的花费降到最小；同时，为了满足竞争市场不断变化的要求而强调系统的柔性。"

快速响应的内涵其实就是在供应链企业之间建立的战略合作伙伴关系，整个供应链能对需求信息做出及时反应，为消费者提供高价值的商品或服务。实施 QR 的供应链以消费者需求为驱动源，供应链上的各级企业建立战略伙伴关系，改善相互之间的交流，增强信息共享水平，以达到降低最终客户总成本、降低库存水平，改善财务指标、质量、产量、交货期、用户满意度，并提高自身的业绩。

快速反应包含三个方面（即 3Cs），即控制（Control）、交流（Communication）和协作（Collaboration）。

① 控制。服装企业的各部门必须具有明确和有效的控制系统，特别是商品的营销计划。营销预测、生产管理、产品采购、库存管理以及产品销售量都通过准确快速的反应系统而得以控制。

② 交流。服装和供应链合作伙伴之间通过产品的条形码、EDI、UPC 等技术，实现及时、准确地沟通。

③ 协作。快速反应系统的建立基于服装供应链上所有的节点企业之间必须共享信息、共同决策，只有有效协作才能获得良好的收益。

实施快速反应（QR）可以给厂商和零售商带来诸多的利益：

对厂商的利益有：更好的顾客服务；降低了流通费用；降低了管理费用；更好的生产计划。

对零售商的利益有：提高了销售额；减少了削价的损失；降低了采购成本；降低了流通费用；加快了库存周转；降低了管理成本。

11.4.3 快速反应（QR）的实施

快速反应（QR）要求零售商和供应商一起工作，通过共享 POS 信息来预测商品的未来补货需求,以及不断地监视趋势以探索新产品的机会,以便对消费者的需求能更快地做出反应。在运作方面,双方利用电子数据交换系统来加速信息流,并通过共同组织活动使得前置时间和费用最小。快速反应(QR)的着重点是对消费者需求做出快速反应。QR 的具体策略有:待上架商品准备服务(Floor Ready Merchandise)、自动物料搬运(Automatic Material Handling)等。

实施快速反应(QR)可分为以下三个阶段:

第一阶段:对所有的商品单元条码化,利用电子数据交换系统传输订购单报文和发票文件。

第二阶段:企业内部的商流处理,如自动补货与商品分拣、发运等,并采用电子数据交换系统传输更多的文件,如发货通知、收货通知等。

第三阶段:与供应链上的上下游伙伴密切合作,采用更高级的快速反应(QR)策略,以对客户的需求做出快速反应。

服装企业实施快速反应的一般实施流程是:

当零售商接收到生产商发送的服装商品并与消费者完成一次交易之后,交款台的电子扫描仪对服装价签上的条码进行解读并自动记录下该服装的关键信息,如价格、厂家编号、号型、颜色以及其他规格。

这些信息同时被传送到商店的计算机终端,这里保存着整个商店货物周转的记录。这些信息又通过电子数据交换系统传送至服装生产商的电脑中,生产商根据传达的数据调整生产,尽快生产所需的款式、颜色、号型。同样,服装生产商又将有关数据传送到面料生产商的电脑,使面料生产商快速加工运送服装生产商所需的面料。

这种快速的信息分享,使服装供应链各方能够快速行动起来,从而提高了生产力和产品的附加价值,又满足了消费者对流行服装的需求。

在供应链的交易过程中,有供应商、生产商、零售商和消费者的共同参与,伴随着商品流动的是信息流的不停运转,从而形成一个高效有序的系统。一方面缩短了生产流通时间,降低了各方面的经营成本,另一方面又避免脱销和滞销给消费者带来不便。

在我国,服装的时尚化和个性化越来越鲜明,越来越多的服装企业,从每年 2 个订货季发展为 4~6 个订货季,以期对市场做出更快的反应。由此,服装生产和销售业由传统的少品种、大批量、长周期最终转向多品种、小批量、快交货。因此，我国服装企业若实现快速反应系统须加强以下内容：

① 信息快速反应：即利用多种渠道获取最新服装款式、面料、色彩的流行信息，发布企业最新产品，以增进与零售商和消费者的交流。

② 生产快速反应：即通过计算机技术对服装生产线实现科学编制和控制，将库存控制、生产系统建成柔性的开放式模块，并通过远程数据传输实现与供应链伙伴在管理、销售和情报系统方面的互联，以使整个生产系统适应服装品种、规格、工艺的快速变化，提高产品的质量和市场适应性。

③ 管理快速反应：加强市场预测、经营决策、采购、生产、销售、财务、物流、风险等方面的快速反应能力建设从而保证快速反应系统的完整和协调。

④ 商流快速反应：提高服装企业的信息化能力，实现这种反应更多的依赖于 Internet 和 EDI 的使用。

11.5 案例

解析服装巨头 ZARA 商业模式创新

ZARA 创始于 1975 年，它既是服装品牌，也是专营 ZARA 品牌服装的连锁店零售品牌。ZARA 公司坚持自己拥有和运营几乎所有的连锁店网络的原则，同时投入大量资金建设自己的工厂和物流体系，以便于抓住客户的需求，快速响应市场需求，为顾客提供“买得起的快速时装”。

ZARA 开创了快速时尚（Fast Fashion）模式。随着快速时尚（Fast Fashion）成为时尚服饰行业的一大主流业态，ZARA 品牌也备受推崇，俨然成为时尚服饰业界的标杆。

很多服装企业都试图模仿 ZARA，就是学不来，为什么？因为 ZARA 的是以快速时尚服装为核心以供应链全程控制为基础的商业模式系统创新，这也是 ZARA 成功的关键所在。

ZARA 商业模式中最重要的是把握住了个性化消费的潮流。为消费者提供“与众不同”、“独一无二”的产品价值。在传统行业里，“品种少，批量大”是通行的准则，大规模生产的同质化产品只能依靠廉价来吸引消费者，以赚取微薄的利润，但没考虑到消费者对于满足自己个性化的产品是愿意付高价的，而这正是 ZARA 瞄准的客户对象。ZARA 以其“多款式、小批量”，创造了“长尾”市场的新样板。ZARA 值得大多数传统企业借鉴的是，它有意识地在自己的产品中“制造短缺”。虽然一年中它大约推出 12 000 种时装，但每一款的量却并不大。即使是畅销款式，ZARA 也只供有限的数量，常常在一家专卖店中一个款式只有两件，卖完了也不补货。ZARA 通过这种方式，满足了大量个性化的需求，培养了一大批忠实的追随者。

款式更新更快增加了新鲜感，随着每周两次补充新货物，吸引消费者不断重复光顾。快速更新店面里的货品，也确保了它们能符合顾客的品味，从而能被销售出去。ZARA 的暂时短缺满足了人们的服装消费心理，ZARA 渐渐变成了“追求时尚和个性”的代言人。

ZARA 抛弃了引导潮流的想法，而是追随潮流。它的目标就是让顾客在承担得起的价位上买到多个品种的服装。ZARA 于 2010 年推出了 20 000 件单品，大约是世界服装界老大 Gap 的三倍。ZARA 有 400 多名设计师，经常出没于米兰、巴黎这些时尚中心举办的各种时装发布会之间，或者出入于各种时尚场合，观察和归纳最新的设计理念和时尚动向。通常，一些顶级品牌的最新设计刚出来没多久，ZARA 就会发布和这些设计非常相似的时装。这样的设计方式能保证 ZARA 紧跟时尚潮流。

ZARA 商业模式的成功得益于公司出色的服装行业的全程供应链管理，以及支撑供应链快速反应的 IT 系统应用，通过全程控制供应链，创造快速时尚的稀缺价值。ZARA 从设计到生产，再到把新款衣服送到全球各地的专卖店，只需短短的 15 天时间。ZARA 不借助外部合作伙伴进行设计、仓储、分销和物流，而是自己全包全揽，保持整个供应链在完全掌控中。ZARA 的供应链管理能够快速地把信息从购物者那里传递给设计师和生产管理人员。供应链管理还能对原材料和产品在流动过程中的每一个环节进行实时的追踪。最终目的就是在最终客户与设计、采购、生产和分销等上游运行环节之间实现尽可能快速和直接的沟通。ZARA 对供应链的控制使它能够设定产品和信息的流动速度，从而使整个供应链都能够以一个既快速又可以预测的节奏运行。为避免导致反应时间长，要求产品订单从门店直接发出，由店长负责订货，配送也是从配送中心直接配送到门店。 在 ZARA 的灵敏供应链系统的支持下，从设计到把成衣摆在柜台上出售的时间。 最短时只有 7 天，一般为 12 天。

思考练习题

1. 简述服装零售的形式。
2. 简述自有品牌服装零售商的营运特点。
3. 分析服装物流的发展趋势。
4. 分析“快速反应战略”在我国的发展。

第 12 章 服装整合传播

知识要点

1. 掌握整合传播的含义；
2. 了解整合传播的途径；
3. 掌握四种促销方式广告、公共关系、销售促进、人员推销在服装业的应用方法。

本章内容提要

随着顾客需求的变化，服装品牌的整合传播已超越了产品本身的物质功能，而开始向人们展示一种新的生活方式，使顾客通过产品的选择、购买和使用，获得丰富的精神和心理体验。

本章对服装品牌传播过程中的四个主要传播组合——服装广告、服装销售促进、服装公共关系和人员推销及在服装业的应用分别进行了介绍。

广告是营销传播组合中特殊的、独一无二的一部分。 广告是由确认的广告主，在付费的前提下，通过大众媒体进行的促销方式。 广告获得的收益高于其他促销方式，在促销活动中占大部分比例。 尽管事实证明，对广告产生的实际效果没有一个明确一致的论断，然而每年仍有大量的资金投放在广告上。 服装品牌较青睐的主要广告媒体是各种印刷品，但其他媒体广告的影响力也不容小觑。网络渠道因具备广告费用低、访问成本低，并且真正具有国际性特征而呈现出爆炸式地增长，方便信用卡购物及初期安全性低的问题也正在被快速解决，因此它有可能打破媒介传播的新格局。

公共关系是一个组织机构从事公众信息传播、关系协调与形象管理事务的一种艺术和科学，它是涉及调查、策划、实施、评估和咨询的一种实践活动。对企业而言，公共关系是用以塑造企业形象、品牌、文化、技术等为目标的传播活动，包含投资者关系、员工传播、事件管理以及其他非付费传播等内容。作为品牌传播的一种手段，公关能利用第三方的认证，为品牌提供有利信息，从而教育和引导消费者。常见的服装企业公关活动有冠名赞助比赛、举办服装专业论坛、讲座等。

销售促进也称营业推广，包括各种短期性的刺激工具，用以刺激顾客和中间商迅速或较多地购买某一产品，与公共关系注重间接、长期的效果形成了鲜明的对比，其特点是迅速、直接。服装企业的销售促进可以分为针对中间商的促销、针对销售人员的促销和针对消费者的促销。

销售人员是组织与顾客间的主要媒介。由于越来越重视像谈判这样的技能，人员推销的作用得到越来越高的评价。实际上，服装企业的销售人员角色正在不断更新，服装消费是典型的感性消费，与消费者面对面的沟通有助于建立长远的交易关系。目前销售队伍的激励机制改革的重点，是从刺激高销售额向以顾客为中心的转移，其结果将会促使他们与顾客建立更牢固、更长久的关系。

在营销实践中，服装企业能否把产品的信息在恰当的时间以恰当的媒介用恰当的方式传递给恰当的目标受众是非常关键的。显然，无论是古时的“酒好不怕巷子深”，还是单一依靠广告轰炸进行促销都不能实现品牌资产的持续积累，也不能实现品牌价值的提升。

在服装业，制造商和设计师采用大量的广告及各种促销手段向潜在的顾客进行宣传，如时尚杂志广告、名人代言、时装发布会、新闻报道及与零售商联合促销等等。所有这些活动的目标都是为了与现实的和潜在的顾客、中间商、媒体等机构及社会公众进行沟通，传播并建立良好的品牌和产品形象，引起并激发顾客的注意和购买欲望。

在服装品牌传播的过程中，如何完成与消费者、渠道商和大众间的深层沟通，如何对信息传播进行科学的策划，是本章要阐述的主要内容。本章将介绍服装广告、销售促进、公共关系和人员推销等整合传播策略。

12.1 服装整合传播管理

自 20 世纪 90 年代后期以来，传播效果的评判依据更强调统一感受和价值意义，品牌成为沟通的基点，传播的内容、工具更强调整合性。

12.1.1 整合传播概念

美国西北大学传播学教授唐 · 舒尔茨在《整合营销传播》(Integrated Marketing Communications，IMC)一书中，把各个相对独立的营销因素看成是一个整体，并借助多重传播手段和多渠道的传播方式，如广告、公共关系、促销、消费者购买行为、员工沟通等，完成或实现与顾客之间建立良好关系的营销目标。这一定义并没有把与顾客建立良好的品牌关系作为整合营销传播的核心问题，也没有把品牌关系确定为整合营销传播的核心价值追求。

英特品牌公司(Inter Brand)整合传播和策划部主任卡罗琳 · 雷(Carolyn Ray)认为，整合品牌传播(Integrated Brand Communications，IBC)是一个整体性的传播策略，整合了所有传播活动，如公共关系、广告、投资者关系、互动或内部传播，用这样的策略来经营企业最宝贵的资产——品牌。整合品牌传播源自品牌价值管理，它的核心理念是通过管理品牌的整合营销来实现品牌价值最大化。即整合品牌传播概念的本质是品牌资产导向的整合营销传播，目标是通过品牌与消费者、利益相关者之间的沟通，建立品牌与它们之间的关系，稳定增加品牌价值。

整合品牌传播包括以下四个层面的含义：

(1) 不同传播工具的整合

各个传播工具的作用不同，如广告起到告知的作用，促销起到短期刺激的作用，公共关系起到提高品牌形象、赢得公众的赞美和消费者的忠诚的作用等。整合品牌传播要对各个工具的使用时间、次序有一个整体的安排，以达到节约成本、实现最大功效的目的。同时，对于消费者而言，如果他们接受到来自不同传播工具的杂乱的品牌信息，他们对于品牌的印象就会模糊，这对于统一的品牌形象的形成非常不利。整合品牌传播的各种传播工具要用“统一口径”，互相配合，以品牌核心价值为统帅，再对各传播工具的内容进行统一管理。

（2）不同时间的整合

在与消费者建立关系的各个时期、阶段，传播的信息应该协调一致。例如，近几年，美特斯邦威的“不走寻常路！”、“每个人都有自己的舞台！”、“我的呼吸也有自己的节拍！”广告和不同时期代言人的宣传活动等，虽然在不同的时间，各个活动的内容和形式也不同，但都在传播品牌致力于打造“一个年轻活力的领导品牌，流行时尚的产品”主题，满足消费者的心理诉求。

（3）利益相关者之间的传播整合

与公司各种利害关系者（内部员工、中间商、零售商、客户、股东、政府等）传播时，应保持公司统一的形象，以便协调统一，发挥目标一致、合力作战的功效。例如，2001 年，男装品牌依文举办“俺爹 · 俺娘 · 俺自己”依文情感时尚发布会，与此同时，与王府井百货联合举办了“俺爹俺娘”情感主题图文展，零售商与品牌商联手，通过这种独特的形式向消费者传递品牌文化理念，在经济效益上取得了预期的效果。

（4）不同空间的整合

不同空间的整合有两方面：一是企业内部的品牌传播与企业外部的品牌传播一致；二是品牌在不同国家和地区，应传达统一的定位、形象和个性。

很显然，品牌传播工具的整合、传播时间的整合、利益相关者之间的整合及不同空间的整合，都要求品牌传播信息的高度“统一”性。同时，在整合品牌传播过程中，需要强调品牌接触点传播。消费者对品牌的印象是多渠道、多次接触积累的结果，某一个方面的细节做得不到位都有可能影响消费者对品牌的评价。例如，在某个服装专卖店购物，无论是购物环境还是服装本身一切都感觉良好，但只是某位服务员的态度较差，就会影响消费者对整个品牌的评价。因此，做好整合品牌传播，首先要做好足以影响消费者购买决策的“关键性接触点”的管理。只要在最能给顾客留下好印象的地方竭尽全力，就能成功。

12.1.2 整合营销传播模式

整合营销传播，在很多书中称为促销，作为营销组合策略的重要部分，其本质是和顾客、中间商、社会机构和公众的沟通活动，即企业需要制定有效的传播策略，向目标受众提供与公司产品和品牌有关的信息。对最终顾客来说，企业不仅要使他们知道提供的产品能满足什么样的需求，以多少价格，在什么地方能够买到，还需要掌握顾客购买中和购买后有什么样的感受，希望得到哪些进一步的信息。传统的观点是产品销售出去后营销活动也就结束了，而新的观点是产品卖出之后仍要对顾客的反应给予关注。因此，整合传播的重要功能是将产品的销售和顾客的反应密切联系在一起。整合传播是为了使顾客更易于购买或接受公司的产品而传播信息和沟通的活动。进一步说，整合传播不仅是推销产品，而且有助于顾客对公司的经营理念、品牌文化、产品和服务方式的认可、赞成等行为。

无论营销的目标是促使更多的顾客来购买公司的产品，还是提高顾客对品牌的忠诚度，只要是与顾客或潜在顾客有关联的传播途径，都可用图 12-1 的模式加以说明。

这一模式显示，无论是直接面对顾客的销售，还是间接在杂志上刊登广告，这些过程都包括传送者、编码、信息、传送渠道（媒介）、译码、接受者、反应和反馈等要素。为了使传播有效，将传播的内容变为能传达给接受者，并使其能正确接受的信号为编码。经编码的信息通过相关的媒体发送给接受者。接受者在接受到信息后要进行译码，并做出反应。因此，信息的传送者必须明确信息将要传播给什么样的接受者，希望获得什么样的反应。在设计信息时，要考虑接受者是如何解译信息的，还要选择接受者能触及的有效媒体传播信息，并通过建立反馈渠道，以便了解他们对信息的反应。

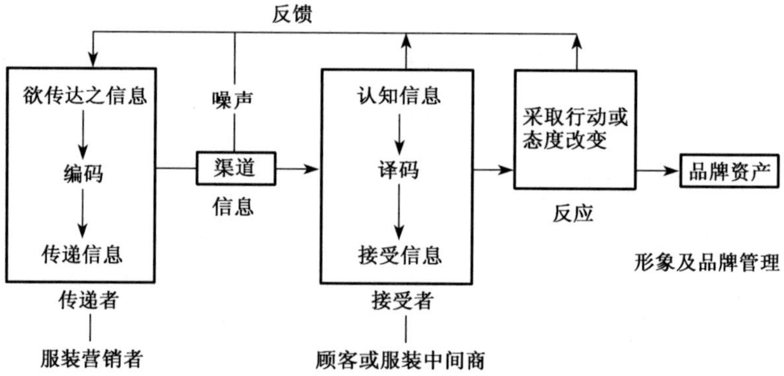

图 12-1　营销传播模式

实际上营销传播总会受到一些噪声的干扰，例如竞争者的广告、促销现场人们的交谈声等都会影响信息的传递。由于噪声干扰的存在，传播的信息一般在第一阶段只能传递 70%。 接受者将接受到的信息进行译码时，也常常会附加上自己的理解，并对信息产生反应行为。 这是由于选择性注意、选择性扭曲和选择性记忆造成的。 传播过程中降低噪声的干扰程度，对提高传播的有效性很重要。 产生噪声的原因主要有以下几点：

① 受接受信息前判断的影响，使信息的收集方法和赋予信息的意义不同；

② 将不充分的信息扩大解释。 如由某个导购员的服务态度而判断整个公司的服务水平；

③ 从没有代表性的信息源获得的信息，用于对整体的看法；

④ 强调某些支持自己观点或态度的事实，而忽视那些自己认为不重要的事实；

⑤ 传播目标不明确或传播途径选择不当；

⑥ 为讨好接受者而设计特别的信息；

⑦ 信息设计时，采用的资料或数据不准确；

⑧ 由于上级或群体的压力，导致信息的失真；

⑨ 文化差异造成的理解上的偏差。

为了使传播更加有效，需要注意以下几点：

① 明确传播的目标和受众，要向他们传达什么、什么时候传达，应有计划地进行信息传播；

② 根据目标接受者的特点，尽可能以接受者易于理解的语言和方式传达，避免专业性太强的术语；

③ 了解目标受众的媒体接触习惯，并以有助于影响其做出决定的方式传播；

④ 日常用语在不同场合的含义不同，因此要经过明确定义后使用；

⑤ 表达要简明，灵活运用图片、表格、符号、数字等；

⑥ 传播渠道尽可能短，尽可能直接进行；

⑦ 使接受者能尽可能使用多个感觉器官接受信息，如视觉和听觉的组合，比单纯用视觉接受的效果好；

⑧ 合理分配各种促销活动的费用；

⑨ 制定评估传播效果的标准及控制促销活动的计划。

12.1.3 整合传播的途径

整合传播强调在品牌发展的过程中，综合协调地利用各种形式的传播方式，以统一的目标和统一的传播形象，传播一致的产品信息，实现与顾客的双向沟通。整合传播的途径主要包括广告、销售促进、公共关系和人员推销。在服装业中视觉促销也是经常使用的手段，一般可看作是销售促进的一种方法。只有根据品牌的发展阶段，将这些传播渠道和工具有机结合起来，才能促进顾客最大限度的认知、联想和忠诚，提高传播的效率和效益。

现代社会广告随处可见，电视、杂志、报刊等充满了各种广告，广告已成为现代生活的一部分。广告是指由确定的赞助者以付费的方式对观念、商品或服务进行非人员的展示和促销的手段。是多数场合使用的大众媒体。这里的非人员是区别面对面的人员推销，广告中虽然也大量使用代言人等手段，但与人员推销相比，广告沟通一般是单向的，不是人和人的直接沟通。由于使用的媒体不同，广告的特点和效果也不相同。

公共关系是公司运用各种传播手段，使组织与公众相互了解、相互适应的一种活动和管理职能。其主要目的是为了提高和保护公司或品牌的形象。

销售促进是鼓励对产品与服务进行尝试或促进销售的短期激励，包括商品展示、打折、赠品、奖励等多种形式。运用销售促进可以创造更强烈和更迅速的消费者反应，并在短期内实现较快的销售增长。

人员推销在众多品牌传播工具中最直接，并且具有双向信息传递功能。新技术已经促使更多的公司从面向大众的传播转向更准确的目标传播以及一对一交流，很多公司仍然依靠其销售队伍进行人与人接触的营销，因此，对推销人员的培训至关重要。

各种传播途径的效果、费用、影响程度以及适用的目标、产品、场合和时间不尽相同。表 12-1 为几种主要传播途径的比较。来源可信度是指接受者对信息源的评价与信任程度，例如在权威性时装杂志上对某服装品牌的称赞性报道，一般会比其他用付费方式在该杂志上刊登的广告信息要可靠且令人信任。信息特色是指发送的信息是否与目标顾客的需求一致或能激发起潜在需求。各种促销手段在目标受众、适用的产品和企业、主要目标、时效性、沟通效果、成本等方面都存在一定差异。其中，服装的各种促销成本计算是比较困难的工作，例如商场在举行服装的促销活动时，往往也同时在进行其他商品的推广。

表 12-1　各种传播途径的比较

	广告	销售促进	公共关系	人员推销
来源可信度	中等	中等或不定	良好	较低
信息特色	一般标准	一般标准	一般标准	针对顾客
目标受众	大多数情况下，受众比较宽泛，针对性较弱	受众主要为目标顾客，针对性强	针对公众，受众广泛	一般针对目标客户
适用产品和企业	顾客众多、分散的消费品，品牌产品等	各类产品	各种企业均适用，但大企业用的更多	顾客数量少，产品复杂，价格昂贵
适用的主要目标	建立品牌及产品知名度、偏好度等	促成及时购买或扩大销售	建立或提升品牌形象	促成及时购买或建立关系
时效性	较长，有时难以控制	较短，可能立即见效	较长，不易控制	较短，可能立即见效
沟通效果	较难控制和衡量	较易控制和衡量	最难控制和衡量	较易控制和衡量
成本	成本较大，但人均成本较低，成本收益控制较难	成本与产品销售挂钩，成本收益控制较易	一般情况下成本较大，成本收益控制很难	单位费用大，但当成本与产品销售挂钩时，成本收益控制较易
优点	传播范围广，易引起大范围的注意；表现手段丰富，可以加深印象	吸引力大，能改变顾客的购买习惯	影响面广，容易取得消费者信任	方法灵活，可以与顾客进行深度沟通，容易激发兴趣，促成即时成交
缺点	说服力小，难以促成即时购买行为	可能引起顾客的顾虑和不信任，有些情况下，可能对企业或产品形象造成损害	见效慢	费用大，人才难觅

各种传播活动要想体现分类的价值，必然要彼此搭配一致。 然而，在营销实践中，总有一些活动理当置于不止一个框架内，如赞助、展销等等活动。 营销传播活动的范围很广，整合营销传播组合模型中，许多活动是重叠的。 一些营销传播活动的要素既可归类为公共关系也可归类为广告（如企业广告），同样的还有广告与销售促进（如直邮）、销售促进与人员销售（如展销会）、人员销售与公共关系（如游说）等。

12.2　服装广告策略

广告是品牌传播的主要途径之一。 在现实中，我们每天都生活在广告的海洋中,企业把广告作为自己产品走进市场的敲门砖,也把它作为走进消费者心灵的催化剂。 在我们身边,也不乏靠广告而一夜成名、一鸣惊人的品牌。

12.2.1 广告的内涵

美国市场营销协会(AMA)给广告的定义是:广告是广告主通过付费的方式,采用非人际的传播形式对观念、商品及劳务进行介绍、宣传的活动。

广告包括以下四个层面的意思:①广告是一种付费的信息传播活动,传播的内容可以是商品信息、服务信息,也可以是观念信息;②传播的方式不是个体传播,而是通过媒介进行传播;③它的传播对象是人数众多、分布广泛的社会大众;④它的目的是影响公众的态度、观念和行为。

事实上,广告的主要功能仍然是向顾客传播品牌信息,利用电视、广播、因特网、报刊杂志、户外广告和招贴等多种宣传媒介展示商品魅力,诉说品牌情感、构建品牌个性,进而在顾客心理上形成强大的品牌影响力。 广告对品牌信息的整合非常重要,无论是产品信息、品牌信息还是情感信息、个性信息等,不但要具有统一性、突出主题,还要通过声音、图案、画面、颜色等渲染戏剧性的变化,具有很强的艺术性。

12.2.2 广告的作用机理

(1)整合传播与 AIDA 影响层次模型

广告通常被认为是向消费者宣传、展示产品,但这是不确切的。 广告也广泛地应用于工业产品的宣传以及消费品、工业品的分类广告。 尽管广告从总成本上来看是昂贵的,然而,实际上按照广告所能传播到的以百万计的目标受众计算,还是非常值得的。 随着不断增加的媒体细分及新媒体的出现,广告的费用会通过更精确地锁定目标群体、使用低成本的媒体例如互联网而降低。 图 12-2 显示了对应于 AIDA 影响层次模型,整合传播的相应优势。

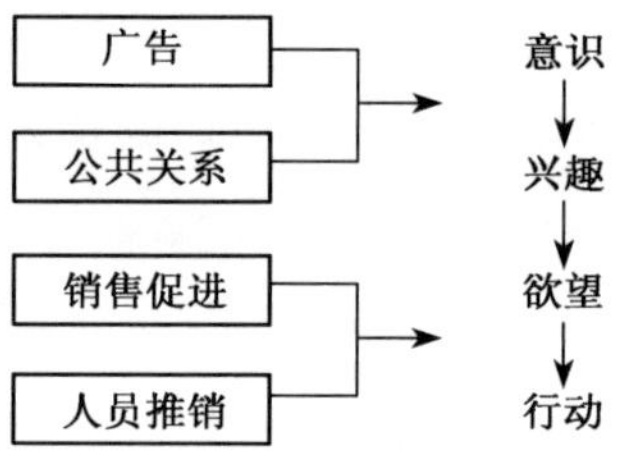

图 12-2 整合传播与 AIDA 影响层次模型

广告信息和诉求的产生,需要依据广告信息的接受模式来设计。 消费者对广告信息的接受模式之一是 AIDA 模式。 这一模式认为消费者对信息的接受过程会经历注意、兴趣、引起需求、采取行动四个阶段。 这一模式提示广告策划者在创作广告时，要有视觉或听觉上的冲击力，使目标受众在第一眼看到或第一次听到广告时便能吸引其注意力，进而产生兴趣和需求、并最终产生购买行动。

（2）广告传播机理模型

广告传播机理模型说明了广告传播的过程，但广告具体对受众产生了怎样的影响，对品牌具体有何贡献则没有涉及。 美国著名广告学家巴切（Batra）、梅尔斯（Myers）和阿克（Aaker）在广告学经典教材《广告管理》中介绍了一个广告作用机理模型，如图 12-3 所示。

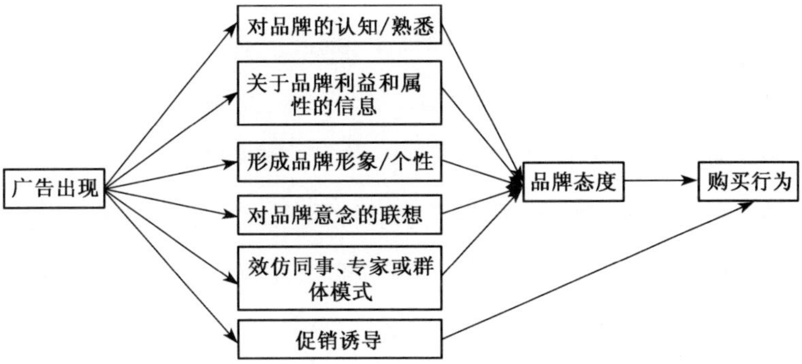

图 12-3 广告作用机理模型

从模型来看，当广告出现之后，看到广告的受众会产生以下反应：①对品牌认知和熟悉，如全国各大电视台连续几年播放的脑白金广告让全国人民耳熟能详；②了解品牌的利益和属性，如美国 “箭牌” 衬衫的广告一直以强调 “宽松的领口” 为独特卖点，获得了巨大成功；③形成对品牌个性的感知，如陈道明代言的 “利郎商务男装” 广告让消费者感受到了利郎品牌的 “成熟、睿智、简约” 的个性；④与品牌形成情感关系，如芝华士威士忌的《冰雪篇》电视广告让很多消费者喜欢上了这个品牌；⑤效仿参照群体的消费模式，如许多西服品牌经常以名人为形象代言人，并通过高级商务活动的背景暗示品牌所塑造的 “成功的男人” 形象；⑥刺激购买，如一些零售店在店庆日的促销广告上声称 “买 100 送 100”，引发了购物热潮。

从图中可以看出，消费者对广告的前五个反应都会影响他们对品牌的态度，之后产生购买行为，而第六个反应则不影响品牌态度，而是直接导致消费者购买行为。 从短期来看，第六个反应与前五个一样都能促使消费者购买，但从长远来看,促销广告的刺激是短期性的,因为品牌态度没有改变。一旦竞争品牌也推出促销活动,消费者又会流失。所以,为了使品牌持续获利,企业应当把前五个反应作为广告的目标来进行广告的策划。

12.2.3 服装广告的性质和分类

服装企业为了建立品牌形象或扩大产品的销售,广告已成为使用越来越频繁的促销手段。强有力的广告宣传不仅对顾客的品牌认知和购买行为产生深刻影响,并且在与中间商的合作中也使企业处于有利的地位。如果目标明确,通过广告所获得影响力和利益就能大大超过广告的投入,这也使得广告在促销中的角色更加重要。广告活动必须是服装营销整体活动的一部分,即预期的广告效果,必须配合其他的营销活动。例如,在《时尚》杂志上刊登了产品广告后,店铺要准备足够的货源来满足消费者的需求,否则就失去了广告的意义。

一般情况下,服装因其流行周期、季节性因素和产品多样化等特点,宣传个别产品比较困难。因此,大多数服装广告以宣传品牌或企业为主要内容。广告中通过介绍企业拥有生产能力和树立销售高质量的产品的形象,使目标顾客深入了解公司的品牌和经营理念。广告的目的不同,其创意和表达上将有所不同。例如,如果是为了销售产品的广告,要说明提供的产品是什么,价格是多少,在什么地方可买到等信息;如果是为了建立品牌形象,则要陈述产品在生活中的意义,或产品具有的氛围、适合的生活方式等。

具体来看,服装广告根据内容和目的主要可分以下几类:

(1) 产品广告

其重点是传播产品信息,如介绍服装性能、特点、效用等,以提高消费者对产品的认知程度。

(2) 品牌广告

此类广告的重点是传播品牌信息,以提高品牌的认知度和偏好度。大多数服装企业的广告都以宣传品牌、扩大知名度为目标。

(3) 促销广告

一般多为零售商或中间商所采用,并多选择在当地做广告。这类广告主要是将所经营的产品、正在进行的促销活动等信息传达给消费者,以吸引顾客到商店来购买服装，以达到增加销售的目的。服装企业有时也会配合促销活动进行这类广告宣传。

（4）招商广告

服装企业也经常在专业报纸或杂志上做广告，除了宣传公司或品牌形象外，其主要目的是为了吸引经销商加盟。

（5）公益广告

这类广告的目的是提升企业或品牌形象，在增强人们对公益事业关注的同时，也把品牌或公司的良好形象根植于公众心中。

12.2.4 广告组成要素

认识广告的关键组成要素十分重要。广告组成要素包括确定广告目标、明确广告预算、选择适合的媒体，以达到投放定向目标群体，实现预定目的。

（1）广告目标

确定广告目标是广告决策的首要步骤。广告的最终目标是增加销量和利润，但企业利润的实现，依赖于有效的广告机会与有效的市场机会相联系，与产品定位决策相匹配。因而，不能笼统地将增加销量和利润作为广告目标，而应由各阶段的整体营销策略决定。广告目标主要有以下几种：

① 以提高品牌或产品认知度为目标

它主要目的是唤起初步需求，向目标市场介绍公司品牌或产品，其效果可用数量指标来衡量，如知名度百分比。在品牌建立的初期、进入新的细分市场或在新产品的引入期，一般多以提高认知度为广告目标。

② 以建立品牌或产品偏好为目标

当品牌或产品在市场上已经有了较高的知名度，此时广告的目标便转向建立选择性需求和顾客偏好。广告的重点是宣传品牌形象和产品特色及能满足的需求。

③ 以促进购买、增加销售为目标

这类广告除详细介绍产品外，一般还附有图示、价格、购买地点等，以鼓励顾客购买。

广告目标应尽可能具体和数量化，并确定工作时间表。具体的广告目标如：

将品牌或产品认知度提高 20%；将市场占有率提高 20%；顾客的平均消费额提高 100 元；鼓励经销商的兴趣及热忱；吸引顾客购买价位较高的服装等。

（2）广告预算决策

在确定了广告目标以后，服装企业可以着手为产品制定广告预算。企业希望广告带来的收益超过广告的成本，但在实际工作中企业很难确定广告支出带来多大收益。销售额的增长或利润的增长是企业整体经营的结果，很难精确的计算出广告支出中起了多大作用。由于理论上很难确定广告预算的最佳方法，以下列举四种便于计算的预算方法。

① 量力而行法

许多公司在自身财力允许的范围内确定预算。这种方法忽略了广告额与销量之间的联系，这样使得企业每年的广告营销费用有较大差异，不利于企业制定长期的市场拓展计划。

② 销售百分比法

即广告预算以销售额的一定百分比来确定。这种方法有诸多好处：第一，这意味着广告费用将随公司的支付能力而变化；第二，它激发管理层协调广告成本、价格和利润之间的关系，在此基础上考虑公司的运作；第三，比较简便易行。

尽管有上述优点，但这种方法颠倒了广告与销售额之间的因果关系。销售是广告促销的结果而不是原因，当企业遇到有力竞争销售额下降时，为了加强竞争力应该扩大广告支出，而依此法，销售额下降时反而要减少广告支出，此时这种方法不能适应竞争需要。

③ 竞争对等法

企业根据竞争对手的广告支出情况确定大致相同的广告预算。该法支持者认为这种方法，第一，竞争对手的费用代表该产业的整体才智，第二，保持竞争均势可以避免促销战的发生。

各个公司商誉、资源、机会、以及目标差别极大，不能以其他公司的预算作为指导，而且，依据竞争对等法制定的预算并不能削减促销战的发生。

④ 目标任务法

企业通过确定广告目标、为实现目标所要采取的步骤和完成的任务，以及估计完成任务需花费多少来确定广告预算。使用这种方法必须对市场非常了解，确立正确目标，为达到广告目标所要采取的步骤能够量化。

上述四种方法各具优缺点，服装企业应该根据自身条件、产品所出的生命周期阶段、消费者基础以及市场竞争状况等因素做出恰当的选择。

服装企业在制定广告预算时须考虑以下因素：

A. 产品在生命周期所处的阶段；

B. 市场占有率和消费者基础；

C. 竞争状况；

D. 广告频率；

E. 产品的替代能力。

（3）广告信息决策

广告信息决策的核心是制定一个有效的广告信息。 最理想的广告信息应引起人们的注意，提起人们兴趣，唤起热闹们的购买欲望，最终导致购买行为。 有效的广告信息是实现企业广告目的，获得广告成功的关键。

制定广告信息涉及广告主题与广告表现两方面：

① 广告主题

又称广告诉求。 即将广告作品所要表达的产品信息组织起来的中心思想。一般广告主题有理性主题与感性主题两种形式，理性主题是直接向目标公众诉诸某种行为的理性利益或显示产品能产生所需要的功能利益与要求。 感性主题指广告通过表现与企业产品有关的情绪与情感因素来传达广告信息，以此对受众的情绪和情感带来冲击，使他们产生购买产品或服务的欲望或行为。

服装广告通常针对人的情感动机来表达广告信息，它所表达的感情通常有以下几种：

爱情：其中包括爱情的真挚、坚定、永恒和爱情所赋予人们的幸福快乐和忧伤。

亲情：包括家庭之爱，亲人之爱及由此而来的幸福、快乐、思念、牵挂等。金利来领带在父亲节的广告“向父亲致意，送金利来领带”，就是亲情主题。

乡情：包括与此相联系的对故乡往事的怀念，对故乡景物的怀念。

恐惧：通过描绘令人不安担心恐惧的事情发生的可能，引起受众对广告信息的特别关注，从而达到广告目的。 法国 HOM 公司的泳裤广告就是这样一则广告：穿着 HOM 的泳裤的男子从离海面 13 米的直升飞机跳入 – 1℃的海水中，男子在水中不断挣扎，当他艰难地爬上救生艇时，清晰可见泳裤上的商标 HOM。 由于它和人的生命相关，惊心动魄吸引了众多观众，广告播出后，HOM 的泳裤及其他服装销售量直线上升。

生活情趣：利用日常生活中大部分都有切身感受的生活情趣进行诉求，这些情趣包括悠闲、乐趣、幽默等。

人的其他心理感受：包括满足感、成就感、自豪感、归属感等等。“金利来，男人的世界”给男性消费者以充分的信心。

② 广告表达

广告信息向广告诉求对象传达并不是简单、生硬、直截了当的，而是以受众能够接受并且乐于接受的形式传达出来。寻找这一受众乐于接受的形式就是广告表达的任务。所谓广告表达就是运用各种符号及其组合将广告创意表达出来的过程，是将广告创意转达为广告作品的过程，是广告创意的物化过程。

创意人员要明确信息表达应有的风格：语调措辞和版面，这些元素的集合必须构成和谐的图像和信息。由于很少有人仔细看广告文案的内容，图片和标题必须能概括出销售主题。

服装广告信息可以有不同的表现风格：

生活片段：表现一人或几人在日常生活使用产品的情景，强调该服装如何适合某种生活方式。金盾西服电视广告画面不断出现手机、高级轿车、私人直升飞机，体现该西服是商界成功人士的选择。相反，李维公司表现青少年在黑暗的大街上跳舞的广告不受欢迎，因为这意味着肮脏与贫穷的生活方式。

气氛或形象：借助服装产品唤起某种气氛或印象，如美丽爱情或恬静等。

音乐：应用背景音乐或展示人或卡通人演唱广告歌曲。

科学证据：展示公司品牌比别的品牌更为优秀和更受欢迎的试验或科学证据。

拟人：赋予产品人性。

（4）广告媒体选择

广告媒体是广告信息传播的物质载体。大众传播媒体是主要的广告媒体，如报纸、杂志、广播、电视、广告牌、邮寄广告、互联网等。大众传播媒体的传播范围、速度、表现形式、对广告受众的刺激强度等都不相同，如表 12-2 所示比较了各大众传媒的优、缺点。其他较小型的广告媒体有：热气球、火柴盒、汽车车身、体育赛场广告牌等。

各种媒体都有其独特的价值及视觉效果，因此，服装广告在表达其产品或品牌形象时，需要根据传播目标进行选择。除了上述大众媒体外，服装企业自身也有许多可利用的资源来进行广告信息的传播，如文具、包装、交通运输工具、公司制服、接待区、销售点广告等，对服装企业而言，这些也都是颇具价值的广告工具。若能密切配合顾客及潜在顾客的需求及立场，那么公司本身便能形成一个强而有力的公共形象。

表 12-2　各主要媒体比较

广告类型	优点	缺点
电视	兼具视听觉效果，冲击力强 信息传递速度快 覆盖面广 送达率高 可信度高	绝对成本高 展露短暂 受众选择性差 不可保存 接受被动
广播	接收地域广泛 传播速度快 成本低	只有声音效果，注意力比电视低 不可保存，展露短暂 接受被动
报纸	覆盖面大，受众广泛 接受度高 信息容量大	受众传阅率低 寿命短、不易长期保存 印刷效果不够理想
杂志	发行区域广 受众针对性强 信息容量大 印刷效果好 传阅率高	广告购买前置时间长 时效性差 发行量小
户外	广告持续时间长 视觉冲击效果强 成本低 竞争少	受众选择性差 信息量少，一般只适用于形象广告
邮寄	受众选择性好 竞争少 个性化强 表现自由、灵活	相对成本高 会给用户造成个人空间被侵犯感
互联网	广告时间控制简易 成本较低 受众选择性强 信息容量大 表现方式灵活	受众面局限 普及率局限 受众被动接受情况普遍

国际上，高级时装设计师采用的主要广告媒体是各种印刷品。通过各种印刷刊物与服装领域的专业人士，如服装评论家、调研者、各类订购者及最终决定产品命运的消费者沟通信息。国外享有盛名的《女性时尚日报》(WWD)

以其格调高雅、分析精辟、可读性强、有权威性、信息传播及时准确而著称，国内的《中国服饰报》等在沟通服装市场信息，促进服装消费方面发挥着积极作用。

在让公众了解设计师的风格上，杂志是极其重要的。不仅杂志的最初购买者会阅读，杂志还可以传给其他人阅读，读者会二倍、三倍地增加。不像每天的报纸，当新的版面一出来，前一天的报纸就不会再看。杂志经常会被保存，重新阅读，长达几个月，甚至更长。

电视使信息传播有了广阔的覆盖面，同时具有低廉的每千人成本和卓越的创意发挥机会。因此，电视也在多个方面被营销者用来提高其销售额。随着家庭购物频道以及视频信息和双向交互电视的普及推广，电视媒体也将成为精准营销主要渠道之一。

目前，国内城市邮寄广告已开始进入家庭，如大型超市（大卖场）的商品广告（包括服装目录广告）或邮购企业的服装广告等。但由于国内销售商缺少消费者准确的个人档案而往往无的放矢。因此，国内服装企业的邮购广告有时也通过服装杂志发布。

互联网媒体向商家和消费者提供了互动（Interaction）和个性化（Individualization）的良机。在信息时代的交换过程，已经变得越来越以顾客为中心，大量的互动式交易就发生在网络上，并且发展迅速。全球消费者个人和家庭用户通过宽带从互联网上下载音乐、电影、录像等等，这些新能力将刺激媒体广告的增长和影音网络结合式的发展。

网络渠道因具备广告费用低（一个企业网站的设立只需几千元）、访问成本低（可全球访问却按本地费率收费），并且真正具有国际性特征而呈现出爆炸式地增长。方便信用卡购物及初期安全性低的问题也正在被快速解决。从长远观点来看，由于使用网络的费用与其他工具相比非常低廉，因此它有可能打破媒介传播的新格局。

在有限的费用预算内，如何选择媒体，将广告信息有效地传达到目标受众，这是广告媒体策略的中心问题，它直接关系到广告效果和成本。在选择媒体时应考虑以下因素：

① 目标受众的特点

广告主应当根据自己目标市场中现实和潜在顾客的行为特点选择相应的媒

体，以提高收视率和收听率。例如：美国奥美公司在为雅芳化妆品确定广告对象时，明确的范围是：

A. 白领阶层，大专文化，住在城市；

B. 时髦女性；

C. 注重仪表，相信化妆品能创造美好气质；

D. 对化妆品的香味怀有罗曼蒂克的幻想；

E. 社交型的，而非以家庭为中心；

F. 对于性问题比较保守。

针对广告对象奥美公司提出：

A. 广告格调要高水准；

B. 商品形象载体（女性）的服饰要讲究时髦；

C. 广告诉求点应强调如何使用化妆品；

D. 广告创意要有罗曼蒂克气氛；

E. 商品最好在办公室或美容院出现，不要放在家中，不要涉及性。

NIKE（耐克）、ADIDAS（阿迪达斯）等世界著名的体育用品品牌，经常采用赞助体育盛会、在比赛场馆设置广告牌和以运动员使用广告产品等媒体来发布广告。而女装广告则应选择时装杂志、妇女杂志等针对女性的媒体。

② 媒体覆盖范围

在选择媒体时，需看所选媒体的覆盖范围与企业的目标市场是否一致。全国性的服装品牌适宜在全国发行的刊物和中央电视台、中央广播电台做广告，而区域性服装品牌，则适合选择地方性报纸、电台等媒体。

③ 产品特性

不同产品的性能、特点、使用价值存在差异，这对媒体的选择也有影响。一般而言，服装的款式和色彩要求媒体具有视觉冲击力，适宜在电视和杂志上做广告。

④ 广告诉求重点

如果广告诉求重点是详细的产品信息，且技术内容较多时，宜采用报纸、专业杂志和邮寄广告；如果是为了提升企业形象，则应选择威信高的大众媒体；如果是为了宣布即将举行的一次销售活动，则适合选择报纸、广播、电视等比较及时的媒体。

⑤ **媒体成本**

不同媒体的收费标准也是选择广告媒体的依据之一，要综合考虑媒体的每千人成本及广告效果，以选择最佳的媒体或其组合。

选出最有效地与目标顾客接触的广告媒体实非易事，除了需要确定媒体的类型，还需要选择具体的媒体，如确定了在电视或杂志上做广告，此时还需要选择在什么电视的哪一个频道或什么杂志上做广告。 以下标准可作为选择具体媒体时参考：

A. 收视率或发行量：指媒体播出的频率、覆盖范围或发行数量。

B. 接触到的观众：表明可接触到的数量是很重要的。 例如，在某顾客层中，将会看到这则广告的人数所占比率或数量。

C. 频率：计算在某特定时间内，广告出现的平均数值。 广告策划者必须先决定播出广告的次数。 举例来说，若要达到 60 次的播出频率，可选在某新闻节目的播出前、中、后的三个广告时段，采用一天三次、每周五天、连续四周以上的方式来推出广告，以达到 60 次的频率；或是，在一年之内，每隔六天播出一次亦可。

D. 成本／每千人：指每千人收视的平均成本。

E. 媒体的目标受众和效益：不同媒体有各自的读者群，而且媒体独特性，会影响到受众对广告信息的认知度。 同样的广告刊登在不同的报纸上，影响力各有差异，如知名度大的报纸比起一些小报有更大的影响力。 换句话说，不同传播媒体所创造出的感觉，可能影响到受众对广告的认知——试想，著名女装品牌的广告登在《婚姻与家庭》杂志上和《时尚》等流行杂志上，效果有很大不同。

F. 广告的曝光率：媒体的收看率和广告收看率不同，如，某特定杂志的读者阅读率为 80%，但由于这些读者只阅读其中某页的机率只有 40%，所以，最高收看率也只能是 40%。 杂志的封面、封底等的阅读率往往比其他页高，但广告的费用也较高。

除少数情况，大多数广告策划都是企业与广告公司合作完成的或是委托广告公司进行策划的。 委托什么样的广告公司对广告的最终效果也会产生一定影响。 有些广告公司包括了提供创意、使用媒体的策划，甚至营销研究、促销、公共关系等的完整服务，有些则只提供专门项目的服务。

12.2.5 广告效果评估

企业投入巨资制作的广告，能否达到预期的沟通目标和效果，需要采取适当的方法进行评估和控制。广告效果的评估可以在广告实施前和实施后分别进行。实施前的评估主要是针对广告信息、媒体和投放计划有效性的评估，以提高广告成功的概率。实施后的评估主要是针对广告是否达到了事先制定的传播目标、受众的反应和对销售的影响等。

（1）广告实施前的评估

广告实施前对广告策划及其效果进行评估的重点是广告信息是否表达了产品给受众带来的利益或能够引起他们的兴趣，是否说明了与同类品牌或产品相比的特色或独到之处，是否是可信的或可以加以证实的。具体方法有：

① 直接评价法

即请专家或消费者，给不同的广告方案打分，以评估广告在引起注意、阅读、认知、情绪和行为等方面的强度。

② 组合测试法

即请消费者看或听一组广告。然后要求他们回忆全部广告及其内容，主持人可能作提示或不作提示。被测试者的回忆水平表明了广告的突出之处及其信息的易懂性和易记性。

③ 实验测试法

即使用仪器测量消费者对广告的生理反应——心跳、血压、瞳孔放大、出汗等。这种方法只能衡量广告引起注意的能力，无法测试对消费者信念、态度和意图方面的效果。

（2）广告实施后的评估

广告正式播出后，企业还要对广告效果进行评估。具体有沟通效果调查和销售结果调查。

① 沟通效果调查

目的是要确定广告是否正在产生有效的沟通。例如，可以从接触到某一广告媒体的顾客中抽取一组样本，请他们回忆广告上广告主的名称、产品及其他问题，以测定广告的吸引力和效果。如果公司事先做过品牌认知度、偏好度等方面的调查，则可以在广告活动后从顾客中随机抽样来了解广告是否提高了品牌的认知度和偏好度。

② **销售效果调查**

即在广告发表一段时间后调查销售量的变化，以判断广告是否对销售起到了应有的作用。由于影响销售量的因素很多，广告只是其中的因素之一，因此，用销售量的变化来判断广告是否有效较为困难。

12.3 服装公共关系

作为服装业的营销工具，公共关系具有重要作用。其中，时尚媒体及记者是企业公共关系必须面对的主要对象，公司必须重视与具有舆论导向地位的媒体建立良好关系，因为，时装发布会或商展举行后，时尚媒体及记者的评论足以影响中间商及顾客。

12.3.1 公共关系的含义

美国公共关系权威教材《有效公共关系》(第八版)中给出的定义是："公共关系是一种管理功能，它建立并维护一个组织与决定其成败的各类公众之间的互惠互利关系。"

事实上，公共关系(Public Relation)是指某一组织为建立、改善与社会公众的关系，促进公众对组织的认识、理解及支持，达到树立良好组织形象、促进品牌商品销售而实施的一系列活动。其本意是社会组织、集体或个人必须与其周围的各种内部、外部公众建立良好的关系。

在我国的服装业，《中国服饰报》、《服装时报》、《中国服装》和《服装设计师》是最具影响力的专业媒体。此外，还有各种面向消费者的时尚生活类杂志，中央电视台和地方电视台也有各种介绍时装流行的频道和节目。国内外服装业的新闻动态和品牌信息通过这些传播媒体的传播，其影响力波及整个行业和关注时尚的社会公众。

服装企业还需要与行业协会、政府相关部门、银行等建立良好关系，以获得这些机构的帮助和支持。 我国目前与服装有关的行业协会主要有中国服装协会、中国服装设计师协会和中国流行色协会等，此外各地区也有各种与服装有关的协会或商会。 这些行业协会每年都会举办规模和影响力不同的展览会和其他活动，以推动行业的进步和发展。 一些服装公司和设计师借助行业协会举办的博览会等活动，扩大了知名度和影响力。

12.3.2 公关的职能

公关的职能主要有以下内容：

（1）建立良好的媒介关系

这是企业取得舆论支持、树立社会形象的首要任务。 前文已经提到，对服装企业和设计师来说，时尚传媒的宣传报道和评论对传播公司形象具有重要作用。 许多企业的高层管理者深谙此道，他们会不失时机地接受专业媒体的采访报道，介绍公司的最新发展和动态。 企业通过一系列公关活动，升华与消费者和公众的关系，增加消费者和社会公众对品牌的认同和好感。

（2）积累品牌资产

品牌公关具有高度可信任性、消除消费者心理防卫的特征。 通过品牌活动消除与消费者的心理距离，获得消费者认可，通过品牌沟通引发消费者共鸣，从而产生情感倾斜、欣赏、依恋和忠诚，达到提升品牌魅力、巩固品牌形象、积累品牌资产的目的。

（3）促进产品销售

公关不能直接导致品牌的销售，而是促进品牌的长期销售。 公关不像广告一样直接宣扬品牌的卖点，所以短期内品牌的销量不会有很大提高，但公关活动多具有公益的性质，深入消费者的心里，所以对品牌的影响是长期的，产品销量也会长期保持增长。

（4）树立品牌形象

公关活动可以形成政府、专家机构、目标消费者群体互动沟通，多方面赢得品牌支持者，增强品牌的说服力，有助于品牌形象提升。 北京爱慕内衣有限公司特别注重通过公益事业建立公司的良好形象。 多年来，公司通过举办内衣知识讲座、在高校设立以贫困大学生为对象的奖学金、捐助“西部母亲健康快车行动”和“爱慕体育之星”评选等活动，真正体现了“以人为本，共创美好生活”的公司理念，在公众中树立了良好的公司形象。

另外，公司还可通过为公众提供免费咨询服务（如有关服装的挑选、穿用、洗涤、整理等知识的咨询）来扩大在公众和消费者中的影响。对企业来说，既获得了信息的有效渠道，同时也树立了企业热心为公众服务、对公众负责、虚心接受公众建议的良好形象。

（5）挽回企业的不良形象

公司由于产品上的疏忽、服务上的欠缺等可能引起顾客的投诉或媒体的曝光，对企业形象产生负面影响，甚至使企业陷入危机的境地。当企业形象受到损害时，必须给予高度重视，立即采取有效措施，做好善后或改正工作，挽回声誉，重建企业形象。

12.3.3 公关的主要形式

（1）新闻传播

通过新闻传播，利用新闻报道的形式为公众提供信息，吸引公众注意力，从而提高品牌知名度、美誉度。新闻传播具有可信度高、传播面广、传播费用较低等特点。采用这种方式，首先需要熟悉新闻传播媒介的特点，然后根据自己的需要，恰当地选择媒体、把握好时机，进行品牌宣传和推广。

新闻发布会需要企业将事先精心准备好的新闻材料（新闻稿）分发给商业报纸记者、时装杂志编辑、消费者报纸的专栏作家、电视和广播记者等等，以供他们进行宣传报道。因此，企业的公共关系部门必须能够准备充分的新闻材料组合，而且要非常熟悉各种交流渠道，保证公司实现预期的宣传目标。

（2）公开出版物

企业内刊或报纸是公司公开出版物最主要的形式，通过报道企业最新的动态、总经理的讲话、员工对企业的感受等，将内刊或报纸赠送或邮寄给经销商、企业顾问、股东、忠诚顾客等，对形成良好的企业文化有积极作用，有利于强化公司与相关机构和消费者的关系。

（3）事件

企业可以主办一些事件活动来吸引顾客关注产品和公司，与公司融洽关系。

常见的公关事件包括研讨会、周年庆典等，这些活动有时也会与品牌其他传播活动联合起来。例如，从 20 世纪 90 年代初 NIKE 品牌为上海的中学生捐赠球鞋，让学生在课后接触篮球运动并了解 NIKE 品牌，继而在全国千万人口的大城市举办街头篮球赛及表演，再到组织高中男子篮球联赛，鼓励青少年更多地参与体育运动，通过体育来实现自己的梦想和个性，十几年来，NIKE 在中国篮球发展历史中一直扮演着积极、活跃的角色。

（4）赞助

赞助活动是指组织通过无偿地提供资金或物质对各种社会公益事业做出贡献，以提高社会声誉，树立良好社会形象的公关专题活动。常见的赞助包括捐助慈善事业、艺术和体育活动、设立大学奖学金等。企业的赞助活动有时与企业的价值取向紧密结合。

例如，阿迪达斯通过赞助奥运会、世界杯等大型比赛活动，向人们传达阿迪达斯的卓越表现、积极参与、振奋人心的品牌精神；而耐克则赞助运动员参加比赛，通过运动员的出色表现来诠释和宣扬耐克的富有进取心、直面挑战、生机勃勃的品牌精神。

冠名服装设计比赛也可看作是一种赞助，也是迅速提高服装企业知名度的方法之一。我国目前有很多各种形式和规模的服装设计比赛，大多数都以企业和品牌的名义设立。香港旭日集团则从 1993 年起用其休闲服品牌真维斯冠名举办“真维斯”设计大赛，赢得了广泛影响。

（5）公益服务活动

企业在自身发展的同时，必须以符合伦理道德的行动回报社会，将公益事业与企业营销结合起来。其内容主要体现在社会公益的方方面面上，能够引起公众心理的强烈共鸣和情感交流，获取公众的好感。

（6）举办论坛或演讲会

服装企业可以单独或与行业协会或咨询机构联合举办服装论坛，就业内的热点话题请专家和有关人士展开讨论，可有效地扩大企业在业内的影响。如中国国际服装博览会期间的中国服装论坛，每年都有企业参与资助。企业的高层管理者还可以受邀到大学演讲，以提高企业和品牌在青年学生中的知名度。

12.3.4 公共关系的主要决策

（1）确立目标

公关活动的基本目标是确立企业在公众心目中的良好形象。为了实现这一目标，企业需要根据公共关系的实际状况和营销目标，确定每次具体公共关系活动的目标。可能的目标主要有：提高知名度和美誉度，提升企业形象，建立可信性，刺激销售队伍和经销商，降低促销成本，改进企业与社会团体的关系，支持赞助计划等。企业的公关活动应分清主次，选择其中一个或几个来完成，必要时可请外部咨询机构协助。

（2）确定公众

在公关活动预算范围内，企业应与哪一类公众进行有效沟通，这是选择媒介时必须考虑的。由于企业面临的问题不同，就会形成不同类型的公众。

公共关系的运行需要围绕关系目标，针对外部不同公众的个性、特点、期望、要求及利益共鸣点，应选择恰当的传播、沟通、协调、引导、协作等手段，以建立紧密的公共关系，树立良好的公众形象。

① 针对消费者，要注重传递经营信息，注重新产品开发，强调服务质量，讲究诚信，积极引导行业潮流。同时扩大组织的社会影响力，获得公众的熟知、信任和支持。

② 针对竞争者，要注重维护行业的经营秩序，力求同竞争者之间达成利益共识，并可利用双方资源优势实现局部合作，缓解彼此的敌对情绪。同时，也要树立防范意识，对核心技术和经营决策要采取保密措施，并要预防竞争者采取尖锐的竞争手段，对组织的生存构成威胁。

③ 针对供应商，要在互利互惠的基础上，建立长期的合作关系，紧密双方的共同利益。同时，要加强信息沟通和意见交流，及时解决合作中的矛盾和问题。并可通过组织交流会或定期拜访，加深彼此感情，增进彼此情义。

④ 针对分销商，要健全售后服务体系，制定积极的分销政策，加强信息沟通和协作配合，确保及时、准确供货。并应注重品牌建设，加强分销渠道管理，大力给予营销支持，帮助分销商解决经营中存在和发生的问题。可通过定期举行座谈会，委派业务代表驻点等方式，增强分销商的合作信心，充分调动分销商的积极性和能动性。

⑤ 针对金融机构，要加强联系，建立良好的信誉等级。认真学习金融法规、政策，强调合法经营、诚信经营，积极参加金融机构组织的公众活动，以获得金融机构的信赖。

⑥ 针对政府部门，要积极响应政府的号召和文件精神，做到守法经营、足额纳税。并应注重生态环境保护，积极参加社会公益活动，主动帮助政府解决就业等社会问题，以赢得政府的好评和支持。

⑦ 针对新闻媒介，要同记者、编辑保持良好的公共关系，经常沟通和交流；要善于制造新闻热点，不定期主办新闻发布会，以吸引社会与媒体的关注，借助媒体的宣传影响力，提高组织知名度和美誉度。

（3）实施计划

公关计划在付诸实施时常会遇到各种困难，如报纸杂志拒绝刊登已撰写好的公关稿件，邀请的主要媒体记者对活动不感兴趣等。因此，公共关系人员不仅要有制造新闻故事的技巧，还要有让媒体接受新闻稿件和参加公关活动的营销技巧和人际关系技巧。

（4）效果评估

对公关活动效果的评估是困难的，因为公共关系经常与其他的促销方式配合使用，很难说清楚公关从中究竟起了多大作用。评估公关效果的简单办法是统计报道的展露率，包括在不同媒体上出现的频率和次数。但展露并不一定有效果，因而展露率不能作为唯一标准。进一步可以调查理解率，即在公关活动之后，考察目标公众对企业产品的知晓、理解和态度，较未开展公关活动之前相比是否有所提高。如果公司能确切知道公司公关宣传对销售增长的影响，就可成为衡量公关宣传的最好标准。

12.4 服装销售促进

销售促进也称营业推广，包括各种多数属于短期性的刺激工具，用以刺激顾客和中间商迅速或较多地购买某一产品。主要工具有：赠券、赠品、抽奖等。

销售促进与广告不同，公司可以利用自己的宣传媒体，而不需要向外租用，如公司可自行印制的产品宣传手册和海报等；与公共关系注重间接、长期的效果形成了鲜明的对比，其特点是迅速、直接。

12.4.1 销售促进的基本特征

销售促进有三个基本特征：①传播信息，能经常提供信息，引起消费者注意，并把顾客引向产品；②刺激，采取某种让步、诱导或赠送的办法让渡产品价值，增加消费者剩余；③邀请，明显地邀请顾客来进行交易。

其优点在于能激发顾客的购买欲望，强化品牌的记忆、回忆和联想；可以引起市场的强烈反应，提高品牌的市场占有率，提升销售业绩；销售促进还可以鼓励中间商增加库存，或获得新的销售渠道等。但销售促进的缺点也十分明显：消费者会感觉质量下降，品牌忠诚度降低；对价格的敏感度增强，产生低价购买的心理预期，长期促销有损品牌形象等。

12.4.2 销售促进的作用

销售促进是一种战术性而非战略性的营销手段。销售促进的关键因素是提供了短期激励，并期望它成为导致顾客购买行为的直接诱因。适当的销售促进可起到以下作用：

（1）加快新产品或新品牌进入市场的进程

当某种新产品刚进入市场时，顾客对其性能、功效等不太了解，这时可采用免费试用或折价券等方式鼓励顾客初次购买，缩短产品进入市场的进程。

（2）可以鼓励顾客重复购买

如果顾客试用产品感到满意，销售促进就可鼓励顾客重复购买。如，通过会员卡、折价券、赠品等手段，可使顾客获得折扣优惠或其他实惠，进而形成购买习惯。

（3）增加每次的购买数量或购买产品的档次

适当的销售促进活动，可以增加顾客的购买数量。如返券促销，顾客购买满200元，返100元购物券；或购买某一高价位的产品，附赠某一低价位的产品等。

（4）保持竞争平衡

当竞争对手大规模地进行销售促进活动时，企业如不及时采取有效对策，就可能丧失已有的市场份额。因而销售促进也可作为一种防御性的营销策略，用于抵制竞争。

（5）激励经销商更多的进货和销售热情

如果公司有较大的数量折扣或授信额度，经销商就可能一次购进更多数量的产品。如果公司给予经销更多的促销支持，如店铺陈列指导、返利等，经销商就可能会更积极的销售公司的产品。

尽管销售促进有着很长的历史，但是长期以来，它并没有被人们所重视，直到近 20 年，许多品牌才开始采用这种手段进行品牌传播。从短期来看，销售促进传播主要用来吸引品牌转换者，通过增加购买人数、增加平均购买数量、提高重复购买率等方式来增加销售量。

从长期来看，竞赛抽奖活动、广告技术合作、企业刊物的发行等都能够巩固品牌形象、增强广告作用。对销售员促销能够从内部挖掘企业竞争能力，加强企业整体促销队伍，也有长期效果。

值得注意的是，对品牌形象而言，大量使用销售推广会降低品牌忠诚度，增加顾客对价格的敏感，淡化品牌的质量概念，促使企业偏重短期行为和效益。服装业内的一些品牌频繁的打折和促销活动，已最终使品牌失去了原有的市场地位。而那些坚持不打折，或坚决提升品牌形象的企业，则获得了竞争优势。从顾客的角度看，频繁促销的品牌，其产品品质可能出了问题，而转向购买其他品牌的产品。而有些顾客则会只等折扣时才购买，使得正常价格的产品销售不畅，结果形成恶性循环。事实证明，试图通过低价折扣来扩大市场占有率只会使企业陷入危险境地。

当然，对一些小品牌来说，销售促进传播会带来很大好处，因为它负担不起与市场领导者相匹配的大笔广告费，通过销售方面的刺激，可以吸引消费者使用该品牌。

12.4.3 服装销售促进的分类

销售促进作为整合传播组合中的一个重要组成部分，主要是用于下列情况：吸引消费者购买产品、鼓励中间商大量进货，积极推销、向消费者介绍并诱导其试用或购买新产品、企业为加强宣传效果，鼓励零售商在橱窗陈列本企业的产品等。

总体来看,服装企业的销售促进可以分为针对中间商的促销、针对销售人员的促销和针对消费者的促销。

针对中间商的销售促进,目的主要是激励渠道成员更多的销售本企业的产品,或作为开拓销售渠道的一种策略,包括销售竞赛、特别折扣、展示会、时装表演等。为了激励公司销售人员的销售努力,公司除了规定销售任务外,也会采用某激励机制,如年终奖励、销售提成、竞赛等,以激发他们的销售热情。针对消费者的促销主要目的是刺激消费者的即时购买行动,吸引新试用者,回报忠诚顾客等,包括打折、优惠券、免费赠送样品、抽奖、赠品等多种形式。此外,零售商提供的销售促进多是直接针对消费者的,如价格折扣、商品展示、竞赛、抽奖、赠品等。

12.4.4 针对销售渠道成员的销售促进

对中间商的交易促销是销售促进的主要方面。据某销售公司某年的促销年报显示,在营销预算中,对中间商的促销占47%,对消费者的促销占28%,媒体广告预算占25%,可见经销商促销的地位。

在服装业针对销售渠道成员的销售促进最主要的有商业性展览和展示会、时装发布会等。

(1) 商业性展览和展示会

展览和行业展会被认为是一种便于公司直接与其潜在客户面对面接触的有效方式,且该方式比销售人员与客户电话联系要节约更多的开支。实际上,展览以一种独特的方式将买卖双方齐聚一处,这有点像老式的集市,其被多数现代企业作为一种理想的营销实践方式。

国际和国内每年都会有不同机构组织的数量众多的服装展览会。服装展览会为企业推广产品和品牌,以及促进产品销售提供了机会。服装展览会有专业与非专业之分:专业服装展览会是在固定的展览场地内,在很短的时间内(3～4天),汇集众多的服装专业生产商和专业经销商,并为之提供专业信息交流和业务洽谈的一种商业服务,如每年3月在北京举办的中国国际服装博览会。非专业服装展览会是参展服装企业以现场销售为主的一种促销方式。展示会则指企业为吸引经销商加盟或订货而举办的品牌或产品展示活动。展示会既可选择在展览会上举办,也可由企业根据季节或需要单独举办。

企业是否决定参加展览会需要对展览会的影响力和水准的进行评估，同时也要根据企业的实力和目标做出选择。 高水平的展览会需具备两个条件：

① 汇集了包括服装领头企业在内的众多服装生产企业。

② 汇集了包括大型专业公司在内的众多专业服装经销商和大量新闻媒体的积极参与。

在专业服装展览会中，参展商的展位设计、展品的开发和陈列、价格的确定、参展人员的训练和要求、时装表演的整体设计以及企业形象介绍的印刷品的设计等等都在 3～4 天的展览会期间以浓缩的方式直观地传递给了服装经销商。 所以，参加专业服装展览会成功的因素不仅仅在选择一个适当的展览会，更重要的是取决于服装生产商的精心准备、组织和完成。 特别是展品的设计和制作是参展的最关键的要素之一。 因为展品代表了企业的设计能力和生产水平，并且是以此来获得经销商的订单，所以展品必须精心准备。 展品上的标有颜色、尺寸、价格、款号等细节的吊牌同样需要用心准备。

展览会期间是企业向零售商和经销商展示实力的机会。 例如，中国国际服装博览会期间，一些有实力的服装企业会邀请各地商场的高层管理者来京观看展览，或借各地商场经理来京的机会，举办针对性的活动，以使商场对公司品牌有更多的了解，为获得有利的销售地位创造条件。

（2）时装发布会

自从 19 世纪 60 年代，英国出生的时装设计师查尔斯 · 沃思让自己风度优雅的妻子替代商店小姐为老顾客展示最新设计款式，并将其作为“活广告”扩展到商店之外时，“时装表演”就诞生了。 经过长期的发展与演变，“时装表演”不仅成为直观的商品展示形式并受到消费者的喜爱，而且时装与人体美的结合使“时装表演”成为最富有感染力的艺术表现形式之一。

主题是一场时装发布会的灵魂，它概括了所要表现服装的主要特征，不同的主题应采用不同的表演形式和肢体语言去表现，促销类的时装表演和发布会类的时装表演是直接为商业贸易交流服务的表演形式，是某个公司、某个企业的产品或某个设计师的个人作品发布会或向媒体、代理商和消费者宣传扩大社会影响和促销的表演，这类表演形式灵活变化多样，场地可以在各种形式的舞台上也可以在订货间或在观众中一个非正式场合的布置下进行展示。

在巴黎，最著名的设计师都属于巴黎高级时装联合会，这个组织会合理地安排巴黎时装展示会的时间。其他的世界时装中心伦敦、米兰、纽约等地也会举行各类时装发布会。这些发布会是提高设计师知名度的极佳方式。对某些设计师而言，能否得到时尚媒体的认同，是极为重要的，设计师需要通过发布会和时尚媒体的宣传扩大在业内和公众中的知名度，同时吸引销售商的合作。普通设计师或企业也可以自行举办时装表演或时装发布会，这也同样能提高设计师、制造商、零售商三者的知名度。

我国的服装业目前也按国际惯例，每年 3 月和 11 月举办两次国际时装周，为服装公司和设计师提供发布品牌和设计作品的机会。

从市场角度看，借助“时装表演”的时装展示已演绎出针对不同目标观众的表现形式。例如，产品展示会以推销成衣为目的，观众主要来自分销商和商业买家；成衣发布会主要以诠释品牌理念为目的，不仅要展示最新的成衣作品，而且还要通过营造人文环境来宣扬品牌的风格和理念，观众不仅要有代理商和买手，而且还不能没有传媒的关注和报道；时装发布会是时装品牌引领时尚的竞争力表现，主要面向社会名流、传媒记者和业内人士，“张扬个性”的时装作品表达设计师对时装艺术的感悟与创新，是时装艺术与技术水平的最高表现。

（3）交易折扣及特别供应

服装企业可提供折扣，以鼓励那些能快速付款、购买金额达到一定数量或在某特定期间购买的经销商。服装企业可对一次进货量大的经销商提供优惠装修和陈列展示服务，同时免费提供宣传单、产品说明书等文字资料及店员培训，以协助经销商向顾客提供相关信息及销售。

（4）销售竞赛

销售竞赛的对象包括公司的销售人员和中间商，目的是通过对成功者的奖励来激励他们提高一定时期内的销售额。获胜者可以获得生产企业给予的现金或实物奖励。销售竞赛应事先向所有的参赛者公布获奖的条件、获奖的内容。销售竞赛可以极大地提高中间商的推销热情。这种方式的目的是鼓励对本公司产品的销售，与竞争对手在同一商场竞争。其他鼓励增加销售业绩的方式还有奖品、奖金、红利、礼物等。奖金奖品不仅针对中间商的公司，也可针对经理或售货员个人。

（5）联合促销

联合促销是制造商或服务商与分销商在某一地区和特定时期共同开展促销

活动，促销费用由双方分担。 目的是加强与渠道成员的密切合作关系，并利用各自优势提升品牌形象及公众注意力，以扩大顾客层面、减少费用。

12.4.5 针对消费者的销售促进

对消费者的促销目的是在影响消费者的购买决策，如品牌选择、购买数量和实践等。 消费者销售促进的形式分为两类：一是与产品或品牌有关的促销活动，如样品、演示、展销会、产品保证、教育材料等，这类促销活动的主要目标是影响消费者对品牌的态度，促进消费者对品牌的认知，增加品牌联想，进而影响消费者的品牌忠诚度，是增加品牌资产的手段；另一类是与产品或品牌没有直接关系的促销活动，如折扣、兑奖、回赠附加交易等，这类促销直接影响消费者的购买决策。

（1）优惠券

优惠券是送给顾客的一种购物券，常采用邮寄、附于商品或广告中等方式，向潜在顾客发送。 持券人在购买时可凭券享受规定的优惠。 优惠券或兑换券经常用于减价方式的销售。

（2）赠品

赠品主要用于推销产品和服务。 其包括免费产品和服务，如购买某内衣品牌上装类产品后，可额外免费赠送下装产品（买二送一、买一送一）；或免费赠送其他产品或服务，如购买就赠送品牌时尚沙龙讲座门票等；或提供购买其他产品的减价条件，如买满该品牌服饰足够金额可以低价购买指定系列产品等。 提供赠品的效果一般要好于打折销售。 企业可以每一季节根据需要开发一些产品作为赠品。 也可与其他消费品企业合作，如洗涤用品或化妆品企业，在顾客购买时赠送他们试用品。

（3）竞赛或抽奖

企业在一定时间内，对购买数量达到一定标准或购买某些指定产品的顾客发放对奖凭证，中奖者可得到一定的货币或商品奖励。 各种抽奖竞赛是十分流行的销售促进工具，使用抽奖竞赛这种方式要遵守有关法律的特别规定。 零售商也对购买达到一定金额的顾客用返券进行奖励，如买 200 元的产品，送 100 元的购物券。 这些活动，可吸引顾客对商品或商店的注意，亦可引起人们的兴奋或情绪。

（4）大包装折扣

某些特定的服装，如袜子、低价内衣、T 恤等，采用大包装与小包装时的单价不同，三件包装的内衣比单件包装内衣的单价要便宜，以鼓励顾客购买大包装产品。这也可看作是一种数量折扣。

（5）打折销售

打折即降低售价的一种促销方法，是销售促进中最受认同的促销方式，又称特卖或折扣。这在服装业应用尤为普遍。例如在换季时，或商店装修、停业前后，厂家为减少库存积压，常将即将过季的服装打折销售。

（6）会员卡或交易印花

发展会员也是许多品牌服装企业常用销售促进工具。顾客如果一次购买金额超过规定的额度或在某一时期内购买达到一定的数额，便可获得会员资格。企业给成为会员的顾客发放会员卡，顾客在以后购买企业产品时，可持卡享受一定折扣的优惠。采用会员卡有许多好处，最明显的优点是可激励顾客对品牌的忠诚和重复购买，其次可以通过会员信息和消费记录，掌握企业核心顾客的特征和消费规律，同时还可通过与会员的沟通，听取他们对企业产品和服务意见及建议。

另一种方法是采用交易印花奖励经常惠顾商店的顾客。顾客每次购买达到一定金额的商品，便可得到相应的印花（凭证），然后拿着印花换取现金或实物。

（7）现场咨询

服装企业为了扩大对顾客的影响和扩大市场份额，可以由设计师或服装专业人士在商店进行现场咨询，向顾客介绍服装的特色、搭配方法以及穿着和保养中需要注意的事项，推荐在各种场合的合适穿着。

（8）售点陈列和商品演示

指采用通过优秀的商品陈列设计和良好的软环境吸引顾客采购的销售促进方式，内容包括橱窗设计、货架拜访、通道设计、音响或任何其他对人感官有吸引力的设计。

企业在销售现场采用 POP 广告、模特穿着示范或播放光盘录像等方式，向顾客介绍新产品或促销信息以吸引顾客购买。在新的季节到来时，企业会在店铺展示当季的新产品，用 POP 广告、产品宣传手册等向顾客进行推荐。主推产品还会穿在模特架上，摆放在醒目位置，吸引顾客注意。

例如，为了促销彪马（PUMA）系列产品，红风筝咨询机构设计了店内可视互动宣传亭，通过宣传亭内的触摸式电脑屏幕，消费者可以查到彪马运动鞋的商品目录。借助数字电视、富有激情的背景音乐和有关足球历史的介绍，充分展示了彪马产品的运动风格。新的传媒技术的使用，可以使消费者从三维角度观察运动鞋，并了解运动鞋如何才能最舒适耐用的知识。智能的选鞋软件让消费者根据自己的标准来选择运动鞋。

某些现场试穿比较困难的产品，如泳装、内衣使用光盘播放，可以描绘诱人的模特身穿各式泳装漫步在海滩上的镜头或穿着内衣在居室的效果，这比挂在衣架上沉默无言的衣服对顾客更有说服力。如果屏幕上的画面足够吸引人，顾客就会寻找这些产品并购买它们。

光盘录像还可以提供对顾客穿着方式的指导，制造商向顾客展示一件产品的多种用途。如，当用光盘录像介绍围巾的各种不同佩戴方式时，随着模特一步步地介绍围巾的多种用法，其销量就可能大增。

12.4.6 促销活动设计

哈佛大学的约翰·奎尔奇（John Quelch）教授提出了促销活动设计中的六个注意事项。

（1）应当使用何种促销方式

所有促销方式都各有优缺点，如折扣能迅速促进品牌销售，但会使品牌形象受损；样品、演示可以促进消费者认知，增加品牌资产，但销售业绩的提升会慢一些。所以，企业应当根据当时的营销目标进行促销方式的选择。

（2）促销哪些型号的产品

对品牌产品进行促销，应该按上市时间的长短、市场需求特点进行有序安排。比如，对不同产品的促销政策要有所区别，有的型号参加促销，有的型号不参加，甚至不同型号产品的折扣幅度也不同。促销也可以按厂家或商家的目的进行安排，如推动上市促销、加快回收资金促销等。

（3）在哪个地域的市场开展促销

选择某个地区还是选择全国开展促销活动，是由促销战略目标、企业实力、市场竞争情况综合决定的。

（4）促销何时开始，持续多久

促销的选择时机有新产品上市时、产品有大量库存积压时、竞争者蚕食了市场份额时、产品销售出现淡季时、产品销售旺季到来之前，等等。促销持续时间要适当，太短的促销效果尚未显现就已经结束了，太长的话又容易降低品牌形象。

（5）促销应当包括哪些折扣

在使用最为广泛的折扣促销中，折扣率的确定是一个关键问题。折扣太多和太少都对品牌销售业绩不利，所以折扣与品牌销量之间并不是简单的线性关系。为了找到折扣率与销量最佳均衡点，企业需要分析该产品及品牌的需求价格弹性。

（6）促销中应当附加怎样的销售条件

很多企业在促销当中会增加一个“门槛”，即购买到一定量时方可享受促销的好处。设置这个“门槛”也是一个比较复杂的量化的分析过程。例如，一些高档购物场所要求顾客消费到一定数额时才能申请办理白金卡，成为高级会员，享受折扣和免费停车的优惠等。

12.4.7　实施和评估销售促进方案

如果条件许可，销售促进方案在正式实施之前，应经过必要的测试。测试可以通过询问消费者、发放问卷等方式进行。

如果测试效果与预期接近，就可进入实施阶段了。在实施过程中必须密切监测市场反应，并及时进行必要的调整，已达到预期的效果。对销售促进方案的评估主要有以下几点：

① 数据比较。将推广前、推广期间和推广后的销售数据进行比较。

② 对顾客的转换情况进行调查。如果竞争者的顾客在销售促进期间购买了企业的产品，并在销售促进后继续购买企业的产品，则这项促销是十分有效的。

③ 开展顾客调查。以了解促销活动的影响程度及顾客看法。

12.5 服装人员推销

今天,营销传播作为公司和其顾客之间的互动交流方式已经越来越普遍了。由于科技的突破,人们既可以通过传统的媒体(报纸、杂志、电台、电话、电视、广告牌),同样也可以通过计算机、传真机、移动电话、传呼机和无线工具等进行传播。为了减少通讯成本,新技术已经促使更多的公司从面向大众的传播转向更准确的目标传播以及一对一交流。尽管如此,诸多公司仍然依靠其销售队伍进行人与人接触的营销。

12.5.1 人员推销定义

人员推销是由公司或零售商的销售人员或业务人员,直接与顾客接触的促销方式。这是世界上最古老的销售方式,也是成本最高的销售方式。

在大多数整合传播组合的描述中,人员推销以及人员推销活动的管理被确认为其主要方面之一,是整合营销传播组合模型中的四个方面之一。人员推销在顾客购买过程的某些阶段,如消费引导、说服并促成购买等是最有效的手段。与其他促销方法比较,人员推销的优点主要体现在:促使顾客购买以实现目标;具有灵活性,可针对顾客的个别需求提供解决方案;培养感情,建立与顾客的纽带关系。

12.5.2 服装企业销售人员的角色转换

服装企业因其规模、目标和产品所面对的顾客群的不同,销售人员的构成也不相同。一般来说,服装企业的销售活动针对的顾客群可以分为三类:第一类为最终顾客,这也是大多数服装企业最大的和最主要的顾客群;第二类是集团购买者,主要是购买或定制各类制服的企业、机关团体等机构,如果公司的主要业务来自于这类顾客,销售人员的作用将非常重要;第三类是中间商,公司的销售人员除了要通过发展经销商和代理商扩大销售业务外,在我国特定的厂商关系的背景下,还需要处理、协调与大型零售商的合作关系。

服装企业销售人员现在必须扮演各种各样的角色:

- 顾客伙伴;
- 买方、卖方团队协调员;
- 顾客服务提供者;
- 购买者行为专家;
- 信息收集者;
- 市场分析与策划者;
- 销售预测员;
- 市场成本分析员;
- 技术专家。

销售人员需要了解目标顾客的需求,并通过展示商品、服务及主题,以引起购买者的兴趣。人员推销的重点是顾客的需求,销售人员必须以不同方式来完成满足顾客需求的任务。

① 提供服务:销售人员要为顾客提供咨询、服饰搭配建议和洗涤保养方法等。

② 利用诱因:销售人员要熟悉销售技巧,善于利用产品特色和卖场氛围,并达成交易。

③ 有效地沟通:销售人员应熟练、准确地将公司产品的信息传递给顾客。

④ 解决问题和困难:销售人员应能解答顾客提出的疑问,帮助顾客解决面临的选择困惑。

⑤ 处理投诉和意见:销售人员对不满意顾客的投诉和意见要认真对待,尽力圆满解决。

⑥ 引导潜在顾客:销售人员面对新顾客或潜在的购买者,能引导他们正确、全面地认识公司产品的优点及其所带来的利益。

⑦ 收集市场信息:销售人员要进行市场调查和情报收集工作,并及时反馈给公司。

在与顾客接触时,销售人员显然是“第一线员工”。在最佳的组织机构中,关注焦点已从销售人员寻找新客户转向留住现有客户并建立关系之上。留住客户是比争取客户更具收益的策略。此种做法代表了从单纯交易营销到关系营销的市场营销思维方式的最重大转变。公司要不断重新评价他们的销售人员结构,以便为企业的关键客户提供最好的服务。有些公司甚至会把他们的推销活动委托给专业第三方公司。 现在的公司正逐步认识到,即使所有的顾客都重要,也会有一些比另一些更重要!

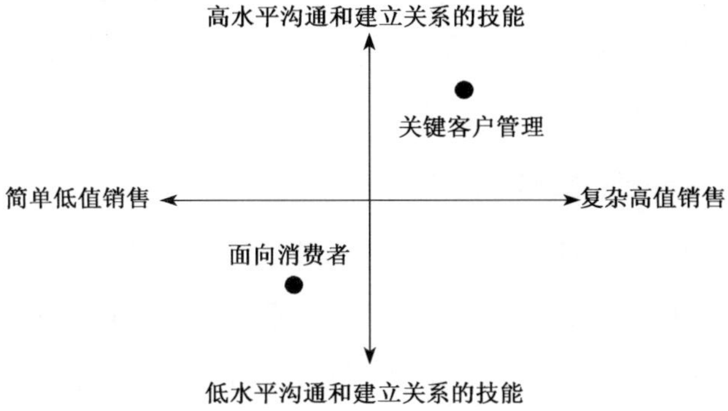

图 12-4 销售角色

从上图可以看出销售的不同任务。 从简单的低价值销售到复杂的高价值销售,不同的产品涉及不同的复杂程度,有些销售要求相对简单的沟通和建立关系的技能,而关键客户经理就要有更高的技能。 在服装业,新材料的不断出现,高新技术的应用,互联网的发达和信息管理系统的建立,再加上新产品开发周期的缩短,对销售人员的产品和专业销售知识及技巧提出了更大的挑战。 招聘和培训一支优秀的销售队伍,对公司在竞争激烈的环境中获得优势具有重要的意义。

12.5.3 服装企业人员推销特点

对一位购买服装的顾客而言,他或她在购买服装的过程中,除了受广告、销售促进及过去经验的影响外,对其最终选择影响最直接的是卖场的导购员。 导购作为工作在销售一线的销售人员,其主要任务是直接与顾客接触,通过引导和介绍产品,以促成即时购买。 服装企业人员推销具有以下特点:

(1) 有针对性地介绍服装

由于推销人员是面对面的与顾客接触,较容易对顾客进行识别和心理把握,针对不同的顾客,可利用自己的专业知识对每一款服装及服装产品之间的配搭进行全面具体的介绍,并可以充分传递企业品牌当季的流行和主题,使顾客充分了解本品牌新一季的服装特色。

(2) 对顾客具有选择性

现在企业都充分意识到要提高销售成功率,精准的顾客定位很重要。 一线销售人员对光顾店铺的顾客，凭借丰富的经验，可以识别出企业真正的目标顾客，选择那些具有较大可能购买服装的顾客进行销售服务，尤其在卖场人员繁杂的时候，对顾客有效的选择，会减少无效劳动而增加销售的成功率。 对于中间商客户的开发和维系，销售人员同样会选择企业真正的目标客户进行拜访，并针对客户进行研究，拟定销售方案，使成功的概率大大提高。

（3） 提高顾客潜在的购买欲望

服装消费是典型的感性消费，在感性消费的行为中，有很多偶然因素发挥着重要作用，其中推销人员的游说就是很大一个因素。 尤其是对购买欲望并不是很强烈的顾客，这种人员推销作用重大，能有效挖掘顾客潜在购买欲，调动顾客的购买行为。

（4） 直接解答顾客的询问

由于是双向交流和沟通，顾客在对服装产品产生疑虑，在穿着配搭以及服装审美上需要参考意见和帮助时，推销人员可及时打消顾客的顾虑和提供有价值的专业意见和帮助，使顾客对服装有信心而放心购买。 例如，顾客对新一季服装采用的化纤面料是否吸湿透气，易起毛球产生顾虑时，推销人员就可直接进行解释和保证。

（5） 及时获得销售和顾客的信息反馈

在与顾客直接接触的过程中，顾客对哪款服装比较喜欢，对服装有何需求和期待，以及哪些服装卖得好，哪些服装无人问津等卖场情况，推销人员都可直接获得，及时将这些第一手资料传递和返给企业，可使企业及时进行调整和改善，以便更好地进行市场销售。

（6） 建立长远的交易关系

在服装销售过程中，优质的人员服务会注入情感和友谊，使买卖双方超越纯粹的商业交易关系。 顾客在对服装的选择和购买中，与销售人员进行接触交流，会因销售人员的友善、真诚、专业、幽默和体贴，而感到愉悦和舒心。 获得满意产品的同时也会对销售人员产生信任，建立良好的友谊关系。 友谊关系有助于长期合作和销售工作的开展。

12.5.4 人员推销过程

服装业人员推销的对象尽管不限于最终顾客，但顾客在服装购买中占有的重要地位，不容服装企业忽视。一支优秀的销售人员队伍，特别是直接面向顾客的导购队伍对实现销售和营销目标十分重要。本部分的重点主要讨论面对顾客的人员推销过程。为实现商品的销售，销售人员必须使顾客通过购买过程的 5 个阶段。销售过程是销售人员为促进顾客做出购买决策而采取的一系列行动。销售过程与购买过程的各个阶段是紧密联系的，如图 12-5 所示。

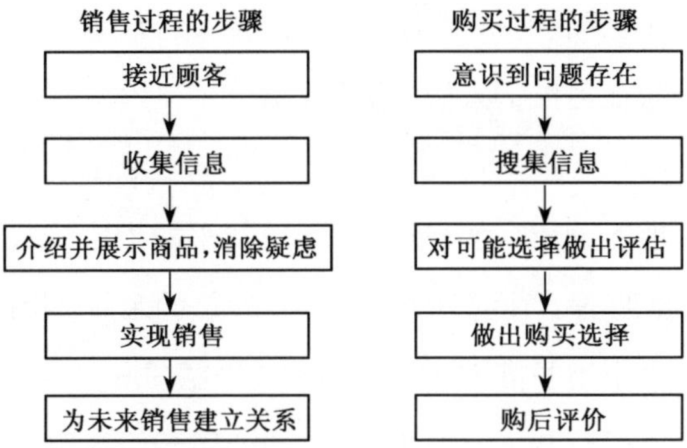

图 12-5　销售过程和购买过程

第一阶段，接触需求没有得到满足的顾客，并努力激起顾客对该问题的认识。

第二阶段，顾客寻找能满足他们需求的信息，销售人员收集有关顾客的信息，来建议什么样的商品对顾客比较适合。

第三阶段，销售人员介绍并展示商品，帮助顾客对各种选择进行评估。然后，销售人员试图卖出商品——即诱导顾客购买商品。

第四阶段，实现销售。

最后，引导顾客完成对已购商品的评价，并为顾客提供售后服务，销售人员为未来销售打下基础。

就像并非每一次购买行为都要经过购买过程的每一个步骤一样，销售行为也不是每次都要经历销售过程的每一个步骤。有时采取步骤的顺序与上图所示的顺序也许会有所不同。

12.5.5　销售人员的激励

激励在管理学中被解释为一种精神力量或状态，起加强、激发和推动作用，并指导和引导行动指向目标。事实上组织中的任何成员都需要激励，推销人员也不例外。

（1）激励手段

服装企业通常用于激励推销员的主要手段有：

① 销售定额

订立销售定额是企业的普遍做法。它规定推销人员在一年中应销售多少数额并按产品加以确定，然后把报酬与定额完成情况挂起钩来。每个地区销售经理将地区的年度定额在各推销人员中进行分配。

② 佣金制度

企业为了使预期的销售定额得以实现，还要采取相应的鼓励措施，如送礼、奖金、销售竞赛、旅游等。而其中最为常见的是佣金。佣金制度是指企业按销售额或利润额的大小给予推销人员固定的或根据情况可调整比率的报酬。佣金制度能鼓励推销人员尽最大努力工作，并使销售费用与现期收益紧密相连；同时企业还可根据不同产品、工作性质给予推销人员不同的佣金。

对于以销售为导向的组织来说，佣金是公司文化的一部分，佣金制度作为销售人员的报酬和激励手段，已经趋于根深蒂固。然而，一般来说，大多数激励手段，如奖金、奖品或口头褒奖在促使人们更努力地工作方面起到了较大的作用，但是却不能使人们更聪明地工作。此外，支付佣金向顾客传递了这样的信息：我们依据推销员向你推销多少来奖励他们，而不管他们所推销的是否你所需要或想要的，或者过于关注短期效益。所以，诸多企业正在不断改革、完善现有的人员推销激励制度，让销售人员关注的焦点从销量转向顾客，从“猎人”培养成为“农场主”，这种观念对于现代服装企业的销售管理工作来说，尤其具有重要的意义。

（2）业绩评估

对推销人员的业绩考核是分配报酬的依据，而且是企业调整市场营销战略、促使推销人员更好地为企业服务的基础。因此加强对推销人员的业绩考核评估是十分必要的。

业绩评估必须以准确的信息和详实的数据为基础，因此管理部门应建立一套评估指标体系，随时注意搜集有关信息和资料、数据。通常情况下，国内外对推销人员的业绩考核是从以下角度进行的：

① **费用比率**

销售费用比率 = 费用/销售额

每次访问费用比率 = 总费用/访问次数

② **客户发展与服务比率**

客户渗透比率 = 发生客户数/可获得的客户总数

新客户变更率 = 新客户数量/可取得的原客户总数

客户流失率 = 现金交易的原客户数/可获得的客户总数

每个客户的销售额比率 = 销售金额/可获客户总数

平均订单大小比率 = 销售金额/订单数量

订单解除率 = 解除订单数量/订单总数量

③ **访问活动及生产率**

每日访问率 = 访问数量/访问工作日数

每个客户访问率 = 访问数量/客户数量

计划访问率 = 计划访问数目/访问总数目

访问订单获得数 = 订单数目/访问总数目

除了要对推销员的业绩进行考核评估外,还应对其进行素质评估。 制定推销员的上岗培训、定期培训的方式和内容。

12.5.6 服装销售人员的培训

销售人员在正式开展业务以前,必须进行一定时间的培训,掌握推销工作的知识和技巧。 服装行业销售人员和销售管理的培训内容主要包括:

(1) 企业情况介绍

使推销员了解企业的经营方针、策略、未来的发展构想,企业内部组织机构、人事管理和劳动报酬等。

(2) 产品线的概念或季节主题

使其了解所推销产品的性能、特点以及竞争产品的情况。

(3) 产品的展示技能

使其了解店铺规划(结构、布局、货架)等的陈列和产品、色彩、饰品搭配陈列等等。

（4）商品的知识

如面料成份、穿着搭配、商品的潜在价值等。

（5）市场介绍

使其了解企业的目标顾客的类型、地区分布、购买动机和潜在顾客等。

（6）推销技术介绍

主要介绍推销的方法步骤、技巧和顾客心理等。

（7）工作规程介绍

要使推销员了解和熟悉业务工作的规则和程序，如填写单据、发货和退货手续等。

培训的方法，可以采取讲课或示范教学、讨论等集体培训法；也可以采用模拟形式或请有经验的推销人员“传、帮、带”等个别训练。

12.5.7 与顾客建立良好的关系

当商品卖出后，顾客同销售员之间的关系不应随之结束。对销售人员而言，这一点变得越来越重要，即要同顾客建立长期的关系，使顾客在下一次要买商品时再次惠顾该商店，并还找这位销售员。

信誉是顾客对企业或销售人员的感觉或态度。建立信誉的基本方法是使顾客对于所购买的商品感到满意。当销售人员以顾客为导向，而不是以销售为导向时，顾客就觉得满意。以顾客为导向的销售人员将他们的注意力集中在顾客的需求上，而不仅是集中在卖出商品上。

建立信誉的方法包括将顾客的利益摆在第一位，肯定顾客的判断，确保商品的适当用途，处理顾客的抱怨，向顾客提供一流的服务。

（1）肯定顾客的判断

顾客通常在购买商品后对他们的决定不是很确信，尤其是当商品很昂贵时。销售人员通过消除他们的疑虑，使顾客更有可能对所购商品感到满意。销售员可能会说，“我相信您在穿着了我们的内衣后会感到满意。”或“如果您需要任何帮助，请记着打电话或来商店找我，我热切盼望着您的同事会喜欢您的连衣裙。”许多销售人员还寄给顾客手写的便条，感谢购买商品，并使他们有信心将来继续得到良好的服务。

（2）确保商品的适当用途

如果顾客对服装的搭配方法不熟悉或不知道如何洗涤保养，公司或销售员可提供介绍服装搭配的详细图表或洗涤保养卡片供消费者参考。一些细心的服装品牌都为顾客准备了产品说明和标签。

（3）对待顾客的抱怨

对顾客的抱怨给予反应也是销售员建立信誉的极好机会。大多数的顾客并不愿费力气向商店报怨，即使他们并不感到满意。当顾客花时间来商店抱怨时，销售人员应当将它看作是显示他们关心顾客的满意度的好机会。

（4）记住老顾客

与多次光顾商店的顾客保持联系是建立信誉的一个有效方法。同顾客保持联系的方法有：当一个新产品来了之后，给顾客打电话；特地为顾客留下新品，确保顾客能买到商品；为顾客留下他们可能想要的商品；与顾客联系，为他们预定参观新产品的非公开的展出；跟踪已售出的商品，了解顾客是否对其感到满意。销售人员通过向顾客提供超过他们预期的服务，同顾客建立长久的关系。

12.6 案例

耐克的广告策略

以品牌策略为核心的广告代言人

1984 年，耐克与乔丹签订了一份 5 年合同，给乔丹的条件还包括赠予耐克的股票，以及以前所未有的礼遇在耐克运动鞋上使用乔丹的名字。乔丹的总价值合计高达每年 100 万美元。这个价目是阿迪达斯或匡威开出的价钱的 5 倍。这两家企业都认为乔丹不过又是个产品代言人而已，却没想到他会成为一个市场战略和整个运动鞋、运动服生产线的核心。

《财富》杂志曾刊登过一篇醒目报道，认为就耐克当时的财务状况，签订这么个合同实在是个大错。结果却证明，这个合同是个“完胜”的交易，这在很大程度上要归功于乔丹，他超出了许多人的预想。

乔丹对耐克的影响是巨大的。乔丹身上凝聚了活力、声望、高超的竞技水平和令人振奋的体育精神，他的分量超过任何耐克理想中的标志。耐克借助乔丹创造了新品牌“飞腾乔丹”（Air Jordon），生产五颜六色的篮球鞋和配套的服装。“飞腾乔丹”既是成功的广告战役，也是品牌战的胜利，在第一年销售量就高达 1 亿美元。乔丹第一次穿上这种运动鞋就遭到了 NBA 官员的禁止，他们认为这违反了联盟的着装条例。耐克敏锐地感到这是一次进行公共关系活动的大好时机，于是发起一场广告声援，宣称“飞腾乔丹”被禁是由于它“革命性的设计”。结果耐克和“飞腾乔丹”登上了无数报刊的封面头条，NBA 遭到围攻。这件事最后以有利于耐克的结局告终。

“飞腾乔丹”不但增加了乔丹的魔力，也为耐克公司创造了展示其新技术的途径。耐克在 1974 年就掌握了在鞋底里加上一个气囊这项技术。（一位 NASA 工程师在投奔耐克之前曾向阿迪达斯提供过这项技术，阿迪达斯把它放跑了。）

运动鞋销量提高，耐克的销售额也随之加大。耐克认为公众还不了解这种“空气技术”，便接着开发出“可视”型气囊鞋（Visible Air，在鞋底边有个能看到里面的小窗口）和“强力气囊”（Air Max）系列。新系列在 1987 年推出，广告预算为 2 000 万美元，耐克第一次用上了电视广告。空气技术的功能性利益随即被竞争者效仿，但由于乔丹的关系和耐克对“空气”品牌的专有权，人们仍然认同耐克的技术优势。

乔丹使耐克得以跨出跑鞋的圈子，在美国刚刚开始盛行的篮球运动上大做文章。几乎一夜之间，即使不从销量上看，耐克也成了高档篮球鞋的主导产品。

乔丹作为耐克代言人的成功证明了明星代言制度的有效性。乔丹签约几年之内，布 · 杰克逊（当时惟一一位职业橄榄球和篮球双料选手）也签约成为耐克在 1987 年开发的一个新的运动鞋系列的代言人。“布是橄榄球的内行”和“布是篮球的内行”两套该产品的广告和海报立即成为大众文化的一部分。杰克逊臀部受伤后，耐克马上用另一位双料职业明星迪恩 · 桑德斯把他换下场。1995 年，泰格 · 伍兹也和耐克签约，他的任务与代表篮球的乔丹一样，为耐克的高尔夫球系列运动设备和服饰摇旗助威，充当代言人。

广告创造媒体主导形象

许多品牌会有这些疑问：如果我们发起一次进攻性的广告战役并保持很长一

段时间会出现什么后果？建立的品牌资产有多少？事情会有什么不同？这会使我们在业界占据主导地位吗？收益是否大于支出？耐克的个案是对这些问题最好的回答。公司做出保证，要把广告投入维持在一个较高的水平，在执行时要事半功倍并随着时间的推移坚持执行的标准。过去，企业的品牌决策往往依靠模式，这些模式是由于成功的专业运动员所影响的市场日益扩大而逐步建立起来的。耐克在实质上改变了它创建品牌的模式，通过直接面向庞大的消费者来决定市场的导向。

耐克第一次直接面向消费者的广告活动是在 1984 年的洛杉矶奥运会上，当时花费了 2 000 万美元。也就在那一年，耐克在美国的销量减少了 12%，利润下降了 30%。1985 年到 1987 年，耐克的处境越发艰难，它在美国生产的份额从 27.2% 下降到 16%，而锐步则从零增长到 32%以上。走投无路的耐克开始大量增加广告投入，年广告额从 1989 年的 4 500 万美元上升到 1992 年的 175 亿美元。

耐克城市广告战役

在 80 年代中期一次转折性的广告战役中，耐克迅速在许多追逐时尚的美国城市的媒体上树立了主导地位。表现耐克和某个城市生活的广告不断播放，耐克的运动员们出现在成千上万的招贴、海报和建筑物外墙上，遍布城市的每个角落。卡尔·刘易斯的长腿远远超出了布告栏的一般框架，十分引人注目。这些视觉冲击的目的在于把广告效力转化为销售力。

这次活动的中心城市是举办 1984 年奥运会的洛杉矶。活动包括一个名为“我爱洛杉矶”的电视广告，广告上出现了耐克赞助的著名运动员的画面——如卡尔·刘易斯跃过天空，落在威尼斯的沙滩上；约翰·麦肯罗和一位交通警察争吵等。这些场景还出现在海报、招贴上。通过视觉表现和冲击，耐克成为奥运会媒体关注的热点。耐克与奥运会在公众心中的关联度竟比奥运会的官方赞助商匡威高出几倍。匡威花钱赞助大会，阿迪达斯的钞票大把地投向各参赛队，而吸引消费者视线的却是耐克！

最佳广告口号

通过全国性的媒体广告，耐克走出了原先在消费者心目中固守的位置。耐克既重视媒体投放的密度，也重视高质量的执行工作。例如，早期一段广告表现了迈克尔·乔丹投篮时在空中的飞行动作，广告口号是：“谁说男人不意味着飞翔?”这个画面成了乔丹的标志，也成了前所未有的抢手海报。当时还不太出名的先锋派艺术家斯柏克·李设计的一个系列广告则表现了乔丹人格的一面。

耐克在1988年发动的“Just do it”广告更是家喻户晓。它被广告时代杂志评为20世纪最佳广告的第四位，排在它前面的是五六十年代著名的大众汽车广告“想想小的好”，可口可乐20年代广告“停一停，轻松一下”和经久不衰的万宝路广告，超过了麦当劳(“今天你该歇一天”)、戴比尔斯(“钻石恒久远”)、米乐啤酒(“好口味，别贪杯”)以及ABSOLUT伏特加。

第一个“Just do it”广告的主人公是坐在轮椅上的田径运动员克莱格·布朗修，广告口号是出现在黑色背景下的反白字。广告语没有念出声，但它却唤起了一代人的共鸣。正如耐克的广告导演斯科特·贝德伯里所说的：“我们不能把它挂在笔头，它已经远远超过了一条广告口号。它是一种思想，一种心态。”它让人想起一个过于肥胖的人推迟了他的减肥计划，忙碌的职员们被其他事情打乱了健身活动以及所有梦想参加体育活动却被种种事务打断的人。这仿佛是耐克在敦促人们去锻炼身体，马上去行动，去实现梦想。

“Just do it”的口号使用了很长时间，1997年曾一度被以“I Can”代替。“I Can”鼓励运动员们挑战极限，说明事业的成就应归功于个人。这次更改的目的是影响消费者的观念，使耐克更好地顺应90年代“关怀”与“分享”的社会主流。但由于创意执行时没有什么突破，它并没有引起足够的反响。

阿迪达斯的公关赞助活动——运动队和体育盛会

尽管阿迪达斯旗下拥有一批著名运动员作为代言人，如洛杉矶湖人队的科比·布莱恩、网球明星安娜·库尼科娃、田径运动员埃米尔·扎泼特克和足球明星齐达内，而公司赞助活动的中心仍是大型的全球体育比赛、体育组织和团队。耐克则与运动员个人关系密切，焦点放在他们的成功上。就像耐克广告上说的“你失去了金牌，就不要去赢取银牌”，显然是让人们认为胜利极其重要。

于是，阿迪达斯一直热衷于赞助重要的比赛，如奥运会、欧洲足球锦标赛和世界杯足球赛。这一策略使阿迪达斯将自己与最激动人心的体育盛会联系起来。除了世界大赛外，阿迪达斯还赞助世界各地的国家队和地区队。它赞助的队伍有德国、西班牙和法国足球队，拜仁慕尼黑队、AC米兰队和皇家马德里足球俱乐部队，纽约扬基棒球队和旧金山49人橄榄球队。球队是它的追随者们生活的中心和意义所在，也因此为球队的赞助商与顾客建立联系提供了独特的机会。

阿迪达斯街头挑战赛

1992 年夏天，在柏林的马克思—恩格斯广场，阿迪达斯开始了一项独创的赞助活动的尝试——在城市里的露天场所进行一种 3 人篮球联赛。活动非常成功。1993 年，62 支参加联赛的篮球队云集德国的大城市，比赛被冠以阿迪达斯街头篮球挑战赛。在某天或某个周末，欧洲主要城市都会在市中心的开阔地带举行篮球赛、投篮或灌篮比赛、街舞表演、街头雕刻活动和其他特别的运动项目表演，乐队现场演奏舞曲和 Rap 等流行音乐。

阿迪达斯街头挑战赛逐渐成为阿迪达斯的品牌庆典，为消费者塑造了一个很有感染力的使用公司产品的情境。比赛现场没有裁判，参赛的队伍戴着五颜六色的阿迪达斯的帽子，穿着阿迪达斯的运动短裤、夹克，一副阿迪达斯的举止做派。精心设计的街头装饰营造出欢快而又紧张的氛围。一个球鞋上有三条条纹、正在打篮球的卡通人物成为街头挑战赛的吉祥物和品牌符号。

重在参与是阿迪达斯街头挑战赛的特色之一。比赛欢迎人们观战，但每项工作都旨在让每个人都能参与其中的一些活动。那些想参加但缺乏竞争力的人有自己的场所，年轻人有锻炼技术的特殊场地，阿迪达斯的球星们随时表演他们的绝活，给人们签名，与大家聊天。

如果阿迪达斯不与其他赞助商联合，举办这项活动的费用也许会增加，但效果可能也会降低。他们的参与不但让场面更热闹，减轻了阿迪达斯的财务压力，还有助于扩大比赛的影响。这些赞助商有索尼、可口可乐(雪碧)、汉莎航空、西门子、MTV、Sat 1 jumpran 电视台和 Sport Bild 杂志。索尼和媒体赞助商尤其重要，索尼和 MTV 联合发行街头挑战赛的 CD，MTV、Sport Bild 杂志和 Sat 1 jumpran 电视台保证了比赛盛况能传遍整个德国。

阿迪达斯街头挑战赛推广到欧洲其他国家。每个国家的队伍最后再竞争国家冠军，获胜队伍进入欧洲总决赛。参与地区的经销商特别受益，阿迪达斯为他们的参与准备了多种途径。例如，零售商可以选择“租借”某次联赛，在正式比赛前组织一些小规模的竞赛。

从第一次尝试开始，5 年间，50 几万人参加了阿迪达斯的街头挑战赛。在柏林的德国总决赛吸引了 3 200 名选手和 4 万名观众。30 几个国家和地区的代表队参加在米兰举办的世界总决赛，最远的来自巴西和台湾。 德国最大的篮球杂志给予了大量报道。

阿迪达斯在许多方面延伸了街头挑战赛的品牌。 阿迪达斯足球争霸赛与德国的足球俱乐部联合组织，专门面向 6 到 18 岁的年轻人。 这项赛事后改名为 DFB-阿迪达斯杯，吸引了 6 500 多支队伍，到场观赛的人超过了 30 万。 比赛的联合赞助商有梅赛得斯—奔驰、可口可乐、Kicker 足球杂志和面向年轻读者的 Bravo and Tween 杂志。 接下来的阿迪达斯探险挑战赛则主要集中在攀岩、长跑、筏艇等户外运动。

通过这一系列的挑战赛，阿迪达斯战略性地让人们感受到阿迪达斯的品牌精神、外观标识和阿迪达斯的特色。 世界上会有其他的高尔夫巡回赛和足球锦标赛，但只有一个街头挑战赛，这是阿迪达斯所专有的。 所有相关的联想和体验都会涉及阿迪达斯，因为阿迪达斯是比赛名称的一部分。

打折未必能促销

2012 年上半年，我国服装销售不温不火，商家抓住节日促销，但以打折、送赠品进行促销并非总能获得可观的销售业绩。

端午节期间笔者收到 D 品牌服装的促销短信，除了打折信息外，还包括在端午节期间购买服装，根据消费额度消费者可获得从毛巾到丝绵被不同等级的赠品。 这些赠品并非该品牌即将上市的产品，只是促销的营销手段而已。

D 品牌服装以丝、麻、棉为主要原料，在设计上主打民族风，成衣风格与上世纪 90 年代出现的阿尤品牌服装无异，价格定位于中档消费者，略低于阿尤。 D 品牌创立初期，吸引了不少喜爱民族风情和棉麻质地服装的大众消费者。 随着市场对该品牌认知度的提升，D 品牌服装经营规模逐渐扩大，并开设了分店。 但在发展中仍需面对来自行业“前辈”阿尤品牌服装，以及后起品牌茵曼和裂帛等的竞争压力。 在其他服装品牌纷纷“触电”时，D 品牌也在网上开设了旗舰店。但笔者发现，其产品的网购价格与实体店并无二致，加之服装设计感不如茵曼和裂帛，同类产品的售价又高于这两个新秀品牌，导致其网店的产品鲜有竞争优势。

为了应对不利局面，改善销售状况，该品牌选择走打折促销的老路，以频繁的打折吸引消费者，以免已经形成的固定消费群体被其他品牌分割占有。 在大多数情况下，打折促销在节假日期间较为集中，且一般是用以消化过季服装或处理库存积压货品。但是最近两年，打折策略同时适用于 D 品牌服装的当季新品和过季旧款，夏装新品几乎与上市已有一段时间的春装同时打折。消费者购买的新衣服刚刚挂进衣柜，吊牌还没来得及摘，就发现同款服装的售价已经降到了之前的六折。当消费者发现刚到手的新品在市场上已经开始打折销售时，会产生严重的挫败感，从而延缓后续消费，使消费者在服装新品上市时不再急于购买，专等打折促销时再“出手”。

与此同时，笔者感到，D 品牌的门店服务和产品设计不如以前。门店管理和服装设计直接反映出企业内部的管理水平和经营情况。D 品牌新开门店的售货员和店长服务水准不如原先，也就难以发掘潜在消费者，更无从培养出新的消费群体；新品设计感不强，说明设计师的水准没跟上时尚潮流，甚至可能代表企业没有能力提供丰厚的薪酬聘请更为优秀的设计师，而这会导致产品销售不畅，增加库存压力。为了加快货物流通速度，不得不频频打折促销。新开门店增多，增加了资金占压，也加大了流通成本，使现金流容易出现问题。为了摆脱困境，企业不得不加大加盟力度，以求扩大销售和转嫁风险。但急功近利的做法无异于饮鸩止渴，从而导致运营中的恶性循环。

由此笔者认为，打折促销应建立在商家让利的基础之上，目的在于加快商品流通速度，并减轻库存压力。但是当一个企业的服务质量和商品品质同时下降时，打折实际上表明商品自身价值的下降，而这样的打折则会赶走顾客。

近两年，国内的服装行业逐步陷入发展困境，纺织原料价格上涨，消费者因收入预期不佳而捂紧钱包，市场消费难有突破。虽然目前中国服装企业普遍遇到一些困难，但就每个具体的服装企业而言，所面临的情况是各不相同的，激烈的市场竞争和当前行业所处的不利环境，要求企业苦练内功，靠提升服务水平和产品质量改变经营状况，切莫让频繁打折促销换来的销售业绩掩盖了企业经营中的实质性问题。

来源：2012 年 7 月 5 日 商报网-国际商报　文章作者：林娜

R 品牌的店员培训计划

（1）服务标准和规范

主要内容：售前服务、现场服务、售后服务的标准和规范；对顾客的保证等。

① 售前服务

服务意识："三米问候"原则、感染顾客、良好的购物环境、礼让、一视同仁、提供帮助、防治混乱、处理投诉、感谢顾客、保证满意、超越顾客期望。

② 售中服务

A. 顾客购物心理过程

店貌感受——知晓商品——观察了解——引起兴趣——产生联想——激发欲望——比较判断——决定购买——采取行动——购后体验。

B. 营业员接待顾客

等待时机——接触交流——展示商品——商品推荐——参谋推荐——促进信任——收取货款——结束销售。

③ 售后服务

A. 回答顾客关于商品维护保养等方面的咨询；

B. 提供维护保养商品的方法和服务；

C. 提供成衣修改服务：只要凭借R品牌商标，顾客就可以到任何一家R品牌女装专卖店享受修改衣服大小、长短的服务，而且这一服务不受时间的限定；

D. 商品的质量跟踪和问题商品的投诉接收和处理。

④ 处理顾客投诉

A. 第一种情况

投诉原因：商品本身无质量问题，但颜色、尺码、款式等不符合顾客意愿；

处理程序：询问——检查票据与商品——提供参考意见——现场服装挑选换货；

备注：一般不实行退货只能换货，对超过规定时限（按《消费者权益保障法》界定）的商品，若确实没使用过，应给予换货，但提醒顾客有时间限定。

B. 第二种情况

投诉原因：明显质量问题商品；

处理程序：询问事由——检查票据和商品——完成质量投诉纪录——退货或折扣处理；

内部流程：由店长开发货单将问题商品退回公司。

C. 第三种情况

投诉原因：质量损坏但原因不详；

处理程序：询问事由——检查票据与服饰——完成质量投诉纪录——售后服务中心（退货或折扣处理）——质检部门——返修——返还给顾客。

（2）员工培训计划

① 职前培训

对新员工，公司应进行集中培训，时间一般为两天，主要培训内容：

A. 了解公司的基本运作流程，包括：企业文化、品牌形象、品牌销售运作规程、公司对连锁店员工的基本要求等；

B. 了解营业员服务规范，掌握基本的销售方法。

② 在职培训

在进入 R 品牌连锁店、成为专业营业员后，主要由各店长负责本店内所有员工的培训，但培训计划由总部统一安排，培训要领：

A. 各种不同的销售技巧；

B. 商品的管理；

C. 陈列的基本原则、方法；

D. 突发事件的应急处置方法。

这一期间公司同时也会组织集中培训，一是检验店铺培训的成果；二是促进员工知识系统化；三是保持员工与总部的密切联系。

公司培训的最终目的是培养店员成为多面手。虽然连锁店员工的岗位职责有明确的规定，但通过系统培训，每位员工都能做到一专多能，能为新店铺开设奠定优良的后备人才。

利用社会化媒体整合营销传播——优衣库

社会化媒体（Social Media）是基于互联网的一系列在线媒体的总称，它建立在 web2.0 的意识形态和技术功能基础上，可以创造和交换用户自创内容（User-Generated Content）。在商业领域也将社会化媒体称为“用户自创媒体”（Consumer-Generated Media），简称 CGM。

今天的社会化媒体包含了很多种形式，从广义上看，主要包括以下一些形式：社交网络（如 Facebook、人人网、开心网）、博客、维基问答（如维基百科、百度百科)、论坛(如搜狐论坛、天涯论坛)、内容社区(如视频平台 YouTube、图片平台 Flicker)、微博、即时通讯工具(如 MSN、 QQ)等。

其中,最为常用的四大类是社交网络、播客、视频平台和微博,它们也是很多企业开展社会化媒体营销的重要领域。 世界著名公关顾问公司雅博(Burson-Marsteller)在 2010 年发布了一份全球社会化媒体调查报告 The Global Social Media Check-up 2010。 调查数据显示,《财富》全球 100 强的企业中,有 79%至少使用四种主要的社会化媒体(Twitter、 Facebook、 YouTube、企业博客)中的一种。 其中,Twitter 最为流行,65%的企业在使用;超过半数的企业通过 Facebook 和 YouTube 去接触它们的消费者;1/3 的企业拥有自己的企业博客。

社会化媒体庞大的参与人群、强大的信息流通能力,得到越来越多的企业的重视,它们努力在社会化媒体中寻找品牌传播的最佳途径。

(1) 案例背景

优衣库是著名的日本休闲服装品牌,其前身是 1963 年建立的卖西服的服装店。 到了 1984 年,第一个以 UNIQLO 命名的服装专卖店在广岛正式开业。 当时正值日本社会处于经济萧条时期,优衣库以低廉的价格为消费者提供时尚的服装,很快便受到广泛的欢迎。 2001 年优衣库在伦敦开设了第一家海外分店,随即在短短的时间里,在世界范围内获得了较大的成功。

进入新世纪,“快速流行”在绝大部分消费者心目中越来越取代了昂贵而不实用的经典服饰。 而与“快速流行”相伴而来的就是对品牌的“快速忽视”甚至“快速遗忘”。 同时,在以网络和手机为代表的新媒体时代,消费者的注意力被极度分散,如何解决这样的问题? 优衣库选择了“用乐趣吸引注意力、用消费者自愿卷入扩张品牌”的品牌推广策略。

(2) 案例主体

① 基于博客的“迷你小插件”病毒传播

用来传播优衣库的“迷你小插件”主要有三个:数字时钟(UNIQLOCK),日历(UNIQLO CALENDAR)和幸运开关(LUCKY SWITCH)。

A. 数字时钟(UNIQILOCK)插件。 2007 年 6 月,为了宣传 DRY POLO 系列服装,并提高优衣库品牌在世界范围内的知名度,优衣库为全世界的博客使用者们设计了一个非常有趣的插件 UNIQLOCK。

在正式发布 UNIQLOCK 之前，优衣库先在 YouTube 上试水，上传了 16 段视频，然后展开大规模的散播。这个小插件为每一个博客使用者提供了一个崭新的概念，即“MUSIC + DANCE + CLOCK”。轻快的音乐、清新的舞者、实用的时钟，再加上舒适的衣服，可以跨越语言沟通的障碍。无论来自哪个国家和种族的人，都不会拒绝这些令人产生美妙感觉的东西，更不要说它还可以让自己的博客变得异常生动有趣了。

当然，UNIQLOCK 最精彩之处莫过于随着音乐翩翩起舞的美丽少女。她们身着优衣库当季销售的服装，伴着由日本知名音乐组合 Fantastic Plastic Machine 制作的背景音乐，在客厅、图书馆、体育场等环境里自由地舒展着肢体；在 2009 年 8 月的版本中，为了庆祝巴黎专卖店的开张，她们甚至在埃菲尔铁塔和凯旋门旁边跳着略有些奇怪而美妙的舞步。时钟以每五秒为一个切换单元，即五秒数字时钟的跳动、五秒少女起舞、再五秒时钟跳动……周而复始循环下去，人们永远都在好奇和期待着下一个五秒会看到什么样的场景和舞姿。

更令人惊喜的是，UNIQLOCK 还设置了不同的时段模式，例如到了晚上，女孩儿们舞蹈的环境光线变暗、背景亮着台灯，或者干脆睡着了；到了整点，则会有特别的趣味演出。

优衣库还不满足于以上诸多饶有兴趣的内容，更在加强博主们存在感上下了些工夫。在 WORLD. UNQLOCK 页面，博主们可以看到自己在世界地图上的位置，同时也能亲眼看到 UNIQLOCK 使用者扩散的过程。

从 2007 年 6 月发布到 2008 年 1 月短短的半年时间里，UNIQLOCK 获得了令人满意的传播效果：

来自 76 个国家的博客安装了 2.7 万个插件；

来自 209 个国家的总浏览量为 6 800 万(插件 + 网页)；

YouTube 视频浏览量为 50 万；

屏幕保护程序下载量为 17.5 万；

Google 搜索结果为 61.9 万。

正是因为 UNIQLOCK 出色的创意与可观的传播效果，使它成为优衣库最著名、最成功的营销活动之一，并斩获了 2008 年 ONESHOW 和戛纳广告节大奖。

时至今日，UNIQLOCK 仍然活跃在众多博客空间里，虽然少女跳舞的模式没有改变，但是却不断地更换舞者、拍摄新的舞蹈。有趣的是，连为 UNIQLOCK 选拔跳舞的女孩儿都成为在日本很受欢迎的选秀节目，并造就了一批年轻偶像。

显然 UNIQLOCK 已经不仅仅是 DRY 系列的宣传工具，夏天女孩儿们穿着清凉的短袖，冬天则换上了温暖的羊绒衫，所有的在售服装都可以通过女孩儿们青春健美的体态与动作充分展示。

除了可以在 UNIQLOCK 主页在线观看以及下载安装插件之外，这个有趣的时钟不放过任何可以占领的阵地，包括个人计算机的屏幕保护程序，甚至商场里的电子屏幕。

B. 日历（UNIQLO CALENDAR）插件。继 UNIQLOCK 大获成功之后，优衣库乘胜追击，在 2009 年 6 月又推出一个类似的传播创意。这次不是时钟，而是优衣库日历（UNIQLO CALENDAR），目标同样瞄准了全球飞速成长的博客，以达到品牌全球化的目的。

秉承了 UNIQILOCK 的成功要素，这个名为 UNIQLO CALENDAR 的优衣库日历新插件也有动听的音乐和令人期待的美丽绚烂的风景变化。最酷的细节在于，当点击风景图片中的任何一种颜色时，就会切换到一个此种色系的马赛克拼图页面，而每一个马赛克格子都是优衣库此颜色的产品。

另一个令人心感惬意的设计，是 Greeting Card 功能，即将日历画面上好看的各国风景季节视频和图片，变成电子卡片寄送给好友，这为 UNIQLO CALENDAR 增加了更大的传播性。

与 2008 年 UNIQLOCK 获奖无数的情形相同，UNIQLO CALENDAR 在 2010 年又为其代理公司东京 Projector 揽入众多著名广告节的至高荣誉。

C. 幸运开关（LUCKY SWITCH）插件。2009 年 12 月，为了宣传日本市场年末清仓促销活动，优衣库推出了幸运开关活动。这是一种前所未有的博客插件，也可以是一个浏览器的书签。只要安装并点击“开关”，网页上所有的图片——包括竞争对手网页的图片——全都变成在线彩票。

幸运中奖的人可以免费得到一个优衣库原创环保购物袋。而那些没有中奖的人当然也会有所“收获”：除了看广告之外，如果浏览自己博客的人中了奖，自己也可以分享这份幸运和喜悦以及奖品。

这样的活动机制和奖励机制，既让博客的浏览者尽量多地打开博客，又鼓励更多的博主在自己的博客上放置插件，可谓双赢。当然，最大的赢家还是优衣库，如此低的参与门槛，显然会鼓励用户不停地打开网页，多次参与。

Banner广告在经历了较长时间发展之后，广告效果逐渐被越来越多新的广告形式所稀释。而博客平台在品牌进行社交媒体整合营销中的应用也似乎总是老套路，不管内容多么新奇、软文多么动人，基本上都是利用名博资源发博文、开线下体验会。

优衣库的这次活动，为形式单一的博客平台做出了创新，并为banner广告注入了新鲜活力，把所有的网站都转变成自己做广告的地方。它让所有的博主和网民主动卷入广告活动，传播品牌信息，同时还大大促进了销售。仅仅一个月的时间，4 607个博主嵌入了这个插件；广告条点击量达到2 809 462次；零售额上升了120%。

② 与SNS网站合作的“幸运排队”活动

“幸运排队”（LUCKY LINE）最初是在日本市场为了配合UNIQLO 26周年庆而进行的促销活动，它的创意来自日本店里长长的队伍，优衣库希望那些受地域、时间限制不能排队的顾客，也有机会享受促销优惠。这是运用虚拟排队的理念以及Twitter功能策划的网络活动。

排队活动和26周年店庆紧密结合，打破了先到先得的规矩，而采取每排到26个人，就赠送1 000日元返券的形式。那些没有得到返券的人可以不费力地通过Twitter再次去重新排队。这种简单而包含激励因素的游戏很快就吸引了很多人，在店庆活动正式开始前两天，排队的人就达到了6万。

随后，优衣库将“幸运排队”的模式复制到了中国大陆和台湾地区。2010年9月，优衣库在台湾一号店开业前也在网络上上演了排队火爆场面。在价值4万元新台币的日本游大奖激励下，借助Face book和Twitter平台，超过60万人次通过网络在优衣库门前排起长队，优衣库在Face book上的粉丝数从零激增到8万。

2010年12月10日，为了推动岁末圣诞季促销，优衣库和人人网合作启动了目标100万人的网上排队活动。网友只要用人人网的账号登录活动的页面，选择一个卡通形象，就可以和其他人一起一边聊天一边在优衣库的虚拟店面前排队，活动每天随机赠送一部iPhone或iPad大奖，此外几乎所有排队的人都有机会拿到九折优惠券，如果在队伍里恰好排到第10万或者第50万这样的幸运数字，还能得到4 999元旅游券大奖，除此以外，还有其他很有诱惑力的奖项，包括纪念版T恤、20件服装大礼包等。

如果参与者希望增加中奖机率，在活动结束前可以无限次地重复排队。如果实在运气不够，优衣库还为“踊跃战斗在排队第一线”的疯狂粉丝设立了参与大奖。中奖者的名单公告在排队游戏的界面底部一条条地不停滚动播出，大奖得主的照片也公布在优衣库人人网公共主页的相册里。所有这些，无疑都成为众多排队者的巨大动力。

优衣库在中国内地的活动除了基本延续在日本和中国台湾地区的成功模式之外，还做了些有针对性的调整，并加入了一些文化元素。之前负责日本和台湾地区“幸运排队”设计的比利时公司 Eboy 设计了 15 个场景区块和大约 50 种排队的人物角色。在北京烤鸭、大红灯笼、石狮子和小笼包围绕的中国街道上，大熊猫、孙悟空和打太极或者骑自行车的人们一起排着长长的队伍。

活动正式启动的短短一周内就有超过 93 万人次参与。排队的同时，还会在排队者人人网主页上生成一条“新鲜事”消息，分享给其好友。不到两周时间，优衣库的粉丝人数已经接近 11 万人。

当然，这次优衣库首度与中国内地 SNS 网站的合作并非尽善尽美，例如排队获得的九折优惠券只能在实体店用，而无法在网店消费；优惠券有限期过短而排队人数超出预料地过快增长，使得优衣库不得不中途改变优惠券的使用期限，导致排队的趣味性减少而徒增了更多功利色彩。此外，对于优衣库来说，虽然与人人网的合作比预想的要成功，但以后类似的活动是否要换为用户更多的平台以取得更好的传播效果，是值得考虑的。

思考练习题

1. 根据自己的理解阐述整合传播的内涵和作用，并结合服装品牌举例说明。
2. 请简要说明整合传播的工具有哪些？
3. 什么是广告？服装广告设计应遵循哪些原则？
4. 如何选择广告媒体？请结合服装品牌举例说明。
5. 什么是公共关系？服装企业公共关系的常见活动方式有哪些？
6. 销售促进有何特点？服装企业的销售促进有哪些类型？
7. 人员推销有哪些有缺点？服装企业如何甄选和培训推销人员。

参考文献

[1] 刘小红，刘东，陈学军，索理. 服装市场营销. 北京：中国纺织出版社，2008

[2] 赵平. 服装营销学. 北京：中国纺织出版社，2005

[3] 杨以雄. 服装市场营销. 上海：东华大学出版社，2004

[4] 李晓慧，赵平. 服装市场营销. 北京：中国城市出版社，1997

[5] 王鸿霖. 服装市场营销. 北京：北京理工大学出版社，2010

[6] 李华敏，崔瑜琴. 影响消费者行为的情境因素分析. 西安邮电学院学报，2010(2)：43-48

[7] 白长虹，武永红. 基于顾客关系的价值创新途径研究. 科学与科学技术管理，2002(12)

[8] 吴晓菁. 服装流行趋势调查与预测. 北京：中国纺织出版社，2009

[9] 张星. 服装流行学. 北京：中国纺织出版社，2010

[10] 菲利普 · 科特勒，凯文 · 莱恩 · 凯勒，卢泰宏著. 卢泰宏，高辉译. 营销管理(第 13 版. 中国版). 中国人民大学出版社，2009

[11] 阿尔 · 里斯，杰克 · 特劳特. 定位：有史以来对美国营销影响最大的观念. 北京：机械工业出版社，2011

[12] 屈云波，张少辉. 市场细分：市场取舍的方法与案例. 北京：企业管理出版社，2010

[13] 宁俊，李淑珍. 服装营销管理教学案例. 北京：中国纺织出版社，2004

[14] 林资敏，陈德文. 生活型态营销. 上海：上海财经大学出版社，2003

[15] 王伟珍. 论服装品牌的生活方式营销. 天津工业大学，2005

[16] 吴振海. 不对称创新——挑战者的成功之道. 北京：北京师范大学出版社，2007

[17] 刘英姿，吴昊. 客户细分方法研究综述. 管理工程学报，2006(1)：53-57

[18] 乔春洋. 品牌定位点的开发. 世界经理人，2012

[19] 余明阳，杨芳平. 品牌学教程(第二版). 上海：复旦大学出版社，2009

[20] 赵平等. 服装品牌资产研究：理论与案例. 北京：中国纺织出版社，2008

[21] 保罗 · 藤甫诺(Temporal，P). 高级品牌管理——实务与案例分析(第 2 版). 牛国朋译. 北京：清华大学出版社，2010

[22] 戴维斯，鲍德温. 品牌概论. 陆以理，李柏英，译. 沈阳：辽宁科学技术出版社，2010

[23] 沈铖，刘晓峰. 品牌管理. 北京：机械工业出版社，2009

[24] 庞守林.品牌管理.北京:清华大学出版社,2011
[25] 李明合.品牌传播创新与经典案例评析.北京:北京大学出版社,2011
[26] 蒋智威等.服装品牌营销案例集.国际篇(第二版).上海:东华大学出版社,2011
[27] 蒋智威等.服装品牌营销案例集.集团篇.上海:东华大学出版社,2009
[28] 卫海英.品牌资产生成路径.北京:经济科学出版社,2006
[29] 伊莱恩·斯通.服装产业运营.张玲,张辉,等译.北京:中国纺织出版社,2004
[30] 马谋超等.品牌科学化研究.北京:中国市场出版社,2005
[31] 余建春.服装品牌价值评估方法探讨.科技管理研究,2007(5):149-151
[32] 何家讯.品牌资产测量的社会心理学视角研究评价.外国经济与管理,2006,28(4):48-52
[33] 于春玲,赵平.品牌资产及其测量中的概念解析.南开管理评论,2003(1):10-25
[34] 卢泰宏,黄胜兵,罗纪宁.论品牌资产的定义.中山大学学报(社会科学版),2000,40(4):17-21
[35] 雷莉,王永,丁夏齐等.低卷入情境中品牌远延伸的成功机制.心理学报,2005,37(3):390-396
[36] 楼彦鹤.现代企业经营与案例精选.上海:上海科学技术文献出版社,1996
[37] 吴洛夫.市场营销学.长沙:湖南人民出版社,2007.08
[38] 钱增泉.市场营销学 2007 年修订.南京:东南大学出版社,2007
[39] 陈玲,王爽.物流服务营销.上海:立信会计出版社,2010.08
[40] 北京应大信息产业研究院.CALL CENTER 呼叫中心市场营销上.北京:外语教学与研究出版社,2010
[41] 简明,杨晶.营销理论与经营实务上.北京:中国物资出版社,2004
[42] 潘力.服装市场营销管理.沈阳:辽宁科学技术出版社,2004
[43] 王金泉.纺织服装营销学.北京:中国纺织出版社,2006
[44] 常亚平.服装市场营销学.武汉:湖北美术出版社,2006
[45] 张福良.服装市场营销.全国中等职业学校服装类专业教材编写组编,北京:高等教育出版社,2000
[46] 杨以雄.服装市场营销.上海:东华大学出版,2010
[47] 宁俊.服装营销.北京:中国纺织出版社,2006
[48] 吴健安.市场营销学(第二版).北京:高等教育出版社,2000
[49] (美)罗森布洛姆,宋华等译.营销渠道:管理的视野(第 7 版).北京:中国人民大学出版社,2006

[50] 庄贵军.中国企业的营销渠道行为研究.北京:北京大学出版社,2004

[51] 宋华,胡左浩.现代物流与供应链管理.经济管理出版社,2004

[52] [美]唐 E.舒尔茨,[美]菲利普 J.凯奇著,黄鹂,何西军译.全球整合营销传播.北京:机械工业出版社,2012

[53] [英]佩克顿,[英]布劳德里克著.王晓辉,霍春辉等译.整合营销传播(第二版).北京:经济管理出版社,2008

[54] [美]凯文·莱恩·凯勒.卢泰宏等译.战略品牌管理.第3版.北京:中国人民大学出版社,2009

[55] 余明阳,刘春章.品牌危机管理.武汉:武汉大学出版社,2008

[56] 丁桂兰.品牌管理.武汉:华中科技大学出版社,2008

[57] 薛可.品牌扩张.上海:复旦大学出版社,2008

[58] 杨以雄.服装市场营销.上海:东华大学出版社,2009

[59] 刘文纲.跨国并购的品牌资源整合策略选择.商业研究,2010(1)

[60] 许诗康.跨国并购中品牌整合模式风险的识别与测度.生态经济,2009(11)

[61] 张金海,段淳林.整合品牌传播的理论与实务探析.黑龙江社会科学,2008(5)

[62] 潘力.服装市场营销管理.沈阳:辽宁科学技术出版社,2005

[63] 胡巧丽,徐军.嘉兴万源时装有限公司由外贸转内销,升级品牌经营——董剑英破"茧"成蝶.中国企业报,2011.09

[64] Lawrence A. Crosby 等.创新要从客户角度出发.新营销,2007(8)

[65] 雅戈尔玻璃化库存:掌握真实数据快速反应.服装界,2010.09

[66] 美特斯邦威:靠虚拟运营成为"全球裁缝".经济日报,2009.02

[67] 潘灯.KAPPA的差异化营销.销售与市场,2010.1

[68] 项兵.中国动向如何运作 Kappa 品牌.长江 online 商业时评,2008

[69] 关键先生.中国式成长.南京:凤凰出版社,2009.10

[70] Kappa 中国官网.http://www.kappa.com.cn

[71] 中国动向(集团)有限公司官网.http://www.dxsport.com

[72] 齐元勋.三道杠之战.服装界,2011(10)

[73] 卢曦.奢侈品涨价只因中国太给力.中国经营报,2010.12

[74] 张平.抓住买涨不买跌消费心理——奢侈品涨价促销故伎重演.国际商报,2012.04

[75] 张琦,耿雅新,付麟.境内外奢侈品价格最多相差三四倍——中国市场奢侈品怪状.中国质量报,2011.08

[76] 曹希绅.经营管理经典案例大课堂.北京:机械工业出版社,2009.04

[77] 李杰. 企业发展战略. 北京:北京交通大学出版社,2009.08

[78] 2010～2011 中国服装行业发展报告. 中国纺织出版社,2011.8

[79] 中国纺织工业协会编著. 2010～2011 中国纺织行业发展报告. 中国纺织出版社,2011.5

[80] Fuller, Joseph B. , James O'Conor, Richard Rawlinson. Tailored Logistics: The Next Advantage. Harvard Business Review, 1993 5/6